축제 · MICE · 전시 · 박람회 · 문화공연 ·
스포츠이벤트를 위한

이벤트 리스크 관리

EVENT RISK MANAGEMENT

신창열

도서출판 청람

■ 머리말

최근 발생한 세월호 침몰사고, 경주 마우나리조트 붕괴사고, 판교 테크노밸리축제 환풍구 추락사고 등 일련의 대형참사들은 우리 사회의 안전불감증에 대해 경종을 울리는 한편 안전의식에 대한 수준을 말해 주고 있다. 사회 전반에 팽배해져 있는 안전에 대한 무감각증 및 무의식은 점차 복잡해져 가는 우리 사회를 위험과 곤경에 빠뜨리고 있다.

이러한 현상은 이벤트분야도 예외가 아니다. 이는 지역축제 · MICE · 전시 · 문화공연 · 스포츠 이벤트 및 박람회 등 모든 유형의 이벤트에서 나타나고 있으며, 작은 규모부터 큰 규모에 이르기까지 리스크나 사고가 종종 발생하는 것에 대해 부인할 수 없다. 예상되는 비상상황에 대하여 사전 시뮬레이션을 통해 위기관리계획을 수립하고 대처하고 있지만, 실제 상황이 발생하면 계획대로 이행되지 않거나 속수무책으로 우왕좌왕하는 경우가 발생하기도 한다.

이벤트는 그 속성상 다양한 리스크가 항상 잠재되어 있으며 예상치 못한 리스크가 발생하기도 한다.

첫째, 이벤트는 특징 기간과 특성 장소에서 개최되는 행사이다. 사전에 날짜가 정해져 있기 때문에 우천이나 강풍 등 당일의 날씨에 민감하게 영향을 받으며, 날짜를 변경하기가 매우 어렵다. 실외장소인 경우 많은 장비 및 임시시설의 설치를 수반하며, 주변환경에 익숙하지 않아서 잠재적인 리스크를 내포하고 있다.

둘째, 이벤트는 비일상성을 추구하는 행사이다. 비일상성은 날마다 반복되는 생활인 일상과 다르다는 의미이다. 평소와 다르기 때문에 이벤트 콘텐츠는 낯설 수 있지만 특별하고 독특하다. 이로 인해 사람들은 쉽게 흥분과 감동에 젖어들어 감성적인 판단과 행동을 유발하게 되는 잠재적인 리스크를 안고 있다.

셋째, 이벤트는 많은 사람을 모이게 하는 것을 전제로 하고 있다. 따라서 일시에 많은 군중이 회합하는 장소가 되므로 항상 위험요인이 발생한다. 특정 장소에 수많은 군중의 유입과 이동, 항상 새로운 상황에 적응해야 하는 이벤트 스태프, 장비와 시설물의 이동은 모두 이벤트를 위험한 상황으로 몰고 가는 요인으로 작용할 수 있다.

넷째, 이벤트는 하나의 프로젝트 단위로서 과정관리가 중요하다. 이벤트는 기획부터 실행에 이르는 단위 프로젝트로서 인사 · 조직 · 재무 · 조달 · 마케팅 · 커뮤니케이션 · 운영 등의 과정을 포함한다. 일단 이벤트 프로젝트가 시작되면 진행과정 중의 어느 한 부분이라도 문제가 발생되면, 이는 이벤트 전체에 직접적인 영향을 미친다.

이렇듯 이벤트는 수많은 리스크에 쉽게 노출되어 있으며 잠재적인 취약점을 내포하고 있다. 리스크로 인한 사고의 피해는 인명과 재산에 대한 손실이 가장 크며, 작은 사고라도 외부에 알려지거나 기사화가 되면 이벤트의 이미지 손상에 미치는 영향이 매우 클 수밖에 없다. 따라서 이벤트관리자와 모든 스태프는 이벤트 리스크관리에 대해 충분한 관심과 사전 예방대책을 수립하는 것이 매우 중요하다. 리스크관리는 이벤트의 성공과 지속성을 위해 매우 중요한 과정이지만, 현업에서는 여러 가지 이유로 형식적으로 치우치는 경향이 많은 편이다. 이에 이벤트 리스크관리가 더욱 체계적이고 실질적으로 운영될 수 있도록 약간의 도움이 되고자 본 서를 출간하게 되었다.

본 서는 기업, 정부 및 공공기관, 협회 및 단체의 이벤트주최자, 이벤트를 직접적으로 준비하는 이벤트기획자 및 운영관리자, 이벤트 개최를 지원하는 다양한 파트너 및 협력기관을 위해 이벤트 리스크관리에 대한 지식과 경험을 전달할 수 있는 내용으로 구성하였다.

이 책은 크게 총 4부로 구성되고 13개의 장으로 편성하였다. 제1부에서는 이벤트 리스크관리의 이해로서 리스크관리의 개요, 리스크관리의 방법, 이벤트와 리스크관리에 대해 다루었고, 제2부에서는 이벤트 리스크의 영역으로서 비상사태대비, 안전 및 보건, 손실예방 및 보안, 법과 윤리준수를 다루고 있다. 제3부에서는 운영 차원의 리스크관리로서 프로그램, 참가자, 행사장에 대한 리스크관리를 다루었고, 제4부에서는 조직 차원의 리스크관리로서 경영적 측면, 마케팅 측면, 커뮤니케이션 측면의 리스크관리를 포함하였다.

본 서에서는 이론은 물론 실용성을 높이기 위하여 가능한 이벤트 리스크관련 사례를 많이 실으려 하였으나, 대부분 저자가 실무현장에서 직접 경험했던 사례와 언론 및 방송에 기사화된 사례여서 약간의 아쉬움이 남는다. 통상 이벤트 현장에서 발생되는 리스크나 사고는 해당 이벤트에 대한 부정적인 영향을 가져오기 때문에 대외적으로 알리지 않고 내부적으로 처리하고 보안을 지키는 경우가 많다. 향후 현장에서 발생하는 다양한 리스크는 이벤트 리스크관리에 대한 경험과 노하우를 축적한다는 좋은 의미에서 업계에 공유되기를 희망해 본다.

본 서를 마무리하면서 많은 분들께 감사의 마음을 전하고 싶다. 먼저 항상 제자의 입장에서 생각해 주시는 경희대학교 관광학부 이충기 은사님, 이 책을 집필하는 동안 많은 조언과 함께 용기를 북돋아 주신 (사)한국이벤트프로모션협회 이각규 회장님, 이벤트 리스크관리를 교과과정에 편성해 주신 한국영상대학교 이벤트연출과 윤성일 학과장님 및 학과 교수님들께 깊은 감사의 말씀을 드린다.

꾸준한 지원과 성원을 해주신 최고의 이벤트프로모션 전문기업인 (주)더와이즈의 신동호 대표님, 최대규 고문님을 비롯한 직원들, 본 서를 출간하는 데 흔쾌히 수락해 주신 도서출판 청람의 이수영 대표님과 편집을 도와주신 청람가족들에게도 고마운 마음을 전해 드린다. 끝으로 평일은 물론 휴일에도 원고작업만 하는데도 불구하고 조금의 불평도 없이 끝까지 배려해 준 아내 장남숙과 항상 내 편에서 응원을 해주신 부모님과 형제에게 깊은 감사를 드린다.

2016년 1월
저자 신창열

■ 차례

Part 01 | 이벤트 리스크관리의 이해

Chapter 01 리스크관리의 개요

Chapter 02 리스크관리의 방법

Chapter 03 이벤트와 리스크관리

Part 02 | 이벤트 리스크의 영역

Chapter 04 비상사태대비

Chapter 05 안전 및 보건

Chapter 06 손실예방 및 보안

Chapter 07 법과 윤리준수

Part 03 | 운영 차원의 리스크관리

Chapter 08 프로그램 리스크관리

Chapter 09 참가자 리스크관리

Chapter 10 행사장 리스크관리

Part 04 | 조직 차원의 리스크관리

Chapter 11 경영 리스크관리

Chapter 12 마케팅 리스크관리

Part 01

이벤트 리스크 관리의 이해

2005년 10월 3일 '제3회 상주자전거축제'의 마지막 날 행사인 'MBC 가요콘서트'를 보기 위해 입장하던 시민이 일시에 몰리면서 연쇄적으로 넘어지고 깔리는 사고로 사망 11명, 부상 162명의 참사가 발생했다. 사고 당시 시민운동장의 입구에는 1만여 명의 시민이 모여 있었으며 사고가 난 직3문 앞에서 5천여 명이 입장을 기다리고 있었다. 시민운동장에는 모두 4개의 출입구가 있었으나 2개의 출입구(직1문, 직2문)만 열었다. 시민들은 서로 먼저 들어가 좋은 자리를 잡기 위하여 뒤에서 밀고 넘어지면서 밟히는 사고가 난 것이다. 사고현장에는 경비인력 70여 명과 경찰인력 30명 등 100여 명의 안전요원들이 있었으나 대기 줄을 세우지 않아 통제불능의 상태가 된 것이다. 사고원인으로 안전관리계획의 미비, 공연주최자의 안전불감증 등이 지적됐다.

2009년 2월 9일 경남 창녕군의 '화왕산억새태우기축제' 중 갑작스러운 돌풍으로 불이 억새에 옮겨 붙으면서 현장에 있던 관람객을 덮쳐 7명 사망, 81명 부상의 사고가 발생했다. 현장에는 2만 5천여 명이 넘는 관람객이 모여 있었다. 400명이 넘는 안전요원이 배치됐지만 속수무책이었다. 안전요원의 배치는 효과적이지 못했고, 화재위험을 예상하고도 소형 휴대용 소화기와 좁은 방화선 구축만으로 신속한 대처가 미흡했던 것이 원인으로 지적됐다.

'세월호 침몰사고'는 2014년 4월 15일 인천 연안여객터미널을 출발, 제주로 향하던 여객선 세월호(청해진해운 소속)가 4월 16일 전남 진도군 병풍도 앞 인근 해상에서 침몰해 수백 명의 사상자를 낸 대형참사다. 이 사고로 탑승객 476명 가운데 172명만이 구조됐고, 300여 명이 넘는 사망 · 실종자가 발생했다. 특히 제주도로 수학여행을 떠난 안산 단원고 2학년 학생 324명이 탑승, 어린 학생들의 희생이 많아 전 국민에게 충격과 침통을 안겼다.

이 사고의 직접원인은 선박의 무리한 증 · 개축과 운항상 과실이었다. 세월호는 사고 당일 화물 최대 적재량 1,077톤(ton)보다 두 배 많은 2,142톤의 컨테이너와 자동차 등을 실었다. 더군다나 화물을 제대로 묶지도 않았다. 선장은 선실을 비웠고 조타수가 급격히 배의 방향을 바꾸면서 배는 균형을 잃고 침몰했다. 또한 엉뚱한 교신으로 인한 골든타임(golden time)[01]의 지연, 선장과 선원들의 무책임한 행동, 해경과 정부의 상황파악 미숙, 뒷북 대처 등 총체적 부실을 일으키며 최악의 인재(人災)가 됐다.

01 사고나 사건에서 인명을 구조하기 위한 초반 금쪽같은 시간(1~2시간)을 지칭한다. 심폐소생술(CPR)은 상황 발생 후 최소 5분에서 최대 10분 내에 시행돼야 한다. 항공사의 경우 운명의 90초 규칙이 있다. 비상상황이 발생하면 90초 내에 승객들을 기내에서 탈출시켜야 한다는 것이다.

Chapter 01

리스크관리의 개요

1. 리스크관리의 목적

'리스크(risk)'라는 단어는 17세기 중엽부터 본격적으로 사용되었다. 리스크의 어원은 초기 이탈리아어 'risicàre'라는 말에서 유래되었는데 이는 '뱃심 좋게 도전하다(to dare)'는 뜻이다. 이런 어원에 비추어 본다면 '리스크'라는 것은 이미 운명이 아니라 선택으로써 우리가 관리하여야 할 대상인 셈이다. 모든 프로젝트(project)는 미래의 불확실성을 갖고 있으며 불확실성을 알면서도 진행하는 것이 바로 프로젝트다. 따라서 리스크가 없는 프로젝트는 있을 수 없으며 리스크는 관리해야만 하는 필수 대상이라 할 수 있다.

국내의 대표적인 리스크발생 사례로 와우아파트 붕괴사고(1970년), 우암상가아파트 붕괴사고(1993년), 서해 페리호 침몰사고(1993년), 성수대교 붕괴사고(1994년), 대구지하철 공사장 가스폭발 참사(1995년), 삼풍백화점 붕괴사고(1995년), 숭례문 방화 · 붕괴사건(2008년), 경주 마우나리조트 붕괴사고(2014년), 세월호 참사(2014년) 등이 있다. 또한 지역축제는 물론 대규모 행사도 리스크에 대해 예외일 수 없다. 상주자전거축제(2005년), 진해군항제(2008년), 대백제문화제(2008년), 지상군페스티벌(2008년), 화왕산억새태우기축제(2009년), 대가야축제(2009년), 여수거북선 · 국제범선축제(2009년), 인천세계도시축전(2009년), 부산세계불꽃축제(2013년), 인천음악불꽃축제(2013년) 등 사망 또는 부상의 인명피해사고가 지속적으로 발생하고 있다.

만약 리스크관리(risk management)에 대해 체계적으로 접근하였다면 이러한 사고는 사전에 충분히 막을 수 있었을 것이다. 따라서 이러한 사고가 발생하지 않으려면 리스크에 대한 체계적인 접근이 반드시 필요하며, 리스크발생의 예방에 더욱 집중하는 것이 중요하다. 모든 프로젝트에서 리스크관리가 반드시 필요한 이유는 다음과 같다(한동환 · 민경현, 2012).

첫째, 모든 프로젝트는 미래의 불확실성을 갖고 있다.

프로젝트는 초기에 아이디어만 갖고 시작된다. 모든 것은 불확실하며 모든 프로젝트는 불확실성을 내포하고 있다. 따라서 불확실성을 관리하는 리스크관리는 필수적인 것이다.

둘째, 리스크를 수용하지 않으면 이득도 적다.

모든 리스크를 회피하면 얻는 것도 적을 수밖에 없다. 예를 들어, 자전거 타는 법을 배우다가 넘어져서 다치는 것을 두려워하여 배우는 것을 포기한다면 자전거를 타는 즐거움을 느낄 수가 없을 것이다. 리스크가 없으면 얻는 것도 없다는 것이다.

셋째, 리스크발생 후 대처보다 사전에 철저한 준비를 해야 성공가능성이 향상된다.

리스크는 나타날 때까지 기다리는 대상이 아니라 선제공격을 해야 할 대상이다. 사전준비가 철저할수록 리스크발생에 대한 대응을 적절하게 할 수 있으며, 그 결과로 프로젝트의 성공가능성은 높아지게 된다.

넷째, 한정된 자원을 사용하여 목표를 달성한다.

무한한 자원을 갖고 수행하는 프로젝트는 없다. 한정된 자원을 사용하게 되면 일정이나 품질에 대한 리스크가 발생할 수 있다. 따라서 리스크관리가 필요하다.

다섯째, 업무능률을 향상시키고 목표일정에 완료할 수 있다.

리스크가 발생할 경우 리스크를 처리하기 위해 많은 시간이 필요할 수 있다. 그 결과로 일정이 지연되고 프로젝트는 실패할 수도 있다. 목표하는 종료일에 프로젝트를 완성하기 위해서는 리스크관리가 필요하다.

여섯째, 수익향상과 고객만족을 달성한다.

위험을 잘 막으면 리스크처리비용을 낮출 수 있고, 기회를 잘 살리면 수익은 향상된다. 체계적인 리스크관리를 통해 목표일정 내에 완료하고 성공적인 결과를 가져오면 고객은 만족할 것이다. 그 결과로 수행조직은 인정받게 되고 다음 프로젝트의 수주로 이어질 수 있다.

이처럼 리스크관리는 선택이 아니라 필수다. 그렇다면 프로젝트에서 어떤 영역에 대해 리스크를 관리해야 할까? 모든 영역이 리스크관리의 대상이다. 업무범위, 공정, 재무, 품질, 인적자원, 조달, 커뮤니케이션, 마케팅 등 리스크관리가 필요 없는 부분은 없다고 해도 과언이 아니다. 각 영역별로 리스크관리에 대한 접근법을 미리 준비하고 주기적인 리스크관리가 필요하다.

리스크와 관련하여 통상 위험, 비상사태, 위기, 재난이라는 용어를 자주 혼용하여 사용하고 있으나 의미와 범위에서 차이점을 가진다. 위험(risk)은 일반적으로 손해가 발생할 가능성을 의미하며, 어떤 개체에 영향을 미치는 사건이 발생할 수 있는 상황적 변화다. 비상사태(emergency)는 위협이 발생할 정도로 부상, 사망 등의 인명피해나 시설파괴 또는 조직의 일상적 활동에 방해나 지장의 원인이 되거나 현실화된 상황을 말한다. 위기(crisis)는 조직의 명성, 이익, 운영에 막대한 영향을 미치는 중대한 사건 또는 조직운영, 주주가치, 브랜드, 명성, 신뢰, 사업목표를 위협하는 사건을 의미한다. 재난(disaster)은 엄청난 피해 또는 손실을 야기하는 갑작스럽고 예상치 못한 재앙과 같은 사건을 의미한다. 위기와 재난의 차이점은 상황이 조직 내부에 기인한 것인지 또는 조직 외부에 기인한 것인지에 달려 있다. 즉, 위기는 사건의 원인이 관리시스템 결여와 변화에 대한 적응실패 등과 같이 조직이 자초한 상황인 것에 반하여, 재난은 조직이 통제할 수 없는 갑작스럽고 예측불가능한 대이변에 처해 있는 상황을 의미한다(Faulkner, 2001).

통상적으로 알고 있는 리스크의 의미와 프로젝트에서 말하는 리스크의 의미는 조금 다르다. 일반적으로 리스크는 '위험'으로 번역하고 위험은 나쁜 것으로 인식하고 있다. 하지만 프로젝트에서 리스크는 '미래의 불확실한 사건 또는 조건'을 말한다. 이 불확실한 사건은 위협(threat)에 대한 것도 있고 기회(opportunity)에 대한 것도 있다. 즉, 프로젝트의 리스크는 양면성을 갖고 있는 것이다. PMBOK(Project Management Body Of Knowledge) Guide(2008)에서는 프로젝트 리스크를 '불확실한 사건 또는 조건이며, 만약 발생하면 프로젝트 목표에 긍정적 또는 부정적 영향을 주는 것'으로 정의하고 있다. 여기서 주목할 점은 긍정적 또는 부정적 영향이다. 긍정적 영향을 주는 것은 '기회'이며, 부정적 영향을 주는 것은 '위협'이다. 프로젝트를 둘러싼 불확실성(uncertainty)은 두 가지로 분류할 수 있다(PMAJ, 2005).

- 리스크(risk): 확률적 예측이 가능한 것
- 실제 불확실성(real uncertainty): 확률적 예측이 불가능한 것

또한 리스크는 다양한 관점에 따라 여러 가지의 유형으로 분류할 수 있다([표 1-1] 참조).

표 1-1 리스크의 유형

내부 리스크 (internal risk)	프로젝트조직이 통제와 영향력을 행사할 수 있는 영역 내의 리스크
외부 리스크 (external risk)	프로젝트조직이 통제와 영향력을 행사할 수 있는 영역 밖의 리스크
고정적 리스크 (static risk)	불가항력 또는 사람의 실수나 범죄로 야기된 손해와 관련된 리스크
역동적 리스크 (dynamic risk)	인간 욕망의 변화 및 기계와 조직의 발전으로 인한 변경과 관련된 리스크
순수 리스크 (pure risk)	이익은 없고 손해만 있는 경우의 리스크
투기적 리스크 (speculative risk)	이익과 손해 양쪽 모두가 있는 경우의 리스크

출처: PMAJ(2005)

PMBOK Guide(2008)에서는 리스크관리의 목적을 '프로젝트의 긍정적 사건의 확률(probability)과 영향(impact)을 높이고, 부정적 사건의 확률과 영향을 낮추는 것'이라고 정의하고 있다. 여기서 긍정적 사건은 기회를 말하고, 부정적 사건은 위협을 말한다. 또한 확률과 영향은 리스크의 심각성을 결정하는 중요한 요소다. 관리(management)는 조직 또는 프로젝트의 목적이나 목표를 달성하기 위하여 가용자원과 활동을 계획 · 조직화 · 지휘 · 통제하는 일련의 활동이다. 따라서 리스크관리는 목적의식을 가지고 불확실성에 대한 인식과 이에 대응하는 것을 말한다. 즉,

문제를 회피하기보다는 구조적인 접근방법과 상식을 동원하여 기회를 최대화하고 위협을 최소화하는 것을 목적으로 하는 것이다([그림 1-1] 참조).

▮ 그림 1-1 ▮ 리스크의 인지에 따른 대응과정

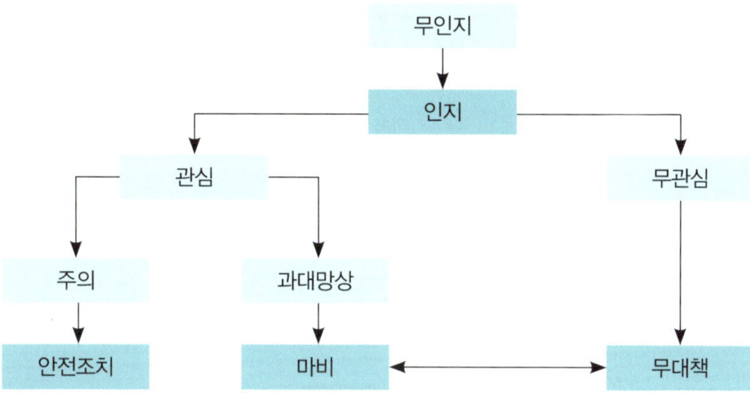

출처: Silvers(2008)

리스크관리자(risk manager)는 사람의 생명과 신체, 소유물에 대한 위협은 물론 재정, 시스템, 이미지 등에 대한 취약점을 관리하여 잠재적 피해에 대한 영향이 최소화될 수 있도록 의사결정을 수행하여야 한다([표 1-2] 참조).

표 1-2 리스크의 대상

대상	대상에 대한 리스크
사람	신체적 상해 또는 사망
재산	재산의 손실 또는 피해
재무	수익감소와 비용발생
시스템	능력 또는 역량의 감소
환경	활용자원의 유용성 부족
이미지	호의적 이미지 및 명성의 상실

출처: Silvers(2008)를 참고하여 저자 재작성

이와 같이 리스크관리의 목적은 자산을 보호하고 법적 책임 및 채무를 최소화하는 것이며, 잠재적 손실을 통제하는 한편 적절하게 성장을 관리하고 책임감 있는

운영을 하는 데 있다. 리스크관리의 역할은 프로젝트를 가능한 안전하고 안정적으로 만들어서 손실을 예방하거나 최소화시키는 것이라 할 수 있다(Berlonghi, 1990).

프로젝트의 불확실성은 언제 가장 높게 나타날까? 그것은 바로 초기 단계다. 그리고 시간이 지날수록 프로젝트는 구체화되기 때문에 프로젝트가 진척됨에 따라 불확실성은 점차 낮아지게 된다. 이와 반대로 나타나는 것은 리스크발생 시 프로젝트에 미치는 영향이다. 초기에는 프로젝트의 진척상황이 별로 없기 때문에 리스크가 발생하더라도 그 영향이 적은 편이다. 프로젝트는 후반으로 진척될수록 구체화되므로 리스크발생이 미치는 영향은 커지게 된다. 따라서 프로젝트의 진척도에 따라 리스크관리활동이 이루어지는 것이 바람직하다([그림 1-2] 참조).

| 그림 1-2 | 프로젝트 진척도에 따른 불확실성과 영향

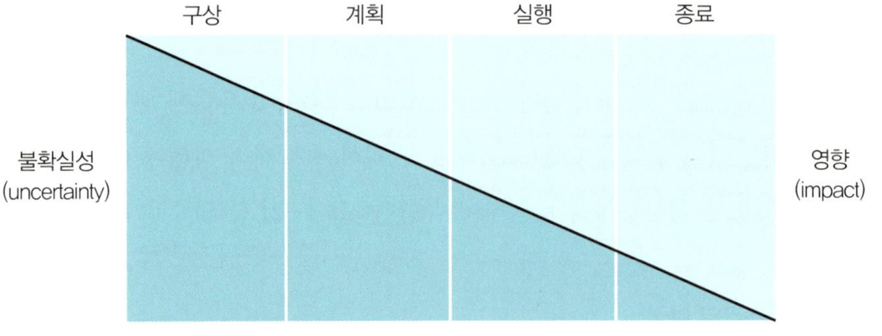

이벤트 프로젝트의 일반적인 리스크요인들은 어떤 것들이 있을까? 이벤트와 연관된 다양한 영역에서 리스크는 존재하고 있다([표 1-3] 참조). 이 리스크요인들은 모든 이벤트 프로젝트에서 항상 발생하는 것은 아니며, 또한 이 요인들이 항상 모든 이벤트 프로젝트에 적용되는 것도 아니다. 게다가 이벤트의 유형 및 상황에 따라 리스크요인들은 상대적으로 다르게 발생한다. 이벤트의 규모나 분야가 확대될수록 이벤트 리스크도 확대되어 나타난다. [표 1-3]에서 중요하게 확인되는 것은 미숙, 부족, 결여, 불충분, 부적합한 기획과 자원들은 이벤트 프로젝트와 관련된 리스크의 수준을 결정하는 데 막대한 영향을 미친다는 것이다.

표 1-3 일반적인 이벤트 프로젝트 리스크요인(예시)

구분	리스크요인
활동	• 위험한 활동이나 부적절한 장소 • 식품안전 및 주류서비스 • 각종 프로그램, 공연자, 참가자, 관람객 등
관람객	• 인구통계학적 특성, 계층에 따른 상충 • 군중의 규모 및 밀도 • 군중행동
커뮤니케이션	• 의사소통의 부족 및 부재 • 지휘 · 통제의 결여 • 부족한 장비와 미흡한 안내
규정준수	• 규정, 자격인증, 승인체계 • 비인가 · 불법행위 • 부적정한 당국의 협력관계
비상계획	• 부적합한 위기관리계획 • 비상대처방안의 부족 • 미흡한 재난방지계획
환경	• 기후조건, 날씨의존성 • 개최지역의 지질, 동식물 • 위험요인과의 접근성
이벤트계획	• 부족한 경험 및 부적합한 관리 • 외부환경요인에 대한 인식 부재 • 규정 및 절차의 결여
이벤트 유형 · 목적	• 첫 개최, 일회성, 논란이 많은 이벤트 • 입장통제 및 규정 결여 • 비인가 홍보활동
재무	• 부족한 예산 및 보험 • 부적절한 조달관행 • 취약한 현금처리과정 및 영역
인적자원	• 부족한 인력 • 무경험, 미숙련인력 • 부적절한 인력 배치
공공기반시설	• 부적합한 전기 · 수도 등 공공시설 • 불충분한 위생 및 폐기물관리 • 부족한 교통 및 주차관리

작업체계	• 작업자의 보건과 안전 • 설치, 운영, 철거관리 • 장비, 장식, 특수효과 등
조직	• 불명확한 운영조직 • 승인받지 못한 리더십과 의사결정과정 • 부족하고 부적합한 보안요원
이벤트 장소	• 검증되지 않거나 임시적인 장소 • 부적절한 배치 및 조명 • 가설 구조물 및 임시무대
공급업체	• 전문가, 숙련공, 개최장소의 요구조건 • 공급계약서 미비 및 통제부족 • 품질관리, 규정준수 및 보험가입
시간	• 부족한 기획 및 의사결정시간 • 이벤트 개 · 폐회시간, 개최기간 • 입장 및 퇴장방식

출처: Silvers(2008)를 참고하여 저자 재작성

프로젝트에서 리스크관리가 성공하기 위해서는 다음의 몇 가지 요소가 필요하다(한동환 · 민경현, 2012).

첫째, 리스크관리의 가치를 인식하여야 한다.

조직에서 아직 발생하지도 않은 사건에 대하여 시간과 노력을 투자하는 것을 낭비라고 생각할 수 있다. 그러나 리스크 없는 프로젝트는 없으며 리스크관리가 잘 될수록 프로젝트 성공에 많은 영향을 준다는 점을 모두가 인식해야만 한다. 리스크관리를 통해 얻을 수 있는 여러 가지 장점에 대한 인식이 명확할수록 리스크관리에 대한 접근이 좀 더 적극적으로 될 수 있다.

둘째, 개인별 책임 및 동의를 얻어야 한다.

다양한 리스크관리활동을 수행하기 위해서는 담당자별로 명확하게 역할과 책임이 부여되어야 한다. 책임이 불분명할 경우 오히려 더 큰 혼란을 야기할 수 있다. 리스크관리활동을 수행하는 사람들은 자신의 역할과 책임에 대하여 명확히 인식하고 있어야 하며, 적극적으로 수행하려는 마음이 필요하다.

셋째, 정직하고 열린 커뮤니케이션이 필요하다.

프로젝트에 대한 새로운 리스크를 보고할 때, 해당 보고자에게 그 리스크를 분석하고 대응방안을 마련하라고 지시하는 경우가 있다. 보고자 입장에서 새로운 업무가 생기기 때문에 아무도 리스크에 대한 보고를 하지 않는 폐쇄적인 조직이 될 수 있다. 이러한 문제를 해결하기 위해서는 리스크관리에 대한 지침이 마련되어야 하며 누구나 자유롭게 말할 수 있는 환경이 되어야 한다. 정해진 지침에 따라 리스크의 식별, 분석, 대응방안까지 진행된다면 보고자에게 일이 부여되지 않고 언제든지 자유로운 커뮤니케이션이 가능할 것이다.

넷째, 조직 차원의 노력이 필요하다.

리스크관리는 특정 개인의 노력만으로 진행되기 어렵다. 리스크관리에는 많은 노력과 시간이 필요하다. 조직 차원에서 리스크관리에 대한 지원과 노력이 수반되지 않으면 실패할 수 있기 때문이다.

다섯째, 프로젝트관리와 통합되어야 한다.

프로젝트는 범위, 일정, 예산, 자원, 조달, 품질 등이 서로 복잡하게 연계되어 진행된다. 어떤 부분에서 발생하는 문제는 다른 부분에 영향을 미치게 된다. 따라서 리스크관리는 프로젝트 전체의 관리와 통합하여 진행해야 한다.

여섯째, 프로젝트의 규모에 맞는 노력이 필요하다.

프로젝트는 그 규모나 복잡성이 다양하다. 각 프로젝트의 성격에 맞게 리스크관리도 다르게 진행하는 것이 맞다. 주어진 프로젝트에 맞게 리스크관리에 대한 지침을 수립하고 그 지침에 따라 리스크관리를 수행하는 것이 효과적이다.

2. 리스크관리의 과정

효과적인 리스크관리를 위해서 모든 가능성을 철저하고 자세하게 분석 및 검토해야 한다. 이를 토대로 필요한 단계를 밟아 가면서 리스크를 통제할 수 있는 적절한 자원을 배분하는 것이 필요하다. 이는 이벤트 프로젝트의 처음부터 끝까지 통합적이고 연속적이며 반복적인 과정이다. 이를 통해 차기 이벤트에 반영하거나 적용할 수 있는 소중한 정보와 전략을 제공할 수도 있다. 또한 모든 리스크는 다 같은 것이 아니다. 모든 리스크는 순조롭게 발생하지 않는다. 예측가능한 결과의 범위, 그 결과를 초래하는 징조와 발생요인을 반드시 고려하여야 한다. 이는 리스크계획이 어떤 상황이나 결과가 발생하는 것을 대비하기 위해서 준비되어야 하기 때문이다. 이벤트 리스크관리자는 이해관계자와 함께 예측가능한 리스크와 허용가능한 리스크를 설정하여야 한다. 그리고 확인된 리스크를 관리하기 위하여 역할과 책임, 시스템, 필요한 준비에 대해 합의한 공식적인 문서를 보관하여야 한다.

이벤트에 대한 리스크관리는 하나의 체계적인 과정(process)이다. 이 과정은 계획을 수립하고 일관성 있게 적용해야 효과적일 수 있다. 이 과정은 본질적으로는 연속적이나 실제에 있어서는 반복적이다. 즉, 이 과정이 종료되면 결과적으로 과업이 완성되는 일회성 활동이 아니라는 의미다. 또한 리스크관리는 지속적이고 역동적인 활동이어야 한다. 왜냐하면 이벤트를 둘러싼 리스크는 긴급성과 우선순위의 차원에서 끊임없이 발생 · 확대 · 수습 · 전환 · 변동하기 때문이다. 이러한 리스크관리과정은 사전에 대책을 강구하고 순환적이며 커뮤니케이션을 원활하게 만들고 미래를 예측하면서 계획하는 속성을 가져야 한다. [그림 1-3]의 리스크관리과정은 가장 널리 인정받고 있는 모델이다(Standard Australia, 1999; Frame, 2003; Kendrick, 2003; NFPA 1250, 2000; PMI, 2008).

그림 1-3 리스크관리과정

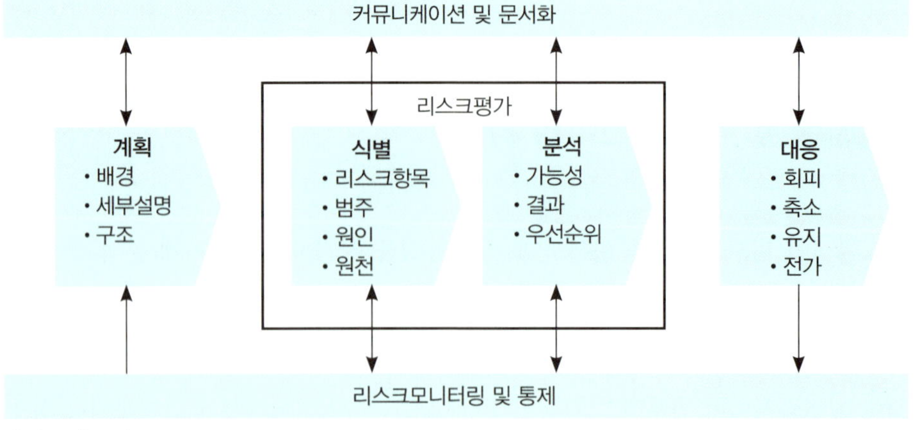

출처: PMI(2008)

이벤트 리스크관리자는 과정이나 절차를 결정하고 리스크를 관리할 수 있는 계획을 마련하여야 한다. 이벤트와 연관된 리스크를 식별하고 분석하여 리스크를 평가해야 한다. 리스크를 어떻게 처리할지에 대한 의사결정은 사전에 준비하여야 한다. 리스크의 처리방법은 효과적인지, 리스크 자체가 통제되는지, 만일 그렇지 않다면 리스크관리과정의 다양한 부분을 반복해서 리스크상태를 계속 모니터링(monitoring)해야 한다. 모든 리스크와 관련된 문서화(documentation)는 차기 이벤트의 리스크관리과정에 도움을 주고자 기록하는 것이 필요하다. 리스크관리과정의 범위는 이벤트의 규모나 유형에 따라 다를 수 있으나, 연속적이고 반복적인 그 본질은 변하지 않는다.

1) 리스크관리계획의 수립

리스크관리계획(risk management plan)은 리스크를 식별 · 평가 · 처리 · 추적 · 커뮤니케이션 · 문서화하기 위하여 체계적이고 지속적인 접근법을 개발하고 유지하는 것이다. 이처럼 조직화되고 종합적이며 상호작용을 하는 전략적인 계획은 어떤 활동이 발생할 것인지, 어떤 노력이 조직화되어야 하는지, 이에 필요한 자원은 무엇인지, 더불어 조건 · 상황 또는 결정에 영향을 미치는 전제사항을 구체화하여 수립하여야 한다.

리스크관리계획의 목적은 현실적인 가정과 타당한 방법에 근거하여 의사결정을 하는 구조를 제공하는 데 있으며, 최대의 이익을 달성하기 위하여 우수한 운영사례와 이전의 경험으로부터 얻은 교훈을 통합하는 것이다([표 1-4] 참조). 이는 이벤트의 목적과 목표에 따라 충분한 자원이 할당되고 활동과 의사결정을 수용할 수 있도록 이벤트주최자나 고객의 약속을 필요로 하며, 그 접근방법은 전적으로 지지를 받고 해당 이벤트에 적합하여야 한다. 리스크관리계획을 수립하는 내용은 다음과 같다.

- 해당 이벤트 프로젝트를 위한 전반적인 리스크관리전략과 활동에 대한 계획을 수립한다.
- 리스크관리에 대한 정책과 절차를 정의한다.

표 1-4 리스크계획의 혜택

리스크계획의 혜택	리스크 무계획의 위험
• 상호 커뮤니케이션의 개선	• 잘못된 가정 및 비현실적 기대
• 보다 효율적인 자원의 활용	• 부족한 자금과 비용의 초과
• 중복적인 노력의 회피	• 리스크인식과 취급의 괴리
• 보다 빠른 리스크식별	• 이해관계자의 무분별한 간섭
• 보다 철저한 리스크대응	• 일관성과 통제성이 없는 의사결정
• 예상 밖의 일과 위기의 감소	• 혼란스러운 대응과 반응

- 어떻게 리스크관리과정을 수행할 것인지를 결정한다.
- 해당 이벤트 프로젝트의 규모나 유형에 적합한 리스크관리활동을 계획한다.
- 리스크관리담당자를 선정하고 역할과 책임을 정의한다.
- 이벤트 프로젝트에 사용할 확률 및 영향에 대한 기준을 정의한다.
- 리스크를 감시하고 통제하는 방법을 정의한다.

리스크를 계획함으로써 나타나는 성과물은 바로 리스크관리계획이다. 리스크관리계획은 불확실성을 주도적으로 다루기 위한 체계를 명확하게 설명하는 것이며 시행을 위한 요구사항, 역할, 책임을 명시하는 것이다. 이는 리스크를 완화시키기 위한 철저한 준비와 선견지명이라는 두 가지 활동이 필요하다.

2) 리스크관리계획의 내용

이벤트 리스크관리계획에 포함하여야 하는 구체적인 내용은 다음과 같다.

(1) 이벤트의 개요 및 세부내용

이벤트에 따라 불확실성은 다르게 나타나므로 해당 이벤트에 대한 개략적인 설명을 기술한다. 해당 이벤트의 배경, 규모와 복잡성, 유사 이벤트 경험에 대한 정도, 조직전략에 있어 중요도에 대해 기술한다.

- 이벤트의 목적, 목표, 배경, 유형
- 이벤트의 시기, 기간, 장소, 예상 참석인원

- 이벤트 프로그램에 포함되는 구성요소 및 활동에 대한 구체적인 내용
- 관리조직(고객, 위원회 등), 지방자치단체, 관련당국, 스폰서, 후원기관 등
- 이벤트와 관련한 특별한 의미 및 상세한 설명 등

(2) 조직의 책임과 권한

리스크관리를 어떻게 할 것인지에 대한 설명과 리스크관리와 관련된 조직에 대한 설명을 기술한다. 또한 리스크관리에 참여하는 사람들의 역할과 책임을 정의하고 그들의 권한을 명시한다.

- 규제기관 및 주최기관의 지시를 포함한 이벤트의 리스크관리를 위한 요구사항 및 목표
- 리스크관리자의 임명, 역할, 수행방법, 책임위임방법 등 책임 및 권한구조
- 활용가능한 자원 및 원천: 시간, 자금, 인력, 정보 등

(3) 리스크평가시스템

리스크식별을 용이하게 하기 위하여 이벤트에서 발생할 수 있는 리스크분류목록을 작성한다. 리스크분석을 위하여 리스크에 대한 확률 및 영향측정의 기준을 정하고 이에 따라 산출되는 심각성에 따라 우선순위를 책정한다.

- 리스크식별에 사용하는 절차와 기술
- 리스그분석에 사용하는 질차와 기술
- 리스크의 우선순위를 정하는 데 사용하는 절차와 지표
- 리스크평가활동에 관여하는 인력
- 리스크평가활동의 시기와 일정
- 리스크평가활동에 필요한 자원

(4) 리스크대응시스템

리스크를 효과적으로 대응하기 위하여 리스크를 처리할 사람의 배정은 물론 그 역할과 책임을 명확히 결정해야 한다. 또한 전략적 수준에서 리스크대응방법을 계획하여야 하며, 각 리스크대응에 필요한 기간, 자원, 비용을 산정하여야 한다.

- 리스크처리계획을 개발하는 데 사용하는 절차와 규칙
- 리스크지표 및 허용치를 결정하는 데 사용하는 절차
- 리스크처리를 위한 책임과 권한을 부여하기 위해 사용하는 절차
- 리스크대응활동에 필요한 자원

(5) 리스크모니터링시스템

전반적인 리스크관리에 공통적으로 사용할 표준서식을 개발하고, 리스크관리를 매일 할 수 없으므로 언제, 얼마나 자주 리스크관리활동을 수행할지 결정한다.

- 리스크의 상태를 추적하는 데 사용하는 절차와 기술
- 리스크모니터링활동의 시기와 일정
- 리스크모니터링활동에 관여하는 인력
- 리스크처리계획의 수행을 평가하는 데 사용하는 절차
- 평가 및 대응계획기능의 재가동을 위한 절차
- 리스크모니터링활동에 필요한 자원

(6) 리스크관리정보시스템

리스크관리활동에 사용할 도구 및 지침에 대해 명시한다. 주기적으로 리스크현황에 대해 회의를 하고 새로운 리스크발생 시 바로 보고하여야 하며, 역할과 책임이 부여된 사람과 주기적인 의사소통이 필요하다. 누가, 언제, 어떻게, 누구에게, 얼마나 자주 의사소통을 할 것인지 결정해야 한다. 리스크관리과정에 대해 점검하고 무슨 일이 발생했는지 문서화하는 방법을 결정한다.

- 리스크평가결과, 대응계획과 활동, 모니터링, 통제기능, 최종평가 및 결론을 문서화하는 데 사용하는 절차
- 요구사항, 위임된 책임, 일정의 통합보고
- 활동, 조치, 결과를 커뮤니케이션하기 위해 사용하는 절차와 기술
- 문서화와 보고에 사용하는 포맷(format)과 DB(database)시스템
- 리스크문서화 및 보고활동에 필요한 자원

위와 같이 형식적인 계획이 과연 모든 이벤트에 필요한 것인가? 그럴 수도 있고 아닐 수도 있다. 소규모 이벤트의 경우 이러한 리스크관리계획은 공식적인 문서화보다는 지적 훈련일 수도 있다. 하지만 이러한 공식적 계획을 준비하고 문서화하는 것은 필수적이다. 이렇게 하는 것은 지속적인 개선을 가능하게 하며, 만일 무언가 잘못되는 경우에도 서면계획에 의해 신중한 주의가 이루어졌다는 것을 보여 주는 것은 매우 중요하다. 생각을 깊이 할수록 문서화는 더욱 쉬워질 것이다. 성공적인 이벤트를 위한 가능한 전략과 책임의 범위를 고려한다면, 이벤트계획에 리스크관리계획을 포함시키는 것이 더욱 효과적이다.

3) 리스크평가

리스크평가(risk assessment)는 성공가능성을 높이고 잠재적 손실의 영향을 줄이기 위해서 이벤트의 요소와 과정을 식별하고 분석하는 절차를 말한다. 이는 두 단계 절차로 먼저 잠재적 리스크를 정의하고 이어서 잠재적 리스크를 계량화하는 것이다. 리스크평가는 리스크관리의 핵심적인 요소로서 모범적인 리스크관리 · 운영을 준수하는 증거가 된다. 만일 리스크평가를 수행하지 않으면 자동적으로 모든 리스크에 대한 법적 책임을 떠맡는 것이라고 볼 수 있다.

리스크평가의 범위는 가능한 이벤트와 관련된 잠재적 위험요소와 취약점을 최대한 많이 식별하고자 다양한 방법을 통해 관련 있는 모든 자료의 수집을 포함한다. 이는 해당 이벤트와 유사한 이벤트의 과거기록을 살펴본다든가, 적정한 이해관계자와 관계당국을 인터뷰한다든가, 직원 · 협력업체 · 이해관계자와 회의를 개최하는 것도 좋은 방법이다.

이러한 발견과정은 리스크의 특성, 발생가능성, 영향력을 예측하고 이벤트의 자원과 우선순위에 기반하여 가능한 대응을 결정하기 위해 식별된 리스크의 분석이 뒤따르게 된다.

리스크관리에 무한한 자원이 할당할 수 없으므로 식별된 리스크에 대하여 대응가치가 있는지, 또는 대응에 있어 어떤 것을 우선순위로 두어야 하는지 여러 리스크를 비교하고 순위를 책정하는 작업이 필요하다.

리스크는 심각성(severity)에 따라 대응방법이 달라진다. 낮은 심각성을 가진 리스크에 대한 대응과 높은 심각성을 가진 리스크에 대한 대응은 다르다. 심각성이 높을수록 적극적으로 대응준비를 해야 하며 비용이 많이 투입되어야 한다. 반면 낮은 심각성을 가진 리스크는 간단히 처리할 수 있다. 리스크의 심각성은 리스크의 확률 또는 발생가능성(probability or likelihood)과 리스크가 이벤트에 미치는 영향(impact)이다. 만일 어떤 리스크가 발생할 가능성이 적고 이벤트에 미치는 영향이 낮으면 그 리스크는 낮은 리스크(low risk), 발생가능성이 크고 이벤트에 미치는 영향이 높으면 높은 리스크(high risk), 그 중간은 보통 리스크(moderate risk)가 된다. 즉, 식별한 리스크의 심각성은 낮음, 보통, 높음으로 표현할 수 있다. 리스크의 확률과 영향의 조합에 의해 리스크의 심각성이 결정되므로 확률과 영향을 측정하지 못하면 심각성을 결정할 수 없다. 따라서 각 리스크의 확률과 영향을 측정하기 위한 기준이 있어야 한다. 이벤트주최자나 이벤트마다 리스크에 대한 접근태도나 허용치가 다르기 때문에 확률과 영향의 기준은 다를 수 있다. 따라서 리스크관리계획에서 사용할 확률 및 영향에 대한 기준이 정의되어야 한다.

(1) 확률(발생가능성) 측정기준

확률은 0에서 1 사이로 결정이 된다. 0은 전혀 모르는 것이고, 1은 100% 확실한 것이기 때문에 둘 다 불확실성은 없는 것이다. 만일 리스크를 세분화하여 관리하려면 기준 자체도 세분화되어야 한다. 예를 들면, 확률을 '매우 낮음, 낮음, 보통, 높음, 매우 높음'의 5개 기준으로 표현할 수 있다. 반면 리스크관리를 간단하게 하려면 확률을 '낮음, 보통, 높음'으로 3개 기준만 사용할 수도 있다. 어떤 기준을 적용할 것인지에 대해서는 해당 이벤트에 맞게 이벤트주최자가 결정하게 된다.

이러한 언어적 표현을 대신하여 수치적 표현을 기준으로 사용할 수도 있다. 확률이 낮으면 0.3(30%), 보통이면 0.5(50%), 높으면 0.7(70%)로 사용한다. 유사한 방법으로 '매우 낮음, 낮음, 보통, 높음, 매우 높음'을 '0.1, 0.3, 0.5, 0.7, 0.9'로 표현할 수 있으며, '0.1, 0.2, 0.4, 0.6, 0.8'로 해도 상관은 없다. 정해진 규칙이 없으므로 주어진 이벤트환경에 맞게 결정하는 것이 중요하다.

(2) 영향측정기준

영향을 측정하는 것은 리스크발생 시 이벤트의 범위, 일정, 예산, 참가자 등 목표에 미치는 영향을 결정하는 것이다. 영향을 측정하는 기준도 확률측정기준과 마찬가지로 해당 이벤트에 맞게 결정하여 적용한다. 10억 원 예산의 이벤트와 100억 원 예산의 이벤트에 대한 리스크정책이나 불확실성은 같을 수 없기 때문이다. 영향에 대한 기준은 영향이 '매우 낮음, 낮음, 보통, 높음, 매우 높음'으로 언어적 기준을 사용할 수 있고 수치를 적용해서 '0.1, 0.3, 0.5, 0.7, 0.9'로 사용할 수도 있다. 일반적으로 언어적 기준보다 수치적 기준을 사용하는 것이 편리하다([표 1-5] 참조).

표 1-5 확률과 영향에 대한 기준설정(예시)

기준	확률(%)	이벤트에 대한 영향		
		시간(일)	예산(백만 원)	피해 및 손실
매우 높음	71~99	20 이상	100 이상	사망 또는 영구적 피해
높음	51~70	11~19	75~99	심각한 부상이나 피해
보통	31~50	5~10	50~74	중간 또는 임시적 영향
낮음	11~30	2~4	11~49	작은 부상 또는 피해
매우 낮음	1~10	1 이하	10 이하	아주 작거나 피해 없음
없음	0	변경 없음	변경 없음	영향 없음

또한 적절한 이해관계자 및 관리자를 리스크평가과정에 관여시키는 것이 중요하다. 이는 종합적인 평가를 완성하고 리스크관리목표에 대한 인식과 수용 분위기를 조성하며 주의의무(duty of care)를 설명하는 데 필요하다. 여기에서 주의의무란 법적 요구조건으로 보건과 안전을 담보하고자 지금까지 수행해 온 '합리적으로 실행가능한 모든 것'을 말한다.

이해관계자(stakeholder)는 이벤트에 있어 기능 혹은 재무적 지분을 가지고 있는 개인이나 조직이다([표 1-6] 참조). 각자의 이해관계자는 서로 다른 영역에서의 경험, 전문성의 수준에 따라 다른 견해를 제시할 수 있다. 따라서 중요하다고 강조하는 부분은 물론 해결방안에 대한 처방도 다를 것이다. 이는 각자 다른 목적과 목표, 동기 및 요구조건을 갖고 있기 때문이다.

표 1-6 리스크평가와 관련 있는 이해관계자

이해관계자	관련전문가
• 조직위원회 • 이벤트주최자 · 기획자 • 관공서(정부기관, 지자체 등) • 공공기관(경찰서, 교통기관, 소방서, 보건소 등) • 미디어 및 스폰서십 파트너 • 후원기관 • 참가자 대표 • 주요 직원 • 장소 · 시설관리자 • 공급업자 및 계약업체 등	• 광고 및 PR전문가 • 등록관리전문가 • 티켓판매전문가 • 케이터링(catering)전문가 • 보험중개인 • 엔터테인먼트전문가 • IT전문가 • 안전관리자(전기, 가스 등) • 시스템전문가(레이저, 조명, 음향, 불꽃, 영상, 특수효과 등)

4) 리스크대응

리스크대응(risk response)은 리스크를 처리하기 위한 방법을 평가 · 선택 · 실행하는 것으로 무엇을 조치하는지, 언제 그리고 누가 책임을 맡을 것인지에 대한 부분까지 포함한다. 이벤트에 대한 효과적인 리스크대응계획을 수립하기 위해서는 잠재적인 리스크를 식별하고 원인과 결과를 분석하며, 각각의 리스크에 적합한 대응방법을 평가하는 체계적인 절차가 마련되어야 한다. 리스크대응계획은 반드시 리스크에 대한 대응의 구체적 시점을 명확히 하고 이에 대한 후속절차, 대응을 실행할 책임자 또는 직원을 명시화해야 한다.

대표적인 위협 리스크대응전략은 회피(avoidance), 전가(transference), 완화(mitigation), 유지(retention)이며, 기회 리스크대응전략은 활용(exploitation), 공유(sharing), 향상(enhancement), 수용(acceptance)으로 구성된다. 가장 적합한 전략을 선택하거나 다양한 전략을 결합하는 것은 선택한 전략에 대한 이해, 비용, 기간, 실행에 미치는 영향, 사용효율성에 달려 있다. 또한 리스크 그 자체를 이해하는 것이 중요한데 이는 통제가능한 리스크를 다루는 것이나 통제불가능한 리스크를 경감시키는 것 모두 리스크의 원인, 영향, 가용자원의 수준에 따라 달라질 수 있기 때문이다(Kendrick, 2003).

리스크대응 시 상기의 대응전략의 선택을 고려할 때 스스로 자문할 내용은 다음과 같다.

- 이 전략의 선택은 여전히 이벤트의 요구를 충족시킬 수 있나?
- 이 전략의 선택은 과연 효과적인가?
- 이 전략의 선택은 입수가능한가? 경제적인가?
- 이 전략을 개발하고 수행할 만한 충분한 시간이 있는가?
- 이 전략의 선택은 이벤트계획에 어떤 영향을 미칠 것인가?
- 이 전략의 선택은 식별된 다른 리스크에 어떤 영향을 미칠 것인가?

항상 모든 리스크에 대응할 필요는 없다. 어떤 리스크는 너무 사소하거나 불분명하여 특별한 조치가 필요치 않고, 대부분의 경우 간단한 조정과 계획의 개선을 통해 리스크를 완화시킬 수 있다. 리스크대응을 수행하는 데 필요한 자원, 예상 혜택 및 가용자원의 현실적인 균형은 반드시 달성되어야 한다. 시간과 비용, 그리고 다른 자원을 리스크조치에 투입하는 것은 이 투입이 리스크를 완화시키거나 통제하는 데 기여할 것이라는 보장을 전제로 한다. 이러한 승인을 얻기 위해서 리스크가 발생한 후 이를 회복하는 것이 얼마나 어려우며, 얼마나 많은 시간과 예산을 소비하는 일인지 자세히 설명해야 한다.

선택한 대응전략으로 인해 영향을 받는 모든 직원, 부서, 그리고 이해관계자에게 반드시 어떤 대응이 조치될 것이며 이에 대한 잠재적인 영향이 어떤 것인지에 대해서 공식적으로 알려 주어야 한다. 또한 2차 리스크(secondary risk), 즉 리스크대응을 수행함으로써 나타나는 결과로 새로운 리스크가 발생할 수도 있다는 것을 주지시켜야 한다. 특히 이해관계자에게 리스크평가 및 대응계획을 가시적으로 알려 주는 것은 리스크관리전략을 채택하고 대응조치를 수행할 담당자를 준비시키며 이들로 하여금 신속하고 현명하게 대응할 수 있는 동기를 부여한다.

일단 리스크가 식별되어 서술 및 분석되면 리스크관리자는 리스크등록부(risk register worksheet)를 작성해야 한다. 여기에는 식별된 리스크, 리스크평가에 사용된 분석결과, 리스크를 처리할 대응전략, 리스크를 모니터링하고 추적하는 절차 및 담당자, 비용과 일정의 영향 등을 자세히 기록한다. 이는 리스크의 정의, 의사결정을 위한 근거로서 통합된 우선순위, 향후 리스크조치방안에 대하여 제시하여야 한다. 또한 개별 리스크대응계획은 다른 리스크계획과 전체적인 이벤트계획과 통합시키는 데 사용되어야 한다.

리스크대응계획은 다음의 5W1H사항을 다루어야 한다.

- 누가(who): 누가 리스크에 대한 모니터링과 대응조치를 수행하는 데 책임질 것인가?
- 언제(when): 모니터링보고서의 제출기한과 처리방안이 적용되는 시점은?
- 어디서(where): 그 리스크가 전체계획 및 다른 리스크에 효과적인 장소는?
- 무엇을(what): 리스크의 정의, 우선순위, 처리방안은 무엇인가?
- 어떻게(how): 조치를 취급하는 절차와 수행 시 필요한 자원은?
- 왜(why): 대응을 하지 않을 경우 발생할 수 있는 결과는?

리스크대응계획에서는 효과적인 대응조치를 할 수 있도록 리스크가 발생하기 직전에 나타나는 상황인 징조(trigger)[02]와 허용치(tolerance)에 대하여 구체적으로 명시하여야 한다. 리스크를 대응하는 과정에서 새롭게 발생하는 2차 리스크 또는 리스크대응전략을 적용한 후 남아 있는 잔류 리스크(residual risk)가 발생함에 따라 연속적인 징조가 나타날 수 있다. 리스크허용치는 리스크를 수용할 수 있는 한계를 말한다. 개인이나 조직에 따라서 리스크를 수용하는 한계는 다를 수 있다. 낮은 리스크를 회피하려는 개인이 있는 반면 높은 리스크를 수용하려는 개인도 있다. 이벤트에 참여하는 핵심이해관계자들이 갖고 있는 리스크허용치에 따라 리스크관리 및 대응은 달라질 수 있는 것이다. 보통 심각성이 낮은 리스크는 수용하게 된다. 하지만 리스크의 심각성이 점차 높아지면서 조직이 수용할 수 있는 한계를 넘으면 그 리스크를 회피하게 된다. 이와 같이 리스크를 수용하는 부분과 수용하지 않는 경계를 리스크허용치(risk tolerance)라고 한다.

02 징조(trigger)는 리스크가 발생했거나 발생 직전이라는 신호를 말하며, 'warning sign' 또는 'symptom'이라고도 한다.

또한 리스크대응계획은 각 징조마다 취해야 할 수정조치나 대응조치, 그리고 그 절차를 명확히 해야 한다. 그리고 리스크대응조치를 수행하는 책임자나 담당자는 그렇게 할 수 있도록 의사결정권한을 가져야 한다.

5) 리스크모니터링 및 통제

리스크모니터링(risk monitoring)은 리스크의 상태와 리스크통제조치의 진행상황을 체계적으로 추적하고, 향후 리스크처리의 옵션(option)과 필요한 조치(action)를 개발하는 것이다. 이는 사전에 계획하고 연속적이며 반복적인 과정으로써, 정보를 미리 수집하고 분석하여 진척, 상태, 상황에 따라 적시에 적절한 전략을 통해 관찰하고 대응할 수 있어야 한다. 리스크모니터링은 이벤트의 시작부터 완료시점까지 전 기간에 걸쳐 실시된다. 리스크모니터링은 예측유지는 물론 예방을 위한 것으로 볼 수 있다. 즉, 이벤트와 리스크관리계획이 제대로 진행되고 있는지, 그리고 적절한 대응방법으로 변화를 다루고 있는지를 확인하는 것이다. 모니터링 활동은 리스크가 발생하는 경우 다양한 대상, 측정, 허용치를 사용하여 영향을 받는 영역에 집중하는 것이다.

리스크가 발생하였거나 발생 직전의 조짐으로서 징조는 일반적으로 리스크식별 과정에서 확인된다. 징조는 특정한 한계치에 다다랐을 때 활성화되며 이어서 대응계획을 실행에 옮기게 된다. 이런 허용치 또는 한계치(tolerance or threshold)는 이벤트 세부계획서, 이해관계자, 활용가능한 자원에 의해 식별된 리스크허용수준에 따라 설정하며, 그 수준은 한계선, 수용력, 마감기한, 정책, 규제, 요구사항, 제약사항으로 표현한다.

리스크통제대응은 실제 상황과 많은 변수를 고려해야 한다. 100원짜리 문제를 해결하기 위해서 100만 원이 드는 해결책을 수행하지 않는다. 이는 과정의 반복적인 특성과 유연성이 작용하는 곳이기 때문이다. 리스크가 지닌 불확실성에서 알 수 있듯이 리스크의 본질은 예상한 대로 발생하지 않는 데 있다. 리스크관리자, 모니터링 및 대응담당자는 적합한 유형과 대응수준을 적용하기 위해서 이러한 리스크의 본질과 다른 리스크영역에 대한 영향력의 범위를 이해하고 있어야 한다. 이는 리스크분석과 대응계획기술에 대한 재적용이 필요하며 항상 지식, 경험, 상식이 요구된다.

'리스크를 통제한다'라는 맥락에서 철저하게 리스크평가를 수행해야 하는 중요성을 이해하는 것은 매우 중대하다. 분명한 사실은 이벤트에서 발생하거나 또는 발생할 수 있는 것에 대해 '통제를 할 수 없다는 것'이다. 이벤트관리와 리스크관리는 초기 단계부터 반복적인 계획수립에 이르는 전반을 아우르며, 이것은 변화관리(change management)의 전부라는 것에 주의하여야 한다. 이벤트에는 '항상' 변수와 사건발생이 나타나기 마련이고, 모든 일은 '계획대로 정확하게 되지 않으며', 한 사람이 절대 '모든 리스크'를 제거할 수 없다. 사람은 발생하는 변수를 모두 통제할 수 없지만, 이런 변수에 효과적으로 대응하는 능력은 가지고 있다. 따라서 대응능력에 대하여 주도적이어야 한다.

효과적인 변화관리 및 사전대응을 하기 위해서 정보, 친숙함, 좋은 판단력, 준비상태가 필요하다. 적절하게 문제를 식별하고 분석하며 해결하는 방법을 알아야만 한다.

한창 이벤트가 진행되는 중에 적응하는 무의식의 신속한 인지는 의사결정과 판단에 중요한 역할을 하지만, 의사결정의 효율성은 경험과 지식의 깊이와 폭에 따라 달라진다(Gladwell, 2005). 방지할 수 있는 것을 방지하기 위한 예방적 조치를 포함하고, 그런 다음 준비에 집중하여야 한다. 무엇이 잘못될 것인가에 대해서 인지하면 할수록 대응할 수 있는 더 나은 준비를 하게 되고 사건발생에 적절하고 효과적으로 대응할 수 있게 된다.

6) 리스크커뮤니케이션

리스크커뮤니케이션(risk communication)은 정보전달과 협의를 포함하는 개념으로 이벤트의 전반적인 범위와 리스크관리활동, 조치, 결과에 대한 메시지를 주고받을 수 있는 쌍방향적인 능력을 필요로 한다. 효과적인 리스크커뮤니케이션은 리스크를 예측하고 대비하는 데 도움을 주는 사전대책의 데이터(data)를 공동으로 협력하고 습득하는 것을 가능하게 하며, 무엇인가 발생하기 전에 리스크메시지를 얻을 수 있게 한다(Smith and Merritt, 2002). 리스크메시지를 커뮤니케이션하는 데 있어 모두가 권한과 의무를 느낄 수 있도록 하기 위해서 리스크보고는 절대 유죄가 아니라는 것이 모든 직원에게 깊이 스며들어야 한다.

커뮤니케이션의 절차와 방법은 적시에 적절한 사람으로부터 올바른 정보를 얻을 수 있도록 시작 단계부터 평가 단계에 이르기까지 이벤트 전반에 철저히 내재되어야 한다. 게다가 수행보고서나 상태보고서, 변경지시서, 다른 문서, 회의 등과 같은 서면커뮤니케이션(written communication)은 이벤트팀의 집단지성을 활용할 수 있는 유일한 기회를 제공한다.

리스크관리자가 기획 단계의 초기회의부터 참여할 때, 주요 이해관계자에게 리스크관리를 본질적으로 필요한 계획으로 수용하도록 분위기를 조성할 수 있는 가능성을 높일 수 있다. 이때 이해관계자에 대한 각자의 역할, 기대치, 관심사, 이벤트의 의사결정에 미치는 영향력을 확인하는 이해관계자분석을 준비하는 것은 도움이 될 것이다. 회의는 리스크평가 단계가 진행되는 동안 특별히 중요하다. 이때 이벤트와 관련된 모든 사람을 한데 모으고, 이들로 하여금 팀을 조성하게 하며, 각자의 경험과 전문성을 확장할 수 있기 때문이다. 이 팀워크(teamwork)는 이벤트가 실행 단계에 접어들면 더욱 중요해진다.

청각커뮤니케이션(sound communication)의 기반시설은 리스크모니터링과 통제전략의 효율성을 결정하는 데 매우 중요하기 때문에 적절한 정보의 원활한 흐름을 가능하게 하여야 한다(Kendrick, 2003). 정보는 반드시 시의성, 정확성이 있고, 간단 · 명료하여야 하며 일단 대응조치가 취해지면 내 · 외부직원, 협력업체, 이해관계자와 커뮤니케이션되어야 한다. 정기적으로 개최되는 회의는 진척, 변경과 같은 이들의 목표를 지지할 것이며, 떠오르는 리스크가 검토되고 다루어진다.

7) 리스크문서화

리스크문서화(risk documentation)는 리스크평가, 대응계획, 모니터링 및 통제 결과, 다른 기록물과 문서 등에 대하여 기록 · 보고 · 유지 · 보관하는 것을 말한다. 이러한 문서화를 만들어 내는 일은 공식적으로 이벤트 프로젝트의 '인도물

(deliverable)'을 담당하는 하나의 부서로서 권한이 주어져야 한다. 즉, 이벤트계획과 업무분류체계(Work Breakdown Structure: WBS)에 있어 구체화된 과업의 한 부분이며, 소정의 절차에 따른 조사(due diligence)[03]의 책임으로서 이벤트관리의 일환으로 인정받아야 한다. 과업분할체계는 요구된 인도물을 만들고 이벤트목표를 달성하기 위해 이벤트조직에 의해 수행되어야 할 과업을 인도물을 중심으로 계층 구조형태로 분할한 것이다. 또한 공식적인 문서화 절차를 설정하는 것은 체계적이고 적합한 리스크관리과정이 수행되고 있으며, 의무적인 기능으로서 문서의 가시성 때문에 결과적으로 더 종합적인 리스크평가가 된다는 것을 보여 준다.

리스크문서화는 향후 활용을 위한 정보의 보관은 물론 현재의 리스크발견, 모니터링과 통제활동에 제공하는 중요한 정보를 포착하기 위하여 이벤트 전반에 걸쳐 수행되어야 한다. 문서화는 강력한 리스크관리과정으로 이어지는 가치 있는 자료와 중요한 증거를 제공한다. 문서화는 회고분석(retrospective analysis), 권한과 책임에 대한 메커니즘(mechanism)을 지원하며, 대응조치를 입증하고 성과물을 확인하는 데 필요한 문서이력을 제공한다.

문서화는 이벤트조직의 지식기반에 더해지며, 리스크관리에 있어 식별은 물론 잘못되어 가는 것에 대한 이해도를 향상시키는 관련자료를 제공한다. 또한 가능한 결과의 최대이익을 얻어 내기 위한 기회관리(opportunity management)에 있어 더 나은 식별을 위한 방법을 제공한다. 어떤 영역 또는 대응조치를 결정하기 위하여 평가되는 전략과 활동들은 효율적이거나 또는 비효율적이며, 효과적이거나 또는 비효과적이다. 마찬가지로 어떤 프로그램의 요소, 정책, 절차도 효율성 및 효과성에 따라 지속 · 수정되거나 또는 삭제되어야 한다. 이러한 배경내용은 새로운 직원이나 새로운 이벤트 프로젝트에 매우 중요하다.

의사결정과정은 재구축될 수 있으며, 이러한 결정에 대한 근본적인 이유와 정확성에 대해 밝히고 이해하기 위해 검토한 것이 그 근거가 된다. 이러한 검토는 이해관계자에게 왜 특별조치가 필요하고 권고되었는지 분명히 입증하는 것은 물론 현재와 미래의 가정과 제약에 대한 개선된 인식으로 이어진다. 또한 이는 이행에 대

03 사전적 의미는 어떠한 사업에 있어 의사결정 이전에 적절한 주의를 다하고 계획을 수립하여 수행하여야 하는 주체의 책임이라고 할 수 있다. 즉, 소정의 절차에 따른 조사행위라고 해석할 수 있다.

한 승인과 권한을 획득하기 위해 이벤트관리 및 리스크관리 의사결정자가 준비해야 하는데, 이는 감사추적(audit trail)을 명확히 규정하고 제공하기 때문이다.

문서화 증거의 본질은 두 가지다. 첫째, 문서화는 실현된 결과와 성과물에 대한 증명을 제공한다. 이 정보는 최근의 모니터링활동, 회귀적이고 예측적인 분석적 활동, 감사와 다른 평가를 지원한다. 둘째, 문서화는 발생과 사건, 주의의무의 활동에 대해 공식적이고 법적인 증거를 제공한다.

Chapter 02 리스크관리의 방법

리스크관리과정의 전반에 여러 가지 도구와 기술을 사용하게 되는데 이는 효과적이고 포괄적인 사전대책을 확실히 세우기 위해서다. 어떤 도구나 기술을 어떤 단계에 사용할지 결정하는 것은 이벤트의 유형, 범위, 규모뿐만 아니라 이에 관여하는 이해관계자의 경험, 전문성, 업무 등을 기반으로 해야 한다. 각각의 도구와 기술은 손에 주어진 과제를 수행하기 위해서 다른 실용적인 수단이나 방법을 제공하며, 복수의 조합을 사용하면 가장 효과적인 결과가 나타날 수 있다.

1. 리스크식별

우리가 식별하지 못하는 리스크는 관리할 수 없다. 이벤트 프로젝트의 모든 리스크를 식별하는 것은 사실상 불가능하다. 따라서 최대한의 노력을 통해서 가능한 리스크를 많이 식별해야 한다. 리스크를 식별하는 활동은 이벤트 프로젝트의 규모나 복잡성에 따라 주기적 · 반복적으로 수행하는 것이 필요하다. 또한 리스크를 식별한 후에 리스크목록을 문서화하고 각 리스크의 특성도 기록해야 한다. 추가적으로 각 리스크에 대한 잠재적 대응방안을 준비해야 하며, 리스크발생 후 대응보다는 가능한 리스크발생 전 예방에 노력을 기울이는 것이 유리하다.

리스크식별(risk identification)은 다양한 방법을 사용하여 발생가능한 리스크, 징조, 허용치를 규정하기 위해서 이벤트의 구성요소 및 과정에 대해 조사하는 것이다. 수많은 기술은 이러한 발견과정을 가능하게 하나, 이는 이벤트의 목적, 목표, 유형,

포함된 활동범위, 참가자, 운영절차를 규정하는 명확한 프로그램이나 계획부터 시작한다. 리스크식별과정의 결과는 리스크대응조치를 위한 분석과 우선순위를 매길 수 있도록 잠재적 리스크를 설명하는 목록화가 되어야 한다.

리스크의 발견과정을 유발하는 질문은 다음과 같다(Berlonghi, 1990).

- 누가 위험에 노출되어 있는가?
- 누가 손실로 인해 고통받을 것인가?
- 무엇이 손실에 노출되어 있는가?
- 무엇이 손실을 야기할 수 있는가?
- 그 결과는 무엇인가?

또한 리스크식별을 위한 중요한 성공요소를 살펴보면 다음과 같다(한동환 · 민경현, 2012).

- 가능한 프로젝트 초기에 리스크식별을 하라.
- 주기적 · 반복적으로 리스크를 식별하라.
- 정기적 리스크식별일정 이외에 비정기적으로 식별하라.
- 이해관계자로부터 리스크정보수집에 대한 사전동의를 얻어라.
- 다양한 영역에 대한 리스크식별 체크리스트를 활용하라.
- 가능한 많은 전문가를 참여시키고 고객도 리스크식별에 참여시켜라.
- 다양한 자료조사는 물론 가능한 많은 리스크를 식별하라.
- 리스크는 불확실성이므로 위협은 물론 기회에 대한 식별을 수행하라.
- 다중 관점으로 리스크를 식별하고 객관적 시각을 유지하라.
- 식별한 리스크들을 프로젝트의 목표와 연계시켜라.
- 리스크설명의 상세수준을 명시하고 리스크를 최대한 상세히 기술하라.
- 다양한 기법을 사용하고 직접 이해관계자를 만나서 인터뷰하라.
- 사전에 리스크식별양식을 준비하라.

리스크를 식별할 때 다양한 도구나 기술을 사용하는 것은 많은 도움을 준다. 각 도구나 기술은 제각기 장점과 단점을 가지고 있기 때문에 한 가지 기법을 사용하는 것보다 여러 가지 기법을 사용하는 것이 바람직하다. 또한 많은 리스크관리 매뉴얼(manual)에서는 보다 효율적이고 효과적인 식별과 분석을 하기 위하여 리스크의 다양한 영역을 범주화하여 분류한다. 이러한 범주화는 활동, 과업, 부서, 이벤트의 구성요소, 세부설명서, 필요사항, 목표, 중요 작업한도, 과정 또는 어떤 그룹화로 될 수가 있다. 리스크관리자는 이벤트의 유형, 규모, 범위, 목적에 가장 적합한 범주화의 유형을 개발함으로써 이해관계자가 가장 적합하게 이 과정에 참여할 수 있도록 해야 한다.

통상 범주화를 위해서 리스크를 분류할 수 있는 리스크분류체계(Risk Breakdown Structure: RBS)를 사용한다. RBS는 프로젝트 또는 조직에 따라 다를 수 있는데 이는 프로젝트의 규모나 복잡성은 다양하고 조직마다 리스크정책이 상이하기 때문이다. 유사한 프로젝트를 반복적으로 수행해 온 조직이라면 과거의 프로젝트에서 사용했던 RBS를 사용하기도 한다. RBS는 리스크식별에 도움을 제공하며, 근본원인에 의해 리스크를 분류할 경우 리스크에 대한 효과적인 대응방안을 고려할 수 있다. 또한 프로젝트의 진척도에 따라 불확실성은 감소하고 새로운 리스크가 식별될 수도 있기 때문에 RBS는 리스크관리주기에 따라 갱신될 필요도 있다.

그림 2-1 리스크분류체계(RBS)의 예시

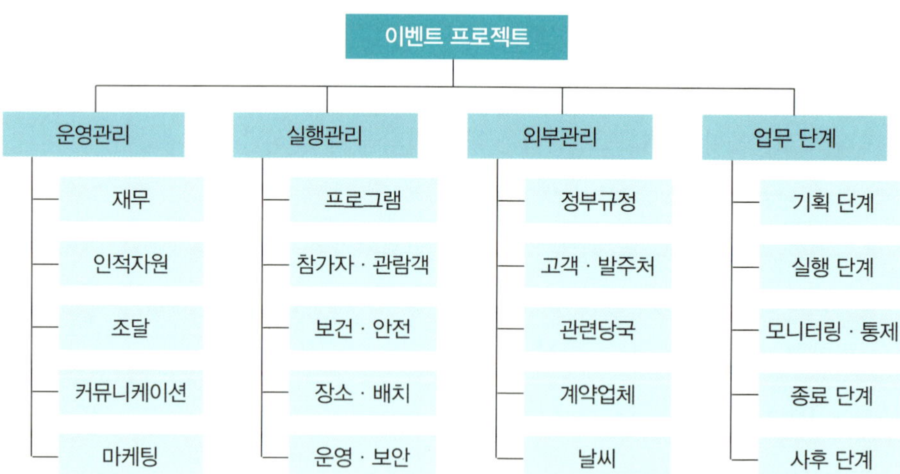

1) 리스크식별의 수단과 방법

(1) 과거기록문서 검토

과거의 유사한 이벤트로부터 생산된 모든 기록문서의 검토(documentation review)는 리스크식별에 많은 도움을 준다([표 2-1] 참조). 기록문서의 검토는 관심영역과 활동, 고심해야 할 상호작용 및 통합계획의 문제, 회의나 인터뷰를 해야 할 이해관계자, 유사한 유형이나 범위의 이벤트에 적합한 문서 내에서의 차이를 알려 준다. 또한 선행 이벤트 및 유사 이벤트의 리스크범주, 리스크대응계획, 교훈사항, 수행했던 워크어라운드(workaround)[01]에 대한 분석을 통해 주의가 필요한 리스크요인과 영역을 알 수 있다.

표 2-1 검토대상 기록문서(예시)

• 설문조사보고서	• 각종 제안서
• 이벤트 일정계획	• 계약서/협정서
• 이벤트 기본계획서	• 허가신청서
• 사전 리스크보고서	• 시설규정
• 이벤트 실행계획서	• 보험가입증명서
• 설계 상세내역서	• 직무상세서
• 마케팅계획서	• 조달관련서류
• PR광고계획서	• 과업관리계획
• 체크리스트(checklist)	• 이벤트 프로그램
• 운영 매뉴얼	• 행사장계획
• 인진계획 및 비상내책	• 스폰서십계획 및 실행
• 예산계획 및 정산서	• 자원봉사자계획
• 이벤트 평가보고서	• 업무분류체계(WBS)
• 백서 및 결과보고서	• 선행기록물

(2) 가정분석

대부분의 프로젝트는 가정을 전제로 진행된다. 만일 이벤트의 실행과정에서 운영인력 30명 투입을 계획하였다고 하자. 하지만 예상 관람객 수를 초과하는 경우

01 식별하지 못한 리스크가 발생했을 경우 즉시 분석 및 조치하는 리스크에 대한 대응, 즉 계획하지 못했던 리스크발생 시의 대응

운영인력이 추가로 필요할 수 있으며, 필요시점에 투입불가능한 경우도 발생할 수 있다. 가정이 틀렸을 경우 바로 리스크로 변경될 수 있으므로 가정의 불확실성은 잠재적 리스크로 고려해야 한다. 이처럼 가정분석(assumption analysis)은 해당 프로젝트에서 어떤 사항에 대해 가정을 하고 있는지 문서화하고 그 가정이 유효한지 지속적으로 확인하는 것이다.

가정을 주기적으로 확인할 경우 평가기준을 설정해야 한다. 예를 들어, 안정성을 1~10점을 기준으로 하여 평가가 5~10점이면 아직도 가정이 유효한 것으로 판단하며, 그 결과도 1~10점으로 기준을 두고 평가가 5~10점이면 프로젝트에 영향을 미친다고 판단한다([표 2-2] 참조).

표 2-2 가정분석(예시)

범주	가정사항	안정성 (10점 척도)	실패 시 결과 (10점 척도)	현재 상태	확인일
인력	현재 운영인력의 교대, 휴가, 휴일, 병가 등을 고려하지 않았음.	7	9	유효	2015. 9. 1
기업 유치	해외기업의 유치미달로 해외산업관의 규모를 축소하거나 배치를 조정해야 함.	9	7	유효	2015. 9. 5

(3) 브레인스토밍

브레인스토밍(brainstorming)은 향후 분석을 위해 각 참가자의 아이디어(idea)를 기록한다는 점에서 팀구성원, 이해관계자, 주제관련 전문가그룹을 이용하여 리스크식별에 활용되는 창의적이고 지적인 아이디어를 얻기 위한 방법이다. 이 브레인스토밍은 오래전부터 다양한 목적을 가지고 아이디어를 발상하는 기법으로 사용해 왔다. 이는 하나의 아이디어나 아이템(item)을 생산하는 활동이며, 아이디어의 가치나 실행가능성에 대하여 평가하지 않는다는 것이 중요하다. 이러한 평가는 활동을 억압하고 독특하고 색다른 리스크가 출현할 가능성과 잠재적인 기회 및 해결방안을 창출하는 데 걸림돌이 될 수 있기 때문이다.

브레인스토밍의 장점은 모든 참가자에게 발언권이 있으므로 다양한 아이디어를 발상할 수 있다는 점이다. 반면 단점은 개별 아이디어보다 집단 아이디어로 흐를 수 있으며, 경우에 따라서는 권한이 높은 사람의 아이디어로 몰릴 수 있으므로 사회자가 객관성을 유지하면서 조정을 해야 한다. 리스크식별을 위한 브레인스토밍은 다음과 같은 순서로 진행할 수 있다.

- 리스크식별을 위한 브레인스토밍에 참가할 사람을 결정(고객, 리스크팀, 이해관계자, 외부전문가 등)
- 참가자 중에서 아이디어를 기록하는 사람의 선정(1~2명)
- 아이디어를 발상할 수 있는 편안한 환경을 조성: 화이트보드(whiteboard), 플립차트(flip chart), 포스트잇(post-it), 음료수 등
- 사회자가 참석자에게 브레인스토밍의 목적과 주의사항을 설명
- 사회자가 참석자에게 프로젝트의 리스크식별을 위해 질문 제시
- 생성된 리스크를 공통범주로 그룹화(grouping)
- 리스크목록에 따라 참가자의 공통토론
- 각 리스크에 대한 원인과 그 리스크가 미치는 영향에 대하여 문서화

(4) 차이분석

차이분석(gap analysis)은 이벤트의 계획과 실행에서의 차이(예: 격차나 누락 부분)를 찾아내는 데 사용되는 분석적 도구이다. 차이분석의 목적은 기대치와 실제 수행 및 시스템 하자 간에 어떤 잠재적인 불일치를 판단하는 데 있다. 일반적으로 차이분석은 이벤트의 실행 이후에 적용하는 경우가 많고, 선행 이벤트로부터 얻은 결과는 우려되는 영역과 활동에 더 많은 관심과 노력을 기울이도록 도움을 준다.

(5) 위험요소매핑

위험요소매핑(hazard mapping)은 관심영역과 항목에 대한 이벤트환경(현장, 주변환경, 구조, 시스템)을 조사하는 것이다. 위험요소매핑과 관련된 활동은 특히 보건과 안전에 대한 위해요소를 식별하는 데 유용하며, 결합된 리스크요인이나 리스크발생원인이 조성되는 영역이나 활동을 발견하는 데도 이용된다. 이 활동은 실용적인 조언을 얻기 위해서 실제로 그런 환경 속에서 일하는 사람(직원 및 자원봉

사자)을 포함시키는 것이 더욱 효과적이다.

(6) 인터뷰

모든 부서의 책임자, 핵심이해관계자, 이벤트 운영의 관계자와의 상담은 리스크 식별에 있어 중요한 구성요소다. 또한 동료나 전문가를 대상으로 인터뷰하는 것도 유용할 수 있다. 이러한 인터뷰(interview)는 일대일 또는 그룹화하여 수행할 수 있으며, 현존하는 우려사항을 밝혀 내고 리스크요인을 식별할 수 있다. 그리고 리스크요인에 대해 무엇을 시행해야 하고, 그것을 대응하기 위해 이용가능하고 필요한 자원을 규명하는 데 사용된다.

사전에 인터뷰내용을 명확히 할수록 수집되는 정보의 품질이 좋아진다. 질문사항은 책임영역에 따라 준비를 해야 하며, 인터뷰하는 개인마다 별도의 질문목록을 준비해야 한다. 이때 질문목록은 어려움, 불일치, 오인, 오해, 상충되는 전제 조건을 알아내는 것이 핵심이다. 사람들과 인터뷰하는 동안에 상세하게 리스크를 다룰 수 있는 장점이 있으나, 리스크가 아닌 걱정거리나 이슈 등이 함께 식별될 수 있으므로 적절하게 걸러낼 수 있어야 한다. 또한 사전에 녹음기를 준비하여 인터뷰내용을 녹음하고, 녹취내용을 다시 들으면서 자세하게 문서화하는 것도 도움이 된다. 인터뷰를 할 때 다음의 내용을 고려해야 한다.

- 인터뷰를 통해 어떤 내용을 수집할 것인지 규정하고 구체적인 질문지를 구성하라.
- 대상자에게 인터뷰에 대한 허락을 받고, 왜 인터뷰가 필요한지 구체적으로 설명하라.
- 인터뷰는 두 사람이 진행하라. 한 명은 질문을 하고 다른 사람은 답변을 적어라.
- 질문은 가급적 많은 내용을 답변할 수 있는 개방형 질문을 하라.
- 상대방의 답변에 이해가 부족하면 반드시 명확하게 확인하라.
- 말로 표현하기 어려운 내용은 그림을 그리도록 유도하라.
- 더 구체적인 정보를 얻으려면 상대방의 답변에 추가질문을 던져라.
- 향후 필요하면 다시 인터뷰를 요청할 수 있다고 미리 알려 줘라.
- 인터뷰를 위한 시간할애에 감사표현을 하라.

(7) 리스크평가회의

리스크평가회의(risk assessment meeting)는 리스크식별을 하는 데 매우 효과적인 방법이다. 리스크평가회의에 참가하는 모든 사람은 리스크목록, 리스크보고서를 준비하도록 사전작업을 요청받으며, 각 참석자는 이름을 기록하여 리스크관리자는 참석자의 명단을 확보한다. 리스크평가회의의 횟수와 범위는 개최하는 이벤트의 규모, 범위, 유형에 따라 다를 수 있다. 리스크관리자는 전원참여를 독려하기 위하여 모든 회의참가자에게 그들의 아이디어나 관점이 리스크식별을 위해 많은 기여를 한다는 점을 확실히 상기시켜야 한다.

리스크평가회의는 모든 아이디어가 향후 분석 단계의 회의 때까지 비판 없이 수용된다는 점에서 브레인스토밍 세션(session)을 개최하여 달성하기도 한다. 그룹의 구성원을 순차적인 방식으로 참가시키는 그룹기술인 리그전(round robin)방식을 활용하면 모든 구성원이 토론에 자발적으로 기여하고 또한 아이디어를 경청하게 한다.

(8) 시나리오훈련

시나리오훈련(scenario exercise)은 참가자에게 이벤트와 관련한 사건 및 상황에 대한 시나리오나 설명을 제시하고, 논리적 결론이나 최악의 결론에 대한 시나리오의 예를 들어 보면서 원인, 결과, 다른 시사점을 논의하고 검토하도록 요구하는 훈련이다. 무엇이 잘못될 것인지 또는 무엇을 놓치고 있는지와 같은 형식의 분석은 자주 생략되거나 예상치 못한 상황을 드러나게 해준다. 또한 참가자에게 명확하게 시나리오의 상황을 넘어설 수 있도록 격려하며, 리스크와 리스크의 근본원인, 그리고 잠재적 결과를 더욱 잘 식별하고 이해할 수 있도록 해야 한다.

(9) SWOT분석

SWOT분석(SWOT analysis)은 기존 이벤트 또는 유사 이벤트의 강점(strength), 약점(weakness), 기회(opportunity), 위협(threat)요인을 검토하고, 현재 또는 향후 이벤트와 관련된 리스크를 식별하거나 예측하는 것이다([그림 2-2] 참조). 리스크는 기회에 대한 리스크와 위협에 대한 리스크가 있으므로, SWOT분석을 하게 되면 자연스럽게 기회와 위협이 식별될 수 있다. 또한 내부 리스크와 외부 리스크를 모두 식별할 수 있는 장점을 갖는다. 식별된 모든 강점과 기회는 활용되어야 하고 모든 약점과 위협은 신중히 분석하고 대응하고 모니터링을 해야 한다. 이 분석의 특징은 구체적인 프로젝트의 리스크식별보다 상위수준의 리스크들이 식별되는 경향을 나타낸다.

그림 2-2 SWOT분석

강점(strength) • 내부요인 • 강점의 극대화	약점(weakness) • 내부요인 • 약점의 최소화
기회(opportunity) • 외부요인 • 기회의 이점을 활용	위협(threat) • 외부요인 • 잠재 리스크를 완화

(10) 업무분류체계(WBS)의 검토

업무분류체계(Work Breakdown Structure: WBS)는 일반적인 프로젝트관리수단으로서 프로젝트의 목표를 달성하고 필요한 인도물(deliverable)을 산출하기 위해 실행하는 작업을 인도물 중심의 계층구조로 세분해 놓은 것으로 1950년대 미국방성에서 최초로 사용한 용어다. WBS는 프로젝트의 전체 범위(scope)를 구성하고 정의하며, 하위수준으로 내려가면서 프로젝트작업에 대해 점차 상세한 정의를 보여 준다. WBS는 업무패키지(work package)[02]로 세분되고 인도물 중심으로 구성되며 내부 인도물과 외부 인도물을 모두 포함한다.

WBS는 이벤트를 실행하는 데 필요한 활동, 과업, 작업패키지의 목록이다. 이벤트 구성요소를 과업 구성요소로 분해하는 이 작업은 이벤트 범위의 현실적이고 종합적인 개관을 제공하고, 이의 완성에 필요한 자원도 제공한다. WBS는 시간표, 일

02 업무단위를 결정할 때, 관리 포인트로서 더 이상 분할할 수 없는 최소단위

정, 최상경로(critical path),[03] 마감기간과 결합하여 검토하여야 한다. 이는 논리적이고 필요한 연속적인 순서 속에서 특정한 조치를 수행하고 부주의한 실수와 잠재적인 상충을 밝혀 내기 위한 것이다.

(11) 체크리스트

과거 유사한 이벤트의 기록에는 당시 발생했던 리스크의 목록과 대응에 대한 기록이 있다. 과거에 발생했던 리스크목록을 해당 이벤트의 리스크식별 체크리스트(checklist)로 활용하여 리스크를 식별할 수 있다. 과거의 데이터를 활용하므로 신속하고 용이하게 리스크를 식별할 수 있는 장점이 있으나, 목록에 없는 리스크는 식별하지 못하고 지나칠 수 있는 단점이 있다. 또한 위협에 대한 리스크만 식별되고 기회에 대한 리스크가 무시될 수 있다.

(12) 델파이기법

델파이기법(Delphi technique)은 미래를 예측하는 데 활용하는 기법으로 전문가들의 의견을 수집하고, 수차례의 반복적인 피드백(feedback)을 통해 아이디어를 얻는 기법이다. 이 기법은 1984년 미국의 랜드(RAND)연구소에서 개발하여 IT, 교육, 연구, 개발, 군사 등 여러 분야에서 사용하고 있으며, 특히 이벤트분야에서는 수요예측에 자주 활용하고 있다.

이 기법의 특징은 참여하는 전문가를 모두 익명으로 처리한다. 그 이유는 전문가들 간의 편견을 막기 위해서이다. 따라서 진행자가 필요하며, 진행자는 설문지를 통해 전문가로부터 의견을 수집하여 정리한 후 다시 전문가들에게 회람을 시킨다. 이에 전문가들은 각자 의견을 제시하고 다시 진행자가 정리하여 회람을 시킨다. 이러한 과정을 수차례 반복하여 합의된 의견을 도출하게 된다.

델파이기법은 실제 경험이 풍부한 전문가들을 대상으로 하는 것이 중요하며, 시간이 오래 걸릴 수도 있다. 또한 설문내용에 따라 응답결과가 크게 달라질 수 있기 때문에 설문을 만드는 것도 많은 주의가 요구된다.

03 어떤 프로젝트를 최단시간에 가장 적은 비용으로 완수하기 위해 따라야 하는 절차

(13) 명목집단기법

명목집단기법(Nominal Group Technique: NGT)은 참여자들이 아이디어를 서면으로 제출하면 이를 모두 한곳에 모아 기록한 다음 투표를 통해 가장 득표 수가 많은 아이디어를 선택하는 기법으로 브레인스토밍의 단점을 개선한 것이다. 브레인스토밍의 단점은 누가 무슨 아이디어를 제출했는지 알기 때문에 개인적인 편견이 작용할 수 있다. 명목집단기법은 참여자 서로가 대화하지 못하기 때문에 모든 참여자가 리스크식별에 기여할 수 있으며 대규모로 진행할 수 있는 장점이 있다. 또한 서면으로 아이디어를 제출하므로 자동적으로 문서화하기에 용이하다. 주의사항은 진행자의 역량이 필요하며, 천천히 진행되는 것에 대한 불만을 제기할 수도 있다는 점이다.

(14) 근본요인분석

근본요인분석(root cause analysis)은 다양한 리스크가 하나의 근본요인으로부터 발생할 수 있다는 전제하에 이들 리스크에 영향을 미치는 공통적인 근본요인을 식별하는 기법이다.

여러 가지 리스크들은 하나의 근본요인으로부터 발생하는 경우가 많이 있다. 공통적인 근본요인을 찾게 되면 다양한 리스크들을 효과적으로 처리할 수 있는 리스크대응책을 수립할 수 있다. 이 분석은 사전에 포괄적으로 미리 대응방법을 개발할 수 있는 장점이 있다. 반면 리스크관리기법이 개별 리스크에 의해 구조화되어 있을 경우에는 근본요인을 식별하기가 난해할 수도 있다.

(15) 설문지

사전에 설문지(questionnaire)를 작성하여 다양한 이해관계자로부터 리스크에 대한 정보를 수집하는 방법이다. 설문의 장점은 신속하게 많은 응답자로부터 정보를 수집할 수 있다는 점이다. 설문내용을 얼마나 목적에 맞게 잘 구성하였는지에 따라 그 결과는 달라질 수 있으며, 설문지에 포함된 주제에 대해서만 리스크식별이 가능하다. 따라서 설문지의 설문내용은 다양한 리스크를 식별하기 위하여 포괄적이고 상세하게 구성될 수 있도록 세심한 주의가 필요하다.

2) 리스크분류

리스크를 식별할 때 무작위로 정리하는 것보다 유사한 범주로 나누어서 식별하는 것이 편리하다. 리스크는 같은 유형들이 있으며 유형별로 분류할 경우 효과적인 리스크대응전략을 도출할 수 있기 때문이다. 따라서 리스크를 식별하기 전에 리스크범주를 준비해야 하며 리스크관리계획에서 사용할 리스크범주를 미리 규정해야 한다[표 2-3] 참조).

표 2-3 리스크분류(예시)

구분	범주	세부항목	리스크 수(개)
기획 단계 (2015년 9월 1일 기준)	1. 관리영역	1.1 재정	5
		1.2 인적자원	3
		1.3 정보	2
		1.4 조달	5
		1.5 이해관계자	3
	2. 디자인영역	2.1 콘텐트	5
		2.2 엔터테인먼트	5
		2.3 환경	3
		2.4 식음료	3
		2.5 제작	2
	3. 마케팅영역	3.1 마케팅자료	5
		3.2 촉진	4
		3.3 PR	5
		3.4 판매	5
		3.5 스폰서십	10
	4. 운영영역	4.1 관람객	3
		4.2 커뮤니케이션	2
		4.3 기반시설	5
		4.4 물류	5
		4.5 장소	10
	5. 리스크영역	5.1 법 · 규정준수	2
		5.2 의사결정	2
		5.3 비상계획	1
		5.4 보건 · 안전	5
		5.5 보험	5
	합계		105

업무분류체계(WBS)를 이용할 경우 더 효과적으로 리스크분류체계(RBS)를 개발할 수 있다. 업무분류체계의 최소단위인 워크패키지(work package)를 중심으로 리스크를 체크 및 식별하는 방법은 매우 유용하다. 각 워크패키지별로 리스크를 식별하여 문서화하면 일목요연하게 리스크를 분류할 수 있다.

3) 리스크등록부

리스크를 식별하면 최종적으로 이 리스크에 대하여 상세하게 기록한 문서를 산출해야 하는데 이 문서가 리스크등록부(risk register worksheet)다. 리스크는 언제든지 새롭게 나타날 수 있으며, 프로젝트의 진척도에 따라 특성이 변화하게 되므로 리스크등록부는 프로젝트가 종료될 때까지 지속적 · 반복적으로 갱신될 필요가 있다.

리스크를 식별하면 리스크내용, 리스크분석결과, 리스크의 심각성, 비용 및 시간의 영향, 리스크대응전략, 리스크모니터링 등을 자세히 기록한다([표 2-4] 참조). 또한 각 리스크별 담당자를 배정해야 한다. 리스크등록부는 리스크를 관리하는 가장 핵심적인 문서다. 이 문서는 이해관계자와 리스크관리이슈에 대한 커뮤니케이션도구로 활용할 수 있다. 리스크등록부는 사용하기 쉽고, 한눈에 여러 가지 정보를 보여 주고 관련된 모든 영역을 포함하는 특징을 가지고 있다. 리스크등록부는 문서로 직접 만들어 사용할 수 있고, 프로젝트관리시스템을 통해 사용할 수도 있다.

표 2-4 리스크등록부(예시)

<table>
<tr><th colspan="6">리스크등록부</th></tr>
<tr><td colspan="6">리스크식별</td></tr>
<tr><td>번호</td><td colspan="2"></td><td>일자</td><td colspan="2"></td></tr>
<tr><td>작성자</td><td colspan="2"></td><td>범주</td><td colspan="2"></td></tr>
<tr><td>유형</td><td colspan="5">□ 재산피해 □ 인명피해 □ 법적 책임 □ 기타( )</td></tr>
<tr><td>세부내용</td><td colspan="5"></td></tr>
<tr><td colspan="6">리스크분석</td></tr>
<tr><td>확률(P)</td><td colspan="5">□ 매우 낮음(0.1) □ 낮음(0.3) □ 보통(0.5)
□ 높음(0.7) □ 매우 높음(0.9) □ 기타 ( )</td></tr>
<tr><td>영향(I)</td><td colspan="5">□ 매우 낮음(0.1) □ 낮음(0.3) □ 보통(0.5)
□ 높음(0.7) □ 매우 높음(0.9) □ 기타 ( )</td></tr>
<tr><td>점수(P×I)</td><td colspan="5">__________점</td></tr>
<tr><td>등급</td><td colspan="5">□ low(0.01~0.07) □ moderate(0.09~0.35) □ high(0.45~0.81)</td></tr>
<tr><td colspan="6">리스크영향</td></tr>
<tr><td>손해/피해 규모</td><td colspan="5">□ 매우 낮음 □ 낮음 □ 보통 □ 높음 □ 매우 높음</td></tr>
<tr><td>긴급성</td><td colspan="5">□ 매우 낮음 □ 낮음 □ 보통 □ 높음 □ 매우 높음</td></tr>
<tr><td>비용(백만 원)</td><td colspan="5">□ ~5 □ 6~10 □ 11~15 □ 16~20 □ 21~25 □ 기타 ( )</td></tr>
<tr><td>기간(일)</td><td colspan="5">□ 1 □ 2 □ 3~5 □ 6~9 □ 10~15 □ 기타 ( )</td></tr>
<tr><td colspan="6">리스크대응</td></tr>
<tr><td>선정전략</td><td colspan="5">□ 회피 □ 전가 □ 안화 □ 수용</td></tr>
<tr><td>대응조치</td><td colspan="5"></td></tr>
<tr><td>비상계획</td><td colspan="5"></td></tr>
<tr><td colspan="6">리스크모니터링 및 통제</td></tr>
<tr><td>담당자</td><td colspan="2"></td><td>수행시기</td><td colspan="2"></td></tr>
<tr><td>모니터링 방안</td><td colspan="5"></td></tr>
<tr><td>비고</td><td colspan="5"></td></tr>
</table>

2. 리스크분석

한정된 자원의 제약 속에서 효과적인 리스크대응과 처리계획을 개발하기 위하여 리스크관리자는 리스크의 원인 및 결과, 상관관계, 가능성, 우선순위를 알아내는 데 있어 식별된 리스크를 분석하여야 한다. 리스크는 반드시 중요성(importance)과 긴급성(urgency)의 순서에 따라 우선순위를 매겨야 한다. 그래서 가장 중요한 것이 법적, 윤리적, 리스크 허용한도에 따라 적절한 순서로 다루어져야 한다는 점이다. 특히 비상상황에서는 사람의 안전과 복지가 항상 최우선순위가 되어야 하며, 필수적인 정보의 손실은 차순위가 되어야 한다. 재산, 평판, 이벤트에 투입된 재정적 손실은 상대적으로 덜 치명적인데 이는 대체가 가능하기 때문이다.

리스크분석에 우선적으로 사용하는 도구나 수단은 주로 3가지로 구성되는데, 그것은 바로 근본원인(root cause), 의사결정(decision), 영향분석(influence analysis)이다. 이러한 방법은 현존 리스크인지 또는 발생 리스크인지, 리스크의 개연성과 영향의 심각성, 리스크의 허용치와 시간민감성, 리스크항목에 의해 영향을 받는 다른 영역이나 중복영역에 대한 그 근거를 추정하고 평가하는 데 사용된다. 분석적인 기법이나 방법을 혼용하여 사용하는 것을 고려할 수 있는데, 이는 리스크의 동인(動因: driver)과 잔류 리스크나 2차 리스크를 식별할 수 있고 리스크를 전체적이고 종합적으로 이해할 수 있기 때문이다. 일반적인 평가요인은 다음의 내용을 포함한다(Jeynes, 2002).

- 영향을 받는 사람
- 잠재적인 위험과 손실의 정도
- 발생가능성
- 이벤트의 중단가능성
- 주최자, 이해관계자, 대중 이미지에 대한 영향가능성
- 영향의 긴급성 또는 직접성
- 회복능력
- 비용에 대한 영향

리스크를 분석할 때는 특히 직접노출과 간접노출의 양면을 고려하는 것이 중요하다. 직접노출은 실제적이고 즉각적인 영향을 나타내는 것으로 사람에게 사실상 또는 위협적인 부상이나 피해, 재산의 손해 및 손실, 환경의 파괴 및 피해를 말한다. 간접노출은 법적 · 정치적 · 경제적인 영향과 같은 부수적인 효과를 말한다.

1) 리스크분석의 수단과 방법

(1) 요인-영향분석

요인-영향분석(cause-effect analysis)은 품질관리에서 잘못된 결과에 대한 잠재적인 원인을 추적하여 연결하는 것이며 1960년대부터 사용하기 시작했다. 일본의 품질관리전문가인 이시카와 가오루(Ishikawa Kaoru)가 개발한 이시카와 도표(Ishikawa diagram)는 물고기 뼈처럼 생겨서 피시본 다이어그램(fishbone diagram)이라고 부른다. 이 방법은 물고기 머리에 해당하는 부분에 문제점을 표기하고, 머리에서 꼬리로 중심 뼈가 그려지고 중심 뼈에서 문제의 잠재적 원인을 연결해 표시하는 방법이다.

이 방법은 도표를 통해 제시하는 예측 또는 진단분석의 도구로서 긍정적이거나 부정적인 영향이나 결과에 기여하는 근본적 원인이나 요인을 탐색한다. 여기의 범주에는 주로 환경, 예산, 시간, 최종결과와 관련 있는 자원이 해당된다. 요인-영향도는 리스크식별 시 예측하는 결과에 어떤 요인들이 연결되어 있는지 도식화함으로써 리스크의 식별을 용이하게 한다([그림 2-3] 참조). 그림을 그리면서 구조화된 생각을 시각적으로 표현하기 때문에 생각을 구체화하는 데 많은 도움이 된다. 단지 주의사항은 단시간에 복잡한 그림을 그릴 수 있으므로 시간적 여유를 가지고 체계적인 그림을 그리도록 해야 한다는 것이다.

| 그림 2-3 | 요인-영향도

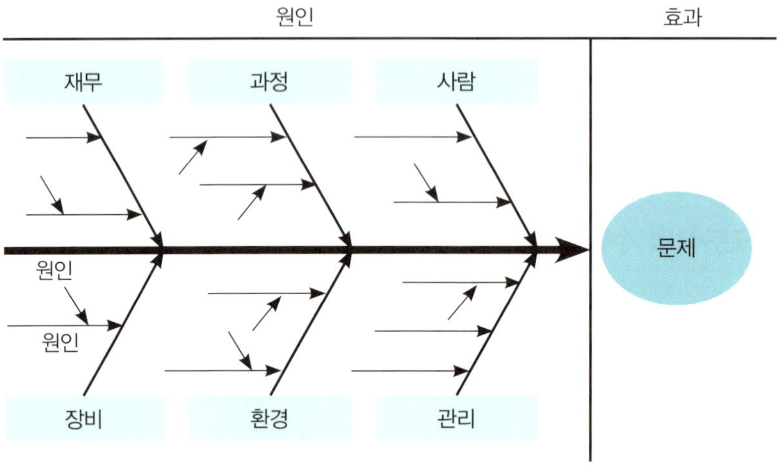

(2) 제약분석

모든 프로젝트는 제약사항이 없는 경우가 거의 없다. 프로젝트의 기간이 한정되어 있거나 예산이 미리 확정되어 있거나, 또는 사용할 수 있는 자원이 한정되어 있는 경우도 많다. 제약조건하에서 프로젝트를 수행하다 보면 리스크가 발생할 가능성이 매우 높다. 즉, 제약분석(constraint analysis)은 프로젝트의 목표를 달성하는데 있어 어떤 사항이 제약을 받고 있는지 문서화하고 그 제약이 유효한지 지속적으로 확인하는 것이다([표 2-5] 참조).

제약은 능력이나 수용력의 한계를 나타내는 요인으로서 이는 4가지의 종류로 나뉘는데, 범위, 품질, 일정, 자원이 바로 그것이다. 여기서 자원은 정책적 제약이나 규제적 제약을 포함할 수 있다. 각 요인은 대응방법 및 조치에 대해 내려질 결정에 관하여 유연성, 우선순위, 영향을 판단하기 위하여 인지하고 분석하여야 한다.

표 2-5 제약분석(예시)

범주	제약사항	현재상태	확인일
일정	사전리허설을 위하여 모든 이벤트 준비는 개최일(11월 1일) 2일 전까지 완료해야 함.	유효	2015. 9. 5
예산	기업유치의 초과분에 따른 필요시설(텐트, 전기, 부스 등)에 대한 예산 2천만 원의 확보 필요	유효하지 않음.	2015. 9. 1

(3) 의사결정트리분석

의사결정트리분석(decision tree analysis)은 리스크분석에 있어 심사숙고를 통한 의사결정을 설명하며, 하나의 리스크대안을 선택함으로써 미치는 영향을 다른 대안의 선택으로 인한 영향과 비교 · 검토하는 것이다([그림 2-4] 참조). 각 대안은 서로 다른 비용, 혜택, 2차적인 리스크를 가지고 있으며, 이 대안은 유연성, 비용, 일정의 영향에 기반하여 분석하여야 한다.

그림 2-4 의사결정트리분석

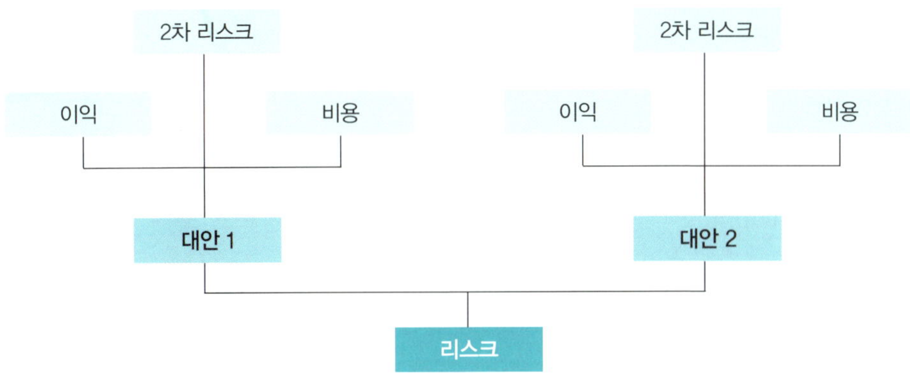

(4) 결함트리분석

결함트리분석(fault tree analysis)은 요인-영향도의 다른 형태의 일환으로 연역적인 도구로서 결론부터 시작한다. 그리고 산출된 결과에 대한 특정한 원인의 검토를 시도하는 것이다([그림 2-5] 참조). 이는 상황이나 리스크발생의 결과로 나타나는 실패, 오류, 그리고 가장 공통적 원인의 조합에 대한 시각적인 표현을 제공한다. 또한 이 분석은 다양한 리스크요인에 영향을 미치는 리스크동인(risk driver)은 물론 리스크에 가장 큰 영향을 미치는 동인의 선택, 원인, 상태를 확인하는 데 도움을 준다.

| 그림 2-5 | 결함트리분석

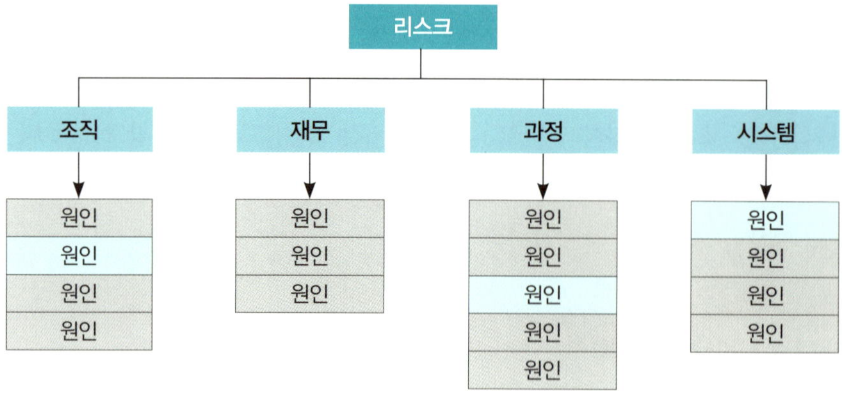

(5) 영향도

영향도(influence diagram)는 그래픽(graphic)을 활용한 분석도구로서 마인드 매핑(mind mapping)과 유사하다. 이 기법은 하나의 구성요소 또는 변화가 다른 이벤트 구성요소, 계획, 관련리스크에 대해 미치는 효과와 상호작용의 범위를 도표화한 것이다. 이 분석도구는 관계도(relation diagram)라고 불리기도 하는데, 다른 다양한 징조나 요인들을 몰아가는 상황 속에서 요인을 식별하는 데 유용하게 사용

| 그림 2-6 | 영향도(관계도)

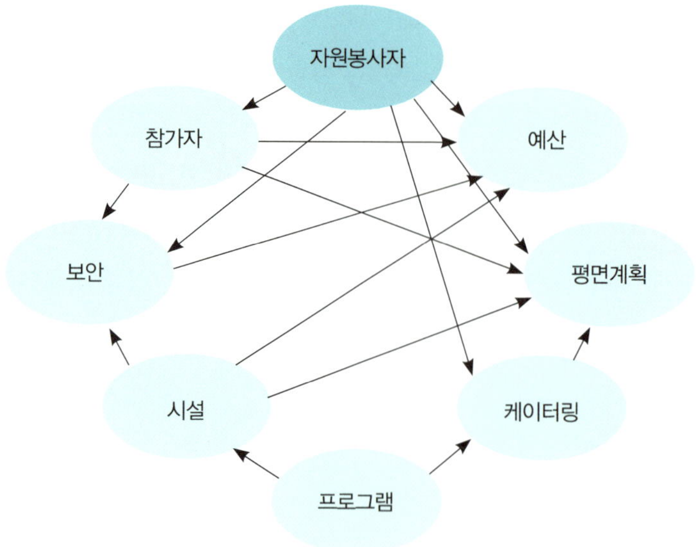

된다([그림 2-6] 참조). 화살표의 방향은 영향을 주는 요인에서 시작하여 영향을 받는 요인에서 끝난다. 외향 화살표가 가장 많은 요인이 근본원인 또는 동인이 될 것이다.

(6) 확률-영향행렬

확률-영향행렬(P-I matrix: Probability-Impact matrix)은 리스크대응활동의 우선순위를 결정하기 위하여 식별된 리스크의 확률(발생가능성)과 영향을 계량화하는 데 사용된다. 확률을 먼저 평가한 다음 그 영향의 잠재적인 심각성을 평가하게 된다. 이는 가장 긴급하거나 반드시 회피해야 할 리스크, 전가하거나 완화시켜야 할 리스크, 유지하는 것이 합당한 리스크를 식별하는 데 도움을 준다.

이 방법은 각 블록(block)에 수치를 부여하고, 리스크확률에 해당하는 영향을 곱하여 리스크를 계량화하는 데 사용하는데, 이는 각 축(axis)의 설명어에 대한 정확한 의미나 범위를 명시화하는 것이 유용하다([표 2-6] 참조). 또한 전문가의견과 선행자료를 바탕으로 한 평가가 일관성 있게 이루어지기 위하여 주로 통계적 정보, 비용추정, 선행기록을 근거로 활용한다.

표 2-6 확률-영향행렬에 대한 평가와 정의(예시)

확률		영향	
평가	정의	평가	정의
매우 높음 (0.9)	• 거의 발생함. • 90% 이상 발생가능성	매우 높음 (0.9)	• 사망 또는 영구적 피해 • 2억 원 이상 손해 또는 부채
높음 (0.7)	• 자주 발생함. • 75% 내외 발생가능성	높음 (0.7)	• 심각한 부상이나 피해 • 1억 원 손해 또는 부채
보통 (0.5)	• 경우에 따라 발생함. • 50% 내외 발생가능성	보통 (0.5)	• 중간 또는 임시적 영향 • 5천만 원 손해 또는 부채
낮음 (0.3)	• 좀처럼 발생하지 않음. • 25% 내외 발생가능성	낮음 (0.3)	• 작은 부상 또는 피해 • 3천만 원 손해 또는 부채
매우 낮음 (0.1)	• 거의 발생하지 않음. • 10% 이하 발생가능성	매우 낮음 (0.1)	• 아주 작거나 피해 없음 • 1천만 원 이하 손해 또는 부채

확률과 영향에 대한 기준을 설정했다면 두 기준을 결합하여 확률-영향행렬(P-I matrix)을 만들 수 있다. 확률-영향행렬을 통해 확률과 영향의 두 요소가 결합되어야 심각성을 결정할 수 있다. 만일 확률과 영향 모두 '0.1(매우 낮음), 0.3(낮음), 0.5(보통), 0.7(높음), 0.9(매우 높음)'라는 기준을 적용한다면 [표 2-7]과 같은 결합형태가 산출된다.

표 2-7 확률-영향행렬(P-I matrix)

확률(P)	**0.9**	0.09	0.27	0.45	0.63	0.81
	0.7	0.07	0.21	0.35	0.49	0.63
	0.5	0.05	0.15	0.25	0.35	0.45
	0.3	0.03	0.09	0.15	0.21	0.17
	0.1	0.01	0.03	0.05	0.07	0.09
		0.1	**0.3**	**0.5**	**0.7**	**0.9**
		영향(I)				

확률과 영향이 교차되는 네모 칸에 두 기준의 수치를 곱한 값이 들어간다. 예를 들어, 확률 0.1×영향 0.3=0.03이 된다. 두 기준수치를 곱해서 결정된 값을 리스크점수(risk score)라고 하며, 이 점수에 따라 리스크의 수준이 결정된다. 표에서 보면 0.01~0.07은 낮은 리스크, 0.09~0.35는 보통 리스크, 0.45~0.81은 높은 리스크로 분류된다. 어떤 평가점수라도 0.63점 이상이 되면, 이벤트계획의 변경이나 추가적인 전문가의 조언을 심각하게 고려해야 한다.

또한 리스크는 위협과 기회의 양면성을 지니고 있기 때문에 두 가지에 대한 확률-영향행렬을 [표 2-8]과 같이 표현할 수 있다. 위협은 점수가 높을수록 좋지 않지만, 기회는 점수가 높을수록 좋은 것이다.

:: 표 2-8 위협과 기회에 대한 확률-영향행렬

		위협					기회					
확률(P)	**0.9**	0.09	0.27	0.45	0.63	0.81	0.81	0.63	0.45	0.27	0.09	**0.9**
	0.7	0.07	0.21	0.35	0.49	0.63	0.63	0.49	0.35	0.21	0.07	**0.7**
	0.5	0.05	0.15	0.25	0.35	0.45	0.45	0.35	0.25	0.15	0.05	**0.5**
	0.3	0.03	0.09	0.15	0.21	0.17	0.17	0.21	0.15	0.09	0.03	**0.3**
	0.1	0.01	0.03	0.05	0.07	0.09	0.09	0.07	0.05	0.03	0.01	**0.1**
		0.1	**0.3**	**0.5**	**0.7**	**0.9**	**0.9**	**0.7**	**0.5**	**0.3**	**0.1**	
		영향(I)										

2) 리스크순위 선정

(1) 리스크순위화

리스크를 순위화하기 위해서 먼저 식별된 리스크가 정리되어 있는 리스크등록부가 필요하다. 그 다음 어떻게 각 리스크들의 순위를 결정할 것인지에 대한 방법을 결정한 후 리스크순위를 결정한다. 결정된 순위는 다시 리스크등록부에 추가하여 관리한다. 리스크를 순위화하기 위해서 다음의 문서와 정보가 필요하다.

- 리스크관리계획: 사전에 준비한 계획으로서 리스크의 분석방법, 확률 및 영향에 대한 정의, 확률-영향행렬을 포함
- 리스크등록부: 분석대상이 되는 리스크목록을 포함
- 프로젝트 범위기술서: 프로젝트에 대한 상세한 설명, 유형, 일반적 프로젝트 또는 복잡한 프로젝트 확인가능
- 기존 정보 및 교훈사항: 과거 유사한 프로젝트의 리스크에 대한 다양한 정보

(2) 리스크순위 선정기법

리스크분석에서 가장 중요한 도구는 확률-영향행렬이다. 자체적으로 규정한 확률-영향행렬에 따라 리스크의 순위를 결정하게 된다. 이 도구를 사용하기 위해서 먼저 확률과 영향을 결정하는 것이 필요하다.

① 리스크의 품질평가

리스크분석의 출발은 리스크식별에서 획득한 자료가 중요한 역할을 하게 된다. 분석에 들어가기 전에 프로젝트의 자료를 통해 얼마나 리스크를 잘 이해하고 있는지부터 확인해야 한다. 리스크에 관련한 자료의 가용성과 수집한 자료의 신뢰도는 필히 확인해야 할 대상이다.

리스크품질을 평가할 때는 준비된 양식을 사용하여 판단할 수 있다([표 2-9] 참조). 수치적 척도는 자체적으로 규정할 수 있으나 평가점수를 1~10점으로 사용하는 것도 방법이다. 또한 결정된 평가점수가 5점 이하일 경우에는 추가조사가 필요하다.

표 2-9 리스크자료의 품질평가표(예시)

리스크	리스크의 이해 정도	자료의 가용성	자료의 신뢰도
만일 15일 이내에 출연진 확정이 되지 않는다면, A프로그램을 취소하거나 다른 프로그램으로 대체해야 한다.	9	9	6
만일 온도가 35도를 초과하는 경우, 에어바운스 놀이기구 이용 시 찰과상을 입을 수 있다.	8	3	7

② 리스크확률 및 영향평가

리스크에 대한 발생확률과 영향을 평가하는 일은 매우 중요하다. 하지만 미래에 대한 정확한 예측을 한다는 것은 현실적으로 불가능하다. 따라서 프로젝트 리스크의 확률 및 영향에 대하여 가능한 객관적이고 합리적인 평가를 위해서는 리스크범주에 대해 잘 아는 선택된 참여자와 인터뷰 또는 회의를 통해서 평가가 이루어져야 한다. 이에 따라 도출된 점수는 리스크관리계획에서 정의된 확률 및 영향의 정의에 따라 등급이 결정된다.

확률과 영향을 결정하는 방법의 예시는 다음과 같다.

- 리스크에 대해 전문성이 있는 5명에게 각 리스크에 대한 확률 및 영향에 대한 평가점수를 받은 후, 최대치와 최소치를 제외한 나머지 3개 평가점수의 평균

을 사용한다.

- 모든 리스크를 목록화하여 평가자에게 배포한다. 평가자는 표기된 확률 및 영향에 대한 평가점수 중 하나를 선택한다. 모든 평가가 완료된 후 평가점수의 평균을 사용한다.
- 각 리스크를 용지에 적거나 프린트한다. 리스크가 적힌 용지를 참여자에게 배포한다. 확률-영향행렬의 양식을 제작하여 테이블 위에 펼쳐놓고, 참여자의 생각대로 적정한 위치에 리스크용지를 놓게 한다. 추가적으로 논의가 필요한 리스크는 별도로 표시하고, 논의를 통해 재조정을 한 후 분류를 종료한다.

③ 확률-영향행렬을 활용한 순위 결정

평가된 리스크의 확률과 영향의 등급은 확률-영향행렬의 기준에 따라 높음, 보통, 낮음 등으로 각 리스크의 등급을 판정한다. 확률과 영향을 곱한 값은 리스크점수(risk score)가 되며, 이 점수가 클수록 높은 리스크로 분류된다([표 2-7] 참조). 가장 높은 점수가 1순위가 되며 내림차순으로 순위가 결정된다.

이처럼 리스크점수에 따른 우선순위가 결정되었다 할지라도 리스크의 긴급성(urgency)에 대한 평가가 필요하다. 리스크 중에는 긴급히 대응해야 할 리스크의 경우는 신속한 조치가 필요하기 때문에 신속대응이 필요한 리스크로 분류해야 한다. 즉, 리스크등급이 높고, 발생징조가 크며, 빠른 시간 내에 대응해야 하는 리스크는 긴급대응 리스크가 된다.

3. 리스크대응계획 수립

리스크는 위협과 기회에 대한 리스크가 있으므로 리스크의 대응도 두 가지 형태로 계획하여야 한다. 위협은 완화하는 전략이 필요하고 기회는 확대시키는 전략이 필요하다. 리스크분석에서 결정된 리스크의 우선순위를 바탕으로 리스크대응을 준비하여야 한다. 또한 리스크처리를 담당하는 리스크대응책임자(risk owner)를 배정하는 것도 필요하다.

식별된 모든 리스크에 대하여 어떻게 대응할지 의사결정이 되어 있어야 한다. 일반적으로 이런 결정은 리스크 및 이벤트관리의 다른 모든 측면처럼 과정을 수반한다. 각 결정은 불이행이나 회피가 아닌 확실한 비용–이익분석에 근거한 의도적인 결정이어야 한다. 이러한 결정을 무시하거나 미루는 것은 리스크를 축소하기보다 증가시킨다. 리스크관리자는 처리선택권(option)을 확인하고 분석하여야 하며, 그 리스크를 수용할 수 있을 때까지 처리방법을 준비하고 수행하여야 한다.

1) 위협에 대한 리스크대응전략

위협 리스크의 대응에 효과적일 것으로 판단되는 단일전략 또는 결합전략을 각 리스크마다 선택해야 한다. 또한 시간 또는 비용에 대하여 우발사태 예비비(contingency reserve)[04]가 할당되어야 한다. 위협에 대하여 다음과 같은 4가지의 리스크대응전략이 있다.

(1) 리스크회피

이벤트계획상 위협이 되는 리스크가 존재하고 그 리스크가 너무 심각한 피해를 유발한다면 리스크를 피해 갈 수 있는 계획으로 변경해야 한다. 즉, 리스크에 대한 부담이나 위험을 제거하는 것이 리스크회피(risk avoidance)다. 이는 리스크의 원인이 되거나 리스크를 만들어 내는 구성요소, 요구사항, 실행, 활동을 수정하거나 제거하는 것이다. 모든 리스크를 피한다는 것은 비현실적이다. 즉, 이벤트는 그냥 간단히 개최되지 않는다. 리스크관리자는 리스크원천을 제거하거나 감소시키는 방법을 고려해야 하며, 비상계획을 준비하여 해당 리스크는 수용할 수 있을 때까지 덜 위험한 옵션으로 대체하거나 콘셉트(concept), 세부설명서(specification), 절차(procedure)를 조정하여야 한다. 매우 높은 리스크나 조정할 수 없는 리스크에 대해서는 이러한 요소를 버리거나 취소하는 것이 타당하다.

04 식별된 리스크에 대한 예비로서 프로젝트 수행과정에서 투입산정치를 초과하는 리스크를 감당할 수 있는 수준으로 완화시키기 위해 산정치 이상으로 필요한 양의 예산 및 시간

(2) 리스크전가

리스크가 없는 계획으로 변경이 불가능하고 리스크를 처리하는 데 너무 부담이 되면 그 리스크를 제3자에게 넘기는 것이 리스크전가(risk transference)이다. 즉, 리스크의 영향이나 책임을 제3자에게 재할당하거나 이전시키는 것을 말한다. 이는 일반적으로 계약상의 전가, 보험담보가입, 보증보험 등을 통해 가능하다. 추가적인 리스크는 전가의 종류에 따라 조직체가 리스크를 전가하는 데 충분한 자원을 갖고 있지 못하거나 관할권 내에서 효과적으로 리스크를 관리하는 통제능력이 부족한 경우에 발생할 수 있다.

사전에 준비하여야 할 다른 대응계획은 우발사태계획, 위기계획, 복구계획이다. 우발사태계획(contingency plan)은 향후 나타나게 되는 통제불가능하지만 알려진 리스크나 예측하지 못한 리스크를 다루거나 회복하기 위해 만든 전략과 준비이다. 위기계획(crisis plan)은 응급관리역할, 책임, 전략, 시스템, 방식 등에 합의한 공식기록이다. 복구계획(recovery plan)은 차선책, 비활성화전략, 지속적 조치를 포함한 회복활동을 말하며, 이는 이벤트조직이 사업적인 운영을 재개할 수 있도록 한다.

(3) 리스크완화

높은 리스크를 중간 리스크로 낮추면 리스크를 처리하기가 훨씬 용이해진다. 리스크의 순위를 낮추기 위해서는 리스크의 확률과 영향을 줄여야 한다. 위협이 되는 리스크의 확률 및 영향을 수용가능한 한계선까지 낮추는 것을 리스크완화(risk mitigation)라고 한다. 즉, 리스크발생의 가능성을 줄이고 리스크발생결과의 심각성을 최소화하여 리스크의 영향을 축소시키거나 경감시키는 것이다. 이를 위해 보호전략, 보안 및 감시인력, 보호장비와 도구 등 다양한 형식의 손실예방책이 동원된다. 리스크의 분산 또는 분리전략은 격리되거나 재조정된 취약한 대상이나 운영 내에서 사용될 수 있다. 우발사태계획은 여분이나 대체장비 또는 서비스의 유효성을 보장할 수 있도록 준비하여야 한다.

(4) 리스크유지

모든 리스크에 대하여 계획을 변경하거나 회피하거나 또는 계약을 통해 전가하는 것은 현실적으로 불가능하다. 리스크가 있는 계획을 그대로 진행하는 것을 리스크유지(risk retention)라고 한다. 즉, 리스크를 통제하려는 특별한 노력을 기울이지 않고, 발생할 수 있는 손실에 대한 재정적 부담을 유지하면서 리스크를 의식적으로 수용하는 것이다. 이는 지금 리스크가 무시되었다는 의미가 아니다. 수용한다는 것은 리스크가 수용불가능한 상태가 되거나 리스크의 중요성이 증가하지 않도록 계속해서 모니터링이 필요하다는 것이다. 발생하는 리스크를 극복할 수 있는 충분한 자원이 할당되어야 하고, 발생가능한 손실에 대해 지급할 수 있는 충분한 자금이 할당되어야 한다.

위협에 대한 리스크 대응계획과 관련하여 사용할 문서양식을 사용하는 것이 커뮤니케이션은 물론 기록 및 문서화하기에 편리하다([표 2-10] 참조). 여러 가지 대응전략 중에서 가장 좋은 전략을 결정하기 위해서는 수집되는 모든 의견을 기록한 후 그 중 가장 효과적인 방법을 선택하는 것이 타당하다.

표 2-10 위협에 대한 리스크대응계획(예시)

위협에 대한 리스크	위협 회피방안	위협완화방안		위협 전가방안	위협 유지방안	최종 선택방안
		확률	영향			

2) 기회에 대한 리스크대응전략

리스크는 위협에 대한 리스크도 있지만, 기회에 대한 리스크도 있다. 기회에 대한 리스크는 이벤트 프로젝트에 좋은 영향을 주기 때문에 기회를 향상시키는 전략을 사용해야 한다. 기회에 대하여 다음과 같은 4가지의 리스크대응전략이 있다.

(1) 리스크활용

기회가 있지만 불확실성을 포함하고 있기 때문에 그 불확실성을 제거하여 확실성을 높이는 전략이 기회에 대한 리스크활용(risk exploitation)이다. 불확실성을 제거할수록 확실성은 올라가며 기회를 잡기가 더 좋아진다.

(2) 리스크공유

기회를 혼자 활용하는 것보다 더 잘 활용할 수 있는 제3자와 그 기회를 공유하는 전략이 기회에 대한 리스크공유(risk sharing)이다.

(3) 리스크향상

기회가 불확실하므로 기회가 일어날 확률과 영향을 높이는 것이 기회에 대한 리스크향상(risk enhancement)이다. 이는 위협 리스크에 대한 전략 중에서 완화의 반대개념이다.

(4) 리스크수용

기회가 존재하는 것을 인지하면서도 별도로 활용하거나 공유나 향상과 같은 전략을 사용하지 않고, 그대로 진행하는 것을 기회에 대한 리스크수용(risk acceptance)이라고 한다.

기회에 대한 리스크대응계획을 수립할 때 위협에 대한 리스크대응계획과 동일하게 사용할 문서양식을 결정하여 사용하는 것이 커뮤니케이션하기에 편리하며 기록화하기도 용이하다([표 2-11] 참조). 다양한 대응전략 중 가장 좋은 전략을 선택하기 위해서는 수집되는 모든 의견을 기록하는 것이 중요하다.

:: 표 2-11 기회에 대한 리스크대응계획(예시)

기회에 대한 리스크	기회 활용방안	기회 공유방안	기회 향상방안	기회 수용방안	최종 선택방안

리스크에 대응하기 위한 전략을 수립했다면 구체적으로 리스크대응계획을 수립해야 한다. 식별된 리스크가 발생할 경우 이에 대한 대응방법과 구체적인 실행방안을 포함한 것을 우발사태계획(contingency plan)이라고 한다. 또한 우발사태계획이 실패할 경우를 대비하여 차선책의 계획이 필요할 수 있는데, 이를 대비계획(fallback plan) 또는 플랜 비(plan B)라고 한다.

리스크를 처리하기 위한 우발사태계획에는 사전에 준비금(reserve fund) 또는 예비비를 추가하는 것이 필요하다. 미래에 발생할 리스크에 대한 것이기 때문에 얼마나 많은 준비금을 확보해야 하는지 명확하게 준비하기 어렵다. 일반적으로 리스크가 높은 산업분야에서는 예산의 20~30% 정도를 추가하나, 경험치가 많은 이벤트분야에서는 대략 5% 내외를 준비한다.

4. 리스크모니터링 및 통제

식별한 리스크는 불확실성을 갖고 있으므로 언제 발생할지 정확히 알 수 없다. 발생가능성을 95%로 예측했지만 실제로 발생하지 않을 수도 있고, 10%로 예측했지만 실제로 발생할 수도 있다. 따라서 식별된 리스크는 지속적인 모니터링이 필요하다. 또한 발생한 리스크를 처리해도 처리되지 않고 남은 잔존 리스크도 모니터링의 대상이 된다. 한편 프로젝트를 모니터링하다 보면 사전에 식별하지 못했던 새로운 리스크가 발견될 수도 있다. 발생한 리스크의 처리가 적시에 제대로 수행이 되었는지 확인하는 것도 리스크모니터링에서 해야 할 업무다. 이러한 리스크모니터링활동은 일시적으로 수행하는 것이 아니라 프로젝트 수명주기 전반에 걸쳐서 수행되어야 한다.

리스크관리자는 리스크로 인한 변경으로 프로젝트에 미치는 여러 가지 영향을 이해관계자와 적절하게 커뮤니케이션하여야 한다. 또한 프로젝트 후반으로 갈수록 리스크의 불확실성이 낮아지므로 시기에 맞는 리스크모니터링 및 통제활동이 필요하다. 따라서 리스크는 주기적으로 재평가하여야 한다. 리스크모니터링 및 통제의 주요 활동은 다음과 같다.

- 리스크등록부에 있는 식별된 리스크와 낮은 순위의 리스크를 기록한 감시목록(watch list)에 대해 지속적으로 추적한다.
- 기존 식별된 리스크들을 주기적으로 재분석한다.
- 우발사태계획에 준비한 리스크발생원인에 대한 조건을 주기적으로 모니터링을 한다.
- 리스크발생 시 리스크를 대응하고 적절하게 처리했는지 효과성을 검토한다.
- 리스크모니터링 및 통제결과를 바탕으로 리스크등록부를 갱신한다.
- 리스크와 관련된 정보를 이해관계자와 커뮤니케이션한다.
- 새롭게 발생하는 리스크를 식별 · 분석하고 대응계획을 수립한다.
- 교훈사항을 수집하고 문서화한다.

리스크모니터링 및 통제의 핵심도구는 리스크등록부다. 리스크등록부에 기록된 리스크의 현황을 주기적으로 감시하고 새로운 리스크도 식별하고 분석한다. 이를 바탕으로 식별된 리스크가 발생하면 사전에 준비한 리스크대응계획으로 처리하고, 식별하지 못한 리스크가 발생하면 워크어라운드(workaround)[05]로 처리한다. 이와 같은 과정에서 발생하는 여러 가지 정보는 이해관계자와 커뮤니케이션을 하고 교훈사항도 생기는 즉시 정리해야 한다. 리스크로 인해 발생한 변경사항은 통합적으

05 계획하지 못한 리스크의 발생에 대한 대응

로 변경통제를 통해서 승인된 변경만 처리하도록 하며, 승인된 사항 중 리스크등록부에 추가할 내용이 있다면 기록해야 한다.

식별한 모든 리스크에 대해 명시된 모니터링시스템, 활동 및 과정이 필요하며, 이를 통해 새로운 리스크에 대한 식별과 대응이 가능할 수 있다([표 2-12] 참조).

표 2-12 모니터링시스템

경고	제한구역을 모니터링하고 불안전하거나 위험한 상황을 권고하는 묵시적 · 청각적 · 시각적인 경고
예산	예산은 지출한계를 설정하고 조달관행과 지출을 모니터링하는 재정적 관리수단으로 사용
체크리스트	체크리스트는 과업의 완성상태, 정보나 재료의 인수를 추적하고 확인하기 위해 사용
커뮤니케이션	커뮤니케이션계획은 적시에 모니터링자료의 획득을 포함
확인	서면확인은 지시, 변경, 기타 정보의 인수, 이해, 수용, 동의를 입증하는 데 사용
마감시간	마감시간은 일정과 중요한 시점을 유지하고자 과업완료, 정보나 자료의 인수에 대해 설정
검사	장소, 장비, 설치, 상황에 대한 물리적 검사는 안전과 보안운영을 시각적으로 확인하기 위해 수행
이슈기록	이벤트 프로젝트 전반에 걸쳐 표면화된 이슈상황은 공식적 리스크평가와 조치가 필요한지, 시기가 언제인지를 결정하기 위해 추적하고 평가
회의	대면회의는 계획, 상황, 정보의 상태를 수집하고 확인하는 데 사용
관찰	관찰자는 이벤트를 하는 동안 관람객의 상황, 행동, 반응을 살펴보는 임무를 맡은 안전요원, 자원봉사자를 포함하며 무엇이 중요한지에 대해 지시가 필요
검토	검토는 조치, 활동, 과정 및 절차를 조사하고 평가하며 전달하는 데 사용
보안	보안인력과 장비는 상황관찰, 사람과 재산의 보호, 사고방지에 사용
상황보고서	리스크의 상태와 리스크대응의 효과성에 대한 정보입수 및 전달에 사용
감독	직원 및 활동에 대한 감독은 오용과 취급부주의로부터 보호, 적절한 실행에 대한 안내, 불안한 상황의 관찰과 통지를 제공
현장투어	이벤트의 개최 중이나 시작 전에 행사장 현장점검과 조사는 안전위험을 관찰하고 정정하기 위하여 수행
감시목록	리스크등록과 유사한 감시목록은 특별한 모니터링이 필요한 리스크와 리스크의 발생 및 확대에 따라 대응이 달라지는 리스크를 항목화하고 강조

출처: Silvers(2008)를 참고하여 저자 재작성

5. 리스크문서화

리스크문서화(risk documentation)는 공식적인 정보기록이며 이 정보는 이벤트 자산으로서 적절하게 수집하고 보호해야 할 중요한 자원이다. 문서화는 서류, 그래픽 표현, 음성 녹음, 영상 녹화, 사진 등 다양한 형태로 기록된다. 일반적인 문서화는 기록, 보고, 증거, 평가를 포함한다. 이러한 문서화는 적절하게 생산되고 수집하기 위하여 이벤트의 운영과 관리기능에 이러한 절차를 포함시키는 것이 필요하다([표 2-13] 참조).

표 2-13 문서화 절차

• 모든 계획서에 일자와 버전번호를 포함	• 조달물품 및 서비스에 대한 서면계약 이행
• 자료수집을 위한 양식의 개발 및 사용	• 사전, 행사 중, 사후 이벤트 장소의 사진 촬영
• 활동 및 업무에 대한 기록유지를 부서에 요청	• 사건 및 불안한 상황에 대한 사진 촬영
• 모든 회의에서 생산되는 회의록 요청	• 전화를 통한 논의를 기록하는 대화 메모장 사용
• 구두로 전달된 내용을 문서화된 보고서로 요청	• 회의 참가자 및 직원 출입에 대한 기록
• 사후대응과 사건보고서의 요청	• 마케팅 및 홍보물에 대한 사본 보관
• 모든 변경지시에 대한 문서화된 승인을 요청	• 안전한 장소에 허가 및 규정문서의 사본 보관

과거의 기록은 이벤트의 정보자산과 주최자의 기억으로 이루어진다. 이 정보가 컴퓨터시스템에 저장되었든지 아니면 다양한 체크리스트, 양식, 서류, 노트에 기록되었든지 효과적인 리스크관리를 위해 이러한 자산을 수집하고 보호하기 위한 정책과 절차는 매우 중요하다.

- 수집대상: 이벤트와 연관된 모든 세부설명서, 구체적인 접촉사항, 커뮤니케이션, 지시사항, 보고서, 체크리스트, 기타 문서 등
- 보관대상: 규정에 의해 위임되거나 이벤트 운영에 영향을 주거나 승인을 증명해 주는 모든 정보
- 보관이유: 계획, 운영, 보관기능뿐만 아니라 법적 · 윤리적 준수, 리스크관리, 수탁책임을 포함한 정보
- 보관방법: 기록은 적절한 분류 및 보관으로 정보가 필요한 사람이 접근가능하

며, 개인정보보호와 등록정보요건을 준수하는 자에게만 허용

보고서는 작성된 서류, 수집한 정보, 취해진 조치에 대한 기록이다. 이는 정보를 필요로 하는 자에게 시의적절하고 효율적으로 정보의 분배를 용이하게 한다. 또한 보고서는 특정 임무와 수행업무가 부여된 사람으로부터 적시에 효율적인 정보수집을 하도록 요구하여야 한다.

- 상황보고서(status report)는 기획과정의 중요한 단계와 리스크대응계획의 징조와 연결되어야 한다.
- 리스크분석보고서(risk analysis report)는 결론 및 제안을 포함해야 하며 시기와 설득력이 있어야 한다.
- 사후보고서(post-event report)는 결론과 제안을 포함하는데, 이를 증명하거나 확인하는 데 필요한 모든 문서와 증거자료를 추가하여야 한다.
- 즉석보고서(ad hoc report)는 리스크대응 및 통제기능을 수행하기 위하여 간혹 필요하다.

적정한 증거문서화는 상업적 또는 법적 분쟁에 대하여 즉각적이고 만족스러운 해결방안을 마련하는 데 매우 중요하다([표 2-14] 참조). 조직 내부는 물론 법정에 이르기까지 이 문서화는 독립적인 감사를 가능하게 하고, 규제적 요구사항의 준수에 대한 증거를 제공하며, 적절한 절차가 이루어졌음을 증명하게 될 것이다.

표 2-14 증거서류 및 증거물

• 이벤트 체크리스트	• 위법행위보고서	• 사진 및 영상
• 리스크관리계획	• 모니터링보고서	• 연락처목록
• 리스크등록	• 정책 및 절차	• 근무자명단
• 리스크분석보고서	• 평가 및 분석	• 일정 및 시간표
• 사건보고서	• 회의록	• 증인진술
• 재산손실보고서	• 이메일 및 메모	• 보험증서

평가는 비평과 측정 또는 설정된 가치에 대해 등급을 매기는 과정이다. 설문지,

인터뷰, 통계자료와 같은 일반적인 평가방법은 사후평가에 우선적으로 이용된다. 반면 이러한 평가방법은 상황보고서, 관찰과 같은 기법과 결합하여 리스크모니터링기능에 사용되기도 한다. 모든 평가기법은 정보의 수집과 분석을 포함하고 적절한 일정계획이 되어야 하며, 그 결과는 효과적인 순서에 따라 적정하게 배분되어야 한다([표 2-15] 참조).

모든 보건 및 안전관련 법이나 규정은 재해의 원인과 결과를 조사 및 평가한 결과이며, 모든 개선사항이나 우수한 운영사례는 시행착오에서 비롯된다. 크든 작든 간에 각 이벤트의 성공과 실패로부터 지속적으로 배우는 것은 필수적이다. 이는 정보를 기록하고 분석하며 얻은 교훈으로부터 일보 전진할 때만이 가능한 것이다.

표 2-15 평가기법

분석	수행한 다양한 분석은 가정과 결론의 효과를 밝혀 내기 위하여 재검토가 필요함.
피드백	피드백을 받기 위해서 피드백을 받는 방법 및 시스템을 제공함(제안함, 회의, 조사, 심층집단면접 등).
인터뷰	진행자는 필요한 정보를 얻기 위하여 물어볼 질문을 제공받아야 함.
이행감사	모든 물품 · 서비스 · 직원 · 공급자의 품질, 수량, 시간적시성, 역량을 평가하여야 함.
사후회의	사후회의는 입증되지 않은 정보, 전문가 검토 및 분석, 중요한 피드백을 수집하기 위한 우선적 방법임.
설문지	개방형 및 폐쇄형 질문은 의견, 태도, 관찰에 대한 정보를 효과적으로 수집할 수 있으며 필요에 따라 익명도 가능함.
보고서 및 검토	보고서와 검토는 특정 목적이 있어야 하며, 원하는 정보를 수집하기 위하여 적절하게 구조화되어야 함.
통계	통계자료는 효과적이고 효율적으로 수집되어야 함. 수치와 통계량을 획득하기 위해 표준운영절차와 수행방법에서 자료수집을 통합해야 함.

| Chapter **03** |

이벤트와 리스크관리

1. 이벤트의 유형과 특성

이벤트(event)는 특정 기간과 장소에 사람을 모이게 해서 사회 · 문화적 경험을 제공하는 행사 또는 의식으로서, 긍정적 참여를 위해 비일상적으로 특별히 계획된 활동을 말한다(이경모, 2003). 사람은 여흥을 즐기거나 교육적 · 문화적인 기회나 새로운 것을 경험하기 위해서 이벤트에 참가하며 사회적 · 정치적 목적이나 사업상 필요에 의해 참여하기도 한다. 이벤트는 공공목적이나 사적 목적으로 기획된 다양한 종류의 행사를 일컫는다([표 3-1] 참조). 이벤트의 유형을 파악하는 것은 효과적인 리스크관리를 위해 중요하다. 이벤트의 목적에 따라 이벤트의 유형이 달라지며 어떤 내용을 구성하고 어떻게 성공을 정의할지에 대한 결정을 내릴 수 있기 때문이다.

표 3-1 이벤트의 유형

- 축제 이벤트: 지역축제, 문화관광축제, 축연, 퍼레이드, 카니발 등
- 회의 이벤트: 미팅, 컨퍼런스, 컨벤션, 포럼, 심포지엄, 세미나 등
- 전시 이벤트: 산업전시(교역전, 견본시 등), 일반전시(스포츠용품, 모터쇼, 건강, 미술 등)
- 박람회(EXPO): 세계박람회(BIE 인증), 국제박람회, 지방박람회 등
- 문화공연 이벤트: 영화제, 발표회, 경연대회, 콘서트 등
- 스포츠 이벤트: 월드컵, 올림픽, 아시안게임, 전국체전, 스포츠경기 등
- 기업 이벤트: 신제품 발표회, 판촉 캠페인, 고객사은행사, 사내행사 등
- 정치 이벤트: 취임식, 후원회, 전당대회, 정치집회 등
- 개인 이벤트: 결혼식, 기념일, 파티, 축하연, 특정 모임 등

이벤트의 유형은 매우 다양하지만 이벤트를 개최하고 관리하는 데 있어 어떠한 이

벤트라도 공통적인 부분이 많다. 하지만 모든 이벤트는 유형에 따라 중요한 차이점을 가지고 있으며, 이러한 차이점은 다루어야 할 이벤트 리스크의 범위와 종류에 큰 영향을 미친다. 따라서 이벤트의 유형과 일반적인 성격에 대해 이해하는 것은 매우 중요하다. 이는 리스크관리자가 중점적으로 확인해야 할 이벤트의 목적과 목표, 이벤트의 성격과 필요사항, 리스크대상의 범위 등에 있어 차이가 나타나기 때문이다.

1) 축제 이벤트

축제(festival)의 사전적 의미는 '축하하여 벌이는 큰 규모의 행사, 축하와 제사를 통틀어 이르는 말'로 정의하고 있다(국립국어원, 2015). 지역의 다양한 문화현상을 포괄하고 있는 축제는 지역의 문화유산을 축제화한 것으로 전통축제는 물론 문화관광축제, 예술제 등 각 지역의 문화행사 전반을 포괄한다. 축제는 지역주민의 총체적인 삶과 전통문화의 요소가 잘 반영되어 있는 종합적인 문화행사로서 관광상품화되어 지역의 개성을 보여 준다.

이러한 축제는 스코틀랜드의 에든버러축제(Edinburgh Festival), 독일의 옥토버페스트(Octoberfest)와 같이 세계적으로 유명한 축제, 지역주민의 생활과 문화를 총체적으로 보여 주는 지역축제, 카니발(carnival), 퍼레이드(parade), 가장행렬(假裝行列) 등을 포함한다. 축제는 더 많은 방문객을 확보하고자 문화적인 행사를 위주로 이루어지며, 특히 관광객을 유치하려는 목적을 가진 축제는 더욱 그러한 경향이 있다. 축제에 많은 방문객이 참가하는 만큼 방문객이 자신의 주변보다 축하행사에 집중할 때 기회주의적인 범죄가 발생할 수 있다. 이러한 이벤트는 주로 재정적인 불안정과 비전문적인 관리에 취약하다.

2) 회의 이벤트

회의 이벤트(meeting event)는 사람이 모여 정보를 교환하고 토론이나 토의를 통해 협의와 결정을 내리며 교육기능, 관계개선, 인적 교류를 위한 목적으로 개최되는 행사다. 이러한 행사는 대규모의 컨벤션(convention), 컨퍼런스

(conference), 콩그레스(congress)와 소규모의 포럼(forum), 심포지엄(symposium), 패널토의(panel discussion), 강연(lecture), 세미나(seminar), 워크숍(workshop)의 형태가 있다. 회의 이벤트는 주로 협회 및 단체, 기업 및 정부조직 또는 사회적 · 군사적 · 교육적 · 종교적 그룹에 의해 개최되고 리셉션, 연회, 만찬, 동반자 프로그램, 산업시찰 또는 관광 등 많은 부대행사가 수반된다. 또한 지역, 국가, 국제적인 행사로 수천 명의 참가자와 함께 종합적이고 복잡한 의제를 다루기도 한다. 이러한 이벤트에 있어 가장 일반적인 관심사는 주최조직과 서비스 공급자 양측을 위한 보호와 리스크를 허용할 수 있는 균형을 맞출 수 있도록 호텔, 컨벤션센터, 관련공급업체와의 적절한 계약을 체결하는 것이다.

3) 전시 이벤트

전시 이벤트(exhibition event)는 판매자(seller)와 구매자(buyer)가 함께 특정한 산업, 시장, 일반대중에게 제품, 서비스, 관련자원을 둘러보거나 판매하기 위해 제공하는 행사다. 이러한 이벤트는 제품이나 서비스와 관련한 산업전시회(trade fair, trade show)와 스포츠용품, 선물, 취미, 모터쇼, 건강, 미술, 공예와 같은 소비자를 대상으로 하는 일반전시회(exhibition)를 망라한다. 또한 전시 이벤트는 취업박람회, 애완동물박람회, 벼룩시장, 농업박람회 등을 포함한다. 일반전시회의 일부는 그 범위와 연간 개최빈도로 인해 축제로 여겨질 수도 있으며, 인파가 붐비는 행사 중 소매치기와 같은 범죄자의 표적이 될 수 있다. 입장을 제한하는 산업전시회는 산업스파이활동의 표적이 될 수도 있다. 모든 전시회에서 진열되는 전시물이나 전시장치는 도난에 취약하다.

4) 박람회(EXPO)

박람회(EXPO)는 엑스포지션(exposition)의 앞부분에서 따온 말로 상품을 사고팔거나 문화와 정보를 교환하는 장에서 비롯되었으며 전시회나 설명회의 의미를 모두 포함하고 있다(신창열, 2010). 박람회는 인류가 이룩한 문명의 발전성과를 일정한 주제에 맞추어 한자리에 전시함으로써 이전까지 축적한 인류사회의 지식과 기술을 함께 나누고, 다가오는 미래시대에 적합한 새로운 인류문명을 창조해 가는 행사다(해양수산부, 2002). 세계박람회는 세계박람회사무국(Bureau International des Expositions: BIE)의 승인 여부에 따라 공인엑스포와 비공인엑스포로 구분된다. 공인엑스포는 전시기간이 6개월 이내이고 5년에 한 번 개최되며 주제를 특별한 제한 없이 다양하게 다룰 수 있는 등록엑스포(registered EXPO)와 전시기간이 3개월 이내로 양 등록엑스포 사이에 1회 개최하며 명확한 주제를 다루어야 하는 인정엑스포(recognized EXPO)로 나뉜다. 둘 다 국가의 공식 외교채널을 통해 참가국을 유치하는데, 우리나라는 1993년 대전엑스포, 2012년 여수엑스포를 개최했다.

반면 비공인엑스포는 회원국이 국가자격으로 참가하지 못하기 때문에 전시수준이나 규모가 공인엑스포에 비해 현격히 떨어진다. 이는 보통 지방정부 차원에서 지역개발 및 지역경제 활성화, 지역 이미지 향상을 목적으로 개최되는 지방박람회로서 고양국제꽃박람회, 경주세계문화엑스포, 오송국제바이오엑스포, 완도국제해조류박람회 등 수많은 박람회가 개최되고 있다.

박람회는 이벤트의 종합편으로서 규모가 가장 크고 오랜 준비기간이 필요하기 때문에 다양한 분야에서 세심하고 체계적인 리스크관리가 요구된다.

5) 문화공연 이벤트

문화공연 이벤트(culture & performance event)는 엔터테인먼트(entertainment)의 목적을 위해 단발성이나 주기적으로 개최하며, 유료 또는 무료의 형태로 펼쳐지는 행사다. 여기에는 콘서트, 야외극, 시상식, 음악회, 영화제, 발표회, 경연대회 등이 있다. 이는 타깃시장의 인구분포에 따라 청중을 유인하게 되는데 청년층을 대상으로 하는 하드락 콘서트(hard rock concert)는 심포니 오케스트라(symphony orchestra)의 콘서트와 달리 혼잡한 군중을 관리하는 전략이 필요하다. 가끔 이러한 행사는 그 자체로 볼거리가 되며 테마파크, 쇼핑센터, 운동장, 학교, 극장, 박물관과 같은 명소에서 개최하기도 한다.

6) 스포츠 이벤트

스포츠 이벤트(sports event)는 관람하거나 참여하는 행사로서 레크리에이션이나 경쟁적인 스포츠활동을 모두 포함한다. 스포츠 이벤트는 하나의 독립적인 행사로 개최되기도 하지만 다른 행사의 일부가 되기도 한다. 프로 또는 아마추어 행사, 동물경연대회, 챔피언매치, 경기대회, 게임, 토너먼트, 마라톤, 경주, 랠리(rally), 보트경주, 에어쇼(air show), 스포츠 클리닉(clinic) 등이 이에 포함된다.

이런 유형의 이벤트는 본질적으로 육체적 경쟁에서 비롯되는 리스크를 다루게 된다. 스포츠관람 이벤트의 경우 관중의 수, 관중 사이에 발생가능한 경쟁의식에 주의를 기울이고, 참여 이벤트의 경우는 참가자의 능력에 주의를 기울여야 한다.

7) 기업 이벤트

기업 이벤트(corporate event)는 경영관리기능과 교육, 마케팅, 직원 및 소비자와의 관계를 포함한 사업상의 다각적인 목표를 달성하기 위해 기업이 주최하는 모든 행사를 말한다. 이러한 행사는 경영회의 및 컨퍼런스, 직원단합대회, 시상식 및 연회, 교육 프로그램 및 팀 빌딩(team building), 성과급 여행 프로그램(incentive tour), 신제품 발표회, 미디어 컨퍼런스(media conference), 고객사은행사, 고객문화예술행사 등을 포함한다. 기업 이벤트는 보통 교육 및 호의적인 관계 구축, 기업 커뮤니케이션을 통해 재무적인 성과를 증진시키려는 특정한 전략적 목표가 있다. 이러한 행사는 사람, 재산, 보호해야 할 특허정보를 다루는 리스크관리가 필요하다.

8) 정치 이벤트

정치 이벤트(political event)는 국가정부기관, 지방자치단체, 정당에 의해 개최되거나 이들을 위해 개최되는 것으로 이루어진다. 이는 정치적 집회, 캠페인, 토론회, 정상회담, 정부회의, 취임식, 수여식, 리셉션(reception) 등 공식적인 행사를 포함한다. 이러한 유형의 행사는 대개 현직의 고위관리가 참여하고 논쟁적인 성격을 가질 수 있기 때문에 의전기능, 참가자관리, 발생가능한 대립상황에 대한 세심한 주의가 필요하다.

9) 개인 이벤트

개인 이벤트(private event)는 초대가 있어야 참석이 가능하고 문화적 · 종교적 · 사회적 또는 생애주기에 따른 축하 및 기념행사를 일컫는다. 이는 세례식, 생일파티, 성인식, 졸업식, 사교계 데뷔, 결혼식 및 약혼식, 기념일, 장례식, 클럽이나 예배장소에서 이뤄지는 사회적 · 종교적 모임, 가족모임, 동창모임 등을 포함한다. 가장 일반적인 리스크는 모임주최자가 경험이 부족해서 이벤트관리와 관련된 책임의 범위를 인지하지 못하거나 고객(client)으로부터 비현실적인 요구와 압력을 받는 경우다.

2. 이벤트산업의 범위와 규모

국내의 모든 이벤트산업의 범위를 정량적으로 정의하기는 매우 어려운데 이는 공식화된 원천이 없을 뿐만 아니라 자료를 수집하는 기관이나 단체도 없기 때문이다. 더구나 이벤트산업은 수많은 주최자와 유형은 물론 동시에 각 유형마다 다양한 제품과 서비스를 이용하기 때문에 산업규모를 계산한다는 것은 쉽지 않다. 하지만 다양한 기관에서 실시한 연구결과를 살펴본다면 광범위한 이벤트산업에 대해 일견 살펴볼 수 있을 것이다.

2002년 미국의 마케팅 지출은 총 8천820억 달러로 광고가 2천117억 달러(24.0%), 소비자 프로모션이 2천337억 달러(26.5%), 유통 프로모션이 4천366억 달러(49.5%)로 나타났다. 이벤트 마케팅(event marketing)을 포함하고 있는 소비자 프로모션이 광고의 지출규모를 처음으로 초과한 것이다(PROMO and the PMA, 2003). 세계 이벤트산업은 광고시장과 맥락을 같이하면서 그 규모가 점차 증가하는 추세에 있다. 전 세계 광고시장에서 BTL(Below The Line: 직접대면 커뮤니케이션활동)의 규모는 빠르게 성장하여 2004년 ATL(Above The Line: 매체를 통한 간접 커뮤니케이션활동)의 규모를 넘어섰다(한국관광공사, 2012).

국내 이벤트산업은 통계청의 한국표준산업분류에 따르면 '사업지원서비스업(75) - 기타 사업지원서비스업(759) - 그 외 기타 사업지원서비스업(7599) - 전시 및 행사대행업(75992)'으로 분류되어 있으며, 2012년 기준 총 매출액은 약 1조 6천5백억 원, 산업체 수는 2천752개, 종사자 수는 1만 9천714명으로 집계되었다(통계청, 2013).

국가연구기관인 산업연구원에서 발표한 자료에 따르면 우리나라 이벤트산업의 규모는 민간기업의 광고비와 지방자치단체의 행사비를 토대로 할 경우 연간 1조 6천억 원에서 2조 원에 달하는 것으로 추정하고 있다. 이는 민간기업의 총 광고비는 2008년 기준으로 약 9조 3천116억 원이며, 이 중 10~15% 정도인 9천억 원에서 1조 3천억 원 정도가 기업의 이벤트관련 지출로 추산되며, 지자체의 행사 및 축제경비는 2007년 결산 기준으로 7천277억 원으로 추정한다(조현승, 2010).

한편 전국 16개 광역자치단체별 이벤트 개최현황을 2011년을 기준으로 전수조사한 결과 개최건수는 2천435회, 개최비용은 5조 3천309억 원의 규모로 추정되었으며, 이는 국제회의 및 전시회를 제외한 금액이다. 이 중 문화공연 이벤트의 개최건수가 578회로 가장 많은 것으로 조사되었다(한국관광공사, 2012). 이벤트의 범주에 국제회의와 전시회를 포함시킨다면 이벤트산업을 대략 6조 내외의 시장규모로 추산할 수 있을 것이다.

또한 2012년 우리나라의 '축제 인식도 국민의견조사' 결과, 국내 축제 방문객의 총 지출비용은 3조 4천826억 원으로 추정하였다. 이는 축제에 참여하는 인구비율이 약 53.8%로 조사되었고, 1인당 평균지출액은 거주지역의 축제 5만 3천475원, 거주지 이외의 축제 6만305원으로 나타났다(한국관광공사, 2013). 축제산업의 소비자 지출규모는 문화산업 매출규모 중에서 애니메이션산업(5천286억 원, 2011년), 만화산업(7천517억 원, 2011년)보다 더 크며 영화산업(3조 7천732억 원, 2011년)과 비슷하게 나타났다(문화체육관광부, 2012).

회의 및 전시 이벤트의 분야인 MICE(Meeting, Incentive Tour, Convention, Exhibition)산업의 지출규모는 참가자와 주최기관의 지출액의 합으로 산업의 규모를 추정했다. 2010년 지출규모를 살펴보면, 회의(meeting)분야가 1조 1천724억 원, 인센티브 투어(incentive tour)분야가 3천985억 원, 컨벤션(convention)분야가 1조 5억 원, 전시(exhibition)분야가 5천945억 원으로 나타나 총 3조 1천659억 원으로 추정한다. 개최건수는 2만 516건으로 조사되었고, 이 중 회의분야가 1만 4천487건으로 가장 많았으며, 사업체 수는 812개로 조사되었다(한국관광공사, 2011).

이와 같이 국내 이벤트산업에 대한 규모나 범위를 다양한 측면에서 추정할 수밖에 없는 것이 현실이다. 이는 또한 이벤트산업의 경제적인 영향력을 취합하거나 실제 이벤트의 개최현황과 지출에 대한 정보를 계량화하는 데 대한 공식적인 조사와 정확한 조사진행이 되지 못한 결과이기도 하다. 현실적으로 이벤트산업은 그 규모가 6조 원 이상으로 추산되고 지속적으로 성장하고 있는 산업임에도 불구하고, 이벤트를 하나의 산업으로 인식하지 못하고 주무부처나 관련법률이 부재하기 때문이다. 일본의 경우에는 경제산업성 산하에 일본이벤트산업협회를 두고 지원사업을 활발히 펼치고 있다.

이벤트산업은 최근 시장규모가 빠르게 확대되고 있으며, 향후 부가가치창출과 고용확대에 큰 역할이 예상되나 업계의 불합리한 관행과 정부의 지원부재로 아직 영세성을 벗어나지 못하고 있다. 이벤트산업과 유사한 성격을 지닌 컨벤션산업의 경우 국제회의산업육성에 관한 법률이 제정되어 문화체육관광부 및 한국관광공사의 지원하에 미래성장산업으로 육성하는 데 있어 국가적 차원의 지원을 받고 있다. 또한 전시산업의 경우에도 전시산업발전법이 제정되어 있으며, 산업통상자원부 산하의 사단법인 한국전시산업진흥회 및 대한무역투자진흥공사(KOTRA)의 지원 속에서 미래성장산업으로 육성하고 있다. 일반적으로 이벤트산업은 컨벤션산업은 물론 전시산업을 포괄하는 상위의 개념으로 인식하는 경우가 많다. 이벤트산업과 관련한 법률 제정이 조속히 필요하며 기존 법률과 상충되지 않도록 정리해야 하는 어려움도 잠재되어 있다. 다행히 2015년 3월 11일 '이벤트산업 발전법안'이 국회에 발의되어 관심이 집중되고 있다.

이제 이벤트는 거의 모든 세상의 삶과 연관되어 있다는 것은 분명한 것 같다. 개인적인 관계나 사업적인 관계가 발전하면서 이벤트는 필수불가결한 요소로 대두되었다. 이벤트는 경제적인 가치를 넘어서 사회적 · 문화적인 가치의 중요성을 갖게 되었으며, 이벤트 관광을 통해 삶의 질도 높여 가고 있다.

3. 이벤트관리의 역할과 범위

이벤트관리(event management)의 역할은 이벤트를 계획에 따라 잘 진행하는 것뿐만 아니라 이벤트에 참여하는 관람객의 요구나 기대는 물론 주최자의 이벤트 개최목적이나 목표를 충족시키는 데 있다. 리스크관리자는 이벤트관리가 무엇인지, 이벤트기획자가 주어진 임무를 어떻게 수행하는지 잘 이해할 필요가 있다. 이는 이벤트기획자가 곧 리스크관리자의 역할을 해야 하기 때문이며, 또한 리스크관리자가 별도로 있는 경우 두 사람 사이에 원활한 커뮤니케이션이 이루어져 시너지 효과가 발휘되기 때문이다. 이벤트기획자나 리스크관리자는 모두 이벤트를 기획하고 실행하는 모든 과정에서 리스크를 인지하는 태도가 매우 중요하다.

이벤트관리의 범위는 대부분 5W의 내용에 따라 그 범위가 결정된다. 즉, Why(이벤트의 목적과 목표), Whom(타깃과 이해관계자), When(이벤트 시기 및 기간), Where(이벤트 장소와 공간), What(이벤트 프로그램)이 무엇인지에 따라 결정된다. 이벤트주최자는 이벤트의 기획과 실행과정에서 예상되는 모든 요인을 파악하고 결정해야 한다.

이벤트관리지식체계(Event Management Body Of Knowledge: EMBOK)를 살펴보면, 이벤트관리의 범위는 단계(phases), 과정(processes), 핵심가치(core values), 기능적 부문(functional areas)으로 구성되어 있다(Slivers et al., 2006). EMBOK모델(www.embok.org)은 이벤트관리에서 사용하는 영역 및 과정에 대한 지식체계를 서술적인 개요로 제시하고 있다. 핵심가치를 바탕으로 순차적인 흐름의 단계와 반복되는 속성의 과정은 이벤트기획자로 하여금 종합적이고 체계적인 방법으로 기능적 분야에 접근할 수 있게 한다.

그림 3-1 EMBOK(이벤트관리지식체계)모델

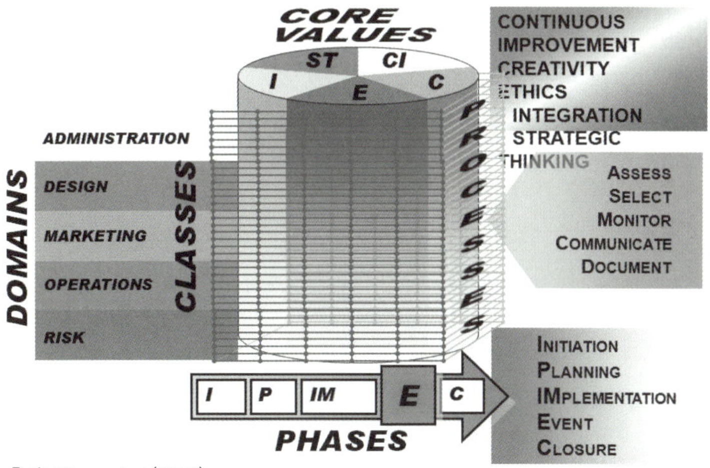

출처: Silvers et al.(2006)

1) 이벤트관리에서의 단계

이벤트관리에서의 단계(phases)는 이벤트 그 자체를 향하여 가속도가 붙는 것으로써 시간의 임계[01]를 강조하며, 단계의 순차적인 본질을 나타낸다([그림 3-2] 참조). 그 진행은 차기 이벤트의 연구 단계에 기여하는 평가 단계의 결과와 함께 순환한다. 이 단계는 구상(initiation), 기획(planning), 실행(implementation), 이벤트(the event), 종료(closure)로 진행되며, 전통적인 프로젝트관리 용어에서 비롯되었다(PMI, 2000). 효과적인 이벤트관리는 시작부터 끝까지 이벤트 프로젝트의 수명 전반에 걸쳐 이 연속체의 각 단계의 업무에 달려 있다.

그림 3-2 EMBOK모델의 '단계'체계

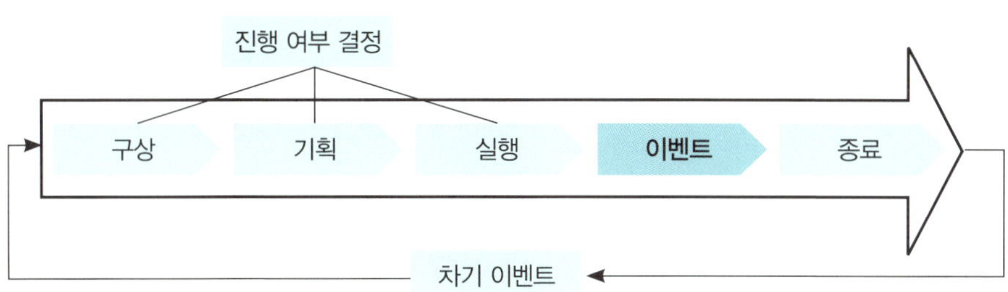

01 임계(臨界): 사물이 어떠한 기준에 의하여 분간되는 한계

(1) 구상

구상(initiation)은 조사를 수행하고 개념(concept)을 정의하며 유효성 있게 만드는 단계이다. 이벤트의 배경과 범위를 설정한 후, 목적과 목표를 규정하고 자원투입계획을 수립한다. 또한 리스크관리에 대한 임무를 도입해야 한다.

(2) 기획

기획(planning)은 이벤트 프로젝트에 대한 요구사항과 자세한 사양을 확정하는 단계로서 향후 예상되는 활동, 조직화되어야 하는 활동, 필요한 재원 등을 구체적으로 명시하는 것이다. 또한 이러한 것들을 결정하는 데 영향을 미칠 수 있는 상황, 조건, 가정을 구체화해야 한다. 리스크기획은 현실적인 가정과 수용된 방법에 근거하여 의사결정을 할 수 있도록 체계를 제공한다.

(3) 실행

실행(implementation)은 이벤트의 모든 물품과 용역계약이 체결되고 조정이 이루어지는 단계로서 이벤트 프로젝트의 모든 운영 및 물류의 요구조건이 동시에 이루어지도록 하는 것이다. 이 단계에서는 적절한 검증과 통제활동이 적용될 수 있도록 보장하는 리스크관리기술이 필요하다.

(4) 이벤트

이벤트(the event) 단계는 일단 연출이 시작되면 차별적이며 동태적인 접근방법(dynamic approach)이 필요하기 때문에 다른 단계와 뚜렷이 구별된다.

이전 단계에서는 이벤트를 진행할지 아닐지를 결정할 가능성이 있지만, 일단 해당 이벤트가 시작되면 중지가능성은 사라지고 이벤트에 포함되어 있는 특정 구성요소나 활동도 종료할 수 없게 된다. 이 단계 동안은 리스크모니터링과 통제기능이 결정적이므로 위험요인과 사고는 즉각적이고 효과적인 방법으로 대응해야 한다.

(5) 종료

종료(closure)는 이벤트가 끝나게 되어 철수와 계약의무가 마무리되는 업무의 마감 단계이다. 또한 이 단계는 피드백(feedback)의 수집은 물론 활동, 대응, 의사결정에 대한 검토가 이루어진다. 그런 다음 이 정보는 투자수익률 측정, 계획 대비 수행에 대한 측정, 경제 · 사회 · 문화적 파급효과를 측정하기 위해서 평가된다. 또한 차기 이벤트에 노하우(know-how)와 경험을 효과적으로 전달하기 위하여 이벤트를 통해 얻은 교훈을 기록으로 남긴다.

2) 이벤트관리에서의 과정

이벤트관리에 대한 과정시스템(process system)은 평가(assessment), 선택(selection), 모니터링(monitoring), 커뮤니케이션(communication), 문서화(documentation)로 구성된다([그림 3-3] 참조). 이 과정체계는 가장 일반적으로 사용하고 있는 리스크관리를 위한 과정모델에 근거하고 있다. 과정체계는 이벤트와 이에 수반되는 리스크의 변화무쌍한 속성에 적극적인 대응이 가능하게 하는 연속적이고 반복되는 시스템이다.

그림 3-3 EMBOK모델의 과정시스템

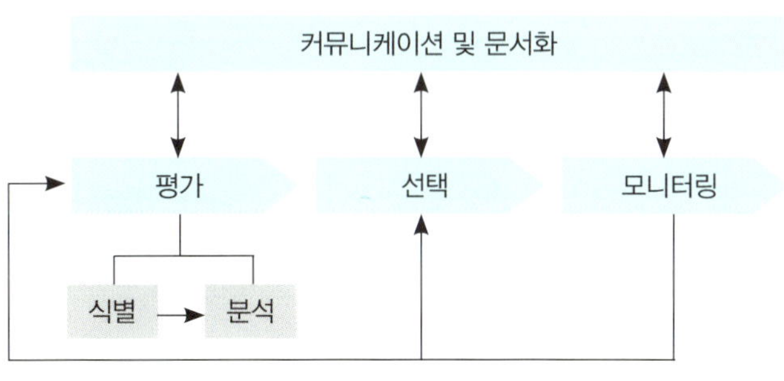

(1) 평가

평가(assessment)는 식별(identification)과 분석(analysis)이라는 두 단계의 과정으로 구성된다. 식별은 각 범주에서 고려되어야 하는 모든 구성요소를 발견하고 정의하는 과정이다. 분석은 예측능력을 강화시키고, 각 요소의 특성을 정량 및 정성적으로 평가하여 적절한 우선순위를 정하는 것을 용이하게 해준다.

(2) 선택

선택(selection)은 의사결정의 시점으로 목적이나 목표를 달성하는 데 가장 좋은 전략과 방법을 고르는 것이다. 이렇게 선택된 전략과 방법을 수행하기 위해서 자원의 배분, 책임 및 권한도 함께 결정된다.

(3) 모니터링

모니터링(monitoring)은 선택한 전략 및 방법에 대한 진척, 상태, 상황을 엄격하게 계획적으로 추적하는 활동이다. 이때 리스크통제활동을 수행하며, 평가와 선택 과정을 반복하면서 필요에 따라 더 나은 옵션(option)과 대응책을 발굴한다.

(4) 커뮤니케이션

커뮤니케이션(communication)은 과정체계의 필수적인 구성요소로 시의적절한 정보수집과 배분은 물론 의사결정과정에 적절한 자문을 제공하는 것이다. 이 과정은 종합적인 평가를 위하여 적정하게 구성요소를 연관시키며, 결정된 사항에 대한 수용과 지지를 강화시키기 위해서 중요하다.

(5) 문서화

문서화(documentation)는 평가, 분석, 대응책, 모니터링, 통제결과, 관련파일과 서류 등을 기록 · 보고 · 유지 · 보관하는 것이다. 문서화는 탄탄한 관리과정으로 이어지도록 가치 있는 자료와 중요한 증거를 제공한다.

3) 이벤트관리에서의 핵심가치

핵심가치(core values)는 성공적이고 지속가능한 성과가 나타날 수 있도록 각 이벤트의 요소, 단계, 과정에 관한 모든 의사결정에 적용되어야 하는 원칙이다([그림 3-4] 참조). 모든 리스크관리의 의사결정에 이와 동일한 본질적인 가치를 스며들게 하는 것은 똑같이 중요하다.

Ⅰ 그림 3-4 Ⅰ EMBOK모델의 핵심가치

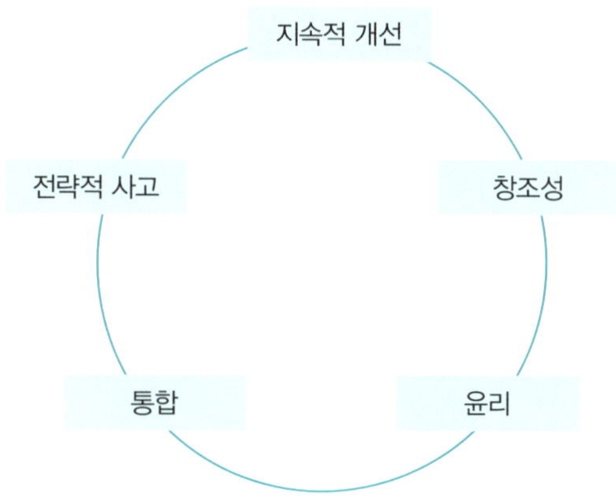

(1) 지속적 개선

지속적 개선(continuous improvement)은 모든 절차 및 시스템에 대해 연속적이고 주도적인 개선에 의지하는 최적화된 수행조직을 주창하는 품질관리의 철학이다. 이는 대응 중심의 계획에 의존하는 것보다 결과를 생각하는 것이다.

(2) 창조성

창조성(creativity)은 혁신적이고 창의적인 해결방안을 만들어 내는 것이 본질이다. 또한 이벤트관리를 하는 동안 나타나는 다양한 도전과 기회에 필수적인 것이다. 이벤트산업에서 풍부한 창의력, 영감, 예술성, 지혜의 활용은 매우 중요하다.

(3) 윤리

윤리(ethics)는 옳고 그름에 대한 신념을 반영한 모든 판단, 선택, 행동을 말한다. 윤리는 이벤트는 물론 모든 산업에 대부분 행위규약으로 내재되어 있다. 이러한 기준은 청렴, 공정, 품위를 유지하는 방법으로 의사결정, 협상, 그리고 행동의 지침이 된다.

(4) 통합

통합(integration)은 요인의 선택에 의해 영향을 주고받는 모든 요인들을 의사결정에 첨가시키기 위한 것으로, 이벤트 프로젝트에 포함되어 있는 상호작용, 의존성, 상호 연결된 구성요소의 많은 다양성을 조정하고 동기화하고 병합하는 데 절대적인 필요성을 나타낸다.

(5) 전략적 사고

전략적 사고(strategic thinking)는 기업의 전반적인 장단기목적과 목표 속에서 각각의 프로젝트에 대한 필요와 방법을 검토하고 조절하는 능력을 말한다. 이는 계획 및 전략에 요인으로 포함되어야 하는 보다 큰 이슈와 영향에 초점을 유지하기 위해서이다.

4) 이벤트관리에서의 기능적 부문

EMBOK모델에서 이벤트관리의 35개 기능적 부문(functional areas)은 5가지 영역(domain)으로 체계화된다. 각 영역은 연구나 분석을 위하여 조직적인 구조 또는 모듈방식의 범주를 반영하는 활동의 대단히 중요한 부문을 대표한다. 또한 각 기능적 부문은 종류(class)를 가리키는 것으로 여기에는 수많은 구성요소(element)를 찾아볼 수 있는데, 예를 들면 인적자원(기능적 부문 또는 종류) 내의 자원봉사자(구성요소)이다. 이 구성요소는 특별한 속성을 지니고 있으며, 다른 단계와 과정이 진행되는 동안 다른 목표, 절차, 제약조건, 기준에 의해 영향을 받으며 그 대상이 된다.

(1) 관리영역

관리영역(administration domain)은 우선 이벤트 프로젝트에서 사용되는 자원의 적절한 할당, 방향 및 통제를 다룬다. 자원은 당연히 한정적이기 때문에 이벤트의 이익을 증가시키고 리스크를 감소시키기 위해서 가장 효율적이고 효과적인 방법으로 자원을 취득하고 개발하며 사용하여야 한다.

- 재정관리(financial management): 예산의 계획과 집행, 원가계산과 가격책정, 자산과 현금유동성관리, 회계
- 인적자원관리(human resources management): 조직구조 및 문화, 인력충원

및 유지의 순환체계, 종업원, 자원봉사자, 계약직

- 정보관리(information management): 정보의 획득, 배분, 유지 및 통제
- 조달관리(procurement management): 세부설명서 및 시방서, 공급원 선정, 계약관리, 변경통제
- 이해관계자관리(stakeholder management): 의뢰인과 고객관계, 전략적 제휴, 영향력 · 긴급통제
- 시스템관리(system management): 물리적 · 개념적 체계, 지식전파, 기술의 사용
- 시간관리(time management): 활동구성, 일정개발 및 통제

(2) 디자인영역

디자인영역(design domain)은 이벤트 프로젝트의 목적과 목표를 예술적 감각으로 해석하고 표현하고 이벤트의 경험적 차원에 초점을 두는 것이다. 각 기능적 부문 내에서 개발된 구성요소들은 즐거워하거나 오래 지속되는 이벤트의 경험을 만들어 내기 위하여 구성요소의 본질이나 디자인에 의해 약간의 모험성이 고려된 선택과 결합된다.

- 콘텐트 디자인(content design): 화제 및 포맷(format)의 선정, 연사선택, 교육적 의무, 성인학습원리
- 엔터테인먼트 디자인(cntcrtainment design): 엔터테인먼트의 원천 및 선정, 공연자의 요구조건 이행, 공연 및 공연자 통제
- 환경 디자인(environment design): 장식, 가구, 소도구, 레이아웃(layout), 기능적 배치, 안내 · 유도시스템
- 식음료 디자인(food and beverage design): 메뉴 선정, 서비스방식, 알코올 관리, 케이터링(catering) 운영
- 제작 디자인(production design): 음향, 조명, 시각 · 멀티미디어를 활용한 프레젠테이션, 특수효과
- 프로그램 디자인(program design): 활동의제개발, 경험적 연출, 의식 및 환대 요구조건

- 주제 디자인(theme design): 주제개발, 문화적 도해, 형상화 및 브랜딩

(3) 마케팅영역

마케팅영역(marketing domain)은 이벤트 비즈니스의 발전을 촉진시키고 경제적 · 정치적 지지를 구축하는 기능을 다루고 있으며 이벤트 프로젝트의 이미지와 가치를 조성하는 역할을 한다. 경험으로서 이벤트의 본질은 이 무형제품과 관련된 판매자와 구매자의 독특한 관계에 대해 자세한 이해가 필요하게 만든다.

- 마케팅계획관리(marketing plan management): 타깃시장분석, 메시지와 매체분석, 기획개발 등
- 자료관리(materials management): 인쇄물, 부수적인 자료 등의 제작 및 배포
- 상품관리(merchandise management): 제품개발, 브랜드관리, 생산 및 유통
- 촉진관리(promotion management): 광고, 판촉 이벤트, 교차 프로모션(cross promotion), 경연, 경품
- PR관리(public relations management): 이미지관리, 미디어관계, 언론보도, 위기 및 논쟁관리
- 판매관리(sales management): 티켓영업활동, 판매플랫폼, 할인, 현금출납
- 스폰서십관리(sponsorship management): 후원, 기부, 혜택패키지, 스폰서 유치와 서비스 제공

(4) 운영영역

운영영역(operations domain)은 이벤트를 제작하기 위해 서로 관련된 역할, 책임, 적용, 대응은 물론 현장에 함께 투입되는 인력, 제품, 서비스에 대해 집중하는 것이다. 이러한 물류적 · 기능적 필요조건과 기대치를 관리하기 위해서는 완벽한 조화가 필요하다.

- 입장객관리(attendee management): 등록, 티켓팅, 입장객 수용체계, 입장관리, 이동 및 교통흐름, 군중관리
- 커뮤니케이션관리(communication management): 내부 및 외부 커뮤니케이션방식, 장비 및 규칙, 지시 및 복명, 운영 매뉴얼

- 사회기반시설관리(infrastructure management): 교통, 공익시설, 위생 및 폐기물관리, 긴급서비스
- 물류관리(logistics management): 과업분석 및 순서배열, 계약업체 조정, 반입 · 반출, 유지
- 참가자관리(participant management): 연사 및 출연자관리, 유명인과 고위인사관리, 경기선수 및 임원관리
- 장소관리(site management): 자료수집, 현장조사, 선정, 준비, 개발
- 기술관리(technical management): 무대장치 및 장비, 설치, 운용, 기술지원

(5) 리스크영역

리스크영역(risk domain)은 전통적으로 이벤트 프로젝트를 포함한 모든 기업활동과 관련하여 보호의무, 기회, 법률적 측면을 다루는 것이다. 이 영역은 결정한 모든 선택과 수행하는 모든 활동과 불가피하게 연결되며, 규제기관에서 이벤트소비자에 이르기까지 이해관계자에 의해 점증적으로 권한을 부여받는다.

- 규정준수관리(compliance management): 일반법규, 관례, 규정, 접근용이성, 지적재산권, 규정준수수단 마련
- 의사결정관리(decision management): 의사결정 프레임 및 기준, 심사숙고, 협력, 인가, 권한부여
- 비상계획관리(emergency management): 의료서비스, 대피소, 위기관리, 재난복구
- 보건 · 안전관리(health and safety management): 화재 및 생명안전, 산업안전, 보건 및 복지, 군중행동과 통제
- 보험관리(insurance management): 손실예방, 법적 책임, 보험요건, 정책 마련 및 관리
- 법적 관리(legal management): 협상, 계약, 허가 및 인가, 정책과 절차, 윤리
- 보안관리(security management): 인력, 장비, 배치, 지휘 및 통제

이상과 같이 이벤트관리의 범위가 상당히 광범위하지만 대부분의 내용은 이벤트

관리자의 일상생활 속에서 다루어지고 있는 일이다. 단지 모든 영역을 별개의 기능으로써 항목화하지 않은 것뿐이다. 자동차를 운전할 때 요구되는 과업이나 기술을 날날이 항목화하지 않는 것처럼 단지 운전할 뿐이다. 만일 운전에 대해 진지하게 생각한다면 수백 가지의 주의사항과 방법이 있을 것이다. 또한 매번 출발할 때마다 그리고 이동하는 모든 코스마다 수천 가지의 계산과 결정해야 할 사항이 있다.

대부분의 의사결정과정은 적절한 통합과 지속적인 개선을 촉진시키고자 대부분 자동적으로 이루어지고 있다. 하지만 이러한 종합적인 접근방식에 근거한 도구 및 과업수행지원을 활용하는 것은 매우 중요하다. 해당 이벤트 프로젝트와 관련된 리스크관리에 중대한 지장을 줄 수 있는 요인의 간과나 무시가능성을 감소시킬 수 있기 때문이다.

[표 3-2]는 이벤트 프로젝트를 계획할 때 EMBOK모델을 어떻게 활용하는지 보여 준다.

4. 이벤트관리와 리스크관리의 통합

이벤트관리과정과 마찬가지로 리스크관리도 순차적이고 순환적이며 반복적이다. 이벤트를 구성하는 개개의 모든 요소는 전체 이벤트에 영향을 미친다. 각각의 모든 의사결정은 이벤트자원을 어떻게 배분할지에 영향을 미칠 수 있다. 각각의 모든 이벤트는 이용해야 할 다양한 긍정적인 특성과 극복해야 할 장애물을 함께 갖고 있다.

과정-단계-핵심가치(process-phase-core value) 차트를 활용하면 개연성 있는 리스크요인이나 취약요인에 대하여 세심히 살펴볼 수 있다. 35가지 기능적 부문의 '영역-종류-요소(domain-class-element)' 평가차트는 리스크분석 또는 타당성분석을 수행할 때 이벤트의 전반적인 범위를 고려할 수 있는 체계를 제공해 준다.

표 3-2 과정-단계-핵심가치 차트(예시)

[영역: 관리]-[부문: 인적자원]-[요소: 자원봉사자]				
평가 (assessment)	선택 (selection)	모니터링 (monitoring)	커뮤니케이션 (communication)	문서화 (documentation)
구상(initiation)				
• 자원봉사자 활용의 적합성과 타당성 • 자원봉사자 활용 시 이익과 비용 • 소요인력 수	• 업무배정영역 • 조직구조 • 역할 및 책임	• 필요산출 • 채용목적	• 조직구조 • 채용정책	• 필요산출 • 조직구조 • 자원봉사자 DB 구축
기획(planning)				
• 기술 및 지식요건 • 채용공급원 • 자원봉사자 동기 • 정책요건	• 직무상세기술서 • 선택기준 • 채용계획	• 채용전술	• 채용필요 • 역할 및 책임 • 기술 및 지식요건	• 공급원 추정 • 채용전술 • 직무상세기술서 • 정책
실행(implementation)				
• 훈련요건 • 채용조건 • 보상전략	• 과업 부여 및 일정 • 훈련방법 및 일정 • 자원봉사자 혜택 • 예비교육 프로그램	• 적성채용 수행 • 훈련 프로그램 • 자원봉사자 혜택요건	• 정책과 절차 • 훈련 프로그램 • 자원봉사자 혜택	• 자원봉사자 DB 보관 • 과업 부여 및 일정
이벤트(event)				
• 배치 및 관리요건 • 자격요건	• 투입 · 인출절차 • 자격증명서 • 혜택에 대한 정책	• 자원봉사 참가자 수 • 배치효과 • 관리감독방법 • 혜택 전달	• 과업 배분 • 투입 · 인출절차 • 자격요건	• 자격요건 • 자원봉사 참가자 수 • 배치효과
종료(closure)				
• 자원봉사자 수행 평가 • 인정계획 • 체득한 교훈	• 향후 자원봉사자 계획에 대한 조언	• 인정 프로그램	• 자원봉사자 수행 • 자원봉사자 표창	• 향후 자원봉사자 계획에 대한 조언 • 인정 프로그램 • 자원봉사자 DB 업데이트

핵심가치(core values) 가이드라인	
지속적 개선 (continuous improvement)	• 정책과 절차개요가 담겨 있는 자원봉사자 핸드북 발간 • 자원봉사자를 위한 리더십훈련 기획 · 개발
창조성 (creativity)	• 자원봉사자에게 동기부여를 할 수 있는 창의적인 인정계획개발 • 연간 자원봉사자의 연계를 지속할 수 있는 흥미로운 방안 탐색
윤리 (ethics)	• 자원봉사자를 위한 행동규칙의 마련 • 자원봉사자 혜택의 공평한 배분
통합 (integration)	• 확실한 지휘체계와 명확한 커뮤니케이션 채널의 확보 • 과업배정을 위한 상호 참조 체크리스트의 마련
전략적 사고 (strategic thinking)	• 자원봉사자의 유지 · 발전계획의 개발 • 자원봉사자 인력의 특이하고 미개발된 자원의 탐색

[표 3-3]은 기획 단계에서 자원봉사자를 어떻게 활용할 것인지에 대해 제기될 수 있는 몇 가지 질문사항을 보여 주고 있다. 다만 이 차트는 각 기능적 부문에 대해 1개 단계, 1개 구성요소에 국한된 질문만 제공하고 있다는 점에 유념할 필요가 있다. 만일 특정한 이벤트 프로젝트에 적용해야 할 의사결정과 고려사항의 범위를 검토하거나 이벤트를 둘러싼 리스크를 관리하고자 할 때는 이들의 개별적 기능과 구성요소를 조사하는 것은 필수불가결한 것이다.

표 3-3 영역－종류－요소의 평가차트(예시)

[영역: 관리]－[종류: 인적자원]－[요소: 자원봉사자]－[단계: 기획]	
관리영역(administration domain)	
• 재정	• 자원봉사자의 숙소 및 혜택 제공에 따라 어떤 비용이 발생하는가?
• 인적자원	• 자원봉사자와 유급직원 간에 어떤 분쟁이 발생할 수 있나?
• 정보	• 자원봉사자의 정보 중 사적인 것으로 보호해야 할 부분은 무엇인가?
• 조달	• 자원봉사자가 구매하는 것은 어떻게 관리하고 변제할 것인가?
• 이해관계자	• 특정 자원봉사자가 정치적인 영향력을 갖고 있는가?
• 시스템	• DB시스템의 어디까지 자원봉사자의 접근을 허용할 것인가?
• 시간	• 자원봉사자가 예정시각에 나타나지 않을 경우에 대한 취약성은?

디자인영역(design domain)	
• 콘텐트	• 자원봉사자가 세션, 활동, 명소에 참여하는 것을 허용할 것인가?
• 엔터테인먼트	• 공연자에 대한 자원봉사자의 접근을 어디까지 허용할 것인가?
• 환경	• 실내장식연출에 자원봉사자를 참여시킬 것인가?
• 식음료	• 자원봉사자는 특정한 식사일정이나 시설에 접근이 제한되는가?
• 제작	• 자원봉사자가 제작요소에 참여한다면 어떤 책임이 발생하는가?
• 프로그램	• 자원봉사자에게 위험하거나 또는 사전동의를 구해야 하는 활동이 있는가?
• 주제	• 자원봉사자가 주제 이미지 구성요소에 비판적이거나 부정적인가?
마케팅영역(marketing domain)	
• 마케팅계획	• 자원봉사자가 목표청중과 양립하는 고객층인가?
• 자료	• 특별히 자원봉사자를 위해 자료가 준비되어야 하는가?
• 상품	• 증명형식으로 자원봉사자에게 티셔츠를 제공하여야 하는가?
• 촉진	• 자원봉사자에게 콘테스트 참여를 제한할 필요가 있는가?
• PR	• 자원봉사자와 미디어 간의 접촉을 어떻게 제한할 것인가?
• 판매	• 자원봉사자를 판매지원활동에 동원할 것인가?
• 스폰서십	• 스폰서가 제공한 자원봉사자를 활용하는 경우 어떤 영향이 있는가?
운영영역(operation domain)	
• 입장객	• 자원봉사자의 접근성에 대해 어떤 제한을 두어야 하는가?
• 커뮤니케이션	• 무전기가 필요한 자원봉사자는 누구이며, 어떤 규칙을 사용할 것인가?
• 기반시설	• 자원봉사자에게 별도의 주차공간이 필요한가?
• 물류	• 자원봉사자 활용이 반입 및 반출에 도움이 되는가, 방해가 되는가?
• 참가자	• 자원봉사자 라운지공간이나 휴식조건은 무엇인가?
• 장소	• 자원봉사자의 접근이 제한되는 지역은 어디인가?
• 기술	• 장비를 사용하는 자원봉사자와 관련된 책임은 있는가?
리스크영역(risk domain)	
• 규정준수	• 계획대로 자원봉사자를 활용하는 데 적용되는 법령이나 규제가 있는가?
• 의사결정	• 미승인된 자원봉사자의 의사결정을 방지하기 위해 어떤 방법이 있는가?
• 비상계획	• 자원봉사자가 각자의 피난계획에 얼마나 잘 통합되어 있는가?
• 보건 · 안전	• 자원봉사자가 안전하게 활동을 이행하기 위해서 어떤 훈련이 필요한가?
• 보험	• 현재 보험으로 자원봉사자를 보장할 수 있는가?
• 법	• 자원봉사자에 대한 법적 의무는 어떤 것이 있는가?
• 보안	• 자원봉사자를 보안요원으로 활용이 가능한가?

리스크관리자는 이벤트주최자와 함께 업무를 수행하여야 한다. 이는 리스크관리자가 이벤트의 기획부터 실행에 이르는 전 과정에 관여하면서 리스크에 대해 주지시키고, 이에 대한 보상과 재원마련에 미리 대비하게 함으로써 이벤트조직이 위험

관리능력을 가질 수 있도록 하기 때문이다. 이벤트주최자와 리스크관리자는 이벤트의 범위와 세부항목에서 명확하게 구분된 역할을 수행해야 한다.

목적과 목표는 반드시 구체화되고 우선순위를 설정해야 한다. 보다 위험성이 적은 여러 대안들을 검토할 때 그 의사결정은 이벤트목적과의 일치성을 유지해야 하기 때문이다. 리스크관리에 대한 책무는 언행(言行)이 일치하여 이행되어야 한다. 이는 공식적으로 리스크를 식별한 사람이 그렇게 함으로써 불이익을 받지 않도록 하기 위하여 리스크관리자를 지명하고 리스크를 처벌대상에서 제외시키는 것을 포함한다(Defense Acquisition University, 2002). 여기에 충분한 자원이 할당되어야 하고 이러한 책무를 반영한 리스크관리정책이 도입되어야 한다. 예를 들면, 리스크평가와 관리절차, 윤리, 전결규정 등을 다루는 회의정책은 일반적으로 인정되는 관행과 의사결정과정에 대한 가이드라인을 설명하기 위해 기업이나 단체가 개발할 수 있다.

이벤트주최자는 향후 선택과 관련하여 실행가능하고 효과적이며 수용가능한 의사결정을 내리기 위해 해당 이벤트 및 이벤트의 활동을 둘러싼 리스크를 이해하고 있어야 한다. 주최자, 제작자 또는 후원조직은 리스크의 정도와 범위에 대해 다른 허용치를 갖기도 한다. 어떤 조직은 특별히 재무적 리스크를 반대하는 경우도 있고, 어떤 조직은 잠재적인 피해가능성의 언론보도를 싫어하는가 하면, 리스크에 완전히 무지한 상태여서 리스크 허용치를 정의할 수 없는 경우가 있을 수 있다.

이와 같이 리스크를 미리 계획하고 조치하여 발생하는 이익 또는 그렇게 하지 않을 경우의 불이익까지 설명하여 리스크에 대해 잘 이해할 수 있도록 하는 것이 리스크관리자의 역할이다. 적절한 리스크관리를 통해 얻을 수 있는 기회를 합리적으로 설명하는 것은 공포 분위기를 조성하는 것보다 더욱 큰 효과가 있다. 또한 이벤트에 무엇을 포함하고 이를 어떻게 수행할 것인가에 대해 수백 가지의 선택이 이루어진다면, 이벤트관람객과 이벤트주최자의 안전과 안녕이라는 목적과 목표를 달성할 수 있는 방법은 수없이 많을 것이다.

Part 02

이벤트 리스크의 영역

Part 02

앞에서 우리는 이벤트 리스크의 관리에 대해 기본적인 이해를 하였다. 이벤트조직이 이벤트 비즈니스를 착수할 때 가능한 용이하고 매력적이며 수익성이 좋게 만들어지기를 원한다. 하지만 아무도 이벤트업무와 관련된 법적 책임에 대하여 조언해 주거나 말해 주지 않는다. 더구나 이벤트에서 참가자, 직원, 공연자, 협력업체, 지역주민 및 이해관계자와 관련하여 적절한 주의의무를 다하지 못하는 경우 발생되는 재무적 또는 법적 결과에 대해 지적해 주지도 않는다. 만일 심각한 문제가 발생되었을 때, 본인은 그러한 책임에 대해 사전에 전혀 알지 못했다고 주장하더라도 받아들여지기가 어렵다.

이벤트계획을 수립할 때 수많은 유형의 사람들에 대해 주의의무를 다할 수 있도록 유의해야 한다. 관심, 판단, 경고, 주의, 안내에 대한 부족이나 결여는 이벤트조직의 태만하거나 부주의한 행위로 귀속될 수밖에 없다. 이벤트조직은 심각한 타격을 받을 수 있고 상황에 따라 법적 처벌은 물론 심지어 구속까지도 될 수 있다.

이벤트 리스크의 영역에서는 이벤트 프로젝트와 관련된 비상사태대비, 안전 및 보건, 손실예방 및 보안, 법과 윤리준수를 통해서 이벤트조직의 책임과 의무의 범위를 알아보게 된다.

Chapter 04

비상사태대비

비상사태대비(emergency preparedness)는 엄격한 규율이자 필수조건이다. 규율로서의 비상사태대비는 공공안전기관에게 위임되며, 국민의 보건과 복지, 환경이 위협받거나 자연재해, 인재(人災)로 인하여 국가안전에 위기가 발생할 때 국민을 보호하기 위해 정부에 업무가 위임된다. 비록 비상사태대비는 항상 완전하지 못할지라도 비상사태를 신속하고 안전하며 효과적으로 처리할 수 있는 방법이다.

다양한 기관과 단체에서는 위기관리, 재난관리, 비상사태에 대하여 약간 다른 용어를 사용하는 경우도 있으나, 통상 사용되는 용어는 다음과 같다.

- 위기(危機: crisis): 재난으로 바뀔 수 있는 긴급한 문제로 귀결되는 급작스러운 상황이나 서서히 전개되는 상황
- 재난(災難: disaster): 자연현상의 변화 또는 인위적인 사고로 인한 인명이나 재산의 피해. 자연현상과 관련된 천재지변은 재해 또는 재앙, 사람의 실수나 부주의로 일어난 사고는 인재(人災)라고 표현
- 비상사태(非常事態: emergency): 긴급한 대응이 요구되고, 생명이나 재산이 위태롭거나 위태롭게 여겨지는 상태나 상황

리스크관리자는 행사 전, 행사 중 또는 이벤트로 인해 발생되는 작고 큰 사고의 가능성에 대해 예측하고 대비해야 한다. 비상사태와 재난은 예상치 못하거나 예측할 수 없거나 또는 통제불능의 행동이나 상황에 의해 촉발될 수 있으며, 결과적으로 피해, 손실, 부상이나 사망을 유발한다. 이러한 행동이나 상황은 사후조사에 의해 예측가능하고 통제가능한 것으로 판명되기도 한다. 비상사태나 재난은 행사장 내에서 혹은 행사장 외부에서 발생할 수 있으며, 어느 쪽이든 이벤트 자체와 이벤트 운영에

막대한 영향을 미친다.

소방방재청이 발표한 지역축제 안전사고현황에 따르면 2004년부터 2009년까지 전국 지역축제에서 총 26건의 안전사고가 발생, 318명의 사상자가 발생했다. 이 중 사망자는 25명, 재산피해액은 228억 7천500만 원에 달하는 것으로 나타났다(문화일보, 2009. 10. 9). 이 외에도 이벤트현장에서는 더 많은 안전사고가 발생하고 있으나 비공식적으로 처리하거나 무마하는 경우가 많아 실질적으로는 훨씬 많은 안전사고가 발생하고 있는 것이다. 이는 해당 이벤트에서 발생한 안전사고를 외부에서 인지하게 되면 행사에 대한 부정적인 이미지는 물론 방문객 유치에도 치명적인 타격을 받기 때문이다. [표 4-1]은 이벤트현장에서 발생한 안전사고의 사례를 보여 주고 있다.

표 4-1 이벤트 안전사고의 사례

연도	행사명	사고내용	피해현황
2004년	충주 호수축제	핀 수영대회 중 참가자의 급성 심장마비로 익사사고 발생	사망 1명
2005년	상주 자전거축제	축제의 부대행사로 MBC 가요콘서트 공연행사(시민운동장)에 관람객이 일시에 출입문으로 몰리면서 압사사고 발생	사망 11명, 부상 162명
2006년	모슬포 방어축제	정원을 초과한 소형어선을 타고 방어낚시체험 중 어선이 침몰하는 사고 발생	사망 5명
2007년	빛고을 광주 빛엑스포	개막식 불꽃놀이 중 폭죽이 이동식 화장실 및 발전기 주변에 누출된 기름에 인화되어 조형물 및 차량이 연소되는 사고 발생	발전기, 간이화장실, 차량 7대 전소
	금산 인삼축제	행사 중 활쏘기대회에서 경기보조원이 화살에 머리를 맞는 사고 발생	사망 1명
2008년	진해군항제	행사장에서 폭죽소리에 놀란 꽃마차가 날뛰다 승용차와 충돌하여 사고 발생	부상 2명
	대백제문화제	기마군단행렬 행사 중 카메라 플래시와 녹음된 말발굽 소리에 놀란 말이 날뛰다 기수가 낙마하는 사고 발생	부상 1명
	삼척소방방재 장비엑스포	화재대피용 완강기 하강 시연 중 보조연결고리가 끊어지면서 추락사고 발생	사망 1명

2009년	창녕화왕산 억새태우기축제	억새 태우기 행사 중 갑작스러운 돌풍으로 불이 미처 피하지 못한 관람객을 덮친 화재사고	사망 7명, 부상 81명
	여수 거북선 · 국제범선축제	• 범선축제 중 요트가 반환점을 돌다가 붐대에 머리를 부딪쳐 바다에 추락 • 봉화대 재현 행사 중 연막탄 폭발사고 발생 • 통제영 길놀이 행사 중 폭죽소리에 놀란 말이 날뛰다 기수가 낙마하는 사고 발생	사망 2명, 부상 2명
	인천 세계도시축전	축전기념을 위해 70m 상공을 날던 경비행기가 행사장에 설치된 나래연출에 걸려 추락하는 사고 발생	사망 1명, 부상 1명
2013년	인천 음악불꽃축제	폭죽의 재 일부가 갑자기 불어온 강풍에 날려 관람객의 눈에 들어간 사고 발생	응급처치 137명, 후송치료 23명
2014년	부산외대 신입생환영회	경주 마우나오션리조트 체육관에서 행사 진행 중 폭설로 인해 천장이 붕괴되는 사고 발생	사망 10명, 부상 124명
	판교 테크노밸리축제	공연 도중 인근 주차장과 연결된 환풍구 덮개가 무너지면서 공연을 보던 관람객이 20m 아래로 추락하는 사고 발생	사망 16명, 부상 11명
2015년	세계물포럼	개회식에서 행사시작을 알리는 '자격루 줄 당기기' 퍼포먼스를 하던 중 나무로 만든 2m 높이의 구조물이 붕괴되는 사고 발생(각국 정상 14명 참여)	없음

1. 비상사태관리

비상사태관리(emergency management)는 발생가능한 비상사태를 식별하고, 이벤트와 이벤트참가자에게 미칠 잠재적 영향을 평가하며, 적절한 대응 및 대응할 수 있는 자원을 확보하는 것을 말하며, 비상사태를 선포하고 대응하기 위한 계획서, 이벤트조직과 참가자의 적절한 대응능력까지 포함한다. 리스크관리자는 체계적이고 규제력 있는 정책, 지원서비스, 시설역량, 훈련 프로그램, 대피계획, 커뮤니케이션방법과 메시지를 고려해야 한다. 또한 비상사태를 위한 인력, 장비, 차량을 사전에 준비하여야 하며, 이벤트가 진행되는 동안 정치적 · 사회적 분위기는 물론 날씨에 대해서도 관심을 두고 있어야 한다.

일반적으로 통용되고 있는 비상사태관리의 범위는 4단계의 접근방식으로서 보통 재난수명주기(life cycle of disaster)라고 한다([그림 4-1] 참조). 사전활동 단계인 완화(mitigation)와 대비(preparedness)는 잠재적인 위협의 평가와 위협이 발생했을 때 다룰 수 있는 능력을 포함한다. 반응활동 단계인 대응(response)과 복구(recovery)는 어떤 사고나 상황에 대응할 필요가 있을 때 착수하는 활동과 일단 사고나 상황이 발생했을 때의 결과를 다룬다.

그림 4-1 비상사태관리의 범위

이벤트주최자는 주요한 비상사태나 재난이 발생했을 때 그것을 관리해야 할 책임은 없다. 이는 관련당국의 의무다. 하지만 비상사태관리전문가가 무엇을 하는지, 어떻게 그 일을 하는지 이해해야 할 2가지의 이유가 있다.

첫째, 이벤트주최자는 비상사태에 어떻게 대응하고 구조반과 어떻게 상호작용해야 하는지 알아야 한다. 이들은 일단 효과적인 시스템과 절차를 가지고 있으며, 비록 이벤트주최자가 구조반에게 통제권을 넘겨 주더라도 직원, 공급업체, 참가자 등 책임져야 할 구성원이 있다.

둘째, 구조반이 사용하는 전술과 행동규칙은 이미 효력이 증명되었기 때문에 비상계획에 포함시켜야 한다. 비상사태관리기능의 핵심요소는 이벤트조직의 비상사태관리능력을 평가하는 데 사용된다([표 4-2] 참조).

:: 표 4-2 비상사태관리의 기능

법률 및 정부당국	• 법적 권한의 확인 • 비상지휘권, 권한, 책임을 정의하는 적용가능한 법률 및 규정
위험식별 및 리스크평가	• 사람에 대한 상해, 재산상의 손실, 환경훼손의 가능성이 있는 자연적 · 인적 원인의 상황이나 상태를 식별 • 사고의 가능성, 취약점, 규모와 결과를 분석
위험완화	관할구역에 심각한 위협을 가할 수 있는 위험요소를 제거할 수 있는 전략과 제거불가능한 위험요소의 효과를 감소시키는 전략의 개발과 구현
자원관리	즉각적이고 효과적인 식별, 획득, 분배, 회계, 인력 사용, 필수적인 주요 응급장비에 대한 방법론 개발
비상계획	종합적인 전략, 비상사태대응, 완화, 회복, 그리고 역할, 책임, 권한을 구체화한 지속적인 행동계획의 개발 및 유지
지시 · 통제 · 조정	• 사용가능한 자원을 근거로 하고, 해당 법령과 규정을 준수하는 적합한 사고관리시스템의 사용 • 대응 및 복구방침을 관리하는 능력의 개발
커뮤니케이션 및 경고	• 관계당국 및 비상구조단에 알리고 군중에게 경보하는 신뢰 있고 공동운영이 가능한 커뮤니케이션능력의 개발과 유지 • 실제적이거나 임박한 비상사태에 대한 대응을 효과적으로 유지
운영 및 절차	대응을 지원하는 정책, 계획, 절차와 생명안전, 사건안정화, 재산 및 환경보호, 관리승계를 다루는 복구활동의 개발과 구현
물류 및 시설	운영관리를 위한 우선 및 대체시설을 포함하여 식별, 위치, 획득, 분배, 회계, 인력, 자재, 시설 및 조달하거나 기부받은 다른 자원을 관리하는 물류능력의 수립
훈련	• 훈련 필요성의 평가 • 효과적인 대응과 복구작전을 수행하는 데 있어 의식을 깨우고 필요한 기술을 향상시키기 위해 공무원과 비상사태의 구조요원에 대한 훈련 프로그램의 개발
연습 · 평가 · 시정	• 대응 및 복구계획, 절차의 구성요소를 평가하기 위해 정기적인 검사와 연습을 수행 • 결함을 개선하기 위해 필요한 시정조치의 시행
위기커뮤니케이션, 공중교육 및 정보	내 · 외부참가자로부터 재난 전후 및 발생정보에 대한 요구에 대응하고 비상사태와 인식정보를 전파하는 절차와 역량의 개발
재무 및 경영	재난 전 · 중 · 후에 비상조치를 지원하고 중요한 기록을 보존하기 위해 적절한 권한에 따른 재무적 · 관리적 절차를 수립

출처: FEMA(2001), NFPA(2004)를 참고하여 저자 재작성

2. 완화

완화(mitigation)는 비상사태관리에서 가장 중요한 단계다. 왜냐하면 이벤트에서 발생할 수 있는 크고 작은 비상사태의 유형을 식별 · 이해하고 회피할 수 있는 위험요소를 제거할 수 있으며, 위험발생에 따라 다른 쪽의 영향을 감소시키는 전략 개발을 다루기 때문이다.

의식(awareness)은 비상사태의 직 · 간접적 결과에 대해 적절하게 준비, 대응, 복구하려는 차원에서 필수적이다. 이는 이벤트주최자가 수행해야 할 상당한 주의로써 참가자에 대한 주의의무(duty of care)다. 또한 주최자는 비상사태가 발생할 때 주최조직의 이해관계를 효과적으로 보호하기 위하여 적절한 손실예방전략을 수립해야 할 책임이 있다. 잠재적인 위협이 식별되었을 때 참가자와 주최조직 모두에게 정보가 제공되어야 하며, 우발사태계획은 위협을 완화시키기 위하여 준비되어야 한다.

1) 잠재위협에 대한 평가

이벤트주최자와 리스크관리자는 비상상황을 발생시킬 수 있는 잠재적 원인이나 상황을 점검할 필요가 있다. 위협(threat)은 인명손실의 원인이 되고 인간복지에 해로운 결과를 만들어 내며, 필수적인 물품과 서비스의 공급을 위험하게 만들고 재산이나 환경에 심각한 피해를 일으키거나 또는 국가나 개인의 안전을 위태롭게 만드는 의도나 능력을 말한다.

이 위협은 자연적 · 인공적 · 기술적 위협을 포함하며 행사장의 위치, 장소, 시기, 활동, 참가자와 관련된다. 위협은 급작스럽게 또는 천천히 나타날 수 있으며, 행사 전 또는 행사 중에 상당한 시간 또는 짧은 시간에 걸쳐 발생할 수도 있다. 위협은 행사장, 행사장의 인접지역 또는 전혀 다른 지역에서 일어날 수 있으나 어느 곳에서 발생하든지 행사장 접근이나 참가에 심각한 영향을 미칠 수 있다.

위협은 대재앙의 자연재해로부터 기상예보의 기술적 오류에 이르기까지 모든 것이 검토되어야 한다([표 4-3] 참조). 행사장이 인근의 산업재해에 의해 피해를 입기 쉬운가? 그 위치가 태풍, 폭풍, 폭우, 폭설 등 극심한 기상상황의 영향을 받는가? 지진이나 지반함몰과 같은 지질학적 재난의 영향을 받는가? 정전이 발생할 경우 이벤트에 어떻게 영향을 미치는가? 또는 전염병이나 전국적인 유행병이 참가자에게 어떻게 영향을 미치는가? 이와 같은 다양한 요인들을 고려해야 한다. 또한 누군가는 사회적 · 경제적 · 정치적인 분위기를 감지하고 있어야 한다. 이들의 극심한 변동은 서비스능력을 감소시키거나 붕괴시키는 원인이 될 수 있으며 심지어 이벤트가 취소되는 원인이 될 수도 있다.

행사 전이나 행사 중에 발생할 수 있는 재난의 가능성을 검토하고, 이러한 재난의 부정적인 영향을 감소시키는 데 어떤 대책이나 전략을 이용해야 할지 심사숙고하는 것은 리스크관리자의 의무이다. 먼저 실재하는 역사적 · 지리적 · 지정학적 ·

표 4-3 잠재적인 위협요인

구분		위협요인
자연재해	생물학적	• 질병(전염병, 탄저병, SARS,[01] MERS,[02] 유행성 독감, 구제역, 광견병) • 감염(동물, 곤충)
	지질학적	• 지진 • 산사태, 진흙사태, 지반침하, 해안침식, 눈사태 • 쓰나미(tsunami)[03] • 화산
	기상학적	• 극한 온도(급작스럽거나 지속되는 더위 또는 추위) • 화재(숲, 산맥, 도시) • 홍수(강, 돌발홍수, 조수가 밀려듦) • 비 또는 뇌우(천둥, 번개, 폭우) • 눈(눈보라, 얼음, 우박, 진눈깨비) • 폭풍(열대성 저기압, 태풍, 강풍, 먼지 · 모래폭풍)

01 중증 급성호흡기증후군(Severe Acute Respiratory Syndrome), 사스-코로나 바이러스가 인간의 호흡기를 침범하여 발생하는 질병이다. 2002년 11월에서 2003년 7월까지 유행하여 8,096명의 감염자가 발생하고 774명이 사망하였다.

02 중동 호흡기증후군(Middle East Respiratory Syndrome), 2012년 사우디아라비아에서 처음 발견된 뒤 중동지역에서 집중적으로 발생한 바이러스로 SARS와 유사한 바이러스다.

03 바다 밑에서 일어나는 지진이나 화산폭발로 인하여 해수면에 갑작스럽게 발생하는 큰 파도를 말하며, 쓰나미의 명칭은 항구에 불어닥친 비정상적인 높은 파도를 가리키는 일본어에서 비롯되었다.

인간 재해	우발성	• 대기오염 • 건물, 구조물 붕괴 • 통신시스템 중단, 고장 • 에너지, 전력, 공공시설 고장 • 장비 고장 • 폭발 • 화재 • 음식물오염 • 연료, 자원 부족 • 유해물질(위험물)의 유출 · 방출(화학, 생물학, 방사선) • 기계 고장 • 교통사고(차량, 철도, 선박, 항공) • 수자원 통제체계 고장(댐, 제방, 저수지) • 수질오염
	의도성	• 방화 • 폭탄, 폭탄 위협 • 시민폭력, 공공불안, 집단 히스테리(hysteria), 폭동 • 범죄, 무질서, 조직폭력 • 군사적 소란(적의 공격, 전쟁, 폭동) • 침입(경쟁자, 시위대, 난민) • 납치, 인질 • 심리적 위기(자신 또는 타인에게 위해를 가하는 사람) • 태업(sabotage) • 파업(strike) • 테러리즘(폭발, 화학, 방사선, 생물, 사이버)

출처: Crown(2005), NFPA(2004)를 참고하여 저자 재작성

기술적 · 규제적 위험의 유형을 식별하기 위해서 필요한 조사를 수행해야 한다. 예를 들어, 회의주최자는 지역 경찰서에서 해당 시설이나 지역의 범죄통계를 확인할 수 있으며, 축제주최자는 기상청에서 날씨통계를 확인할 수 있다. 모든 이벤트주최자는 이벤트와 이벤트조직의 내부상황뿐만 아니라 외부상황에도 주의를 기울여야 한다.

유사한 이벤트, 해당 이벤트 장소, 지역 내 다른 시설에서 발생되었던 비상상황의 유형을 검토할 필요가 있다. 행사장 인접지역의 지리적 특성을 살펴보고 지진단층, 강이나 호수, 주요 공항, 유해물질을 생산 · 사용하거나 운반하는 시설과 같은 위협요인이 있는지 확인해야 한다. 또한 전력, 컴퓨터, 냉난방시스템과 같은 기술적 시스템의 오류로 나타나는 결과를 고려하여야 한다. 부주의, 불법행위, 약물남용, 훈련부족, 피로 등 많은 요인은 인간의 실수로 인해 유발되는 비상상황을 만들어 낼 수 있다.

행사장의 위치, 디자인, 건축, 시설이나 구조물의 배치는 안전을 강화시키거나 위험을 제거시킬 수 있다. 이벤트참가자, 활동, 공급업체와 관련된 규제적 필요조건을 확인하고 모든 것을 자세히 검토해야 한다. 이벤트 그 자체, 이벤트를 둘러싼 지역, 지역사회 내의 주요한 사회기반시설, 그리고 국가 및 세계의 정치 · 경제 · 문화적 상황까지 고려할 필요가 있다.

2) 테러리즘행위

실제로 발생하거나 위협적인 테러리즘(terrorism)행위는 물론 사건이나 위협이 뉴스에서 집중적으로 보도됨에 따라 시민의 심각한 우려가 증가하고 있다. 이것이 바로 테러리스트들이 노리는 것이다. 비록 테러리즘은 그 본질이 세상을 놀라게 하는 사건이지만, 테러사건의 실질적인 사상자 통계는 적은 편이다. 그렇다고 이벤트 주최자가 테러를 걱정하지 않아도 된다는 것이 아니다. 왜냐하면 오늘날의 세계는 테러가 언제 어디서나 일어날 수 있으며, 예정된 공공이벤트는 수많은 사람이 참가하며, 선정적이거나 감정적인 영향, 매스컴의 보도로 인하여 우선적인 대상이 될 수 있다(FEMA, 2001).

최근 국제적인 테러단체를 살펴보면 2001년 9월 11일 발생한 미국 맨해튼의 110층짜리 쌍둥이 빌딩인 세계무역센터와 미국 국방부에 대한 항공기 납치 자살테러를 주도한 테러조직 '알카에다(Al-Qaeda)', 2002년 10월 12일 인도네시아 발리섬의 나이트클럽 폭탄테러를 일으킨 테러조직 '제마 이슬라미야(Jemaah Islamiah)', 최근 민간인 학살, 인질살해, 노예제, 소년병, 장기매매, 유물파괴 및 밀거래를 자행하며 이라크 및 시리아 일부 지역을 점령하고 있는 'IS 무장단체'[04] 등

04 IS(Islamic State)는 이슬람국가라는 뜻으로 이슬람 수니파 무장단체, 자칭 이슬람계열 국가이자 테러단체이다. 이들은 이슬람세계를 통합해서 칼리프를 옹립하여 이슬람법에 의해 다스려지는 이슬람제국을 세우는 것을 목표로 하고 있으며, 그들이 저지르는 범죄는 자신들의 목적을 달성하기 위한 수단이다.

이 대표적이다. 점차 세계적으로 테러리스트의 활동량이 증가하고 있으며, 특히 호텔, 레스토랑, 클럽, 스포츠 이벤트 등 사람이 많이 모이는 곳이 주요 표적이 되고 있다.

완화대책은 수신자가 없는 소포나 승인되지 않은 소포 배달의 신중한 취급, 행사장의 사전안전점검의 실시, 범인이나 무기를 숨길 만한 은폐구역의 제한, 적절한 출입통제를 적용하는 절차와 같은 안전기준과 보안예방책을 말한다.

Event Risk Management

사례__ 보스턴마라톤대회 테러사건

2013년 4월 15일 미국 보스턴마라톤대회의 결승점 근처에서 두 차례의 폭발로 인해 발생한 대형 참사이다. 이 테러로 부상 260여 명, 사망 3명의 희생자가 발생하였다.

테러에 사용된 폭탄은 급조폭발물 중 하나인 압력솥 폭탄으로, 솥 안에 장약을 넣고 디지털시계를 이용해 만든 뇌관을 뚜껑에 설치하는 방식으로 제작되었다. 범행에 사용된 압력솥 폭탄은 6ℓ짜리로 쇠구슬과 금속조각이 들어 있었으며 검정 더플백(duffle bag)에 담겨 결승선 근처 도로 위에 놓여 있었다.

미국 정부는 이 테러를 러시아 체첸공화국에서 온 이민가정 출신 타메르란 차르나예프와 조하르 차르나예프 형제의 단독범행으로 결론을 내렸다. 범인 검거과정에서 형 타메르란은 총격전 중 사망했고, 동생 조하르는 중상을 입고 체포되었으나 사형이 선고됐다.

보스턴마라톤대회는 폭발 이후 돌연 중단되었고 비상대비방안에 따라 남은 참가자들을 보스턴 코먼이나 켄모어 광장으로 우회 조치하였다. 인근에 있는 레녹스호텔도 비상탈출하였으며 매사추세츠 교통국의 지하철과 버스 운행도 일부 중단되었다. 군당국과 보스턴 시에서 폭발현장에 방문하였고 폭발물 감지요원 또한 주변을 수색하였다.

또한 미국 연방항공청은 보스턴 상공을 비행금지구역으로 지정하고 보스턴 로건국제공항으로의 착륙을 금지하였다. 뉴욕에서는 테러대비차량이 맨해튼 주요 지점에 배치되었고, 뉴욕 경찰국은 호텔과 다른 지점에서 보안수준을 더욱 높였다. 워싱턴DC에서도 경계수준이 더욱 높아졌고 백악관은 일부 대피하기도 하였으며, 미국 비밀검찰국은 펜실베이니아 애비뉴를 통제하기도 하였다.

3) 우발사태계획의 수립

이벤트와 관련된 활동, 인물, 수입원, 정보, 사회기반시설과 같은 중요한 사업과 자산을 결정하고 우발사태계획(contingency plan)을 수립하여 이들을 보호하는 데 노력을 집중하여야 한다. 우발사태계획은 일어나게 될 혼란을 고민함으로써 식별된 위협의 결과를 완화시킬 수 있도록 개발되어야 한다. 인간복지, 재산, 이벤트 사업에 대하여 사고의 잠재적 영향평가를 명확히 하여야 한다. 내부 및 외부적 예방책과 보호장치가 존재하는지 확인하여야 하며, 이를 기꺼이 수용할 수 있는지 판단하여야 한다. 그리고 위협목록 그 자체에 대하여 어떻게 대응할지 결정하고 적절한 재원, 물적 · 인적자원, 그리고 계획을 가지고 그 결정을 지원해야 한다.

우발사태계획에 필요한 몇 가지 상황은 다음과 같다.

- 만일 기상 악화로 인해 이벤트의 연기나 취소가 필요하다면 어떻게 할 것인가?
- 만일 전력, 통신 또는 다른 시설서비스의 중단이나 문제가 생기면 어떻게 할 것인가?
- 만일 지역교통서비스가 손상이나 파업으로 문제가 생긴다면 어떻게 할 것인가?
- 만일 모든 컴퓨터시스템이 중단된다면 어떻게 할 것인가?
- 만일 사용하기로 했던 시설이 화재나 태풍으로 파괴된다면 어떻게 할 것인가?

이처럼 우발사태계획은 이벤트를 예정대로 진행하지 못하게 하는 소규모의 방해나 대규모의 비상사태 또는 사고에 견딜 수 있도록 준비하는 것으로 모든 이벤트에 필수적이다. 만일 위협이나 위협의 결과가 지나치게 크거나 완화시킬 수 있는 가용자원이 너무 빈약하다면, '회피(avoidance)'라는 결정을 신중하게 고려하여야 한다.

3. 대비

대비(preparedness)는 비상사태에 대응하는 능력을 확보하기 위하여 모든 준비된 계획과 대응해야 할 조치를 말한다. 이벤트주최자와 리스크관리자는 대응활동을 조정하고 통합하기 위한 이벤트목표와 함께 비상사태에 대응하기 위한 내 · 외부자원, 능력, 역량평가를 실시하여야 한다. 현재의 계획, 프로그램, 정책, 그리고 공공안전기관의 대응자원을 확인하고, 이벤트조직의 자원을 검토하여 특별한 주의가 요구되는 차이 또는 자원의 상충이 무엇인지 알아내야 한다(Wahle and Beatty, 1993).

공공안전당국과의 회의는 이벤트조직에 매우 유용하다. 무엇이 비상사태발생을 유발할 것인지 명확한 상황을 제시해 주고, 당국은 이벤트조직이 비상대응계획에서 계획과 절차가 어떻게 동시에 이뤄지게 하는지 통찰력을 줄 수 있기 때문이다. 최소한 이러한 회의는 지역당국이 이벤트의 본질과 활동에 대하여 무엇을 기대하는지 알게 되는 기회가 될 것이며, 비상사태발생의 대응활동에 당국을 포함시킬 수 있는 기회가 될 것이다.

비상사태에 대응하여 사용하는 자원의 유형, 수량, 대응시간, 한계, 수용능력, 비용을 확인해야 하며, 이 자원은 인력, 장비, 물품, 에너지원, 커뮤니케이션시스템, 의료서비스, 음식과 식수, 그리고 피난처를 포함한다(NFPA, 2004). 또한 이러한 자원이 지역사회 전반의 재난을 수용하는지 아니면 제한하는지 확인해야 한다. 예를 들어, 심각한 기상악화가 발생할 경우를 대비하여 사용시설이 피난처로 지정되었는가? 만일 그렇다면 이벤트 장소, 물품, 장비는 대응활동에 사용하기 적절할 것이다. 이벤트주최자의 공급업체가 지역사회의 비상대응계획의 공급업체로서 지정되어 있는가? 만일 그렇다면 이 협력업체는 이벤트조직의 요구(예: 발전기 등)에 바로 대응할 수 없게 될 것이다. 왜냐하면 정부가 필요로 하는 자원이 우선시되기 때문이다.

1) 비상대책

자세한 계획을 준비함으로써 비상대책이 수립되어야 한다([표 4-4] 참조). 비상대책은 이벤트주최자가 비상대응당국에 신속하고 효과적으로 권한을 이양하는 방안, 대피자를 위한 집결구역 지정, 커뮤니케이션을 위한 비상방송시스템의 사용, 완벽한 장비를 갖춘 현장이동식 병원의 배치 등이 포함되어야 한다. 이벤트주최자가 준비해야 할 비상사태의 대응수준은 법적 책임, 이벤트의 맥락, 가용서비스자원에 달려 있다.

표 4-4 비상대책의 고려사항

• 권한이양	• 대피계획	• 인력계획
• 커뮤니케이션계획	• 대피장소	• 조명계획
• 미디어계획	• 대피동선	• 차량계획
• 비상연락체계	• 의료대응	• 장비계획

위기나 재난상황에서 생명을 보호하기 위해서는 효율적이고 침착하게 실현될 수 있는 특별하고 합리적이며 수용가능한 대응계획이 있어야 한다. 비상대책(Emergency Action Plan: EAP)은 비상사태에 대해 외부의 도움을 요구하지 않는 준비와 해야 할 일을 일러준다. 그것은 육하원칙(누가, 언제, 어디서, 어떻게 등)에 따라 명확하게 무엇을 해야 하는지 명시한다. 이러한 비상대책은 명확하고 모호하지 않아야 하며 사용하기 쉬워야 한다. 그리고 강력한 통지와 활성화 절차를 포함하여야 하며 적절한 자원이 지원되어야 한다(Crown, 2005).

- 이벤트조직이 취급하기 위하여 준비되어야 하는 비상사태의 확인
- 내 · 외부적 역할, 책임, 권한체계를 명확하게 수립
- 비상사태선포와 누가, 언제, 어디서, 어떻게 경고를 발령할지에 대한 결정규칙
- 시스템, 인력, 행동규칙에 대한 모니터링
- 중앙본부로부터, 그리고 중앙본부로 비상상황의 유형과 위치에 대한 통지
- 화재 · 피난 등의 경보, 참가자 통지시스템의 활성화
- 특정한 수행의무가 없는 모든 사람의 행사장 대피
- 기계 · 기기 · 장비의 작동정지, 기록 및 현금의 보안, 사용 중인 화학물질과 자재의 안전한 보관

대다수의 집회시설은 비상대책을 자체적으로 보유한다. 해당 시설이 행사장이라면 이벤트 비상대책에 반드시 포함시켜야 한다. 몇몇 해당 시설에서 보안상의 이유나 특별한 비상대책이 비치되어 있지 않아 시설에 대한 비상대책을 제공받지 못할 수도 있다. 적어도 해당 시설의 배치, 비상구는 물론 구내보안 및 비상직원과 연락하는 절차에 익숙해지기 위해서 시설 전반을 확인할 수 있도록 시설담당자의 안내 및 현장투어가 필요하다. 미국 산업안전보건국(Occupational Safety and Health

Administration)의 특정 장소에 대한 비상대책의 내용은 [표 4-5]에 나타나 있다(OSHA, 2005).

표 4-5 비상대책의 구성요소

구성요소	내용
비상사태의 범위	• 공통적인 비상사태와 시설 고유의 비상사태의 원천 • 비상사태가 운영에 미치는 영향 • 고안된 대응전략
보고절차	• 비상사태보고를 위한 바람직한 방법과 지침 • 외부구조반에 보고 • 비상사태의 유형에 따른 내부보고규칙
통지 및 경고체계	• 비상사태의 유형에 따라 취해야 할 개인행동의 경보(장애인 포함) • 다른 경고를 위한 구별되는 경보음 또는 경보신호 • 독립적인 전력원
대피정책 및 절차	• 대비선포 및 경보해제발령을 위한 상황과 권한규칙 • 시설의 다른 지역으로 향하는 탈출로 배치 • 명확한 표시와 충분하게 배치된 출구와 통로
비상폐쇄절차	• 공공시설(가스 · 전기) 폐쇄 위치 및 지침 • 중요한 시스템 및 장비정지 절차 • 폐쇄책임 할당
대피소절차	• 대피소가 필요한 상황(예: 폭풍 또는 생물학적 위험) • 대피소 위치, 장비, 물품 • 구성원 책임(개인화된 공급키트 포함)
소재확인절차	• 대피자가 집결하는 집회지역의 지정 • 정확하게 모든 사람의 소재를 확인할 수 있는 방법 • 최종 알려진 위치식별 및 보고에 대한 규칙
구조 및 의료책임	• 공통적인 응급장비의 위치 및 사용 • 자격을 갖춘 인력에게 할당된 직위와 의무 • 응급처치장비와 절차
인력훈련	• 역할, 책무, 절차에 대한 오리엔테이션 및 훈련 • 연습훈련의 일정 • 전문화훈련 및 재훈련의 필요조건
주요 연락처목록	• 의무가 할당된 직원의 이름과 전화번호(교대근무자 포함) • 계획을 명확히 알 수 있는 인력의 이름과 전화번호 • 휴무 비상상황발생 시 연락가능한 핵심인력의 이름과 연락처

출처: OSHA(2005)

구체적인 이벤트계획은 이벤트의 장소 및 활동에 따라 가장 발생가능성이 높은 비상사태에 대한 개별 대책을 포함하여야 한다([표 4-6] 참조). 예를 들어, 태풍 진로 지역에서 열리는 이벤트는 경보발령 및 대피소 위치에 대한 지침이 필요하다. 논쟁의 소지가 있는 주제나 발표자가 예정된 국제회의는 폭탄 위협이나 시민단체의 시위에 따른 지침을 포함할 수 있으며, 이러한 지침은 해당 인력에게 별도로 배포하고 대응해야 한다.

표 4-6 비상대책계획서(예시)

비상대책계획서	
⊙ 일　자: ⊙ 작성자:	⊙ 이벤트 명칭: ⊙ 이벤트 장소:
⊙ 해당 장소의 비상대책 □ 입수 용이성　□ 복사본 제공　□ 적합성 □ 장소/이벤트 비상대응계획의 일관성 및 통합성　□ 역할/책임의 확인 및 조정의 명확성	
▣ **비상사태의 범위**	
□ 지역/시설/이벤트의 잠재적 위협에 대한 식별	
1. 생물학적 □ 질병(전염병, 사스, 유행성 독감, 구제역) □ 감염(동물, 곤충) 2. 지질학적 □ 지진 □ 산사태, 눈사태, 진흙사태 □ 쓰나미 3. 기상학적 □ 극한 온도(더위, 추위) □ 화재(숲, 산맥, 도시, 도시와 황무지 경계) □ 홍수(강, 돌발홍수, 조수) □ 우천(천둥, 번개, 폭우) □ 눈폭풍(눈보라, 우박, 진눈깨비) □ 바람폭풍(태풍, 강풍, 폭우, 먼지폭풍) □ 기타 ________________	4. 우발성 □ 방화 □ 음식물 오염 □ 유해물질 유출/방출(화학, 생물학, 방사선학) □ 교통사고(철도, 항공, 선박, 차량) □ 수자원 통제체계 고장(댐, 제방, 저수지) 5. 의도성 □ 폭탄, 폭탄 위협 □ 직장 또는 시민폭력 □ 테러리즘(관례적, 폭발적, 화학적, 생물학적, 방사선학적, 사이버) 6. 기술적 □ 커뮤니케이션 체계 방해/실패 □ 에너지/전력/공공시설 중단 □ 장비 고장　□ 기계 고장
□ 이러한 비상사태가 발생할 경우 이벤트 운영에 미치는 영향은? (식별된 각 위협에 대한 영향을 명시한다. 예: 폐쇄, 일정변경, 재배치, 데이터 보호 등)	

□ 확인된 위협 중 우리가 다음에 해결할 준비가 되어 있는 것은?
(비상사태를 목록화하라: 다른 모든 사람들에게 어떻게 설명할 것인지 명시한다. 예: 비상관리 당국에 의존)

□ 우리가 취해야 할 대응
(다루기 위해서 준비된 각 위협에 대한 대응을 명시한다. 예: 즉각적인 피난, 피난처, 취소 등. 또한 이벤트 취소절차를 명시)

▣ 보고절차

□ 개인이 비상사태를 보고하는 바람직한 방법은?
(예: 119 전화하기, 내부 비상전화 걸기, 수동화재경보 등)

□ 외부구조단에 비상사태를 보고하는 방법은?
(비상구조단에 전화 및 설명, 예: 소방서, 경찰서, 119, 129 등)

□ 내부보고규칙은?
(비상사태의 유형에 따른 절차를 명시한다. 예: 암호화된 발표, 보안통보, 경고시스템 활성화, 전화연락망 등, 비상대응을 위한 책임자의 업무흐름도 설정)

□ 위기 커뮤니케이션계획은 다음과 같다.
(지정대변인, 미디어 질문에 대한 규약, 공중/희생자의 가족으로부터의 문의에 대한 행동규칙을 명시)

▣ 통지 및 경고체계

□ 직원이 취해야 할 대응을 경고하는 방법은 다음의 것을 포함한다.
(경고시스템의 유형을 명시한다. 예: 흡연탐지기 경고, 종, 번쩍임, 무전연락, 전화연락망, 장내방송 등)

□ 다른 경보에 대한 경보신호의 구별은 다음과 같다.
(각 비상사태의 유형에 따라 취해야 할 대응에 관하여 다양한 경보신호의 의미를 명시한다. 예: 암호화된 방송, 호각 불기, 사이렌 등)

□ 다음의 시스템은 독립적 또는 예비전원을 사용한다.
(전원이 정전되었을 때 다른 전원을 사용해야 하는 모든 독립시스템 및 대체시스템을 명시)

▣ 대피정책 및 절차

□ 대피선포를 위한 규약은 다음과 같다.
(대피를 인가하기 위한 상황, 지정된 사람 및 직위를 명시한다. 예: 지휘체계, 상황한계 등)

□ 경보해제를 공표하는 규칙은 다음과 같다.
(시설의 재입장이나 운영재개를 허락하는 권한 있는 사람이나 기관을 명시한다. 예: 소방서, 관리자 등)

□ 다른 비상사태의 유형에 따른 대피조치를 포함한다.
(내 · 외부위치에 대피를 위하여 다른 대응을 명시한다. 예: 화재에 대한 내 · 외부위치, 개인조치 행동–장비 전원 끄기, 문 닫기 등)

□ 시설에 대한 탈출로를 포함한다.
(시설 내 다른 위치에 따라서 다양한 피난통로를 명시)

□ 대피로 및 출구는 다음과 같은 방식으로 명확하게 표시한다.
(사용된 탈출로 도표의 유형과 게시 및 게재된 위치를 명시)

▣ 비상폐쇄절차

□ 대피할 경우에는 다음의 공공시설을 폐쇄한다.
(가스, 전기와 같은 공공시설, 이들의 위치, 폐쇄지침을 명시)

□ 대피할 경우에는 다음의 시스템, 장비를 폐쇄한다.
(컴퓨터, 기계와 같은 시스템/장비, 위치, 폐쇄지침을 명시)

□ 비상사태의 경우에는 다음의 인력은 대피나 중대한 작업을 모니터하기 전에 폐쇄를 수행한다.
(폐쇄책임이 배정된 사람을 명시한다. 예: 공공시설, 시스템, 장비 등)

▣ 대피소절차

□ 대피소가 필요한 다음의 조건을 확인한다.
(폭풍, 생물학적 위험, 격리와 같은 잠재적 위협을 명시하고, 충분한 공간을 준비하기 위한 구역, 시설을 확인)

□ 대피소 비상사태의 경우에는 다음의 대피소 위치, 장비, 보급품이 준비되어야 한다.
(특별한 대피소의 위치, 유지해야 하는 장비 및 보급품의 목록, 보급품을 수용할 수 있는 기간을 명시)

□ 대피소 비상사태의 경우에는 아래의 인력은 다음의 책임을 갖는다.
(대피소 의무수행이 할당된 이름, 직위의 사람을 명시한다. 예: 통풍덮개, 장비작동 등. 또한 개인 보급품 키트를 제공하고 유지하기 위하여 종업원의 필요조건을 명시)

▣ 소재확인절차

□ 대피의 경우에는 다음의 지정된 집회구역에 모인다.
(시설을 대피한 후 대피자가 모이는 위치를 명시)

□ 대피 이후 모든 사람의 소재를 확인하는 절차는 다음과 같다.
(모든 사람을 정확하게 셀 수 있게 하는 방법의 예: 머릿수, 대피자 명단, 근무자 명단 등)

□ 인력 소재 확인이 불가할 경우 마지막 알려진 위치를 확인하고 보고하는 절차는 다음과 같다.
(마지막으로 확인된 위치를 알기 위하여 뒤따라야 할 방법과 규약을 명시한다. 예: 구역모니터, 무전일지, 작업일정, 세션등록 등)

▣ 구조 및 의료책임

□ 인력에게 제공되는 다음의 비상장비를 사용한다.
(사용권한이 있는 사람의 공통 비상장비의 유형 및 위치를 명시한다. 예: 휴대용 소화기, 방화용 모포, 구급용 세안기 등)

□ 비상사태의 경우, 다음의 인력은 구조나 의료의무를 수행하기 위해 배치되어야 한다. (구조 및 의료지원을 위해 책임 있는 인력의 의무, 이름, 직위를 명시한다. 또한 인력의 자격을 명시한다. 예: 응급구조, CPR자격 등)
□ 의료비상의 경우, 다음의 응급구조장비가 제공되어야 한다. (공통적인 응급장비의 유형과 위치를 명시하고, 사용 및 유지를 위한 지침도 명시한다. 예: 응급처치키트, AED 등)
□ 의료비상의 경우, 다음의 현장의료시설이 제공되어야 한다. (현장의료시설을 명시한다. 예: 응급처치실, 차량, 장비, 서비스 공급자 등)
□ 의료비상의 경우, 다음의 외부의료시설을 확인하여야 한다. (가장 가깝거나 지정된 의료시설 또는 의료지원이 가능한 시설. 또한 사상자를 운송하는 데 사용할 구급차서비스를 명시한다. 연락정보를 포함)
▣ 인력훈련
□ 다음과 같은 방식으로 인력은 비상사태의 역할, 책임, 절차에 대해 오리엔테이션 및 훈련을 제공받는다. (오리엔테이션 및 훈련활동이 언제, 어떻게 수행되는지 명시한다. 예: 고용할 때, 새 장비 및 절차가 도입될 때 등. 또한 일정과 위치를 명시한다. 예: 매월 또는 현장안전회의 등)
□ 실습훈련은 다음과 같이 수행한다. (대피, 폐쇄절차, 의료비상사태에 대한 실습훈련의 일정을 명시)
□ 추가적인 특별훈련 및 재훈련은 다음과 같이 한다. (절차나 장비에 대한 특별훈련과 훈련강화활동의 범위와 일정을 명시한다. 예: 연간 재훈련 세션)
▣ 주요 연락처목록
□ 다음의 인력은 본 계획과 함께 배정된 의무를 갖는다. (배정된 특별의무를 교대하고 이들에게 배정된 의무를 포함한 인력에 대한 이름과 연락처목록)
□ 다음의 개인들은 계획방향과 절차를 명확하게 하도록 연락되어야 한다. (계획 및 절차에 대한 질문에 대답할 수 있는 인력에 대하여 이름과 연락처목록)
□ 다음의 개인들은 휴무라도 비상사태 동안 연락되어야 한다. (정상 운영시간 이외에 발생한 비상사태를 통지받아야 하며 취해야 할 대응활동에 대한 의사결정이 가능한 인력의 이름과 연락처목록)
□ 다음의 공급업체는 비상사태 보급품, 장비, 서비스를 제공하기 위해 연락되어야 한다. (비상보급품을 조달하는 협력업체를 명시한다. 예: 휴대용 전기발전기, 운송장비, 식음공급 등. 또한 지불절차를 명시)

2) 훈련과 연습

비상대책이 갖는 가장 일반적인 2가지 문제는 비상사태에 어떤 행동을 취해야 하는지 모르는 사람과 의무가 부여된 직원의 훈련과 연습의 부족이다. 비상대책 내에 역할이 부여된 모든 이벤트 직원, 자원봉사자, 보안인력, 운영인력, 안내인력은 비상상황의 경우에 사용되는 장비와 행동규칙을 시험하기 위해서 적정한 훈련과 충분한 연습의 기회를 제공받아야 한다. 이들은 어떻게 도움을 요청하는지, 어떻게 지시를 받을 것인지, 의무와 책임은 무엇인지, 자신이 가진 권한의 한계는 어디까지인지 알아야 한다. 훈련과 연습은 위기에 대하여 탈감각화시키고, 개인은 자신의 할당된 책임, 즉 비상사태를 벗어나기 위해 필요한 일을 수행하는 것이 가능하게 한다.

또한 훈련 및 연습을 수행하는 것은 평가적 관점이 중요하다. 왜냐하면 훈련을 통해 계획의 약점과 자원의 부적정성을 확인할 수 있으며, 명령 및 커뮤니케이션 체계의 효능을 확인하는 데 도움을 줄 수 있기 때문이다. 복명(復命: debriefing)은 직원의 잠재적인 정서적 효과는 물론 스킬(skill)의 수준, 기대, 결점에 대하여 자신의 염려를 분명히 표현할 수 있도록 항상 연습, 훈련 또는 모의실험(simulation) 후에 실시하여야 한다.

Event Risk Management

사례___ 2001년 제주세계섬문화축제

전 세계 26개국 34개 섬지역이 참가해 5월 19일부터 6월 17일까지 제주세계섬문화축제가 개최됐다. 그러나 개막 첫날인 19일은 개막식만 하고 오후시간대 축제참가 섬의 지역관 공연이 전혀 없어 일부 입장객들의 환불을 요구하는 집단항의 소동을 빚었다.

또 21일에는 '호우주의보를 내릴 가능성이 있다'는 제주기상청 예비특보만으로 축제장을 휴장, 이를 모르고 찾아온 관광객들로부터 거센 반발을 샀다.

이날 축제장 부근 기상청의 관음사 관측지점은 이날 하루 동안 36mm의 강우량을 기록하는 데 그쳤고 호우주의보도 내려지지 않아 '가랑비에 문을 닫는 어이없는 행사'라는 비판이 제기됐다.

22일에도 오후 3시 56분쯤 중국 하이난섬 성립가무단이 공연 중이던 아시아관 출입구 쪽에서 전기합선이 원인으로 추정되는 폭발음과 불꽃이 30여 초간 반복돼 공연이 중단되고 관람객이 긴급 대피하는 소동을 빚었다. 일부 공연장에서는 1998년 때의 침수소동이 재연되기도 했다.

이 같은 서투른 진행으로 관광객들의 불만이 쏟아지자 관광코스에서 섬문화축제장을 제외시키는 여행사도 늘고 있다.

섬문화축제조직위 관계자는 "관광객의 안전과 편의 등을 고려해 하루 동안 축제장을 휴장했으며 행사 초반 다소 미숙한 점이 있었던 것"이라고 해명했다.

출처: 중앙일보, 2001. 5. 23.

4. 대응

비상대응인력은 긴급상황을 다루는 데 가장 잘 훈련이 되어 있으며 미리 준비를 갖추고 있어야 한다. 따라서 내부대응방안을 계획할 때 이들을 의식적으로 포함시켜야 한다. 비상사태대응반(emergency responder)은 관할지역의 비상대책에 따라 다양한 공공안전기관 및 민간안전단체를 포함한다. 기본적인 주요 비상대응서비스는 소방, 경찰, 의료대책을 포함하지만, 다른 대응서비스는 이벤트 장소, 활동 또는 사건의 범위를 기반으로 해서 추가할 수 있다([표 4-7] 참조). 리스크관리자는 해당되는 모든 대응반에 대한 전체 연락망을 확보하고 있어야 한다.

표 4-7 비상사태에 투입되는 대응반

• 소방서	• 군대조직
• 경찰서	• 항만당국
• 긴급 의료서비스	• 교통당국
• 인명구조원/잠수부	• 공공시설 공무원
• 민간구조대	• 비상관리 공무원
• 수색구조팀	• 이벤트책임자
• 유해물처리반	• 리스크관리자
• 보건안전인력	• 시설 소유주/운영자
• 기술전문가	• 보안/경비요원

비상사태 대응서비스는 개최하는 이벤트의 규모, 유형, 활동에 따라 차이가 있지만, 이벤트가 진행되는 현장에 필수적이다. 예를 들어, 일반적으로 행사장에 소

방관이나 소방장비가 필요 없더라도, 불꽃놀이 프로그램이 계획된다면 소방인력과 장비의 배치가 필요할 것이다. 모터보트나 자동차경주, 에어쇼와 같은 고위험 이벤트는 참가자와 관중을 위해 더 많은 현장 비상대응서비스가 필요하다.

만일 이벤트현장에 비상인력과 장비의 배치가 필수적이지 않더라도 소방서, 경찰서, 구급차가 구조를 위해 오는 대응시간이 정해져 있어야 한다. 행사장에 비상서비스를 위한 접근경로는 개방적이고 직접적이어야 하며 비상 용도로써 전용으로 사용할 필요가 있다.

박람회와 같은 메가이벤트나 광범위한 행사장의 경우, 이벤트주최자가 행사장 전체를 격자지도(grid map)[05]와 함께 모든 비상대응서비스를 제공함으로써 행사장 내의 정확한 지점에서 비상사태대응은 더욱 신속해진다. 만일 비상서비스 직원이 행사기간 동안 상주한다면, 출연자 대기실, 제한구역을 포함한 전역에 접근할 수 있어야 하며, 이러한 접근허용을 위해 적절한 출입증이나 비표를 제공해야 한다.

위기나 비상대책에 있어 핵심요소 중 하나는 필수적인 정보의 수집, 보호, 전달이다. 비상커뮤니케이션시스템(emergency communication system)은 비상상황의 존재와 특성에 대하여 긴급구조반에게 통지하는 것을 가능하게 하여야 하며, 영향을 받는 공중(관람객, 참가자, 직원, 공급업체 등)에게 취해야 하는 행동에 대하여 알릴 필요가 있다. 예상되는 비상상황과 그 결과에 대해 잘 모르거나 확신이 없는 커뮤니케이션계획은 심각한 문제를 유발한다. 따라서 커뮤니케이션계획은 다음과 같은 속성이 필요하다(Haddow and Bullock, 2003).

- 즉각 대응하고 유용한 정보를 주고 예측을 관리하라.
- 정보를 제공하고 오보를 방지하라.
- 적시에, 정확하게, 일관되게, 그리고 이해가 쉽게 하라.
- 혼란을 방지하고 신뢰를 유지하라.

또한 커뮤니케이션계획은 공식대변인과 특별한 미디어계획을 활용하여 비상사태의 상황에 대하여 내·외부 공중에게 알리기 위한 전략과 규칙을 포함해야 한다.

05 동서남북으로 좌표선이 그려져 있어 필요한 위치나 장소를 쉽게 찾아볼 수 있는 지도

미디어를 다루는 목적은 누군가 비상사태에 대하여 말하기 전에 이벤트주최자가 먼저 말하는 것이다. 미디어가 취재할 수 있는 구역을 지정하고, 카메라를 설치할 충분한 공간 및 인터뷰 자리를 제공하며, 이벤트의 개최배경과 특성에 대한 자료도 배포해야 한다.

이벤트주최자는 구체적인 이벤트 커뮤니케이션계획을 개발하여야 한다. 즉, 참가자의 비상연락정보를 수집하는 것, 참가자가 아프거나 다치게 되면 비상연락을 할 사람을 지정하는 것, 치료를 받거나 퇴원해야 하는 참가자의 후속조치를 하는 사람을 지정하는 것, 비상사태 게시판 · 웹사이트 · 콜센터를 담당하는 사람을 지정하는 것이다. 이 계획은 시설계획과 함께 통합되어야 하며 이벤트 스태프가 이벤트 조직을 대신하여 맡을 의무와 책임을 구체화하여야 한다.

특정한 연락대상자에 대한 행동규칙은 통지위계와 비상대응인력에게 연락의무가 부여된 개인을 확인할 수 있게 설정해야 한다. 보통 비상연락망은 공공안전기관의 대표번호와 개인의 유선전화 및 핸드폰번호로 만들어진다. 예를 들면, 일반적인 비상전화번호(예: 화재 119, 범죄 112 등)의 통화는 서비스의 적절한 공급을 위해 정확한 위치와 통화자의 정보가 필요하며, 구내비상전화는 호텔이나 컨벤션센터에서 사용할 때 더 적절하고 효과적이다.

Event Risk Management

사례___ 2010년 춘천월드레저경기대회

2010년 춘천월드레저경기대회가 2010년 8월 28일부터 9월 5일까지 개최되었다. 태풍 곤파스의 북상으로 인해 조직위에서는 비상대책 매뉴얼에 따라 해당일 경기를 잠정 취소하고 시설물을 철거하기로 결정했다. 태풍에 취약하고 단시간에 해체할 수 있는 마키텐트, 현수막, 장비, 임시시설 등을 최대한 철수하였다. 9월 2일 태풍 곤파스가 지나가면서 춘천시에 피해가 속출하였다. 태풍의 영향으로 에어돔이 주저앉았고 도로변 가로수가 부러지는가 하면 현수막이 찢겨진 채 차량 통행을 위협하였다. 레저경기대회가 진행되고 있는 행사장은 산업전시관(TFS 텐트)의 입구 상단이 찢겨져 나갔지만 다른 큰 피해는 없었다.

하루 만에 태풍이 지나가고 철수했던 시설물과 장비는 경기대회를 위하여 곧바로 설치되고 경기대회는 속개되었다. 잠정 취소되었던 경기종목은 기존 경기종목의 일정을 조정하여 폐막일까지 순조롭게 진행되었다.

출처: 2010년 춘천월드레저경기대회 결과보고서(2010)

5. 복구

비상사태를 준비한다는 것은 비상사태 이후 기능이 살아있고 제대로 기능을 할 수 있는 상태를 말한다. 모든 비상사태관리 또는 재난계획은 사후복구요소를 포함하여야 한다. 이러한 복구전략(recovery strategy)은 비상사태에 관련된 인력과 참가자의 심리적 · 감정적인 트라우마(trauma: 충격적인 경험 또는 정신적 외상)를 극복하는 것부터 이벤트조직의 행정적 · 재정적 · 촉진적 또는 운영상의 복구에 이르기까지 모든 것을 포함한다.

주요 재난에 대해 적용되는 복구책임과 방법을 검토한다는 것은 가장 극도의 중요함을 나타내는 것이며, 사건의 심각성에 따라 이벤트조직의 규모가 축소될 수 있다. 관련당국이 수행하게 될 복구활동은 [표 4-8]에 나타나 있으며, 또한 이벤트조직이 수행할 필요가 있는 조치에 대한 지침으로서 참고가 될 것이다.

재난은 비상사태의 범위를 단순하게 이벤트 자체보다 더 광범위한 영향을 지닌 대참사 상황이 되게 한다. 사상자(casualty)는 부상을 당하거나 사망한 사람을 말하며, 피해자(victim)는 사상자 또는 사건에 의해 직접적으로 영향을 받은 사람이다. 만약 위기나 대재난이 발생한다면 첫 번째 우선순위는 사람을 보호하고 안전하게 위험으로부터 구출하는 것이다. 그 다음이 사후대응관리와 복구서비스를 유지하는 것이다.

사후대응관리(consequence management)는 공중보건 및 안전을 보호하고, 필수적인 정부서비스를 회복시키며, 재난으로부터 충격을 받는 정부, 기업, 개인에게 안심을 제공함으로써 비상사태영향의 단계적 확대를 방지하는 데 필요한 조치를 말한다.

우리나라는 2014년 세월호 참사로 후진국형 대형사고를 방지하기 위하여 재난안전관리체계를 전면개편하게 되었다. 즉, 기존의 사회재난(안전행정부), 자연재난(소방방재청), 대형해상사고(해양경찰청) 및 특수재난(항공, 유해화학물질, 원자력사고 등)을 통합하여 2014년 11월 19일자로 '국민안전처'가 출범했다. 분산된 재난대응체계를 통합하고 재난현장에서의 전문성과 대응성을 강화하는 데 초점을 뒀다.

표 4-8 재난복구활동

봉쇄	• 인력의 소재 확인 • 의료지원 제공 및 인명의 안전유지 • 부상자 분류, 치료, 순위결정, 대피지역의 활성화 또는 설정 • 손상되지 않은 재산과 잠재적 증거의 보호를 위한 사고현장 분리 및 보안유지
명령 및 통제	• 고통 및 손실감축을 위한 사고 안정화 절차의 착수 • 복구조직구조와 직원채용의 수립 • 승계계획과 함께 관리지속성을 보장 • 대응조직과의 조정 및 협력 • 대응계획 개발
보호 및 지원	• 피해자와 생존자에게 피난처 및 도움 제공 • 정서적 지원 제공 및 심리적 외상치료 • 피해자의 존엄성과 사생활 존중 • 자립 및 자율권 촉진
평가	• 재산피해범위의 평가, 잔해정리, 구조작업 • 인프라 공급 중단 및 주요 시설과 서비스 수용상태를 확인하기 위한 상황평가의 수행 • 지속적인 리스크평가 수행 • 관련정부당국과 함께 사건조사 수행 • 피해자 지원에 필요한 자원평가 및 주요 서비스 복구를 위한 수요평가 수행
커뮤니케이션	• 피해자와 생존자에 대한 통지절차의 활성화 • 대응조직, 당국, 공급업자, 보험회사, 이해관계자의 접촉 유지 • 소문, 추측, 오보의 방지를 위한 공중 정보제공 절차의 착수 • PR 및 미디어활동의 조정 및 수행
행정 및 재정	• 계약 및 구매처와 필요지출에 대한 절차의 활성화 • 회계기록 및 손해관련비용 견적의 유지 • 보험청구서, 대출 · 보조금 · 정부지원에 대한 요청서 제출 • 정상운영을 위한 전환계획
자원관리	• 복원 우선순위의 설정과 필요한 대체시설 및 장비의 획득 • 지원이 가능한 조직과 정부당국의 확인 • 자금, 물품, 서비스의 기부를 포함하여 내 · 외부자원으로부터 지원 조정
문서	• 모든 사건, 부상, 결정, 후속조치에 대한 종합적인 기록 유지 • 사건현장의 사진 및 영상증거의 수집 • 필수적인 기록, 사건기록, 복구기록의 보존 • 사후활동보고서 준비 및 교훈 포착

출처: BCPEP(2005); Crown(2005); Haddow and Bullock(2003); Tarlow(2002)

육상과 해상재난을 통합관리하기 위해 소방방재청과 해양경찰청을 통합해 '중앙소방본부'와 '해양경비안전본부'로 개편했다. 또한 안전행정부의 안전관리기능과 소방방재청의 방재기능을 이관받아 '안전정책실'과 '재난관리실'로 개편, 각종 재난의 예방–대비–대응–복구의 전 과정을 통합관리하도록 했다. 아울러 '특수재난실'을 신설하여 항공 · 에너지 · 화학 · 가스 · 통신 · 인프라 등 분야별 특수재난에 대응토록 했다.

미국의 경우 연방재난관리청(Federal Emergency Management Agency: FEMA)은 1979년 창설되어 재난과 관련된 많은 책임기관을 대통령 직할기관으로 통합하고 각종 자연재해 및 재난에 대응하고 있다. 이후 2001년 9 · 11 세계무역센터 테러 이후 부시 대통령 재임 중인 2003년 국토안보부(Department of Homeland Security: DHS)에 편입되어 국토안보 전 방위에 대한 통합형 위기관리체계를 구축하였다.

일본의 경우 다양한 자연재해가 많이 발생하고 있기 때문에 재난관리에 민관협력체계가 중요하다. 2001년 방재분야가 내각의 중요정책으로 정해져서 내각부에 방재부문을 두었다. 내각부는 재해 · 재난이 발생할 경우 통합적으로 대처하고 관방장관을 지원한다. 대규모 재난이나 지방정부의 대응이 곤란할 경우 내각 총리대신은 비상재해대책본부를 설치하고 재난현장에 비상재해 현지대책본부를 운영한다(정윤한, 2013).

이벤트수죄자의 특별한 주의사항은 부상자, 부상이 없는 생존자, 사망자, 시상자의 가족, 관람객, 참가자, 직원을 포함하여 재난의 영향을 받은 군중의 보살핌과 치료에 집중하는 것이다. 이벤트현장에서 응급처치부터 의료시설로의 수송까지 부상자를 위한 의학적 치료가 즉각적으로 필요하다. 단기보호소나 응급처치는 충격과 걱정, 슬픔으로 고통을 받고 있는 부상당하지 않은 생존자에게도 필요할 것이고, 간단하게 친인척을 만나게 하거나 대체이동수단, 임시숙소를 찾는 것이 필요할 것이다. 또한 이들은 사건조사에 중요한 증인이 될 수 있으며, 필요시 조사가 실시된다. 시설은 경찰당국의 관할 아래 들어갈 것이며, 이벤트조직은 신분확인 및 가족연락을 지원하는 역할을 하게 된다.

가족과 친구는 사건의 상황이나 피해자의 상태에 대해 매우 걱정할 것이고, 때론 커뮤니케이션체계에 과부하가 걸리는 결과를 나타날 것이다. 콜센터(call center)는 들어오는 문의를 수용하기 위해 비상대응기관이나 이벤트주최자가 설치한다. 주의사항은 비공개된 비밀정보를 보호하기 위하여 사상자와 문의자의 관계가 진짜임을 확인해야 하고, 가까운 친인척에게 통지되기 전까지 피해자의 이름이 절대 공개되지 말아야 한다. 또한 보호소는 실종된 가족과 친구에 대한 정보를 기다리는 생존자와 친인척에게 복리후생을 제공하고, 특히 공격적 성향을 가지거나 잘 알려지지 않은 미디어로부터 보호받을 수 있도록 해야 한다. 이러한 미디어는 사건 내용을 객관적인 시각보다 선정적이며 호도하는 경향이 많기 때문이다.

만일 이벤트의 개최일 이전에 비상사태가 발생한다면, 이 상황이 이벤트 운영에 미치는 영향을 반드시 고려해야 한다. 만일 재난이 이벤트개최지에서 발생한다면, 재난의 복구능력과 사후예측에 대한 정보를 면밀히 파악해야 할 것이다. 또한 계약한 시설과 구체적인 행사서비스의 조건뿐만 아니라 일반적인 지역의 인프라와 장소선정에 고려된 다른 특성의 조건도 평가해야 한다.

6. 대피

일반적으로 이벤트는 대규모의 사람을 제한된 공간으로 끌어들인다. 따라서 효과적인 대피를 위해 행사장 또는 부지의 특성을 이해하는 것은 중요하다. 행사장 대피의 필요성은 야외행사에서의 심각한 날씨와 실내행사에서의 화재와 같이 자연적 · 우연적 · 의도적인 비상사고를 포함하여 다른 여러 가지 이유로 발생할 수 있다.

대피계획(evacuation plan)은 의사결정절차, 참가자 커뮤니케이션방법, 대피로 배치 및 상황을 상세히 기술하여야 한다. 효과적인 대피계획은 이벤트의 본질, 공중의 특성, 동선 혼잡도, 출입이동, 대피방법, 유동인원의 수용력, 커뮤니케이션시스템, 인력준비를 포함해야 한다.

일반적으로 대중적인 집회시설은 통상 비상사태와 대피계획을 준비하고 있지만,

이벤트 리스크관리자는 당연히 그럴 것이라고 믿지 말고 직접 확인해야 한다. 특이한 장소나 미개발된 장소는 대피절차, 행동규칙, 피난방법을 포함하는 비상대책의 창의성이 필요하다. 이는 가능한 비상대응서비스를 공공안전당국과 협의하여 준비하는 것이 좋다. 일반적으로 비상사태에 있어 대피를 공표하고 실시하는 것은 해당 시설의 법적 책임이며, 이벤트주최자는 권한을 갖고 해당 시설과 함께 대피활동에 따르고 조정하는 노력의무를 갖는다. 일단 공공비상대응반(예: 경찰서, 119, 소방대 등)이 도착하면 이들은 모든 사적 조직체보다 상위권한을 갖는다.

이벤트조직은 자신의 자원을 적정하게 대피계획에 통합시켜야 한다. 예를 들어, 보안요원 및 이벤트 직원은 대피통로를 따라 주요한 지점, 참가자 및 인력의 소재가 확인된 건물이나 행사장에서 떨어져 있는 집결지에서 직접 사람을 돕는 역할을 해야 한다. 또한 대피계획은 이벤트 제작과 관람객과 관련하여 추가적인 필요사항이나 세부적인 특성을 포함시켜야 하며 이동 · 청각 · 시각장애인과 외국인의 특별한 지원을 위한 세부내용도 포함하여야 한다.

참가자를 위한 대비는 성공적인 비상대비와 비상대응의 핵심적인 요소이다. 비상사태에 적절한 대응을 위한 참가자 대비는 이들이 의식하고 있는 상태를 확신함으로써 비상사태가 발생하기 전부터 시작한다. 이는 사전 커뮤니케이션, 현장안내사인, 자료, 공지를 포함한다.

안전하고 효과적인 대피는 명확하고 가로막는 것이 없는 대피통로와 안내사인과 같은 물리적인 요인(physical factor)에 전적으로 의존하지 못한다. 여기에 대피상황과 관련된 사람의 심리적 행동(psychological behavior)을 포함시켜야 한다. 화재와 같은 비상상황에 대응할 때 인간행동요인이 중요하며, 이 요인은 실제적으로 붐비거나 혼잡한 상황에서 이동행동에 대한 적용이 가능하다(SFPE, 2002). 사람의 이동은 수신한 신호, 이런 신호에 대하여 만들어진 사전이동(pre-movement)과 변형이동(trans-movement)의 결정, 그리고 그 이동을 용이하게 하거나 방해하는 물리적 조건에 기반한다([표 4-9] 참조).

Au 등(1993)은 감각(sense), 해석(interpret), 계획/결정(plan/decide), 행동(action)의 대응행동과정을 밝혀 냈으며, 이러한 기능을 수행하기 위하여 개별적인 능력에 영향을 미치는 요인을 다음과 같이 확인했다.

표 4-9 화재 시 인간행동요인

사용자 특성	• 집단규모, 분산도, 밀집도 • 혼자 또는 다수 • 장소 친숙도 • 위치 • 연령대 • 신체적 및 인지능력 • 활동에 대한 집중
신호에 대한 반응	• 신호유형(시각, 청각, 구두, 후각, 촉각) • 신호의 수와 반복 • 신호의 친숙성 • 신호의 신뢰도와 선명도 • 안내(위험/긴급)의 해석 및 인식
의사결정	• 정보의 양, 정확성, 모호성 • 정보제공 시점 • 대안 수 • 익숙한 옵션으로 이동
이동능력	• 비상구 품질, 친숙도, 선명도 • 흐름 수용량 및 흐름의 합병 • 속도 • 혼잡성 • 밀도 • 조명 • 대피로 안내사인 • 날씨

출처: SFPE(2002)

- 감각능력: 환경 내의 조건, 정보의 유용성과 명확성
- 해석능력: 정보내용, 정보원천, 지식/경험/기대
- 계획/결정능력: 지식과 경험, 목적과 목표, 대안과 선택, 중요도, 정신상태와 감정
- 행동능력: 개인의 신체적 조건, 장소의 물리적 특성, 장소의 물리적 상황

Fruin(1993)은 사람이 가득 메워진 상황에서 시간, 공간, 정보, 에너지 또는 군중력(crowd force)의 4가지 상호작용요소가 대피탈출에 중대한 영향을 미치는 것

을 확인했다. 이들은 건축적 구조, 상황 및 긴급성의 부정확한 인지에 의해 발생되는 병목현상(bottleneck)으로 인하여 잠재적으로 치명적인 군중의 밀집상태를 만들 수 있다. Still(2001)은 비상탈출의 역학관계에서 목표(위험으로부터 탈출), 운동성(개인 이동속도), 제약(밀도와 환경의 상호작용), 동화(반응시간)의 4가지 요인을 특징지었다. Mileti와 Sorensen(1990)은 경고수신자의 속성을 다음과 같이 설명한다.

- 환경적 속성: 물리적 · 사회적 신호(다른 사람과 반응)와 거리 또는 시간의 근접
- 사회적 속성: 네트워크(가족, 지역사회), 자원(물리적 · 사회적 · 경제적), 역할(나이, 성별, 책임감, 지위), 문화(민족성, 언어), 활동(일, 휴식, 레크리에이션 참여)
- 심리적 속성: 지식(위험, 예방책, 계획에 대한), 인지(스트레스, 리스크지각, 통제중심지), 경험(유형, 새로움)
- 생리적 속성: 장애

공통적인 요인 중에서 주목해야 하는 한 가지는 경험(experience)이나 친숙함(familiarity)이다. 이는 위험, 장소, 신호, 옵션, 탈출통로와의 친숙함을 말한다. 많은 연구결과, 비상상황에서 대부분의 사람은 자신이 들어온 같은 길로 나가려는 것을 보여 준다. 이는 위급상황이 발생하기 전에 참가자가 다른 옵션을 숙지하는 것이 왜 중요한지를 알려주고, 가장 가깝거나 가장 적합한 출구로 개인들을 다시 보내는 안내자 역할의 인력을 고용할 필요성을 지적해 준다.

다른 공통적인 요인은 정보(information)다. 개인에게 주어지는 정보의 정확성과 권한은 이동하기 위한 이들의 대응과 의사결정을 준비하게 만든다. 경고시스템(warning system)은 적정한 보호조치를 취하기 위하여 듣기, 이해하기, 신뢰하기, 개인화하기, 대응에 대한 결정 및 확정의 경고대응과정을 통합시켜야 한다(Mileti and Sorensen, 1990). 또한 경고의 본질과 내용은 경고원천(공식성, 신뢰성, 친숙함), 경로(사용매체의 유형과 수), 빈도(숫자와 방식), 이들을 납득시키고 합리적으로 만드는 메시지 속성을 포함해서 효과적인지 아닌지에 대하여 영향을 미칠 것이다([표 4-10] 참조).

표 4-10 경고 메시지 속성

내용적 속성(content attributes)		유형적 속성(style attributes)	
위험	메시지의 특성이 이해되기 위한 충분하고 상세한 설명	특정성	위험, 지침, 위치, 시간관련
지침	사람이 착수해야 하는 보호조치에 관한 방향	일관성	상황발생 시, 콘텐트 요인 및 변화 설명에 관한 것
위치	위험한 장소와 위험하지 않은 장소의 식별	확실성	차분하고 믿음직한 말투로 신뢰성 있게 공표하기
시간	사람이 대응해야 하는 시기, 사람이 대응하는 데 걸리는 시간	명확성	간단하고 선언적인 언어 사용
원천	경고는 권위를 가진 신뢰성 있는 원천으로부터 나와야 할 필요성	정확성	적시에 정확하고 완전한 정보를 포함

출처: Mileti and Sorensen(1990)

군중상황에서의 사람은 전체 그림을 볼 수 없고 명확하고 완전한 커뮤니케이션이 없으면 루머(rumor)에 매우 민감하며, 장내방송설비(PA system)는 단전을 대비하여 비상조명회로나 다른 예비전력에 연결되어 있어야 한다. 사람은 위급 시에 권위자에 의존하며, 지휘부의 명확한 구속력은 명확한 탈출로와 같이 거의 동등하게 중요하다(Still, 2001). 빈번하고 공식적인 경고는 사람이 루머, 부정확하거나 비공식적인 자료보다 정확한 정보에 집중하는 데 도움이 된다(Mileti and Sorensen, 1990).

또한 사람은 양치기소년 증후군(cry wolf syndrome), 즉 정보를 단순히 유지하는 대중과잉반응(public hysteria)과 같은 비상경고에 대하여 근거 없는 믿음을 나타낸다. 따라서 첫 번째 경고는 행동을 부추기며, 사람은 맹목적으로 지시에 따른다. 사람은 사방이 막힌 좁은 공간에서 죽음이나 부상에 대해 즉각적이고 분명한 위협이 있는 경우를 제외하고 극심한 공포에 빠지지 않는다. 사람은 경고상황에서 정보를 간절히 바라기 때문에 반복은 중요하다. 사람은 직전의 경보에서 그 정보가 왜 거짓인지에 대한 설명을 해주면 새로운 정보를 신뢰한다. 대부분 사람은 행동을 취하기 전에 더 많은 정보와 경고 메시지를 확인하려고 하는데 이는 사람이 다양한 신호(경보음, 사이렌 등)가 의미하는 것을 인지하지 못하기 때문이다. 사람은 신호에 대한 이유가 없거나 그 이유가 상식적이지 않으면 자동적으로 지침을 따르지 않을 것이다.

잘 훈련된 아나운서가 차분하고 신뢰받는 방식으로 전달할 수 있는 비상상황방송에 대해 사려 깊은 대본을 준비할 필요가 있다. 이러한 모든 안내방송은 주의에 대한 정중한 요청으로 시작하고 감사인사로 끝을 맺어야 하며, 최소 2회 이상 반복해야 한다. 한편 암호화된 안내방송이 필요할 때가 있다. 특정한 유형의 사고가 발생할 경우 보안요원에게 지시하는 방법으로 '홍길동 씨를 찾는 분이 운영본부에서 기다리고 계십니다. 홍길동 씨는 운영본부로 와 주시기 바랍니다. 감사합니다'와 같이 안내방송을 할 수 있다. 또한 대피정보와 지침은 이벤트안내서에 인쇄되어야 하며, 날씨나 자연재해와 같은 기상상황은 현장안내 전광판에 표출하여야 한다.

7. 응급의료

이벤트에서 발생할 가능성이 가장 높은 것은 응급의료상황으로 누군가가 즉각 처리하여야 할 부상이 발생하거나 질병을 앓는 것을 의미한다. 일반적으로 이벤트 참가자의 1~2% 정도가 행사가 진행되는 동안 의학적 치료를 필요로 한다. 가벼운 부상이나 질병이 약 99%로 현장에서 대부분 치료할 수 있다. 이에 대응하기 위한 응급의료서비스(Emergency Medical Service: EMS)의 제공은 당연히 고려되어야 한다.

응급의료의 발생가능성과 잠재적 심각성을 평가하기 위하여 리스크관리자는 이벤트의 유형과 규모, 관람객의 인구통계학적 특성과 예상행동, 그리고 이벤트 장소의 크기, 위치, 배치에 대하여 개최지는 물론 구급차서비스, 보건소와 같은 지역의 응급의료기관과 협의하여야 한다. 특히 야외 및 미개발지역에서 개최되는 행사는 지리적 상황과 날씨예보를 특별히 고려해야 한다. 너무 어린 참가자나 노인 참가자에 대한 특별한 주의가 필요하며, 장기적인 행사, 주류서비스가 있는 행사, 군중소란의 이력이 있는 행사(예: 콘서트, 스포츠 이벤트)에도 주의를 기울여야 한다. 또한 응급의료서비스를 계획할 때 행사 전, 행사 후에 운영 및 인력을 배치시키는 것도 중요하다.

규모가 크고 복잡한 공공이벤트를 위한 응급의료시스템을 평가하고 개발하는 것을 감독할 수 있는 의료서비스 공급자를 지정하는 것도 좋은 방법이다. 리스크관리자는 최소한 이벤트 개최지의 현재 역량을 확인한 다음 대응계획을 개발하여야 한다. 역량평가는 행사장에서 휴대용 자동제세동기(Automated External Defibrillator: AED)[06]와 같은 응급처치시설과 장비의 서비스를 고려하여야 하고, 심폐소생술(Cardiopulmonary Resuscitation: CPR)[07]과 하임리크 구명법(Heimlich maneuver)[08]과 같은 응급절차에 대한 자격을 가진 인력을 배치하여야 한다. 개인 및 공공구급차시스템과 대응시간을 확인하여야 하며, 지정 응급병원의 위치나 경로 또는 행사장에서 가장 가까운 의료시설이나 응급실은 사전에 반드시 결정하여야 한다.

1) 현장의료서비스의 수준

모든 이벤트는 다르기 때문에 이벤트에 충분한 의료서비스의 범위와 수준에 대한 지침은 다양하다. Berlonghi(1990)는 소규모 행사에는 최소한 1명의 의사와 1명의 간호사가 필요하다고 주장한다. NFPA(2005)는 응급의료서비스인력은 1만 명이 넘는 규모의 이벤트에 상주하여야 하고, 응급의료서비스에 연락할 수 있는 전화번호는 행사장 어디에서도 쉽게 이용할 수 있어야 한다고 명시하고 있다. 미국과 호주의 경우 대규모 집회 매뉴얼에서는 참가자 500명 이하의 이벤트, 인접지역의 구급차나 병원서비스를 이용할 수 있는 행사장에는 일반적으로 응급의료서비스인력이 필요하지 않다고 권고한다. 또한 참가자 500명 이상의 이벤트는 최소한 2명의 숙련인력이 상주하는 응급처치서비스가 필요하며, 참가자 1만 명의 이벤트는 2곳의 응급처치부스(booth)와 12명의 인력이 필요하다. 모든 행사장에는 전력, 급

06 심장박동을 정상화시키기 위해 전기충격을 가하는 데 쓰는 의료장비

07 호흡이나 심장박동이 멈추었을 때 인공적으로 호흡을 유지하고 혈액순환을 유지해 주는 응급처치법

08 목에 이물질이 걸린 사람을 뒤에서 안고 흉골 밑을 세게 밀어 올려 토하게 하는 방법

수, 냉 · 난방이 가능한 응급처치실을 최소한 1군데를 지정하여야 한다(Emergency Management Australia, 1999; FEMA 2001).

영국의 산업안전기구(Health and Safety Executive: HSE, 1999)는 특별한 리스크가 없는 소규모 이벤트는 참가자의 처음 3천 명에 대해 1천 명당 2명의 응급처치인력이 필요하며, 모든 이벤트는 최소 2명 이상의 응급처치인력이 필요하다고 명시하고 있다. Tarlow(2002)는 1천~1천5백 명 참가자당 1명의 응급처치인력과 1만 명당 4명의 긴급의료원이 필요하다는 기준선을 제시한다.

우리나라의 경우 『축제장 안전관리 매뉴얼』(소방방재청, 2014)에는 응급의료서비스에 대한 필요성에 대한 내용은 수록되어 있으나, 해외와 같이 구체적인 의료서비스인력과 시설에 대한 기준은 제시되어 있지 않다. 통상 이벤트나 축제현장에서는 응급의료서비스인력 및 부서를 배치하여 운영하고 있으나, 향후 이벤트의 규모 및 성격에 따른 구체적인 기준이 마련될 필요가 있다.

응급의료서비스는 현장에 상주하는 구급차, 응급처치부스 또는 현장진료소, 병원에까지 이르며, 전문인력은 현장에 상주하거나 연락이 가능한 공인된 응급의료기술을 가진 응급처치인력, 의료보조원, 간호사, 의사까지를 포함한다. 의료서비스에서 고려요인은 예상 관람객 수(직원, 참가자, 공급업자 포함), 행사장의 환경, 활동, 관람객의 인구통계학적 측면, 접근경로와 응급대응인력의 대응시간 등이다.

이벤트조직을 위한 모범사례는 모든 직원이 기본응급처치를 훈련받는 것이다. 이 과정은 지역 소방서나 보건소에서 비용을 들이지 않고 쉽게 훈련을 받을 수 있다. 또한 소방서나 보건소는 물론 지역의 의료시설과 보건서비스단체는 대형 이벤트에 협력기관으로 참여해 서비스를 제공하기도 한다.

2) 현장의료서비스에 대한 주의사항

응급의료상황에서 신속한 대응은 삶과 죽음의 경계에 있는 것이다. 현장의료서비스의 배치를 위한 고려사항은 장소의 범위와 배치, 의료요청방법, 부상자 지원방법, 사상자의 이송, 응급처치실로의 이동과 병원으로의 후송을 포함하여야 한다. 모든 이벤트 직원과 보안인력은 응급처치부스의 위치와 경로를 숙지하고 있어야 하고, 해당 위치는 가독성이 높은 안내사인을 설치하며, 행사장 내의 안내방송은 물론 홍보물에 인쇄되어야 한다.

이벤트인력과 현장의료인력 사이에는 커뮤니케이션방식이 마련되어야 한다. 모든 의료대응인력은 외부 의료서비스와 커뮤니케이션 네트워크를 가지고 있어야 한다. 현장응급처치인력은 참가자가 군중 속에서도 쉽게 식별할 수 있도록 구별된 유니폼(예: 티셔츠, 가운, 휘장, 재킷 등)을 착용해야 한다. 이 유니폼은 독특한 색상이거나 그 유니폼 위에 '의료' 또는 '응급처치'라고 표시되어야 한다. 이때 유의할 점은 공식적으로 허가받지 않은 이상 국제적십자와 국가에 등록된 디자인을 사용해서는 안 된다는 것이다. 보통 어두운 바탕에 '응급'이라는 문구와 함께 흰색 십자가(white cross)가 보편적으로 사용된다.

군중밀도의 상태는 응급처치인력이나 의료팀이 도보, 자전거 또는 골프카트(golf cart) 중 어떤 것으로 돌아다닐지 알려 준다. 부상자 운반은 이동용 들것(stretcher)이나 깔개가 장착된 골프카트를 활용하며, 후송은 구급차, 험난한 지형에는 4륜구동차량, 항공 이송을 위한 간이헬기장(helipad)이나 활주로가 사용될 수 있다. 절대적으로 필요한 경우가 아니라면 개인차량은 이동용으로 사용하지 않는 것이 좋다.

환자를 치료하기 위한 현장응급시설은 행사장의 모든 지역으로부터 신속한 접근이 가능한 장소에 위치하여야 한다. 이러한 시설은 명확하게 눈에 띄어야 하며, 구급차서비스의 출입은 신속하고 방해받지 않는 접근로가 제공되어야 한다. 한 곳 이상의 응급처치부스가 배치된다면, 우선 시설로서 한 곳을 지정해야 하고 행사장 입구의 가까운 곳이나 구급차의 진입과 진출이 용이한 곳에 배치하여야 한다.

3) 의료관리절차

의료사고 대응훈련을 받지 않은 인력은 즉시 의료지원을 요청해야 하고, 자신이 훈련을 받은 것보다 더 많은 일을 해서는 안 된다. 또한 급박한 위험상황에서 이들을 구하기 위해 필요한 경우가 아니라면 피해자를 이동하려고 시도해서도 안 된다. 치료를 제공하기 전에 피해자로부터 동의를 얻어야 하고, 피해자가 미성년자인 경우 부모나 보호자의 동의를 얻어야 하며, 피해자가 의식이 없는 경우라도 똑같이 적용된다. 피해자의 개인정보를 보호하고 추가적인 부상이나 구경꾼으로 인한 의학적 치료가 방해되는 것을 막기 위해 인접 부근을 차단하여야 한다. 부상 또는 질병 사고보고서는 부상이 경미하거나 보살핌이나 치료가 거부된 경우까지도 이벤트 직원이나 의료인력에 의해 모든 의료사실을 기록하여야 한다.

사고보고서, 치료기록, 치료거부기록은 잠재적인 법적 책임 청구, 보건의료보험 필요조건, 행사기록 및 통계의 목적을 위해 문서화되고 유지되어야 한다. 기록에 대한 접근, 기록 및 자료보존, 동의서와 같은 법의학적 이슈는 이러한 문서화를 계획할 때 반드시 고려되어야 하며. 행사 전에 수집된 의료상의 문제와 연락처정보를 포함하는 의료정보의 비밀은 엄격한 통제되어야 한다(Emergency Management Australia, 1999). 예를 들면, 많은 컨벤션과 회의주최자는 등록과정에서 참가자가 머무르는 호텔의 이름은 물론 비상연락정보(예: 이름, 전화번호 등)를 요청하고, 그런 다음 다른 데이터베이스에 저장하며, 컨퍼런스 이후에는 모두 폐기한다. 스포츠 이벤트도 참가선수로부터 의료정보를 요청하고 또한 행사 이후에 폐기하여야 한다.

Chapter 05

안전 및 보건

이벤트주최자는 이벤트에 참가하거나 이와 관련된 모든 사람을 위해 안전하고 건강한 환경을 제공해야 하는 책임이 있다. 건물의 화재, 작업장에서의 사고, 다양한 재난으로 인한 인명피해와 손실은 오랜 기간 연구되었고, 그 결과로 예방에 대한 지침이나 안내서가 만들어졌다. 이와 같은 노력은 열악한 위생환경과 유해물질에 노출되어 발생하는 질병에 대해서도 많은 성과를 이루었다. 이 방대한 지식체계와 더불어 연구 및 지침에 근거한 규정을 시행하면서 안전 및 보건기준은 모든 이벤트의 기획과 제작과정에 반드시 포함되어야 한다.

예방과 완화는 최선의 방어선으로서 적절한 모니터링과 시의적절한 대응절차가 뒤따라야 한다. 안전위험(safety hazard)은 보통 눈에 잘 띄고 즉각적인 결과를 가져온다. 하지만 보건위험(health hazard)은 보통 인지하기 어려운데 이는 노출의 영향이 결과를 지연시키기 때문이다(Rossol, 2000). 적정한 조사를 수행하여 내재하거나 발생할 수 있는 안전과 보건위험을 식별하고 완화시키며, 이에 대응하는 적절한 정책과 절차를 수립하고 시행하는 것은 이벤트주최자와 리스크관리자에게 주어진 의무다. 또한 안전을 최우선으로 인지하고 모두의 책임이라고 인식하는 조직문화로 발전시키는 것이 중요하다.

1. 인명안전기준

국제해상인명안전(International Safety Of Life At Sea: SOLAS)조약은 타이타닉

호(the Titaic) 대재난[01]에 대응하여 1914년 처음 도입되었으며, 미국방화협회(National Fire Protection Association: NFPA)의 NFPA 101(인명안전기준)은 심각한 인명 손실을 입힌 유명한 화재에 대응하여 열린 1913년 인명안전위원회(Committee on Safety to Life)에 뿌리를 두고 있다. 미국전기기준(NFPA 70)의 시작은 토마스 에디슨(Thomas Edison)의 백열전구가 1879년 공장에서 사용되면서 전기와 관련된 위험을 완화시키려고 생겼다. 이러한 합의기준은 해양, 방재공학, 건축협회 등이 진행한 연구에 기반을 두고 발전해 왔으며, 공공안전을 보장하기 위한 전략, 구명장치 및 방식, 건축에 대한 필요조건을 정량화하고 표준화하였다(Silvers, 2008).

세계의 모든 국가와 사회는 자신만의 재난구조서비스와 관할당국을 가지고 있으며 자체 기준이나 규정을 도입하고 있지만, 보통 화재와 비상사태로부터 인명안전 보호를 위한 공공안전 프로그램의 기초로써 NFPA 101을 활용한다. NFPA기준은 아시아 · 태평양 국가, 캐나다, 유럽연합 국가, 라틴 아메리카와 캐리비안 지역, 중동을 포함하여 전 세계적으로 도입하고 있다. 리스크관리자는 이벤트가 개최되는 지역의 관할관청과 적용기준을 확인하여야 한다.

화재 및 구조서비스는 자위소방대부터 국가안보기구에 이르기까지 단순한 소방작업 이상의 것을 다루고 있다. 이들은 일반적으로 구조물 붕괴, 위험물질로 인한 사고, 수난구조 등 수많은 응급상황에서 가장 먼저 대응하는 사람들이다. 이벤트주최자는 이들을 통해 이벤트의 화재, 감전사고, 붕괴로 인한 인명피해를 예방하기 위한 규정 및 도움이 되는 조언을 받을 필요가 있다.

1) 화재점검 및 예방

화재안전(fire safety)은 모든 이벤트, 이벤트 장소, 이벤트 업무현장, 이벤트 운영에 최우선적으로 고려되어야 한다. 이는 화재가 발생할 경우의 인명안전, 재산보호는 물론 화재예방까지 포함한다. 리스크관리자는 화재발생을 예방하는 조치 및

01 세계 최대규모의 호화유람선으로 1912년 4월 영국을 출발하여 뉴욕으로 향하는 길에 북대서양 뉴펀들랜드 남서쪽 바다에서 빙산에 충돌하여 침몰한 사건으로 1,513명이 사망한 해난사고

설비에 주의를 집중하여야 하며, 사람을 대피시키고 소방대원 및 소방장비의 접근을 제공하는 능력을 갖추도록 하여야 한다.

모든 이벤트의 배치는 이벤트의 유형 및 범위에 따라 적절한 화재예방 및 비상사태계획이 준비되어 있는지 확인하기 위하여 소방책임자가 평가하여야 한다. [표 5-1]을 안내지침으로 사용하면 예정된 이벤트 장소를 평가하는 데 도움을 주며, 장소관리 차원에서 적정한 점검과 규정준수의 확인이 필요하다.

비록 인명안전평가는 다양한 화재예방 및 화재진압능력을 고려해야 하지만, 최우선 고려사항은 화재 및 비상상황이 발생하였을 경우 대피방법과 신속하고 안전하게 탈출하는 참가자의 능력이다. 여러 상황에서 화재는 2분 이내에 치명적인 상황으로 변할 수 있다는 것을 기억하는 것은 매우 중요하다.

화재예방(fire prevention)전략은 인화성 인테리어와 같은 가연성 재료([표 5-2] 참조)를 피하고 모든 공간을 쓰레기가 없는 상태로 유지하며 전열기구의 오용을 피하여야 한다. 장식용 재료는 가능한 내연성(耐燃性), 난연성(難燃性) 또는 불연성(不燃性)제품을 사용하는 것이 바람직하다. 만일 가연성 재료인 경우에는 재료 표면에 난연 약제를 뿌리거나 처리하여 재료가 잘 타지 않도록 조치해야 한다. 모든 가연성 가스용기는 추락을 방지하고 돌발적인 피해나 의도적인 조작을 못하도록 적정하게 보호될 필요가 있다.

조명이나 요리를 위한 야외 화염 사용, 불꽃놀이, 불똥이 튀는 장비, 불을 이용한 활동은 세심하게 모니터링하고 통제하여야 한다. 특별히 주의해야 할 것은 산업전시회(trade show)에서 쉽게 볼 수 있는 다양한 상품과 전시물품이다. 특히 요리나 장비 시연 및 차량 전시는 자체 전기시스템과 연결하지 말아야 하며, 연료탱크는 봉인되거나 잠금장치를 해야 한다. 또한 전시참가자는 이벤트주최자와 같이 동일한 화재규정을 준수하도록 조치하여야 한다.

한편 이벤트시설 및 장치를 설치하는 사전준비과정에서 작업자의 흡연은 절대 금지시켜야 한다. 현장작업을 하는 인력은 서로 다른 조직에서 동시다발적으로 참여하고, 이벤트조직의 현장관리직원은 적기 때문에 작업 중 흡연을 통제하기가 어려운 편이다. 별도의 흡연구역을 지정하여 작업장 내에서는 금연을 할 수 있도록 수시로 확인하고 계도하여야 한다.

표 5-1 인명안전평가의 요소

요소	내용
이벤트의 성격	이벤트의 목적, 이벤트의 특성(예: 경쟁적인 것), 시간 및 기간, 수행되는 활동은 안전한 수용력의 산출에 영향을 미친다.
참가자의 특성	성별, 연령, 신체적 능력, 감각능력, 참가/관람목적과 같은 요인들과 활동에 대한 인력투입은 비상사태대응에서 행동예측에 사용된다.
군중밀도	군중규모와 밀도는 이동능력에 영향을 미치며, 이는 인원부하의 요인으로 포함된다. 인원부하는 피난수단이 제공되는 최대 인원수로 최소 1인당 1.4㎡를 할당한다.
입장/퇴장이동	도착 및 출발패턴과 양, 티켓판매정책과 실행, 역행 · 교행 · 혼잡 · 대기행렬 상태, 물리적 면적, 복잡성(예: 길 찾기 사인), 건물 콘텐츠(예: 좌석)는 인원부하 및 대피흐름의 수용적절성에 영향을 미친다.
피난방법	피난방법은 건물이나 구조물의 어떤 지점부터 공공도로까지 출구이동의 연속적이고 장애물이 없는 길이다. 비상의 경우에는 참가자에게 건물이나 구조물의 즉각적인 출구를 개방해야 한다.
흐름수용력 및 통제	흐름수용력(flow capacity)은 주어진 환경하에 주어진 시간에 공간이나 통로를 통해 나갈 수 있는 인원의 수이다. 좌석 수/배치, 층, 경사로, 복도, 통로의 복잡성, 탈출로를 따라 합류하는 요인에 의해 영향을 받는다. 이동은 제한적이기 때문에 흐름수용력은 군중밀도가 증가함에 따라 감소한다.
커뮤니케이션 체계	시청각통지시스템(예: 화재경보, 장내방송설비)이 구비되고, 비상전력원을 보유하여야 한다. 신호는 다른 커뮤니케이션체계와 구별되어야 하며, 음성안내는 주변소음도 이상으로 효과적으로 들릴 수 있어야 한다.
화재위험	화재의 시작이나 확산, 연기 · 가스 · 폭발의 발생을 유발하는 콘텐츠나 활동과 관련된 위험은 콘텐츠, 배치, 수행작업의 특성에 근거하여 평가된다.
진압체계	자동 스프링클러시스템, 소화기, 소방장비와 같은 진압시스템의 수, 기능성, 효율성은 인원부하와 수행활동에 충분하여야 한다.
구조적 무결성	영구적 · 임시적 · 이동성 구조물과 비구조적 요소(예: 조명)는 정적 및 동적 부하한계(군중과 군중의 진동, 강수량, 바람 등)와 안정성에 근거하여 평가된다.
시설상태	일반적인 시설의 상태는 건물의 형태, 유지, 청결 정도와 대피와 대응능력에 대한 영향을 계산하는 데 제공되는 생활편의시설 및 서비스를 포함하여 평가된다.
시설운용 및 인력	비상대응절차를 수행하기 위한 훈련과 준비는 물론 인력의 수, 행동, 태도, 소질은 참가자에 대한 배려, 존중 및 친밀한 관계라는 관점에서 고려되어야 한다.

출처: Silvers(2008)를 참고하여 저자 재작성

표 5-2 난연처리가 필요한 장식용 재료

직물제품	아크릴(acrylic), 올이 굵은 삼베, 면, 펠트,[02] 울, 황마, 리넨,[03] 금속함유, 모슬린,[04] 나일론, 폴리에스테르, 모시, 인조견, 면포,[05] 비단, 벨벳[06] 등
나무제품	대나무, 나뭇가지, 판지, 셀룰로오스 판지, 상록수, 목재, 합판 등
종이류	주름종이, 색종이 조각, 종이 뜯어 붙이기, 색테이프, 화장지 등
발포제품	스티로폼(styrofoam), 폴리스티렌(polystyrene), 폼 코어(foam core), 폴리우레탄 폼(polyurethane form) 등
기타 제품	조화, 건초, 가죽, 스페인 이끼,[07] 페인트(수성, 유성) 등

화재감지시스템(fire detection system)은 연기와 열(heat)에 대한 경보를 말하며, 자동 스프링클러(sprinkler)시스템이 없는 위험하고 비어 있는 모든 구역에 설치하여야 한다. 이는 보관소, 무대후면구역, 무대 밑, 플랫폼(platform), 그랜드스탠드(grandstand)를 포함하여야 한다. 소방당국은 이벤트의 규모, 위치, 배치에 근거한 화재감지시스템의 필요성에 대해 도움을 줄 수 있다. 또한 모든 이벤트 직원, 자원봉사자, 보안인력은 본인이 화재탐지계획의 한 부분이라는 것을 인식하여야 한다.

스프링클러, 소화기와 같은 화재진압시스템(fire suppression system)은 이벤트에 사용되는 모든 시설에서 확인하여야 한다. 소화기는 눈에 잘 띄는 위치에 두어야 하고, 즉각적인 사용을 위해 막히지 않고 용이한 접근이 되어야 하므로 보통 통로와 비상구를 따라서 배치한다. 또한 옷걸이, 받침대, 캐비닛(cabinet)에 설치하거나 선반 위에 단단히 고정시켜야 한다. 소화기는 원통형 용기로 떨어지면서 밸브가 깨지면 무기처럼 위험이 발생할 수 있기 때문에 바닥에 그냥 수직으로 세워 놓으면 안 된다. 소화기를 고정할 수 있는 장치와 함께 배치하여야 한다. 또한 공연장 · 집회장 · 관람장의 경우 최소한 바닥면적 50㎡당 1개의 소화기가 필요하다(소

02 펠트(felt): 모직이나 털을 압축해서 만든 부드럽고 두꺼운 천
03 리넨(linen): 아마사(亞麻絲)로 짠 직물의 총칭
04 모슬린(muslin): 속이 거의 다 비치는 고운 면직물
05 면포(scrim): 조밀하게 짜인 망사를 사용한 그물망
06 벨벳(velvet): 짧고 부드러운 솜털이 있는 고급원단
07 스페인 이끼(spanish moss): 나무 위에서 자라는 지의류(地衣類)

방방재청, 2012). 소화기의 종류는 화재를 일으키는 가연성 물질의 종류에 따라 다르므로 이벤트에 사용될 물질유형에 따라 선택하여 배치하여야 한다([표 5-3] 참조).

조명(lighting)과 시계(visibility)는 대피상황에서 절대적이며 특히 비상구 사인(sign)과 피난통로의 조명은 매우 중요하다. 모든 탈출경로와 비상구는 비상상황에서 독자적인 조명전력을 보유하여 명확하게 잘 보여야 한다. 비상구 사인은 절대 장식이나 다른 것으로 가려져서는 안 된다. 또한 화재나 특수효과를 사용할 때 발생하는 연기는 시계를 심각하게 악화시킨다는 것을 잊어서는 안 된다.

표 5-3 화재와 소화기의 종류

구분	A급 화재	B급 화재	C급 화재	D급 화재
용도	일반화재	유류/가스화재	전기화재	금속화재
원인물질	목재, 종이, 섬유	석유, 벙커C유, 타르, 페인트, 가스, LNG, LPG, 도시가스	전기 스파크, 단락, 과부하	철분, 마그네슘, 칼륨, 나트륨, 지르코늄
구분 색상	백색	황색	청색	회색

Event Risk Management

사례 화왕산억새태우기축제 화재사고

2009년 2월 9일, 대보름맞이 화왕산억새태우기축제를 하던 중 갑자기 불어온 돌풍과 오랜 가뭄으로 바싹 마른 억새로 인해 거세진 화재로 관광객 및 현장 공무원을 포함한 6명이 사망하고 60여 명이 부상당한 사고이다. 사고 당시 행사장에는 2만 5천 명에서 3만 명가량이 모여 있었으나 안전요원은 400명에 불과했으며, 억새밭 18만 5,000㎡를 태우면서 군청이 준비한 소화장비는 150여 개의 등짐 물 펌프와 휴대용 소화기가 전부였다. 안전을 위해 억새밭에서 30~50m의 방화선을 구축했으나 불길은 방화선을 넘어서서 옮겨 붙었다. 이 사고로 1995년부터 계속되던 억새태우기축제는 6회 만에 폐지되었다.

출처: 위키백과(https://ko.wikipedia.org)

2) 집회점유

50명 이상이 모이는 건물이나 구조물의 사용은 집회점유(assembly occupancy)로 고려되어야 하므로 화재진압시스템의 종류 · 수 · 위치, 사용가능하거나 불가능한 재료의 유형, 경고 및 커뮤니케이션시스템, 대피통로의 상황과 구성을 다루는 화재기준의 적용을 받게 된다(NFPA 101, 2000). 점유범위는 무대구역, 창고구역, 주차구역, 야영구역 등을 포함하여 이벤트와 함께 사용되는 전 지역을 말한다. 또한 이 기준은 야외공간과 일시적 또는 일회성 이벤트 장소(대형텐트, 마키텐트 포함)에 적용된다. 또한 리스크관리자는 이벤트 장소의 안전에 영향을 미치는 다층건물에서 다른 층의 화재나 교통사고의 잠재성 등 인접지역을 고려해야 한다.

이벤트를 위한 장소로서 독특한 장소(unique venue)를 사용하는 경향을 고려할 때, 소방담당자에게 자문을 구하는 것은 더욱 중요하다. 이러한 장소를 행사장으로서 사용하는 데 있어 일시적 또는 특이한 본질이 고려되지 않을 수 있다. 이러한 장소는 리스크평가의 핵심요소로 점검이 필요하다. 주된 사항은 수용력, 콘텐츠, 현장배치가 될 것이다. 집회점유로써 건물과 행사장을 점검할 때 소방담당자와 리스크관리자는 무엇보다도 다음 사항을 살펴야 한다.

- 인원부하량
- 피난배치 및 이동거리
- 비상조명
- 출구표시
- 비상구의 개수와 상태
- 출입문의 차단 해제, 잠금장치 해제, 피난방향으로의 개방
- 소화기의 설치 및 사용 훈련
- 탐지시스템: 연기 및 열감지기
- 경고시스템: 시청각 경고
- 인테리어 마감 및 가구
- 임시 구조물: 무대, 플랫폼, 전시품
- 전기설비 등

비록 특수목적 건축물이나 독특한 장소가 화재가능성이 낮다 할지라도 화재가 발생할 경우 인명손실에 대한 잠재력은 매우 높다. 관할지역에서 요구하는 화재안전지침에 친숙해지고, 행사장과 운영을 최상의 기준에 맞추기 위해서 소방공무원과 협의하는 것이 가장 좋다.

Event Risk Management

사례 트라이앵글 화재사건(Triangle Shirtwaist Factory fire)

1911년 3월 25일 뉴욕 맨해튼 트라이앵글 셔츠웨이스트(Triangle Shirtwaist) 공장에서 발생한 화재사건이다. 146명이 사망해 미국 역사상 9 · 11테러 다음으로 가장 많은 사상자를 낸 최악의 산업재해사건으로 기록되고 있다. 사망자들의 대부분이 10대와 20대의 어린 여공들이라 충격은 더 컸다. 당시 계단으로 연결된 비상구의 문이 잠겨 있었고, 이 문을 담당하는 공장 측 간부가 불이 나자 비상구를 열지 않은 채 먼저 건물을 빠져나가 상당수가 탈출할 수 있었음에도 불구하고 그러지 못했다. 비상구를 통해 빠져나오려고 몰려들었던 소녀들은 결국 건물을 빠져나오지 못했고, 탈출하기 위해 9층 창문에서 필사적으로 뛰어내린 소녀들도 발견돼 미국 사회 전역에 분노와 슬픔을 동시에 안겼다.

이 최악의 화재사건 이후로 미국에서는 근무시간 동안 비상구 문을 잠그는 것이 금지됐고, 소화전 · 화재경보기 · 스프링클러 설치, 화재예방훈련이 의무화되는 등 2년 동안 총 60가지 관련법안이 만들어져 통과되었다.

출처: 네이버 지식백과(http://terms.naver.com)

3) 안전위험

이벤트활동 및 프로그램의 어떤 것이든, 또한 행사장의 모든 것은 잠재적으로 안전에 대한 영향을 미친다. 퍼레이드 장식차량의 출연진이 군중에게 기념품을 던졌을 때 이를 줍기 위해 관중이 몰려들면서 부상이 발생할 수 있으며, 이를 주우려고 거리로 뛰쳐나오다가 장식차량에 부딪힐 수도 있다. 스포츠 이벤트에서 리듬감 있게 발을 동동 구르며 춤추는 관중은 구조물을 약하게 만들거나 장비를 넘어트릴 수 있는 진동을 발생시킬 수 있다. 무대장면을 더 잘 보기 위해서 열성팬은 의자, 담벼락, 설치물 등 주변의 어디든지 기어올라갈 수 있다.

그물처럼 얽힌 전원코드와 케이블과 같은 전기설비는 발이 걸려 넘어질 수 있는 위험이 있을 뿐만 아니라 잠재적인 화재 및 감전의 발화점이 될 수 있다. 압축가스통은 떨어트리거나 노즐이 터지는 경우 무서운 무기가 될 수 있으며, 부적절한 조명밝기는 통로가 잘 보이지 않거나 신원불명의 누군가에 의해 범죄행동의 위험을 유발할 수 있다. 모든 임시구조물과 장식품은 반드시 적절하게 설치하고 안전하게 고정시켜야 한다. 모든 장비는 반드시 올바르게 설치되고 운용되어야 하며 손상이나 오용으로부터 보호하여야 한다. 장벽(barrier)은 추락 및 돌출위험이 있는 장소와 출입금지구역의 주변에 설치되어야 하며 적절한 안전경고사인을 눈에 잘 띄도록 설치해야 한다.

대자연의 위력은 치명적이다. 엄청난 폭풍은 전선을 끊을 수 있고, 강풍은 텐트를 날려 사람에게 부딪히거나 물건을 수십 미터 밖으로 날려 보낼 수 있다. 폭우는 강을 범람하게 하거나 들판에 엄청난 흙탕물 웅덩이를 만들 수 있으며 번개는 기둥, 송신탑, 전신주에 내리칠 수 있다. 특히 야외 이벤트 장소에서는 식물 및 동물 대해서 세심하게 고려해야 한다. 해충, 벌레를 퇴치하기 위하여 해충약을 미리 살포하여야 하며, 유행성출혈열(流行性出血熱)과 같은 급성 전염병을 예방하기 위하여 풀밭 출입금지를 위한 경고사인도 설치해야 한다. 낮은 나뭇가지, 가시가 달린 관목, 떨어지는 나뭇가지도 간혹 심각한 피해나 부상을 일으킬 수 있다.

사례 판교 공연장 환풍구 붕괴사고

2014년 10월 17일 경기도 판교 테크노밸리의 야외공연장 인근 지하주차장 환풍구 덮개가 무너져 일부 관람객이 추락한 사고다.

사고 당일 해당 야외광장에서 개최된 '2014년 제1회 판교테크노밸리축제'로 유명 가수들의 축하공연이 진행될 예정이었다. 사고는 오후 5시 53분경, 첫 순서인 걸그룹 포미닛의 공연 도중 유스페이스 주차장과 연결된 환풍구 덮개가 무너지면서 발생했으며, 그 위에서 공연을 보던 관람객 27명이 약 20m 아래 6층 높이 유스페이스 주차장 환풍구 바닥으로 추락했다. 이 사고로 16명이 사망하고 11명이 부상을 입었다. 사고 다음 날인 10월 18일, 판교 테크노밸리 축제의 안전대책담당자가 숨진 채 발견되었다.

사고원인은 공연을 잘 보기 위해 환풍구 위로 한꺼번에 여러 사람이 올라선 것이며, 덮개가 무게를 견디지 못해 무너진 것으로 추정된다. 경찰의 수사결과 사고현장의 환풍구는 시공면허가 없는 자재납품업체가 설치를 맡았던 것으로 밝혀졌다. 3월 23일 수원지검 성남지청은 안전의무를 소홀히 한 혐의로 행사대행업체 총괄이사를 포함하여 모두 13명을 기소했다.

2014년 11월 신성범 새누리당 의원 등이 공연법 일부개정 법률안을 발의했고, 법안은 이듬해 4월

> 30일 대한민국 국회를 통과했다. 이 개정안은 공연시설 운영자가 공연장 등록, 안전검사, 재해방지 계획 등을 의무적으로 마련해야 하는 내용을 담고 있다.
>
> 출처: 위키백과(https://ko.wikipedia.org)

4) 안전점검

리스크평가회의를 하는 동안 리스크관리자는 이벤트에 사용하는 물품, 서비스, 인력과 관련하여 가능한 모든 안전 및 보건에 대한 위험요소를 이끌어 낼 필요가 있다. 특히 모든 판매업자와 공급업자에게 잠재적인 신체적 위험과 부상, 질병에 대한 노출을 예방하기 위해 필요한 안전조치를 확인할 수 있도록 요청해야 한다. 이처럼 이벤트의 모든 면에서 안전에 대한 책임과 의무를 커뮤니케이션하기 위해 이런 기회를 활용해야 한다. 이는 계약내용에도 반복하고 모든 이벤트인력, 심지어 운영요원까지도 함께하는 안전회의를 통해 현장에서도 안전을 강화시켜야 한다. 불안전한 관행이나 조건은 받아들일 수 없음을 명확하게 천명해야 한다. 안전은 모두의 책임이라는 것을 깨닫게 하고 모두에게 위험한 상황을 보고할 수 있도록 허락과 규칙을 제공해야 한다.

사전장소점검을 하는 동안 리스크관리자는 이벤트요소나 장소의 어떤 측면이 부상을 야기할 가능성이 있는지 찾아야 하며, 이벤트의 시작부터 끝까지 상하 및 전후좌우의 환경을 면밀하게 살펴야 한다. 명확하든 모호하든 점검해야 할 모든 위험요소를 확인하기 위해 현장점검 체크리스트를 사용하는 것이 좋다([표 5-4] 참조).

현장투어점검(walk-through inspection)은 이벤트에 앞서 예상하지 못했거나 발생가능한 안전위험을 식별하기 위해 실시되어야 한다. 또한 현장투어점검은 시행하고 있는 안전조치의 상태를 모니터링하고 긴급한 위기상황을 식별하기 위해 이벤트기간 중에도 주기적으로 실시해야 한다. 이는 장기간에 걸쳐 진행되는 이벤트나 박람회에 있어 매우 중요하며 '일일 안전 브리핑'도 필요하다.

:: 표 5-4 현장점검 체크리스트(예시)

구분	점검항목	점검결과			의견
		OK	Risk	N/A*	
개최지 및 인근지역	• 인접부지 이용 • 소음 민감/주의시설의 인접 • 도로, 철도, 수로 • 공사지역 • 악천후 및 자연위험 • 인근명소 • 경쟁 이벤트 • 지역 휴일/기념행사 • 교통이용성 • 인근편의시설 • 범죄율 • 정치적 불안 • 노숙자, 노점상의 존재 • 기타				
행사장 개요	• 사고발생의 과거기록 • 안전기록 • 보건부서 평점 • 떨어져 있는 장소의 근접성 • 인접시설(예: 많은 호텔) • 교통 · 의료시설로부터의 거리 • 개조/공사 필요 • 시설소유권 • 시설인력 • 법적 제한 • 정책, 규정, 제약 • 기타				
행사장 주요 사항	• 차량을 이용한 접근 • 주차시설(상태, 보안) • 보행/차량 교차 • 주변 울타리, 장애물 • 입구 및 출구 • 통로, 복도, 계단 • 바닥 및 좁은 길(울퉁불퉁한, 거친) • 안내 및 경고사인 • 조명				

	• 하역장 및 화물운송 접근 • 창고구역 • 화장실 • 좌석상태 및 시야 • 소음수준 • 매달린 물체, 머리 위의 장치 • 공익사업 연결 및 송전선 • 노출된 장비나 기계류 • 낙하위험(가장자리, 선반, 발코니) • 임시구조물 • 기타(이벤트에 관련 있는 건물구역의 모든 기능과 뒤쪽을 점검)				
환경	• 바닥면 및 문(유지, 통제) • 조경(방해, 은신처) • 절벽, 낙하, 급경사, 고르지 않은 지형 • 침입(벌레, 쥐, 뱀) • 독성식물 • 건물 돌출부 • 지하배수로, 배수관, 수채통 개방 • 기타				
보건	• 위생관리시스템 및 실천 • 음식서비스 시설 및 실천 • 전체 유지 및 청결성 • 환기시스템 • 물관리 • 공기오염 • 기타				
보안기준	• 보안(카메라, 순찰, 인력) • 보안대응시간, 절차 • 자물쇠/열쇠유형, 배포절차 • 객실층의 제한적 접근 • 객실 • 기타				
소방안전	• 비상구(명확한 식별, 건전지 조명) • 화재안전시스템(연기탐지기, 시청각 화재경보) • 진압시스템(스프링클러, 방화용 모포) • 소화기(배치, 가시성, 최신점검) • 화재경보의 소방부서와 직접 연결 • 기타				

비상대응 적합성	• 비상대응계획 • 대피계획지침 • 비상용 독립적 전원 • 조명 및 커뮤니케이션시스템 • 정전 대비 예비발전기 • 대피소능력 • 인접 비상구조반 및 대응시간(소방차, 구급차, 경찰) • 기타				
의료관리	• 응급처치능력 및 장비 • 응급처치훈련 인력 • 가장 가까운 의료시설 • 24시간 대응 의사 대비 • 지역 의료진 목록 • 기타				
행사장 규정준수	• 화재안전점검 • 비상사태계획 • 엘리베이터 점검 • 식음 및 주류서비스 면허 • 건물 및 전기규정 • 장애인 접근성 준수 • 기타(허가, 점검증명서, 규정준수 법률문서의 복사)				
이벤트 규정준수	• 소음 조례 • 흡연 조례 • 위생 조례 • 교통/거리 폐쇄 조례 • 임시구조물 시공규정 • 경비지시 • 특수효과기준(레이저, 불꽃놀이) • 보험담보요건 • 장애인 접근성 준수 • 기타(관련 있는 규정 확인)				

* N/A: Not Applicable(해당 없음)

2. 공중보건

전 세계에 걸쳐 다양한 형태로 제정되어 있는 공중보건법은 위생환경, 전염병의 감시 및 통제, 건강한 행위와 개인위생의 증진을 추구한다. 이벤트주최자와 리스크 관리자는 이벤트에서 보건위험에 대한 우연적 또는 의도적 노출을 식별하고 예방하기 위해 모든 노력을 기울이는 주의의무를 갖는다. 대중집회에 대한 지침과 이벤트의 보건범위는 유사하다([표 5-5] 참조).

표 5-5 이벤트의 공중보건위험

• 식중독	• 레이저(laser) 사용	• 가축 · 동물
• 전염병	• 자외선 방사	• 벌레(개미, 벌, 모기, 파리)
• 알코올	• 공해(먼지, 소음)	• 설치류(쥐, 들쥐)
• 화학물질	• 인접대지 사용	• 뱀
• 수로(물 깊이, 물살, 온도)	• 채석장 및 구덩이	• 늪
• 날씨(극한 온도, 바람)	• 유독성 잡초	• 습지

이벤트의 다양한 공중보건위험은 행사장, 이벤트 프로그램에 포함되는 활동, 이벤트참가자의 구성과 행위를 평가할 때 확인할 수 있을 것이다. 대부분 공중보건위험의 완화는 오염물질에 대한 노출이 적절한 계획, 정책, 절차를 통해 제거되거나 제한되도록 하는 위생환경과 청결상태의 제공 여부에 달려 있다. 또한 비, 바람, 열, 습기, 추위도 위생과 보건위험노출에 영향을 미친다는 것을 기억해야 한다.

1) 위생시설 및 청결

청결과 위생상태는 부상이나 질병으로부터 보건 및 안전은 물론 관람객, 참가자, 직원의 편의와 복지를 포함하여 다양한 이유로 필요하다. 이벤트의 유형, 범위, 활동, 장소에 따라 적절한 위생시스템 및 상태를 제공하는 것은 특별한 장치 및 서비스, 전력공급 및 급수, 소모품과 인력의 준비, 수많은 일정계획과 다른 물자소요를 수반한다.

물(water)은 보건과 위생에 필수적인 요소다. 물공급량과 품질은 반드시 평가되어야 하며, 특히 야외행사와 임시행사장소인 경우와 급수방해행위의 가능성과 비상급수의 수송책을 포함해서 평가하여야 한다. 식수(drinkable water)는 자유롭게 마실 수 있도록 모든 행사에서 무료로 제공되어야 한다. 또한 식수는 정화수 또는 생수로 제공하고, 뜨거운 물은 음식에 필요할 수 있으며, 잡용수(non-potable water)[08]는 더러운 것을 씻는 용도에 필요하다. 오염된 물에서의 수영이나 씻는 행위는 소화기계 질환을 유발할 수 있으므로 부적합한 물은 울타리(fence)를 치거나 경고문구를 설치하여 접근을 제한하여야 한다.

위생시설(sanitary facility)은 이벤트의 개최기간 동안 예상되는 참가자 수와 유형에 따라 충분히 준비하여야 한다. 위생시설은 다양한 사람들에게 서비스하기 위해 적절하게 배치되어야 하며, 직원과 공급업자를 위한 위생시설은 가능한 관람객과 분리되어 설치하는 것이 좋다. 또한 위생시설은 항상 청결하고 필요한 용품이 잘 채워지도록 수시로 모니터하고 관리하여야 한다.

공중화장실에 관한 법률 시행령(2015. 1. 1)에 따르면 여자 대변기 수는 남자 대·소변기 수의 1.5배 이상으로 설치하는 경우 대변기 10개(남자용 2개, 여자용 8개) 이상, 소변기 3개 이상을 설치하여야 한다. 대변기(서양식 기준) 칸막이 규격은 짧은 변이 0.85m 이상, 긴 변이 1.3m 이상으로 하여야 한다. 소변기는 1인 점용폭을 0.75m 이상으로 한다.

필요한 변기수량의 산정은 '동시체류인원×사용비율×시간당 사용률÷시간당 회전율'로 계산한다. 통상 사용비율은 남자 좌변기 5%, 소변기 40%, 여자 좌변기 50%, 미사용자 5%를 적용하며, 시간당 사용률은 3시간당 1회 사용을 가정하여 0.33으로 산정한다. 사용시간은 남자 좌변기 300초, 소변기 60초, 여자좌변기 120초를 기준으로 하며, 시간당 회전율은 '1시간÷사용시간'으로 산출한다. 이렇게 산출된 수량은 최소량이며, 장애인용은 화장실 설치장소에 각 1개소씩 설치한다(2012 여수세계박람회 회장운영 실시계획, 2012).

조사에 의하면, 화장실에 갈 때 여성은 평균적으로 5분이 소요되며, 남성은 3분

08 잡용수(雜用水): 세정, 냉각, 세차, 청소 등의 목적으로 사용하는 물

이 소요된다. 그리고 여성은 공중화장실에서 남성이 기다리는 것보다 55~65%를 더 오래 기다릴 가능성이 있다. 따라서 여성에게 더 많은 위생시설을 제공해야 하며 관람객의 구성비율에 따라 남성과 여성으로 분리된 시설은 다시 설계될 수도 있다.

야외 이벤트의 경우 이동식 위생시설을 행사장으로 가져와 배치하여야 하며, 세면시설도 항상 함께 제공되어야 한다. 이동식 화장실은 우연적이나 의도적으로 기울어지지 못하도록 적절하게 위치하여 바닥에 잘 고정되어야 한다. 화장실은 밝아야 하고 눈에 잘 띄어야 하며, 가능한 식음시설이나 보관구역과는 떨어져 있는 것이 좋다. 이동식 화장실의 설치를 위한 행사장 진입, 청결유지, 철수는 장소 및 운영계획에 필히 포함되어야 한다. 또한 위생시설이 불법적인 행위에 악용되지 않도록 모니터해야 한다.

2) 음식물 안전

음식물은 생명유지에 필수적이다. 음식서비스의 준비와 제공은 반드시 안전하고 위생적이며 충분해야 하며, 정부의 특별규정과 운영상 필요조건에 따라 통제된다. 음식서비스규정은 위생허가, 식품위생법, 생산물배상책임보험,[09] 기타 대중에게 음식을 제공하는 것과 관련된 법과 규정을 포함할 수 있다.

호텔이나 행사장시설의 케이터링(catering)[10]부서로부터 레스토랑, 식료품점과 같은 독립적인 음식공급자에 이르기까지 음식공급자는 품질, 경험, 전문성 및 능력에 있어 폭넓고 다양하다. 박람회, 축제, 경기장, 공연장의 식음영업권은 해당 시설이나 이벤트주최자와 계약을 체결한 공식판매업자가 갖게 된다. 모든 음식공급자와 영업권 보유자는 적절하고 필수적인 보건허가, 사업면허, 보험담보에 대해 확인받아야 한다. 충분한 식수부터 음식 · 세척시설, 직원위생장비, 해충방제에 이르기까지 모든 위생상태는 모든 케이터링의 운영, 구내 및 외부 케이터링을 위해 완

09 생산물배상책임보험(product liability insurance): 피보험자가 제조 · 판매한 상품을 구입 · 사용한 고객이나 취급업자가 그 상품에 의해 받은 신체적 · 물적 손해를 보증하는 보험

10 행사, 연회 등의 음식서비스를 위하여 식료, 테이블, 의자, 기물 등을 특정 장소로 출장서비스하는 것

벽하게 준비되어야 한다.

식품매개질병은 보통 식중독이라고 부르며, 오염된 음식을 섭취했을 때 일반적으로 설사, 메스꺼움, 구토, 경련성 복통 및 열 증상을 동반한다. 이는 부적절한 위생과 처리, 오염물질이 포함된 음식의 부정확한 준비로 인해 나타나는 결과다([표 5-6] 참조). 오염물질이 포함된 식품(예: 해산물, 가금류 고기, 유제품)은 외부 케이터링 행사나 음식영업권자를 이용할 경우 반드시 리스크평가에서 확인해야 한다. 이러한 식품은 특별한 주의가 필요하다. 왜냐하면 비록 음식 자체가 적절하게 요리될 때는 안전할 수 있지만, 오염을 막기 위해 청결하고 위생적이어야 하는 표면에 위험물질이 남아 있을 수 있기 때문이다. 단기간 내에 유사한 질병이 많은 경우는 오염문제의 가능성이 있으므로 위장병 증상이 있는 사람이 있다면 구체적인 질문에 응답하도록 준비해야 한다.

표 5-6 식품오염원

• 요리재료	• 식품보관용기	• 동물, 설치류, 곤충
• 농약	• 포장물질	• 기생충
• 부패	• 조리기구	• 바이러스
• 독소	• 음식취급자	• 박테리아
• 오염된 물	• 외부물질(머리카락, 돌, 먼지, 금속)	• 고장 및 손상장비
• 식품 접촉표면		• 세척화학물질

위해요소중점관리시스템(Hazard Analysis Critical Control Point: HACCP)이라 불리는 식품안전보증시스템은 식품의 준비 · 운송 · 배치 · 저장 · 서비스하는 전 과정에서 잠재적인 문제점을 강조한다([그림 5-1] 참조). 식중독과 관련된 오염물질 리스크와 위험을 식별 · 모니터 · 통제하기 위해서 음식공급자와 케이터링 운영을 이와 같은 식품안전관리시스템에 적용하는 것은 현명한 방법일 것이다.

음식물을 만드는 과정에서 산업안전을 고려해야 한다. 케이터링의 경우 요리를 하거나 도구를 건넬 때 화상을 입는다든가, 칼이나 깨진 유리에 베인다든가, 쏟아진 음료 또는 전기코드에 걸려 넘어지는 위험과 미끄러짐, 화재, 연기와 같은 위험은 반드시 예방하여야 한다. 또한 식음료를 준비하고 서비스하는 사람은 식품위생에 대한 적정한 교육을 받아야 하며, 음식제공업주는 직원의 전염병을 식별하고 보고할 수 있는 시스템을 갖추어야 한다.

| 그림 5-1 | 위해요소중점관리시스템

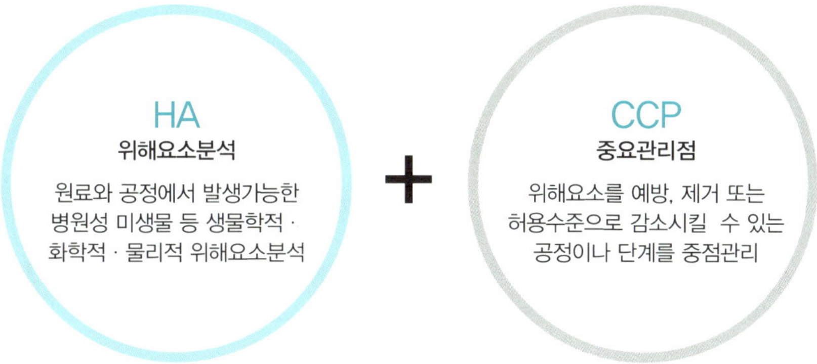

출처: 한국식품안전관리인증원 홈페이지(http://www.haccpkorea.or.kr)

Event Risk Management

사례___ 여수 음식특화거리 식중독사고

전남 여수의 대표 먹거리로 떠오른 '게장백반'업소들이 세계박람회 기간 위생관리를 소홀히 해 무더기 행정제재를 받게 될 처지에 놓였다. 시는 여수세계박람회 기간 중 위생소홀로 관람객에게 집단식중독을 일으킨 봉산동 게장백반거리 업소에 대해 행정조치하기로 했다고 21일 밝혔다. 여수 게장백반거리는 박람회 개막을 앞두고 지난 1월 모 방송사 연예인 체험 프로그램에 소개되면서 박람회 기간 중 손님이 밀려 1~2시간가량 줄을 서야 겨우 먹을 수 있을 정도로 호황을 누렸다.

하지만 욕심이 지나쳐 화를 불렀다. 지난 6일과 7일 봉산동 게장백반거리 두 곳에서 식사를 한 박람회 단체관람객 30여 명이 구토와 복통 등을 일으켰다. 여수시 등이 조사한 결과 이들 업소 게장에서 장염비브리오균과 대장균이 검출됐다. 앞서 지난 5일에도 게장을 먹은 한 관광객이 배탈을 호소해 조사한 결과 조리하는 물에서 일반세균이 기준치의 3배가량 검출됐다. 시는 관내 60여 곳의 게장요리업소에 대해 전수조사를 벌여 게장거리 20여 곳 가운데 유해균 등이 있는 7곳 등 모두 9곳을 적발했다.

시는 봉산동 게장거리에 대한 '음식특화거리' 지정을 취소하고, 박람회 개막에 맞춰 1,800여 만원을 들여 설치했던 대형 홍보구조물도 철거했다. 시는 이들 업소에 대해 이달 중 15~37일간 영업정지를 내리고, 형사고발할 방침이다.

출처: 경향신문, 2012. 8. 21.

3) 폐기물관리

폐기물관리(waste management)는 이벤트에서 만들어진 모든 고체 및 액체 폐기물에 대한 수집 및 처리에 대한 계획을 말한다. 위생시설과 환경규제는 폐기물관리의 특정 부문을 기술하고 있는데 이는 폐기물로 어질러진 행사장의 경우 보건위험이 되거나 사고, 부상, 질병을 일으킬 수 있기 때문이다. 이처럼 잠재적인 위험을 감소시키기 위해 충분한 폐기물통, 효과적인 청소와 청결, 세심한 행사장 유지, 적절한 폐기물처리계획이 필요하다.

폐기물발생에 대하여 이벤트주최자는 폐기물관리법 및 시행령, 위생 및 환경보호규정, 적정한 폐기물계약, 폐기물의 합법적 처리를 준수하여야 한다. 폐기물처리는 행사장의 폐기물을 청소인력이 주기적으로 수거하여 집하장에 집결시키고 이를 청소차량이 수거하는 방식으로 처리한다. 일반적으로 청소업무를 원활하게 수행할 수 있고 행사장의 청결이 유지될 수 있도록 전문업체를 활용한다.

부적정하거나 무계획적인 관리는 벌레침입, 화재위험과 비위생적인 상태를 초래할 수 있다. 이벤트기간 중에 착실히 폐기물을 수거한다면 폐기물이 쌓이는 것을 방지할 수 있고 행사 후 효과적인 청소를 가능하게 한다. 보관구역은 포장재, 과잉재고, 장비, 물품이 유해하거나 위험한 상태가 되지 않도록 적절히 지정되어 관리 및 유지되어야 한다. 이 구역에 대한 접근은 보안상 이유와 안전예방책으로서 엄격히 통제되어야 한다. 특히 폐기물 및 가연성 물질은 텐트, 구조물, 비상구 근처에 보관하지 말아야 한다.

식음서비스구역이나 위생시설구역은 특별한 주의가 필요하다. 음식쓰레기는 단시간에 부패할 수 있으며, 해충이나 해로운 야생동물을 유인할 수 있기 때문이다. 여성용 위생용품, 일회용 기저귀를 포함한 화장실시설의 폐기물은 특별한 처리가 요구되는 위험한 폐기물의 형태로 고려된다. 게다가 위험물질로 구분되는 의료폐기물은 응급상황에 의해 발생될 수 있으며 그 상황에 따라 처리해야 한다.

야외행사장에서는 오염지역의 청소 및 청결이 필요할 때 곤충용 스프레이를 뿌리고 폐기물통의 뚜껑을 덮는 것과 같은 해충방제가 중요하다. 리스크관리자는 진드기 매개 질병이 널리 퍼져 있거나 발생가능한지 판단한 후 공중보건당국과 협력하여 질병 매개체(예: 해충, 새, 개, 들쥐, 진드기 등)를 통제하여야 한다. 만약 애견이나 고양이와 같은 반려동물을 동반하는 경우에는 행사장 입장 전에 주인과 분리하여 관리할 수 있도록 반려동물 보관소에 맡겨 두는 시스템이 필요하다.

행사 전 점검은 행사장 또는 건물 구내의 상태를 점검하기 위해 수행되어야 하며, 이러한 상태는 이벤트기간 동안 모니터링을 해야 한다. 행사 후에는 행사장 전체를 점검하여 청소가 잘 되었는지 원래 상태로 복구되었는지 확인함으로써 추후 추가비용이나 청소비가 부과되지 않도록 철저히 방지하여야 한다.

3. 산업보건과 안전

리스크관리자는 이벤트참가자뿐만 아니라 이벤트를 만들고 운영하는 모든 사람들의 보건과 안전에도 관심을 두어야 한다. 모든 작업공간과 작업장은 근로자 및 다른 사람을 위해 안전하고 건강에 좋은 장소가 되어야 한다. 이는 고용주와 고용인 모두를 위한 법적 의무인 것이다. 따라서 이벤트주최자는 행사장과 운영을 계획할 때 이를 반드시 고려해야 한다.

산업보건안전(Occupational Health and Safety: OHS)은 대부분 국가에서 법률로 규정하고 있다. 우리나라는 1981년 산업안전보건법이 제정되어 1982년부터 시행되어 왔으며, 영국은 1974년 산업안전보건법으로 그 기준을 관리하고 있고, 미국은 산업안전보건청의 기준이 공포되면서 각 주(state)에서 채택하여 시행하고 있다. 유럽 산업안전보건청은 1996년 유럽연합이 산업보건안전과 관련된 정보를 수집 · 분석 · 증진시키기 위하여 설립하였다.

모든 산업보건안전과 관련된 법령, 기준, 규정이 공통적으로 가지고 있는 것은 고용인(employee)이 부상, 피해, 질병의 위험으로부터 보호받을 수 있는 안전한 작업환경을 제공하라는 명령이다. 이는 고용주(employer)의 독점적인 책임은 아니다. 고용인은 보건안전을 위하여 구상된 정책과 절차를 준수해야 하는 공동책임의 의무를 갖는다. 또한 불안전하고 비위생적인 상황을 고용주에게 보고해야 하며,

작업장의 안전을 위해 위험을 확인하고 통제 및 예방책을 개선시키기 위해 함께 힘써야 한다.

산업보건안전기준은 고용주와 고용인에서 더 나아가 확장된다. 이벤트주최자, 콘서트기획자, 인허가소지자, 전문도급업자, 장소소유자 모두가 자신의 고용인과 작업활동으로 인해 영향을 받는 모든 사람의 보건 및 안전을 지켜야 할 법적 의무를 갖는다(HSE, 1999). 이러한 의미에서 안전하고 건강에 적합한 작업환경을 제공하는 것은 자원봉사자, 참가자, 관람객까지 아우른다. 법에 의해 명령이 되었든 아니든 이벤트주최자와 리스크관리자는 작업장의 안전에 대해 가능한 최상의 기준을 준수하도록 노력해야 한다. 산업보건안전기준은 일반적으로 다음의 이슈를 다룬다.

- 행동강령
- 보호복장 및 장비
- 호흡 보호용품
- 경고의무
- 전기안전
- 장비훈련
- 낙하방지
- 화재예방
- 위해물질 취급
- 기계류 사용
- 응급처치 마련
- 위생
- 작업장 폭력
- 매뉴얼 취급절차

1) 산업재해

이벤트주최자부터 공급업자 및 자원봉사자에 이르기까지 모든 사람은 안전한 작업환경과 안전실천을 약속받아야 하며, 작업장의 안전에 대한 책임과 의무에 적극 참여하여야 한다. 모든 사람은 어떤 일을 하든지, 어떤 것을 생산 · 가공 · 사용 · 저장 · 취급 · 운송을 하든지, 어떤 장비나 기계를 사용하든지 간에 보건 및 안전에 대한 위험을 확인할 의무가 있다.

보통 작업장 위험요소는 물리적 · 화학적 · 인체공학적 요소와 전염성 요소, 스트레스로 분류할 수 있다([표 5-7] 참조). 이벤트공간이나 작업장의 평면도 위에 이러한 위험요소가 발생할 수 있는 장소를 표시하거나 강조하기 위해서 고용인과 이해관계자가 함께 리스크매핑(mapping)을 하는 것은 리스크관리자로 하여금 효과적인 리스크감소 및 전략적 통제방법을 마련할 수 있게 도움을 준다(Hazards Magazine, 1997).

표 5-7 일반적인 작업장 위험요소

물리적 요소	소음, 추위 · 더위, 조명, 장비, 미끄러짐과 발 헛디딤, 장비보호물 부족, 낙상위험, 전기충격, 환기, 바닥표면 수준 및 상태, 상해노출
화학적 요소	공기오염(먼지, 증기, 유독연기, 가스, 안개, 흡연), 오염물질 접촉(용제, 파우더), 피부접촉 · 흡입 · 섭취를 통해 인체에 들어오는 액체 및 기체물질
인체공학적 요소	반복적인 동작, 매뉴얼 취급절차, 불편한 위치, 전신 · 국부 떨림, 몸 비틀기, 오래 지속되는 정적인 자세, 물리력 행사, 작업과정 · 장소 · 방법으로 인한 신체적 스트레스
전염성 요소	바이러스, 혈액 매개 질병, 체액, 곰팡이, 박테리아, 전염성 병원균 노출
스트레스	훈련부족, 업무속도, 괴롭힘, 두려움, 걱정, 피로, 기타 신체적 · 감성적 신상을 야기하는 다양한 압력

출처: Silvers(2008)를 참고로 저자 재작성

2) 안전요소

작업장의 안전요소는 충분한 시간, 훈련, 예방책이다. 이벤트에서 발생하는 대부분의 현장사고는 사람이 작업을 완료하기 위해 급히 서두를 때 발생한다. 이때가 바로 작업자가 가능한 과업을 빨리 완수하려고 적절한 안전예방조치를 앞서 가버리는 시점이다. 예를 들어, 무언가에 닿으려면 사다리나 적절한 장비를 가져와야 하는데, 근처의 아무 곳에 오르거나 의자에 올라서거나 가까이 있는 잘못된 도구를 사용하는 것이 바로 사고의 원인이다. 반드시 작업을 완수할 수 있는 적정한 시간이 할당되어야 하며, 특히 밤늦게 작업이 끝나거나 이미 피로도가 높은 작업자와 함께 하는 이동작업일 경우에 더욱 그렇다.

작업자는 부여된 과업을 효율적이고 안전하게 수행하기 위해 적절한 도구, 장비, 재료를 제공받아야 한다. 아주 근접한 상태에 있는 작업자나 사람에게 위험할 수 있는 기계, 차량, 장비를 조작하는 모든 인력은 충분한 훈련이 필요하다. 어떤 물질을 취급하거나 작업을 할 때는 개인보호장비(Personal Protective Equipment: PPE)와 적합한 의복이 필요하다. 즉, 안전체인, 안전손잡이나 끈, 안전화, 안전모, 두터운 장갑, 긴소매 셔츠, 고글(goggles),[11] 얼굴가리개, 방독마스크, 등 보호대(back brace), 청각보호장비, 발가락보호대 등의 장비를 말한다.

또한 장식이나 제작장비를 설치 · 이동 · 제거할 때는 사다리, 공중작업차(aerial lift), 지게차, 소형 운반차, 작업대, 비계(飛階)[12]와 같은 적절한 장비가 제공되어야 한다. 수많은 작업자들은 인양(lifting), 운반, 밀거나 당기는 작업을 포함한 부정확한 매뉴얼 취급절차로 인해 허리부상과 근육좌상(挫傷)[13]을 입을 수 있다. 이는 보통 만성적인 쇠약 고통을 유발할 수 있는 근골격계 질환(筋骨格係 疾患)[14]으로 자주 나타난다. 이로 인해 많은 작업자가 손해배상을 청구하는 원인이 되며 보험료율이 증가함에 따라 비용이 많이 들 수 있다. 많은 부상은 어디로부터 추락하거나 사람에게 무엇이 떨어지거나 구조물이나 장비의 일부가 붕괴되면서 떨어지는 것과 같은 추락위험에 기인한 것이다. 심지어 사망까지 이르는 이런 부상은 주로 설치, 공사과정에서 주로 발생하지만, 장소 · 지형과 관련된 추락위험도 반드시 고려되어야 한다. 통상 작업대나 작업자가 지상에서 1.8m 이상 높이에 있는 경우 추락보호에 대한 지침이 있어야 한다.

11 물, 바람, 먼지 등이 들어가지 않게 얼굴에 밀착하여 쓰는 안경
12 비계(scaffolding): 높은 곳에서 공사를 할 수 있도록 임시로 설치한 가설물
13 근육좌상(muscle strain): 외부 상처가 없이 내부조직이나 장기가 손상을 받은 상태
14 근골격계 질환(muscular-skeletal disorder): 요통이나 어깨 결림이 주요 증상인 질환이며 단순반복작업에 따라 허리, 목, 어깨, 팔다리에 통증이 생기는 것

3) 작업환경

이벤트현장의 작업은 대부분의 작업장과 다르게 본질적으로 일시적이다. 이벤트 제작을 위해 사용하는 작업장은 특이하거나 낯선 환경이나 장소에서 이루어진다. 일반적으로 작업자는 매일같이 특정 장소에서 규칙적으로 일하지 않는다. 이와 더불어 이벤트 프로그램 시간에 맞춰 정해진 시간 내에 행사를 준비해야 하는 압박도 있다. 실제로 이벤트 프로그램이 반복되는 경우는 드물기 때문에 작업환경의 보건과 안전을 보장한다는 것은 쉽지 않다. 이벤트인력이 보통 견뎌야 하는 위험물질, 과도한 열과 추위, 극심한 소음수준, 열악한 조명에 대한 노출은 통제되어야 한다.

위험물질이나 상황에 노출되는 것은 부적합한 장비 사용이나 장비의 취급부주의, 부적절한 환기시설, 부적합한 보관 관행, 적정한 보호장비 및 의복의 미사용으로 비롯될 수 있다. 실내에서 디젤(diesel)이나 프로판(propane)의 동력장비(예: 차량, 차량에 장착된 플랫폼, 조리기구 등)의 사용은 심각한 일산화탄소에 노출될 수 있다. 또한 에어로졸 스프레이(aerosol spray)[15]나 용매(solvent),[16] 페인트(paint), 접착제, 특수효과(예: 안개, 연무, 인공 눈, 불꽃연기 등)를 이용하는 과정에서 공기 매개 화학물질, 먼지, 유독성 배출물질에 노출되는 상황이 발생할 수 있다.

높은 소음수준은 두통부터 영구적 청력손상까지 건강위험을 초래할 수 있다. 85dB[17] 이상의 작업장 소음에 노출된 작업자에게는 소음방지장비가 제공되어야 하며, 특히 콘서트나 스포츠행사의 경우 120dB 이상의 소음수준을 나타내기 때문에 유의하여야 한다. 열악한 조명은 눈의 피로와 더불어 넘어지거나 발을 헛디딜 위험이 있다. 작업을 시작해서 마무리하는 전 기간 동안 충분한 조명이 제공될 수 있도

15 페인트를 안개 모양으로 분무하는 작은 금속용기

16 용질을 녹여 용액을 만드는 물질. 일반적으로 용매는 액체인 경우가 대부분이며, 액체와 액체로 이루어진 용액에서는 둘 중 양이 더 많은 액체를 용매로, 더 적은 액체를 용질로 본다.

17 데시벨은 소음의 크기를 나타내는 단위이다. 데시벨(decibel: dB)은 10분의 1을 의미하는 deci와 전화기를 발명한 알렉산더 그레이엄 벨의 이름을 딴 것. 보통 일반주택가 소음은 50~55dB, 전화벨 소리는 60~70dB, 교통소음은 70~80dB 정도이며, 제트엔진의 소음은 150dB에 근접한다. 1dB의 소리는 정상적인 사람의 귀에 들릴까 말까 할 정도다. 귀가 견딜 수 있는 최강음은 120~140dB이 된다.

록 해야 한다. 좋은 작업현장을 유지하는 것도 중요하다. 보통 장비가 부적절한 장소에 위치해 있거나, 자재를 엉망으로 보관하고 있거나, 울퉁불퉁한 지면이나, 액체 또는 쓰레기가 보관통을 넘쳐 흘려진 경우 사람이 넘어지거나 이동하는 데 어려운 상황을 초래한다.

4) 경고의무

모든 작업자는 다양한 자재와 장비를 사용하는 데 관련된 위험과 작업장의 상황에 대해 자세히 알아야 할 권리가 있다. 모든 위험물질에 대하여 물질안전보건자료(Material Safety Data Sheet: MSDS)를 입수하여야 하고, 이러한 위험물질을 사용하는 작업자는 물질안전보건자료에 접근가능해야 한다. 물질안전보건자료에는 해당 물질의 이름, 성분, 유해성, 위험성, 보관방법, 취급주의사항, 필요한 보호구, 응급조치 등 16가지 정보가 담겨 있다([표 5-8] 참조).

위험경고, 금지, 화재안전 및 장비, 명령 · 방향 · 정보사인은 작업현장에 반드시 필요하다. 모든 위험지역(예: '경고: 낙하주의' 사인)이나 위험한 장비 및 보조기구에 안전 및 경고사인이 부착되어 있어야 한다. 무대 뒤의 전기시설과 같이 일반인이 접근하지 않거나 접근할 수 없는 구역에 경고사인을 요구하지 않더라도 반드시 사인을 설치해야 한다. 원래의 용기나 포장에 붙어 있는 경고꼬리표(tag)나 라벨(label)[18]은 모든 위험물질에 부착시켜야 하며, 내용물을 이동하거나 다른 용기에 보관될 경우에 이를 복사하여 필히 붙여야 한다. 이로써 사고, 질병, 누출, 비상상황에 대응할 때 자신이 무엇을 다루고 있는지를 알게 해주어야 한다(Rossol, 2000).

18 종이나 플라스틱 위에 제품에 대한 정보를 적어 붙여 놓은 표

표 5-8 물질안전보건자료에 포함되는 정보

구분	정보내용
화학제품과 회사에 관한 정보	제품명, 제품의 권고용도와 사용상의 제한 등
유해 · 위험성 정보	유해 · 위험성 분류, 예방조치문구를 포함한 경고표지항목 등
구성성분의 명칭 및 함유량	화학물질명, 관용명 및 이명, CAS번호 또는 식별번호, 함유량
응급조치요령	눈에 들어갔을 때, 피부에 접촉했을 때, 흡입했을 때 등
폭발 · 화재 시 대처방법	적절한 소화제, 화재진압 시 착용할 보호구 및 예방조치 등
누출사고 시 대처방법	인체보호를 위한 조치사항 및 보호구, 정화 또는 제거방법 등
취급 및 저장방법	안전취급요령, 안전한 저장방법
노출방지 및 개인보호구	노출기준, 적절한 공학적 관리, 개인보호구 등
물리화학적 특성	외관, 냄새, 인화점, 인화 또는 폭발한계 상 · 하한, 자연발화온도 등
안정성 및 반응성	화학적 안정성, 유해반응의 가능성, 피해야 할 조건 등
독성에 관한 정보	가능성이 높은 노출경로에 대한 정보, 단 · 장기노출에 의한 영향
환경에 미치는 영향	수생 · 육생 생태 독성, 잔류성과 분해성, 생물 농축성 등
폐기 시 주의사항	폐기방법, 폐기 시 주의사항
운송에 필요한 정보	유엔번호(UN No.), 유엔 적정 운송명, 운송 시의 위험등급 등
법적 규제현황	산업안전보건법에 의한 규제, 유해화학물질관리법에 의한 규제 등
기타 참고사항	자료의 출처, 최초 작성일자, 개정횟수 및 최종 개정일자 등

출처: 안전보건공단(2012)

Event Risk Management

사례 위험화학물질 사고

- 사례 1: 경기도 소재 사업장에서 수산화테트라메틸암모늄(TMAH)이라는 세척제가 몸에 쏟아졌으나 해당 물질의 유해 · 위험성을 알지 못한 근로자가 작업이 끝난 후 닦으려고 하다가 급성중독으로 사망
- 사례 2: 충북 소재 사업장에서 수산화테트라메틸암모늄(TMAH)이 작업자의 얼굴, 목 등 부위에 분사되어 샤워실에서 얼굴, 목 등을 닦았으나 20여 분이 지난 후 급성중독으로 사망

수산화테트라메틸암모늄에 대한 물질안전보건자료(MSDS)의 유해위험문구에 '피부와 접촉하면 치명적임', '근육약화 및 호흡기 마비를 야기함', '미스트 및 에어로졸 형태로 흡입 시 기도에 자극성이 있음' 등의 정보가 포함되어 있으나 작업자는 해당 내용을 알지 못하고 일하던 중 사망하였다.

출처: 안전보건공단, 물질안전보건자료의 이해, 2012.

5) 사전안전대책

많은 산업안전보건기준은 보건과 안전위험을 식별하고 다루는 것을 보장하기 위해 관리책임을 갖는 안전담당자나 안전위원회의 설치를 의무화한다. 그 기준은 일정규모의 고용인 수에 따라 기업에 적용되거나 요구된다. 이벤트주최자가 바람직하지 않은 행위와 상태를 제한하는 정책과 절차를 설정함으로써 기업과 동일하게 산업안전보건을 수행하는 것은 모범적인 실천지침이다. 비록 이 기준을 준수하는 것이 이벤트인력이나 자원봉사자에게 법적인 책임이 아닐지라도 이는 도덕적인 의무다. 잠재적인 위험 또는 문제를 제기하는 활동영역을 다루는 고용인과 자원봉사자의 행동기준을 개발하고 이행한다면, 사고와 부상을 예방하고 안전의식 문화를 창출하는 데 도움이 될 것이다. 일반적인 안전문제와 특별한 의무에 대하여 고용인과 자원봉사자를 대상으로 교육을 해야 한다. 그래서 이들이 위험한 작업을 수행하기 전에 적절한 경험을 쌓을 수 있도록 해야 한다. 주기적으로 정보를 최근의 내용으로 새롭게 하고, 필요하다면 이들을 재교육해야 한다(Reiss, 2001).

많은 이벤트전문가는 이벤트의 제작 및 설치 이전에 작업자 및 협력업체와 함께 안전회의를 열어 행사작업장에 대한 안전기준을 세우는 것이 이벤트주최자나 리스크관리자의 소관이라고 생각한다. 이런 회의는 작업자가 서서히 안전한 작업환경에 대해 책무를 느끼게 하고 이들이 참여하도록 권한을 주며 이러한 의무를 이행하게 한다. 이는 작업자가 동료의 부적절한 작업이나 위험을 식별하였을 때, 감독관에게 정식으로 보고하는 것을 포함한다. 또한 이벤트주최자나 리스크관리자는 모든 독립적인 계약업체가 적정한 안전 프로그램을 보유하고 있는지, 열악한 장비와 미숙련인력을 사용하여 너무 낮은 가격을 제시하고 있는지 반드시 확인할 필요가 있다.

| Chapter 06 |

손실예방 및 보안

이익을 얻는 데 여러 가지 방법이 있는 것처럼 손실이 발생하는 데에도 그만큼 다양한 방법이 있다([표 6-1] 참조). 손실(loss)은 크거나 작을 수 있고, 우연이나 고의 또는 부주의에 기인하며, 통제가능하거나 통제불가능하고, 내부 또는 외부요인에 기인하고, 상황이나 사고에 기인할 수 있다. 전략이나 운영계획에 대한 모든 항목과 이벤트 프로젝트의 모든 차원에 대하여 이벤트조직의 자원과 이미지를 위태롭게 할 수 있는 잠재적 손실을 항상 고려해야 한다.

표 6-1 손실의 차원

손실의 원인		손실이 미치는 영향
• 사고	• 벌금 · 위약금	• 능력
• 방화	• 고의적 방해	• 역량
• 파괴	• 기물파손	• 신뢰도
• 재난	• 폭력	• 장비
• 상해	• 위조	• 기능
• 피해	• 오류	• 정보
• 도난	• 오해	• 자재
• 절도	• 장비의 오용	• 보급품
• 사기	• 누락	• 현금
• 횡령	• 결함	• 인력
• 소송	• 결핍	• 재산
• 배상책임	• 중단	• 시간
• 법적 책임	• 지연	• 평판 · 명성

1. 손실예방

손실예방(loss prevention)은 산업이나 업종에 따라 다양한 관점을 갖는다. 소매업에서의 손실예방은 소매치기의 도난과 직원 절도의 중지나 감소에 초점을 둔다. 건설업에서는 작업자의 보상책임을 줄이기 위해 현장의 안전에 신경을 쓴다. 지식산업에서는 정보자산을 보호하는 데 중점을 둘 것이다. 이벤트의 경우 외부 절도로 인한 손실이 전체 손실의 절반 정도밖에 차지하지 않으므로, 이벤트조직은 취약점을 평가할 때 외부는 물론 내부를 살펴볼 필요가 있다(Fischer and Green, 1998). 기념품 판매부스의 재고를 추적하기 위하여 바코드(bar code)를 사용하거나, 사무용품과 참가자 명단에 대한 접근을 제한하거나, 공급업체로부터 뇌물을 받기 위한 허위주문을 체크하는 것처럼 손실예방은 내부에서 시작해야 한다.

혹자는 손실예방을 예방서비스, 즉 보안(security)과 동일하다고 생각한다. 반면 혹자는 손실예방을 손실빈도를 낮추기 위해 사용하는 모든 수단이라고 생각한다. 손실예방은 이러한 관점은 물론 리스크관리와 관련된 모든 의제를 포함한다. 손실예방은 손실이나 파괴로부터 금융자산, 물리적 자산, 환경자산, 인적자산을 보호하기 위하여 식별된 리스크를 다루거나 취급하고, 이로 인해 발생될 부정적 영향을 통제하기 위해 다양한 전략과 방법을 활용한다([표 6-2] 참고).

표 6-2 손실예방전략 및 방법

• 리스크분리 및 분배전략	• 안전대책 및 규칙
• 보안인력 및 장비계획	• 우발사태 및 지속적 계획
• 여유장비 및 시스템계획	• 대응훈련 및 연습
• 커뮤니케이션체계 구축	• 보험담보

손실예방은 이벤트의 목적, 과정, 사람, 물품, 장소, 실행에 적용되는 활동영역을 의미하는데, 이는 예방, 감지, 통제, 우발사태계획, 복구를 말한다([그림 6-1] 참조). 또한 손실예방은 리스크대응계획에서 우선 식별된 리스크에 대한 모든 가능한 대책이 준비되어 있어서 진보적 계획으로 볼 수 있다. 그래서 대책이 위태롭게

되었는지 위험이나 취약성이 노출되었는지 발견하기 위해서 이들을 모니터해야 한다. 일단 노출이 나타나면 그 영향은 가능한 응급사태계획을 통해서 통제하고 극복하여야 한다. 만일 최종적으로 손실이 발생하면 조직은 그 영향으로부터 복구할 수 있는 능력이 필요하다.

그림 6-1 손실예방 프로세스

예방 (prevention) → 감지 (detection) → 통제 (control) → 우발사태계획 (contingency plan) → 복구 (recovery)

손실을 쉽게 감지하기 위해서는 안전순찰반이 이벤트를 통해서 위험요소와 불안한 활동을 찾고, 그것을 적정한 감독자나 보안담당자 및 부서에 보고하며, 담당자나 부서에서는 요청받은 대로 대응인력을 지원하는 절차가 필요하다. 통제수단은 손실을 방지하거나 감소시키기 위하여 물리적 · 행위적 · 절차적 조치를 활용한다. 그리고 확인된 각 리스크에 대한 구체화된 통제수단이 지정되어야 한다([표 6-3] 참조).

표 6-3 손실예방 조치

물리적 조치	행위적 조치	절차적 조치
• 접근장벽 • 안전장비 • 보안장비 • 컴퓨터 보안 코드 • 제한 · 통제구역 • 화재경보 · 진압시스템	• 교육 · 훈련 • 커뮤니케이션시스템 • 역할과 책임의 명확화 • 보상장려책 • 조직정책 및 문화	• 모니터링시스템 • 정기적 유지보수 • 비상사태계획 • 접근 및 승인통제 • 자원할당

출처: Silvers(2008)를 참고하여 저자 재작성

위험요소의 종류가 다양한 만큼 위험요소의 영향을 통제하거나 감소시키는 방법도 많이 있다. 또한 이들이 효과적인 통제수단과 시의적절한 비상계획으로 보호되도록 이벤트 운영의 기능을 완전히 이해하는 것이 중요하다.

2. 우발사태계획

우발사태계획(contingency plan)은 개연성이 있고 예상하지 못한 문제나 갑자기 나타나는 리스크를 처리하고 복구하기 위한 구체적인 계획이다. 이 계획은 내포하는 리스크를 다루기 위해 개발하며, 보통 차선책 또는 플랜 비(plan B)라고 부른다. 이벤트의 계획과정, 장소, 운영에 있어 어떤 차이나 취약성을 발견하기 위해서 차이분석(gap analysis)을 수행하는데, 차이분석은 다음을 검토한다.

- 무엇이 위태로운가?
- 무엇이 취약한가?
- 무엇이 불확실한가?
- 무엇을 놓치고 있는가?
- 그 밖의 것은 무엇인가?

확인된 모든 취약점이나 불확실성에 대하여 극복할 수 있는 대안을 신중하게 고려하여야 한다. 이는 날씨, 장비, 조달, 참가자 문제와 같이 무엇인가 잘못되어 가는 경우를 예측하고 이에 대한 대안, 여유분, 추가일정, 장소, 활동, 장비, 인력 등을 포함시켜야 할 것이다. 또한 여기에 각 우발사태계획과 함께 추가적인 비용, 실행의 영향이 설정될 것이다. 또한 하나의 실패나 사고는 또 다른 실패나 위험한 상황을 유도하거나 그 원인이 되며, 추가적인 실패를 촉발시키고 이어서 추가적인 실패를 양산시키는 도미노효과(domino effect)를 고려해야 한다. 하나의 취약점과 그에 대한 우발사태계획의 양상이 어떻게 전체 이벤트계획의 다른 측면에 영향을 미치는지 판단해 보고 통합시켜야 한다.

만일 야외행사에서 악천후가 문제가 된다면, 텐트를 확보하거나 대체할 수 있는 실내공간을 예약해야 한다. 또한 전력이 중요한 경우, 이동용 예비발전기를 준비하여야 한다. 만일 이벤트의 전원에 이미 이동용 발전기를 사용한다면, 여분의 예비발전기를 확보해야 할 것이다. 만일 국제회의에서 기조연설자가 나타나지 않을 경우, 초청연사 중 한 사람의 발표순서를 바꿔서 진행할 수도 있다. 필요에 따라 비상상황에 인력 및 공급업체로부터 물품과 서비스를 제공받기 위한 준비를 사전약속이나 계약내용에 포함시켜야 하며, 이는 우발사태대책과 관련된 비용을 절감할 수 있다. 또한 전반적인 우발사태계획에 통합시킬 수 있도록 각 공급업체로부터 우발사태계획을 확보하고 수집하는 것이 가장 좋은 방법이다(ICCA/COPE, 2005).

우발사태계획의 항목이 확인되면 누가, 언제, 어디서, 무엇을 할 것인가를 포함하여 계획을 이행하기 위한 기한(deadline)과 규칙(protocol)을 정해야 한다. 또한 이 기한은 전체 일정계획과 운영계획의 일부로 포함시켜야 한다. 우발사태의 어떤 대책은 이벤트 추진일정 동안 언제든지 바로 수행이 가능하지만, 텐트나 이동용 발전기를 주문 및 설치하는 것처럼 어떤 항목은 이벤트 실행에 선행되어야 한다. 또한 사전에 시범운영을 통해서 예비 및 우발사태계획이 잘 활성화되는지 그 능력을 시험해 보는 것이 좋다.

커뮤니케이션(communication)은 우발사태계획의 중요한 요소다. 우발사태계획을 활성화시키는 결정사항이 이 계획을 수행하는 데 관련이 있거나 영향을 받는 사람에게 반드시 전달되어야 하기 때문이다. 비록 우발사태계획의 대부분이 뭔가 일이 잘못되었을 때 원활한 작동이 되기 위해서 적절한 장소에서 이행될지라도 내·외부사람에게 정보전달이 필요할 수 있다. 이는 직원, 출연자, 참가자, 공급업체, 기관, 그리고 인근주민이나 일반대중에게 정보를 제공하는 것이 포함될 수 있다.

우발사태계획은 이벤트 예산과 함께 이벤트의 필요성을 포함해야 한다. 이벤트 기획자는 리스크대응이나 우발사내세획을 시행하는 데 필요한 지원을 지원받기 위해서 이벤트주최자와 함께 우발사태계획을 확인하고 그 타당성을 확인해야 한다. 가끔 이벤트주최자는 이러한 보호수단에 투자를 결정하지 않지만, 리스크관리자는 이 보호수단의 필요성을 알릴 책임이 있다. 만일 이벤트주최자가 보호수단에 투자를 원하지 않는다면, 다른 대응전략의 제시는 물론 문제발생 시 전혀 책임이 없다는 것을 이벤트주최자가 수용하겠다는 서면동의를 확보해야 한다.

지속성계획(continuity planning)은 이벤트나 이벤트조직을 사고나 재난으로부터 어떻게 복구할 것인가에 대한 방안을 다룬다. 지속성계획의 목표는 미미한 방해 또는 방해 없이 일을 할 수 있도록 준비하고 정상적인 이벤트 운영을 계속하는 것이다. 이 계획은 이벤트 프로젝트를 재개하기 위하여 구조, 복원, 손상·폐기장비의 교체, 하드웨어 및 소프트웨어, 기록물, 수용가능인력, 환경조건, 장소, 능력, 그리고 다른 필수적인 지원활동에 초점을 맞추어야 한다(FEMA, 2004). 지속성계획은 우발사태계획과 마찬가지로 핵심인력, 장비, 물품의 교체시기 및 비용을 고려해야 할 필요가 있다. 그리고 지속성계획은 사고가 발생하기 전에 반드시 고안되어야 하며, 그렇지 않으면 최상의 비용을 들였음에도 불구하고 최악의 결과로 나타날 것이다.

3. 리스크전가

손실예방의 방법으로 리스크전가를 사전에 고려할 필요가 있다. 리스크의 높은 심각성은 이벤트 프로젝트의 지속 여부에 치명적인 타격을 줄 수 있기 때문이다. 이러한 경우에는 가능한 리스크전가를 이용하여 이벤트조직에 미치는 막대한 충격을 회피하는 것도 좋은 방법이다.

먼저 리스크파이낸싱(risk financing)을 활용하는 것이다. 리스크파이낸싱은 리스크에 대한 자가보험을 보유하거나 또는 이벤트 및 이벤트조직을 위해 적정한 보험가입을 통해 리스크를 전가하는 방식이다. 즉, 리스크노출로 인한 재정적 피해를 위해 자금을 할당하는 것이다. 리스크를 유지하면서 이벤트조직 자체의 재원을 통해서 그에 대한 비용을 지불할지 아니면 보험에 가입함으로써 리스크를 전가(transfer)할지 그 여부를 결정할 때 리스크의 심각성(severity)과 빈도(frequency)에 따라 판단할 수 있다(NFPA 1250, 2000).

- 낮은 심각성 / 낮은 빈도: 유지 → 수용가능한 리스크
- 낮은 심각성 / 높은 빈도: 유지 → 예측가능한 비용
- 높은 심각성 / 낮은 빈도: 전가 → 높은 비용
- 높은 심각성 / 높은 빈도: 회피 → 회피불가할 경우 리스크전가

이벤트주최자는 감당할 수 없는 손실에 대비해 비용을 지불할 수 있도록 보험에

가입해야 한다. 이러한 손실에는 소송 또는 이벤트 취소비용, 재산손해나 중요인력의 손실로 인한 대체비용, 과실 · 부상 · 사망으로 인한 보상적인 비용지출 및 법적 합의비용을 포함한다. 보험관리(insurance management)는 이벤트에 맞는 손실방지범위와 리스크파이낸싱을 유지하기 위하여 노출된 법적 책임과 계약상 보험보장 필요조건을 확인하고, 적합한 공급자를 찾으며 적합한 보험증권의 취득과 관련된 내용을 다룬다.

리스크대응의 방안이라는 측면에서 보험은 하나의 독립체(entity)에서 다른 독립체로 재정적 책임을 전가하는 것이다. 이 경우 보험회사가 책임을 진다. 혹자는 리스크관리가 단순히 잠재적인 손실을 메우기 위해 충분한 보험에 가입하는 것이라고 생각한다. 그러나 보험업계는 리스크노출이 무엇을 의미하는지 정확히 이해하지 못하기 때문에 이벤트와 컨벤션시장에 대해 보험담보를 꺼릴 수 있다. 만일 보험사가 리스크노출 정도가 무엇인지 이해한다고 하더라도 보험이 모든 법적 책임이나 리스크를 감당할 수 없다. 그리고 설령 그것이 가능할지라도 대부분의 이벤트 상황에서 보험비용은 너무 비쌀 것이다. 이벤트주최자는 이벤트 리스크의 노출 정도를 평가하고, 무엇이 법적으로 필요한지, 그리고 재정적으로 얼마나 필요한지를 신중하게 따져서 적정한 보험담보를 확보하여야 한다.

이벤트나 이벤트조직에 적용할 수 있는 보험상품은 다양하게 많다([표 6-4] 참조). 리스크관리자와 이벤트주최자는 이벤트의 특정 유형, 목적, 범위, 프로그램, 구성요소, 관람객, 법적 의무, 마케팅, 스폰서, 상품, 조직구조, 인력, 공급업체 및 행사장에 근거하여 어떤 보험에 가입해야 할지 결정해야 한다. 모든 이벤트는 다르고 모든 이벤트주최자도 다르다. 예를 들면, 과거 전투를 재현하는 이벤트는 활쏘기, 화약, 기사, 대포의 활용을 보장받기 위한 보험을 가입하고자 한다. 야외축제에서는 날씨보험을 찾을 것이다. 자선 홀인원대회는 상금보상보험을 가입할 것이고, 인센티브 여행 프로그램은 여행지연보상을 고려할 것이다.

국내의 경우 행사종합보험이 있다. 이 보험은 이벤트주최자가 행사와 관련하여 행사기간 중의 사고로 행사에 동원된 시설물에 생긴 재물손해, 행사진행요원 및 참가자, 제3자의 인명피해, 그리고 행사가 취소되거나 연기 · 변경됨으로써 발생하는 비용손실을 포괄적으로 담보하는 상품이다. 보장내용은 행사취소, 영업배상책임

(시설소유, 주차장, 생산물), 단체상해, 동산손해 등을 보상하며, 보상하지 않는 손해로서 예외조항이 있기 때문에 약관내용을 세심하게 검토하여야 한다.

표 6-4 이벤트주최자를 위한 보험유형

• 영업배상책임보험	• 적재물 배상책임보험
– 시설소유관리자 배상책임보험	• 행사취소보험
– 도급업자 배상책임보험	• 사고사망 및 상해보험
– 생산물 배상책임보험	• 자동차보험
• 시설소유관리자 특약	• 신원보증보험
– 구내치료비담보 추가특약	• 화재보험
– 물적손해확장담보 추가특약	• 도난보험
– 운송위험담보 추가특약	• 상금보상보험
– 오염사고담보 추가특약	• 여행자보험
– 도급업자 특약	• 의무배상책임보험
– 주차장 특약	• 건설공사보험
• 가스사고 배상책임보험	• 환경오염 배상책임보험
• 체육시설업자 배상책임보험	• 근로자재해보장 책임보험

출처: 한국화재보험협회(2013)

이러한 보험상품에 대하여 상식 있는 소비자가 되어야 하고 필요한 것만 가입하여야 한다. 보험영업사원은 일어날 수 있는 모든 나쁜 상황의 개요를 설명하려고 한다. 예를 들면, 야외활동에 영향을 미치는 악천후의 기상조건, 화재나 폭풍으로 피해를 입는 장소, 사고나 지각으로 인해 예정된 연사나 공연자의 불참(no-show), 계획한 서비스의 중단이 발생하는 파업이나 자연재해, 여행이나 출장을 포기시키는 테러리즘, 격리나 접근제한이 따르는 전염병의 발생 등이다. 이들 중 어떤 것이 발생할 수 있고 또는 더 많은 상황이 발생할 수 있지만, 해당 이벤트나 이벤트주최자에게 어떤 보험담보가 법에 규정되고, 필수적이고 실용적인지에 대하여 현실적이고 합리적이어야 한다.

리스크관리자는 이벤트 운영과 리스크평가를 검토함으로써 이벤트의 법적 의무를 평가하기 위하여 보험중개인이나 대리인과 함께 협의할 필요가 있다. 먼저 이벤트 장소, 고객, 공급업자의 필요조건을 포함하여 계약상 필요범위를 확인해야 한다. 또한 필요한 기존 보장범위를 확인하고 어떤 차이나 예외사항을 결정하기 위하여 기존 보장범위를 평가해야 한다. 마지막으로 적용 보장범위가 충분한지 확인해야 한다. 독립대리점(independent agent)이나 중개인(broker)은 다양한 보험회사를 대표하고, 전속대리점(exclusive agent)은 하나의 보험회사만을 위해 일한다.

이벤트에 포함되고 이벤트주최자에 의해 수행되는 활동과 운영내용이 무엇인지, 그리고 이 활동과 운영의 지리적 범위에 대하여 전반적이고 자세하고 반복된 설명이 꼭 필요하다. 이는 적정한 보험의 유형과 보장범위를 확인하고 가입하는 데 도움이 되며 계약상의 이슈가 되기 때문이다. 보험증서는 하나의 계약이므로 피보험자가 제공한 정보는 보상금 청구의 지불 또는 거절에 대한 법적 근거가 된다. 게다가 피보험자는 이벤트를 수행하게 될 자산의 변동, 새롭거나 특이한 활동 또는 리스크노출을 커뮤니케이션하기 위해서 보험회사에 지속적인 고지의무를 갖는다.

리스크관리자는 가입하는 보험의 보장범위가 기대를 충족하는지 분석해야 한다. 예를 들어, 책임보험(liability insurance)은 잔여비용을 납입하면 법적 방어비용은 물론 보험증서의 최대치의 보상손해까지 보장을 받는다. 또한 보험의 상한선, 예외사항, 보장되는 위험을 이해하여야 한다. 그리고 그 위험의 정의, 보장재산 및 장소, 보장대상인, 보장기간, 공제금액, 손실발생 시의 의무도 이해하여야 한다. 특약사항(rider)은 필요시 책임보험 내에 특정 예외사항에 대해 가입하는 것으로 보상과 관련된 계약상 책임과 조항에 대한 면책에 특별한 주의를 기울여야 한다.

더 높은 공제금액, 특약사항, 기업포괄 배상책임보험(umbrella policy),[01] 기존 보장의 확대와 같이 비용절감옵션은 보험대리인과 함께 확인하여야 한다. 또한 추가적으로 고객 및 공급업체의 보험증서에 가입이 되었는지 또는 공동가입이 되었는지 확인한다. 보험보장 필요조건은 행사장, 공급업체에 호혜적이어야 하며, 이는 보험회사에 확인하고 처리해야 한다. 이는 수수료나 보험료의 증액을 수반할 수 있으며 가능하면 요청자에게 부담시키게 된다.

01 기업활동 중에서 생기는 모든 리스크를 보전하는 보험

리스크관리자는 모든 공급업체와 하도급업체로부터 보험증서를 입수해야 하며, 해당 증서의 유효성은 물론 그들 보험사의 유효성에 대해 자신의 보험대리인과 확인해야 한다. 이 보험증서는 피보험자의 보험회사 또는 대리점에서 발행하며, 피보험자 및 만기일자에 따라 수반되는 보험유형과 보장의 책임한계를 구체적으로 명시한다. 이 보험증서는 법적 책임의 노출을 제한하고, 충분한 재정자원이 손실이 발생할 때 손해배상을 지원하는 데 이용할 수 있다는 것을 보증한다.

Event Risk Management

사례 광주비엔날레 전시과정 작품 파손 소송

광주비엔날레재단에 따르면 재단은 중국 인권운동가이자 설치미술가인 아이웨이웨이의 35억 원짜리 작품 파손 소송에서 대법원까지 올라가 결국 승소했다. 반면, 미국의 설치미술가인 제임스 리 바이어스가 제기한 작품 파손 소송에서는 일부 패소해 손해배상을 해줬다.

대법원은 지난달 초 아이웨이웨이 작품 파손에 대해 "운송과정에서 파손됐다고 인정할 증거가 없으므로 광주비엔날레 등에 책임을 물을 수 없다고 판단한 원심은 정당하다"고 밝혔다. 아이웨이웨이의 작품은 도자기 재질의 파이프로 만든 정육면체 49개를 하나로 연결한 대형 설치작품으로 광주비엔날레 측은 스위스에 보관 중이던 작품을 운반하기 위해 A사와 관리업무계약을 맺었고, A사는 스위스에서 부산까지 작품을 운반하는 일을 B사에 맡겼다.

행사장에 도착한 작품은 일부가 파손돼 있었고 아이웨이웨이 측은 비엔날레재단과 A, B사 등을 상대로 7억 원대 손해배상소송을 냈다.

3개의 석조작품으로 이뤄진 제임스 리 바이어스의 작품 '최초로 완전히 의문스러운 철학의 형상'은 2010년 광주비엔날레에 전시됐다가 작품을 반환하기 위해 운송업체가 포장하는 과정에서 1점의 상단 모서리가 일부 파손됐다. 미하엘 베르너 갤러리는 14억 2천400만 원을 배상하라며 광주비엔날레재단과 보험회사를 상대로 손해배상 청구소송을 냈다. 서울고등법원 제33민사부(부장판사 이경춘)는 최근 원고에게 1억 500만 원을 지급하라고 판결했다. 광주비엔날레는 법원 판결에 따라 배상금을 갤러리에 지급한 뒤 보험회사를 상대로 보험금 지급청구소송을 낼 계획이다.

광주비엔날레 관계자는 "비엔날레 전시에는 설치작품이 많아 운송에 많은 신경을 쓰고 있지만, 일부 운송사고에 대해 갤러리가 지나치게 대응하는 부분도 일부 있다"고 말했다.

출처: 연합뉴스, 2015. 8. 6.

사례 경주 마우나오션리조트 체육관 붕괴사고 보상 문제

2014년 2월 17일 대한민국 경상북도 경주시 마우나오션리조트에서 발생한 사고이다. 이 사고로 체육관에서 신입생 환영회 행사를 진행 중이던 부산외국어대학교 학생 9명과 이벤트업체 직원 1명, 총 10명이 사망하였다.

코오롱은 사고에 대비해 보험에 가입했지만 보상액을 지나치게 적게 설정해 거액의 보상금을 추가로 부담해야 할 것으로 보인다. 마우나오션리조트는 재물보험 5억 원, 배상책임보험 1억 원(사고당) 등 총 6억 원(추정손해액)에 가입돼 있는 것으로 알려졌다. 이번 사고와 관련 보험사에서 지급할 수 있는 보험금 총 한도가 6억 원에 불과한 셈이다. 특히 사망자 및 부상자에게 지급할 수 있는 배상책임보험금 한도가 불과 1억 원에 불과해 유족 측과의 마찰도 우려되고 있다.

사고조사에 따른 법적 책임에서도 자유롭지 않다. 이번에 사고가 난 체육관은 990㎡ 규모의 대형 행사장이지만, 체육관 중앙부분에 기둥이 없고 구조물이 튼튼한 H빔이 아닌 샌드위치 패널로 지어져 구조적 결함가능성이 제기되고 있다. 또 최근 1주일새 50cm가 넘는 눈이 왔음에도 불구하고 제설작업을 하지 않아 운영상의 문제도 지적된다. 500명을 수용할 수 있도록 건설됐지만 사고당시 이를 초과해 560명을 수용한 것도 책임을 피해갈 수 없는 이유다.

출처: 뉴스핌, 2014. 2. 18.

4. 보안

보안(security)은 위험, 손실 및 범죄가 발생하지 않도록 방지하는 상태를 말한다. 일반적으로 보안은 피해발생의 원인이 '인간의 행위'라는 점에서 안전(safety)이라는 개념과 구분된다(http://ko.wikipedia.org). 보안이라는 용어는 무언가가 안전해야 함을 뜻한다. 즉, 보호대상에 대한 접근통제를 통하여 안전을 유지하려는 경우 보안이라는 용어를 사용한다. 보안의 역할은 다음과 같은 다양한 전술을 사용하여 이벤트 및 이벤트조직의 자산을 안전하게 보호하는 것이다.

- 예방(prevention)
- 개입(intervention)
- 관찰(observation)
- 점검(inspection)

보안관리(security management)는 보안예방서비스를 제공하는 데 사용하는 인력과 장비의 공급, 선택, 배치를 다루고, 이벤트 프로젝트를 지원하며 적정한 명령의 수행과 감독, 그리고 효과를 제고하기 위한 통제시스템을 지원한다.

보안계획, 인력, 장비 및 절차는 리스크관리의 필수적인 부분이다. 이것은 손해, 피해, 부상, 손실, 악화로부터 사람, 재산, 이미지, 명성, 이벤트자산을 보호하기 위하여 수립된다([표 6-5] 참조). 보안인력은 이벤트조직에 안전(safety)과 안녕(welfare)을 지원하고, 중요한 비상사태의 대응기능 역할을 수행한다. 보안은 범죄 또는 위험행위로부터 재산과 참가자를 보호하고 관람객의 이동과 관리를 지원하기 위하여 사실상 모든 이벤트에 필요하다.

표 6-5 일반적인 보안기능

• 접근통제	• 범죄억제	• 자산 · 소유물 보호
• 허가통제	• 비상사태대응	• 공공안전(참가자, 직원 등)
• 침입통제	• 법의 집행	• 경비배치
• 행동통제	• 경호	• 감시활동
• 군중통제	• 피난	• VIP보호 등

1) 보안계획

보안계획(security plan)은 리스크관리계획의 한 측면으로 특정 이벤트나 조직에 적절한 보호에 필요한 사항을 제공하는 데 사용되는 방법과 장치를 구체적으로 명시하는 것이다. 보안취약성평가(Security Vulnerability Assessment: SVA)는 악용될 수 있는 약점, 적절한 대책, 약점의 노출을 완화시키는 방어체계를 결정하기 위해서 널리 활용된다. 구내 보안실천에 대한 미국방화협회의 지침(NFPA 730)은 자산, 물리적 특성, 정책, 운영, 의무, 내부활동, 외부환경을 철저하게 조사하고 예방적 관점으로 분석할 수 있도록 체계적이고 조직적인 절차를 권장한다. 특히 위협평가(threat assessment)는 중요한 자산을 분류하고, 잠재적 대상을 식별하며, 적과 적의 전술에 대해 알려진 것을 확인하기 위해 잠재적인 적을 조사한다(NFPA, 2005).

어떤 지역, 활동, 항목 또는 개인이 안전한지, 특정 시간에만 안전한지 또는 취약한지 확인하기 위해 이벤트계획을 확인하고 행사장을 조사해야 한다([표 6-6] 참조). 도시범죄 예방계획, 장소보안계획, 그리고 비상 및 대피계획을 포함하여 행사장의 보안인프라를 평가해야 한다(Tassiopoulos, 2005). 또한 반드시 고려해야 하는 과거 또는 잠재적인 문제점을 인식해야 한다. 할 수 있는 것과 해야 하는 것, 그리고 요구하는 보안수준을 제공하는 데 어떤 개선이 필요한지를 정의해야 한다. 언제, 그리고 누가 이러한 조치나 개선책을 완수할 것인지 구체적으로 명시할 필요가 있다.

표 6-6 보안조사 체크리스트

• 입장통제	• 배수로 · 배수관	• 공급업체
• 경고신호	• 흡기 · 배기관	• 서비스인력
• 감시장치	• 냉난방환기시스템	• 발송 · 접수
• 장애물 · 울타리	• 전시물	• 공공시설 연결
• 조경	• 금고 · 귀중품 보관실	• 빌딩 돌출부
• 대문(gate) · 문(door)	• 분류 · 기밀문서 취급	• 차량을 이용한 접근
• 입 · 출구	• 통신망 · 컴퓨터 접근	• 주차장
• 지붕	• 조명	• 하역장
• 복도	• 로비	• 보관구역
• 계단통	• 엘리베이터	• 쓰레기 하치장 등
• 벽 · 창문	• 시건장치	

출처: Broder(2000), BOMA(2001)를 참고로 저자 재작성

보안계획은 이벤트 및 행사장과 관련하여 전반적이며 높은 리스크와 특별한 보안의 필요에 대하여 다루어야 하고, 보안과 관련된 방법과 절차를 구체적으로 명시하여야 한다. 반면 그 계획은 변경 및 예상치 못한 사건에 대응할 수 있도록 충분한 융통성이 있어야 한다. 보안계획은 다음의 내용을 다루어야 한다(NFPA, 2005).

- 리스크요인: 주요 자산, 내재적 · 과거 리스크, 위험한 상황 · 조건 · 논쟁 · 경쟁
- 접근통제시스템: 절차적 · 물리적 · 기계적 · 전자적인 장애물
- 보안인력: 공급, 절차, 명령구조, 배치, 일정

- 사이트맵(site map): 현장계획, 제한구역, 집회지점, 내 · 외부통로(접근 · 탈출), 인접주변(읍 · 면 · 동, 시 · 군 · 구, 광역시 · 도, 비행장, 항만, 터미널 등)
- 감시시스템: 인력, 전자장비
- 경고시스템: 탐지, 침입, 대응, 보고절차
- 보안조명: 실내, 실외
- 커뮤니케이션: 대내, 대외
- 비상대응계획: 사고, 자연재해, 범죄, 테러리즘
- 외부자원: 공공안전기관(예: 경찰서, 소방서, 보건소), 의료시설, 공공시설(수도 · 전기 · 가스), 교통기관, 대사관, 해당 협력기관 등

이벤트의 유형에 따라 고유한 취약점이 존재한다. 예를 들면, 컨벤션은 세간의 이목을 끄는 참가자나 연사가 있을 수 있다. 매번 컨벤션이 열릴 때마다 비밀출입국시설, 경호인력부터 폭탄탐지견의 수색, 모든 참가자의 검문에 이르기까지 특별한 절차와 보호수준이 요구된다. 무역전시회의 경우 고가의 제품과 전용장비를 전시하는 수백 명의 참가자가 있기 때문에 도난으로부터 이들을 보호해야 한다.

일반적으로 보안대책에 드는 비용은 보호대상이 되는 자산이나 지역의 금전적 가치를 초과하지 말아야 한다(NFPA, 2005). 하지만 사람의 안전과 안녕을 보호하는 조건에서 우선순위가 매겨져야 한다. 비용편익분석을 정당화하거나 승인해 주는 인간 생명에 대한 가치를 설정할 수는 없다. 그러나 어떤 조직도 보안대책에 투입할 수 있는 자원은 한정적이다. 따라서 이벤트조직은 이벤트의 특정 취약점, 이벤트조직의 가용한 자원, 가능한 보호조치능력에 대한 현실적인 평가에 기초하여 결정을 내려야 한다. 이벤트의 유형이나 특정 장소에서 개최된 기존 자료를 확인하는 것은 투입비용을 평가하는 데 도움이 되며, 이러한 정보는 기존 유사행사의 주최자, 관련기관을 통해서 정보를 입수하여야 한다.

또한 마케팅이나 법적 책임의 관점에서 보안대책의 균형을 맞추는 것도 중요하다. 보안대책이 이벤트 경험에 대해 미치는 영향을 검토해야 한다. 보안대책이 참가자에게 과도한 불편을 주거나 이벤트가 군대 분위기를 형성할 수도 있다. 이러한 반대상황은 안심과 안전한 환경을 제공한다는 맥락에서 보안대책을 이벤트계획에

통합시키고, 참가자에게 그 중요성을 커뮤니케이션하는 세심한 계획수립으로 극복할 수 있을 것이다.

2) 보안인력 및 장비

보안은 자산의 보호뿐만 아니라 안심과 안전한 이벤트환경을 유지하기 위해 사용되는 인력을 포함한다. 이벤트의 유형과 범위에 따라 보안인력, 자원봉사자, 구내경비 또는 개최시설에서 제공하는 경비, 경찰 등을 활용할 수 있다. 어떤 경우에는 행사용 티셔츠를 입은 자원봉사자나 운영요원이 제복을 입은 보안인력이나 경찰보다 참가자에게 더 잘 받아들이고 적절할 수 있다. 반면, 다른 상황에서 눈에 잘 띄는 보안인력의 존재는 안전하다는 느낌을 전달하여 폭력이나 파괴행위가 발생하는 것을 미연에 방지할 수 있다. 어떤 경우라도 보안인력은 관찰하는 방법과 수행훈련을 받아야 하며 소속에 따라 다음과 같이 분류한다.

- 계약인력: 유니폼을 착용한 보안인력을 공급하는 기업. 경비업 허가업체로서 소정의 요건을 갖추어야 한다.
- 전속인력: 행사장에서 제공하는 고용인력, 하도급 사내 보안인력. 이들의 권한과 행동범위는 협의할 수 있으며, 다른 유형의 보안인력으로 보충될 수 있다.
- 개인인력: 개인적인 경호를 제공하는 보디가드 또는 특별보안요원. 보호수준은 위협의 취약성에 기반하며, 이들의 권한과 행동범위는 타협할 여지가 없다.
- 자원봉사자: 적정한 권한을 부여받은 지역에서 관찰의무와 사람에게 지시하는 업무가 부과된 자원인력. 위험하거나 대립적인 기능의 수행업무는 부과하지 않는다.
- 경찰인력: 우선 법과 질서를 유지하고 공공의 안전을 보호하는 공권력이 있는 인력. 이벤트 이익을 대변하지 않으며, 보통 공익에 방해가 없는 한 외부장소에 배치된다.

보안인력에 대한 규모는 대응을 위한 필요에 근거하여 산정해야 한다. 이벤트조직은 보안인력을 외부에서 조달할 때, 구체적인 요구사항을 설명하는 제안요청서(Request For Proposal: RFP)를 사용한다. 또한 보안기업의 정책과 사례를 철저하게 평가하는데, 특히 채용 전 신원조사, 약물검사, 교육 프로그램을 평가해야 한다(NFPA, 2005). 이는 부주의에 의한 고용책임을 방지하기 위한 적절한 조달관례이며 상당한 주의를 기울이는 것이다. 평가기준은 잠재적인 공급업체를 평가하기 위해 수립하여야 한다([표 6-7] 참조).

표 6-7 보안회사의 평가내용

업무이해도	• 이벤트에 대한 장소, 일정, 의무사항 등 • 업무수행기준 • 보안지휘계통
인력선발기준	• 신원조회(범죄기록 등) • 보안업무경력 • 인성 및 태도검사
교육 · 훈련	• 강의실 훈련 및 자료 • 현장훈련 및 시험 • 장비보유(유니폼, 경적, 단봉, 분사기 등)
운영절차	• 인력배치계획(24시간 운영) • 유니폼 및 장비착용 • 업무교대 및 비상대응절차
업무경험	• 이벤트 보안업무 실적(금액 및 횟수) • 해당 이벤트 규모 이상의 실적 • 주요 보안업무 실적
경영관리	• 경비원 인력 수(경비지도사 1명 이상) • 재정안정성 • 고용관례(임금, 복지 등)

보안인력은 항상 리스크요인과 취약점, 절차적 필요조건, 대응의무 및 개인의 품행을 포함하여 행사장과 예상상황에 대하여 완전히 이해하고 있어야 한다. 또한 보안인력의 태도는 상황에 긍정적으로 또는 부정적으로 영향을 미칠 수 있다(NFPA, 2005). 이들은 과도하거나 부당한 권한을 사용하지 말아야 하며 그 한계를

남용해서도 안 된다. 보안인력이 행사장 입장 전에 반입금지품목에 대한 검사를 수행하든, 의료 및 비상대피를 지원하는 업무를 수행하든 간에 이들은 이벤트팀의 일원이며 이벤트 경험의 일부다. 따라서 보안인력은 이벤트의 목적과 의도에 알맞은 방식으로 고용하고 배치하여야 하며, 이들은 대립 이미지보다는 안락함을 제공하여야 한다.

보안계획 및 인력은 보안운영을 지원하지만 그 효과를 더욱 강화시키기 위하여 다양한 장비와 기술이 필요하다([표 6-8] 참조). CCTV(Closed Circuit TV) 카메라, 감시모니터와 같은 보안기술은 행사장의 특정 구역과 활동모습을 적은 인력을 가지고 지속적으로 감시할 수 있다. 행사장 내에 반입금지된 물품이나 대상을 통제하기 위해 배치된 보안인력은 특수장비를 필요로 하는 적극적인 검사방법을 사용할 수 있다. 반면 관람석이나 무대 밑을 검사하기 위한 단순한 손전등이나 주의를 집중시키기 위한 호루라기와 같은 낮은 기술수준의 장비를 사용하기도 한다. 만일 폭탄이나 무기와 같은 위협이 있다면 탐지견, 순찰 또는 소지품 검사가 순차적으로 실시될 수 있다. 특수장비는 보안인력이 행사장을 돌아다니면서 사고대응은 물론 감독관이나 이벤트조직과 효과적인 의사소통을 하는 데 필요하다.

표 6-8 일반적인 보안장비

• CCTV	• 동작탐지기
• 카메라(사진, 동영상)	• 금속탐지기(Metal Detector: MD): 휴대용, 고정용(걸어서 통과하는 방식)
• 핸드폰	• 엑스레이(X-ray) 검색 운반장치
• 양방향 무전기	• 검사용 장갑
• 확성기(megaphone)	• 바리케이드(barricade)
• 경적(horn)	• 차단봉(벨트형, 체인형)
• 단봉 · 경광봉	• 장비 오작동 경보
• 분사기	• 차량(골프카트, 사륜차)
• 손전등	• 보호조명
• 시건장치	

보안계획의 중요한 부분으로 사고 및 상황에 대한 문서화이다. 이는 향후 법적 소송이나 평가에 있어 증거가 될 수 있으며, 보안인력은 항상 문서화를 하는 데 필

요한 재료(예: 클립보드, 카메라, 녹음기 등)를 소지하여야 한다.

가장 효과적인 예방적 보안장치는 접근자격증명과 적절한 조명이다. 접근자격증명은 이벤트에서 사용되는 우선적인 예방책이며, 배지(badge)처럼 간단하거나 전자식 카드처럼 정교하게 만들 수 있다. 배지는 구역 및 날짜 허가에 따라 색깔로 암호화(color-coded)하며, 색깔은 이벤트의 설치 및 철거를 포함한 행사기간에 따라 매일 바꿀 수도 있다. 따라서 보안인력은 자격증명시스템을 인식할 수 있도록 사전훈련이 되어야 한다. 모든 이벤트 및 하도급업체의 인력은 도난, 변조, 범죄활동을 예방하기 위하여 출입증이나 명찰을 착용하여야 한다. 보안조명은 침입자나 범죄행위를 단념시키거나 억제하기 위해 모든 활동, 구역, 주변, 취약한 위치, 장비에 조명을 설치하는 것이다.

3) 인력배치 및 커뮤니케이션

적절한 보안대책과 인력배치는 보호가 필요한 구역, 물품, 사람에 대한 취약성 인식에 따라 달라진다([표 6-9] 참조). 보안인력 및 장비의 수량과 유형은 사람과 재산에 대한 식별된 리스크, 장소와 행사장의 수용력과 필요조건에 따라 좌우된다. 배치는 일정과 보안인력이 배치된 지역, 구역, 위치를 포함하며, 다양한 인력이 수행해야 할 의무를 망라한다. 적절한 배치를 위해서는 배치에 대해 무시하거나 남겨두어 부족한 경우와 불필요한 중복을 방지하여야 한다.

표 6-9 일반적인 보안배치

• 운영본부	• 현금수거구역	• 등록장소
• 입장구역	• 제한구역	• 장비설치
• 퇴장구역	• 식음료 준비구역	• 순회
• 전시구역	• 냉난방환기시스템	• 공익사업 제어
• 무대주변	• 주변지역	• 주요 자산
• 보관구역	• 공공구역	• VIP 및 미디어구역
• 배송구역	• 주차구역	• VIP 개인보호

보호 단계가 증가함에 따라 제공하는 방식으로 보안인력을 배치하고 보안장비를

특정한 위치에 배치하여야 한다. 보호 단계는 억제(deterrence), 탐지(detection), 지연(delay), 대응(response)의 4가지로 구성된다(NFPA, 2005). 억제 단계는 바람직하지 않은 행위를 억제하기 위하여 물리적 · 심리적 장치와 수단을 사용한다. 탐지 단계는 바람직하지 않은 행위나 침입이 언제, 어디서 발생했는지 탐지할 수 있어야 한다. 지연 단계는 바람직하지 않은 행위나 침입이 발생했을 때 이를 지연시키거나 제한하기 위하여 장애물로 차단하여야 한다. 대응 단계는 이러한 행위나 발생을 방해하거나 무력화시키기 위해 대응수단을 사용한다.

보안인력은 자신이 어디에 있어야 하는지, 무엇을 보호할 것인지, 몇 시간 동안 업무를 하는지, 자신이 맞닥뜨리게 되는 행위는 어떤 것인지, 사건이 발생하거나 그 상황에 대응하기 위해 어떤 절차를 밟는지에 대해 명확한 지시를 받아야 한다. 또한 왜 이렇게 해야 하는지 구체적인 설명을 들어야 한다. 보안인력의 담당구역, 행동, 업무배정, 업무수행과 관련된 규정, 각종 사고에 대응하기 위한 특정 조치를 명확하게 해야 한다. 이러한 지침은 계약하는 보안회사의 직무기술서와 위치배정에 반영하게 된다.

직무기술서는 상황에 맞는 유연성을 발휘하기 위해서 자세한 세부내용보다 목적과 목표에 초점을 맞추는 것이 중요하다. 예를 들어, 도난방지를 위해 무역전시장의 각 층에 보안순찰을 돌거나 무단입장을 방지하기 위해 행사장 주변을 순찰하는 필요성에 대해 구체적으로 명시할 수 있다. 이러한 순찰은 시간계획에 따른 부재로 인해 범인이 활동할 수 없도록 불규칙적인 간격으로 수행하여야 하며, 규칙적인 시간을 규정하는 것은 오히려 역효과를 낳을 수 있다(NFPA, 2005). 게다가 관람객의 변동에 따라 범죄의 증가 및 감소는 더 많은 감시를 특정 시간이나 특정 장소에 초점을 두어 수행하도록 지시하여야 한다.

보안과 관련된 커뮤니케이션은 지휘체계와 보안인력 간에 신중하게 계획하여야 한다. 적절한 사람에게, 그리고 적절한 사람으로부터 정확한 정보를 주고받는 것은 매우 중요하며, 특히 비상상황에서는 더욱 그렇다([표 6-10] 참조). 리스크관리자는 이벤트의 유형, 목적, 범위, 장소, 활동, 관람객에 기초하여 보안의 적절한 유형, 수준, 배치는 물론 가장 효과적이고 효율적인 커뮤니케이션전략을 수립하여야 한다.

표 6-10 보안 커뮤니케이션의 요소

• 지휘체계	• 미디어정책
• 지휘소(Command Post: CP)	• PR정책
• 장비	• 대표그룹
• 정보 필요	• 절차 및 규칙

지휘 및 통제체계(chain of command and control)는 명확히 정의해야 하며 적정한 모든 보안력은 정책과 절차의 개발에 포함시켜야 한다. 이벤트의 목적, 규모, 콘텐츠는 크기나 위협취약성이 증가함에 따라 더 많은 보안 및 공공안전기관이 이벤트 보안정책에 관련될 것이다. 각 기관이나 보안회사는 전체적인 지휘체계 내에서 조정되어야 할 독자적인 내부 위계구조를 가지고 있다. 따라서 누가 어떤 것에 책임이 있는지, 언제 그리고 어떻게 명령이 한 사람에게서 다른 사람으로 전달되는지 명확하게 정의하는 규칙이 수립되어야 한다.

군대, 경찰, 산업보안전문가, 군중관리전문가 및 보안전문가는 보안기관과 보안운영을 같이 배치하여 중심지 역할을 하고, 현장 커뮤니케이션이 집중되는 중추적 역할을 하는 지휘본부 또는 공동운영센터(Joint Operations Center: JOC)의 필요성에 공감한다(BOMA, 2001; FEMA, 2001). 현장의 사무실, 방, 부스(booth), 컨테이너 박스(container box)에 지휘소(CP)가 설치되며, 여기에서 경비 및 보안인력을 배치하고 처음부터 끝까지 모든 보안관련 커뮤니케이션이 발생한다.

현장통신장비에는 전화, 휴대전화, 다채널 양방향 무전기, PA시스템(Public Address System: 장내방송설비), 휴대용 메가폰 등이 사용된다. 어떤 기관에 어떤 장비를 제공하고 이들을 커뮤니케이션계획으로 어떻게 통합할지를 확고히 하는 것은 중요하다. 무선 주파수 할당과 메시지 인증규칙이 필요할 것이며, 장비교환 및 접속도 필요하고, 깃발 및 손과 팔의 몸짓과 같은 시각적 신호를 사용할 수 있다. 프로젝션 스크린(projection screen)과 다양한 게시판과 같은 장비는 보안의 일부가 되며 비상 커뮤니케이션의 수단이 될 수 있다.

외부 커뮤니케이션전략도 반드시 수립되어야 한다. 여기에는 행사 전이나 행사 중에 전파해야 할 관람객이나 참가자를 위한 보안과 안전에 대한 경고와 주의를 포함해야 한다. 또한 회피대상의 사람 및 사물, 안전 및 보안전략, 비상사태절차에 대한 정보를 담고 있는 보안안내서나 경고신호체계를 개발해야 할 필요가 있다(Tarlow, 2002). 일반적인 PR 커뮤니케이션과 특별한 위기상황에 대한 절차는 반드시 수립되어야 하며 보안 커뮤니케이션 네트워크에 통합되어야 한다.

4) 사고처리절차

이벤트와 관련된 사고는 주로 행사장 내부에서 발생하지만 행사장 인근 및 외부에서도 발생할 개연성이 충분히 있다. 이벤트의 일반적인 본질은 주요 인사는 물론 다양한 계층의 많은 사람이 모여서 축하하는 성격이 있기 때문에 세간의 관심을 받는다는 것을 인식해야 한다. 이벤트의 범위와 규모 면에서 관람객과 활동은 증가추세에 있으며, 사고의 가능성과 개연성은 더욱더 많아진다. 또한 오늘날의 세계는 폭력과 테러리즘이 증가하고 있어 무시할 수 없는 중요한 의제로 떠오르고 있다.

표 6-11 이벤트와 관련한 사고

• 범죄	• 질병
• 시위	• 부상
• 무질서	• 인질 · 납치
• 폭력	• 인간재해
• 폭발	• 자연재해
• 화재	• 재산피해
• 피난	• 폭탄위협
• 폭동	• 테러리즘

보안인력은 경찰, 의료진, 구조대원은 물론 관련대응기관과 함께 사고에 대처하는 데 관여하게 된다. 보안인력은 대부분 사고현장에 제일 먼저 있기 때문에 초기대응을 적절하게 다루기 위해서 준비가 되어 있어야 한다. 이들은 무엇을 해야 할지 아니면 하지 말아야 할지, 누구에게 연락할지, 자신의 권한과 책임의 수준이 무엇인지 정확히 알고 있어야 한다. 확실한 훈련과 지침은 사고와 상황의 대응을 둘러싼 권한과 책임에 적합하여야 하며, 특정한 위험에 대한 지침을 제공하여야 한다.

사고보고서(accident report)는 발생한 모든 사고나 상황에 대해 각각 기록하여야 한다. 사고보고서의 목적은 피해자나 피해물에 대한 보호 및 지원을 보장하고 사실의 정확성, 문서화, 평가, 증거, 목격자를 확보하는 데 있다. 또한 사고보고서의 내용으로는 육하원칙(누가, 언제, 어디서, 무엇을, 어떻게, 왜)에 따른 사고개요, 설명, 신원확인, 연락처 정보, 증거물, 피해자 및 용의자의 상황을 포함하여야 한다.

이와 같은 사고보고서는 소송에서 법 집행과 법적 보호에 대한 증거가 될 뿐만 아니라 향후 이벤트 보안계획 및 절차를 예측하고 분석하는 데 아주 유용하게 사용된다. 사고보고서는 사실에 입각하여 편견 없이 작성하고 정확해야 한다. 또한 사고보고서는 사고와 동시에 현장에서 작성되어야 하는데 이는 사람을 정확하게 인터뷰하고 행위와 상황이 적절히 관찰되고 기록되어야 하기 때문이다. 보안인력은 필요한 준비물(사고양식, 목격자 인터뷰 카드, 펜, 카메라 등)을 제공받고, 필요한 문서를 작성하는 방법에 대해 교육을 받아야 한다([표 6-12] 참조).

또한 사고일지는 부상이나 사고의 패턴을 확인하고 조사하기 위해서 매번 작성 및 보관하여야 한다. 예를 들어, 대규모 복통이 발생할 경우 행사장 내 식음시설에서 음식위생 문제가 있다는 것을 알 수 있으며, 무역전시회장의 특정 위치에서 반복되는 도난사건은 경비를 배치하거나 잠금장치가 필요한 문이 전시장 근처에 존재한다는 지적을 할 수 있다.

사고보고시스템은 리스크관리자에게 의사결정과 전략이 직감이 아닌 데이터에 근거하여 만들어졌다는 것을 보여 주고, 수집된 정보를 효과적으로 사용하기 위해서 중앙 집중적 데이터 입력방식을 보유하고 있어야 한다(Somerson, 2003). 향후 이벤트에 도움을 주기 위하여 교훈과 권고사항을 알려주는 사후조치보고서는 항상 준비하여야 한다.

표 6-12 사고보고서 양식(예시)

<table>
<tr><th colspan="3">부상자 · 재산소유주 인적사항</th></tr>
<tr><td>이름:</td><td>생년월일:</td><td>성별: □남 □여</td></tr>
<tr><td colspan="2">주소:</td><td>연락처:</td></tr>
<tr><td colspan="3">분류: □ 관람객 □ 참가자 □ 스태프 □ 자원봉사자 □ 협력업체 □ 출연진 □ 기타( )</td></tr>
<tr><th colspan="3">사고관련정보</th></tr>
<tr><td>사고일자:</td><td colspan="2">사고시간:</td></tr>
<tr><td>사고위치:
〈정확한 위치 기록〉</td><td>사고유형:
□신체적 사고
□차량사고
□폭행
□도난
□재산피해
□기타( )</td><td>사고분류:
□ 이벤트 · 시설 관련
□ 이벤트 · 시설 무관
□ 경상 · 경증 질병
□ 중상 · 중증 질병
□ 부상 없음
□ 기타( )</td></tr>
<tr><td colspan="3">사고경위(사고, 부상, 재산피해 등)에 대한 구체적인 설명</td></tr>
<tr><td>피해자 부상 및 상태</td><td colspan="2"></td></tr>
<tr><td>재산피해 설명</td><td colspan="2"></td></tr>
<tr><td colspan="3">조치사항:</td></tr>
<tr><td>□ 치료 불필요
□ 치료 거절
□ 현장 의료처치
□ 병원 이송</td><td>□ 응급진료 이송
□ 환자요청 응급진료 이송
□ 개인 차량에 인도
□ 기타 ( )</td><td>□ 경찰 호출
□ 현장 해결
□ 보고</td></tr>
<tr><th colspan="3">목격자 정보</th></tr>
<tr><td>이름</td><td>주소</td><td>전화번호</td></tr>
<tr><td></td><td></td><td></td></tr>
<tr><td></td><td></td><td></td></tr>
<tr><td></td><td></td><td></td></tr>
<tr><th colspan="3">보고서 작성자 정보</th></tr>
<tr><td>작성일자:</td><td>이름:</td><td>전화번호:</td></tr>
<tr><td>소속:</td><td>직위:</td><td>서명:</td></tr>
<tr><th colspan="3">※ 본부 상황실용</th></tr>
<tr><td>사고번호:</td><td>사고일자:</td><td>보고접수일:</td></tr>
<tr><td>행사명:</td><td>행사일자:</td><td>행사장소:</td></tr>
</table>

Chapter 07

법과 윤리준수

이벤트는 인간의 삶에 있어 사회구조의 한 단면이다. 국가와 사회는 공공의 이익을 제공하고 위험으로부터 시민과 지역민을 보호하기 위해 법과 규정을 만든다. 이러한 법과 규정은 이벤트를 계획하고 시행하는 데 직접적인 영향을 미친다. 이벤트의 개최시간, 장소, 프로그램, 행사장 배치, 참가자의 보건 및 안녕을 위한 안전조치를 좌우하는 것은 법과 규정일 수 있다. 이벤트주최자와 이벤트조직은 이러한 법을 준수하는 것이 기본이며, 이벤트의 계획시점부터 적절한 안전대책을 포함시키는 것이 바람직하다.

본 장에서 논의하는 내용은 법적 상담으로 이해하지 말아야 하며, 이벤트가 개최되는 국가나 지역에 따라서 해당 이벤트에 적절하거나 그렇지 않을 수도 있다는 것을 이해하여야 한다. 여기에서 논의되는 이슈를 고려할 때 법적 상담이 필요할 수 있으며, 적정한 전문가에게 조언을 구해야 한다. 왜냐하면 법률 상담은 상당히 전문화되어 있으며 변호사에게만 관할권이 주어지기 때문이다. 적절한 법적 상담의 중요성은 이벤트의 영역이 늘어나고 경계를 넘나들면서 급속도로 높아지고 있다.

1. 법률상의 책임

이벤트와 관련된 법률상의 의무는 이벤트 프로젝트의 추진 및 활동과 연관되는 계약서 및 다른 법적 문서의 협상과 이행을 말한다. 또한 이벤트조직 및 주최자의 정책, 절차, 실행과 관련하여 합법적인 계획과 이행을 감독하는 것을 포함한다. 이벤트의 조직과 제작에 있어 이벤트에 관여하거나 이벤트로 인해 영향을 받는 사람 개인 또는 재산권을 보장하기 위하여 법적 책임은 중요한 책무다. 법률상 책임의 본질을 이해하며, 이벤트의 책무를 수용하고 통제하고 관련된 의무를 신중하게 고려하는 것은 매우 중요하다.

1) 법적 책임

법적 책임(liability)은 단순히 사람의 행동과 부작위(不作爲),[01] 그리고 재무적인 의무에 대한 법적 책무를 말하며, 이러한 행위와 부작위에 의해 피해를 입은 사람에게 보상할 의무를 가리킨다. 달리 말하자면, 만일 어떤 사람이 분명하거나 암묵적인 의무와 관련하여 어떤 일을 하는 데 실패함으로써 부상이나 위험한 결과를 낳았을 때, 그 사람은 피해를 회복하기 위해 민사소송이나 형사소송의 대상이 된다.

계약책임(contractual liability)은 계약 내에 포함된 사람의 재무적 · 행위적 의무를 충족하는 법적인 책무이다. 전문적 책임(professional liability)은 정확한 정보를 공지 · 제공 · 조사 · 전달하는 데 대한 허위진술이나 실패에 기인한다(Foster, 2002). 불법행위법(tort law)은 부당행위나 비계약적 의무와 관련된 것으로 부상당한 사람이 그 피해나 손실을 입힌 사람 또는 독립체로부터 보상을 받을 수 있게 하는 것이다. 국제적인 불법행위는 일반적으로 책임보험으로 보장되지 않으며, 계약법(contract law)은 계약적 책임의 위반에 대해 다룬다.

이벤트주최자는 합리적인 통제를 넘지 않는 의무나 행위에 대해 적절한 법적 책임을 배정하는 것이 중요하다. 각각의 당사자는 반드시 자신의 과실행위나 고의적인 불법행위에 대하여 책임을 져야 하며, 이러한 행동에 대해 상대방에게 배상을 약속하여야 한다. 이는 계약과정에서 수행되는 것으로 물품이나 서비스를 공급하는 자신의 행위, 적절한 물품이나 제공물에 대해 적합성과 안전성을 책임지도록 계약조항에 이러한 책임과 기대를 적정하게 명시하는 것이다. 예를 들어, 호텔이나 케이터링 서비스업체와 계약체결을 할 때, 계약상으로 이에 관한 모든 준거법에 따

01 부작위(omission): 마땅히 해야 할 것으로 기대되는 처분 또는 행위를 하지 않는 것. 작위(作爲)의 반대개념이다.

라 완전하게 허가를 받고 적절한 승인을 받으며 특정의 보험담보를 제공한다는 내용의 계약표기를 하는 것이다.

우리나라 법령체계는 헌법, 법률(국회), 시행령(대통령령), 시행규칙(국무총리령, 부령), 행정규칙(훈령, 예규 · 지침, 고시)의 순서로 되어 있으며, 상위법령이 하위법령을 우선한다. 또한 지방정부(지방자치단체, 1995년 시행)와 관련하여 자치규칙(조례)은 지방의회에서 제정하며, 규칙(지방자치단체장), 행정규칙(훈령, 예규, 고시)의 순서로 체계화된다.

행사장으로 사용하기 위한 특정 건물이나 부지는 이벤트와 이벤트조직이 반드시 지켜야 할 규정이 있다. 이벤트 리스크관리자는 이벤트에 적용할 수 있는 것이 무엇인지, 이벤트가 개최되는 장소를 확인하기 위하여 필요한 조사를 실시해야 한다.

외국 전시참가자의 전시품의 반입이 허용되는지, 어떤 임시구조물의 건축이 허용되는지, 의료체험에 대한 수준은 어디까지 가능한지에 대한 법적 제한이 있을 것이다. 어떤 홍보물을 설치할 수 있는지, 포스터를 부착할 수 있는지, 옥외광고물을 어느 곳에 설치할 수 있는지에 대한 장소제한도 있을 것이다. 음악소리의 크기는 어느 정도까지 가능한지, 케이터링서비스를 활용할 수 있는지, 어떤 업무수행에 어떤 근로자가 허용되는지, 어디에 주차가 가능한지에 대해 정하는 것도 있을 수 있다. 리스크관리자는 관련 있는 규제적 필요조건을 확인하기 위하여 행사장, 공급업자, 관계당국 등을 체크하여야 한다([표 7-1] 참조).

이와 같이 법으로 명시되거나 규제적인 이슈는 특정 유형의 이벤트나 주최기관에 적용할 수 있다. 예를 들어, 정부기관이나 공공기관, 지방자치단체에서 이벤트를 개최할 경우 이벤트와 관련된 모든 정보를 공시하여야 하며, 일정규모 이상의 이벤트는 자체감사, 상위기관의 감사 또는 감사원의 감사를 수반한다. 국제행사를 개최하는 경우 소요예산이 10억 원 이상이면 국제행사 개최계획서를 기획재정부에 제출하여야 한다. 또한 정부예산을 지원받기 위해서는 국제행사 개최타당성조사를 통해서 국제행사 심의위원회의 승인을 받아야만 한다. 이때 심의를 통과하게 되면 전체 예산의 30%, 최대금액 30억 원의 정부예산을 지원받게 되며, 심의통과가 되지 않으면 국제행사를 개최할 수 없게 된다.

적용되는 법률, 시행령, 시행규칙, 조례, 훈령 등을 준수하지 않을 경우 벌금이나 처벌을 받을 수 있고 이벤트 전체가 중단될 수 있으며, 심지어는 민사 혹은 형사 소송에까지 이를 수 있다. 법의 준수를 따르지 않는 경우, 관람객은 물론 참가자, 직원, 자원봉사자 등의 보건과 안전을 해칠 수 있으며 또한 이벤트조직의 건전한 재정이 위태로울 수 있다.

표 7-1 이벤트에 적용되는 법령

• 근로기준법	• 제조물책임법
• 노동조합법	• 사생활보호법
• 임금채권보장법	• 공공안전기준
• 산업안전보건법	• 위생법
• 산업재해보상보험법	• 흡연조례
• 고용보험법	• 특수효과 규정(예: 레이저, 불꽃놀이)
• 자원봉사활동기본법	• 운송법
• 건축규제(예: 임시시설물)	• 차량법
• 소비자보호법	• 도로 · 교통 차단 규정
• 환경보호법	• 개인정보보호법
• 화재안전 · 시설 규정	• 정보통신망 이용촉진 및 정보보호에 관한 법률
• 식음서비스 규정	• 신용정보의 이용 및 보호에 관한 법률
• 국제행사의 유치 · 개최 등에 관한 규정	• 보건의료기본법
• 국제행사 관리지침	• 전자상거래 등에서의 소비자보호에 관한 법률
• 세법	• 전자금융거래법
• 경비업법	• 상표법
• 폐기물관리법	• 녹색제품 구매촉진에 관한 법률
• 소방기본법	• 환경기술 및 환경산업지원법
• 위험물안전관리법	• 자원의 절약과 재활용촉진에 관한 법률
• 소방시설 설치 · 유지 및 안전관리에 관한 법률	• 환경정책기본법
• 고압가스 안전관리법	• 소음 · 진동관리법
• 액화석유가스의 안전관리 및 사업법	• 하수도법
• 전기 규정	• 감염병의 예방 및 관리에 관한 법률
• 소비자기본법	• 사회복지사업법
• 옥외광고물 등 관리법	• 재난 및 안전관리기본법
• 경범죄처벌법	• 공연법
• 도로법	• 저작권법
• 청소년보호법	• 공중위생관리법

2) 주의의무와 실사

누구나 자신의 행위로 인해 타인에게 피해가 없기를 원하는 것처럼, 이는 이벤트 조직에도 마찬가지로 적용된다. 주의의무(duty of care)는 모든 것이 안전 및 보건을 보호하기 위하여 합리적으로 실행이 가능해야 한다는 법적 요구조건을 말한다. 주의의무의 기준은 어떤 행위나 부작위에 의해 위반되었을 때, 그 결과에 따른 법적 책임이 과실의 정도에 따라 평가된다([표 7-2] 참조).

표 7-2 주의의무의 위반정도

위반척도	위반내용
부주의 · 태만	합리적인 행위의 실패
중과실	신중하지 못한 무관심
고의적 불법행위	고의적인 무시
악의	피해의 입히려는 의도

경고나 심사숙고의 기준 또는 수준을 말하는 주의정도는 그 환경과 일반적 행위의무의 증거를 근거로 한다. 이벤트를 제작하는 행위와 그 이벤트에 참여하는 개인을 초대하는 것은 행위의무의 증거를 제공한다. 스스로 전문가라고 칭하는 사람은 일반인보다 더 높은 기준의 대상이 되는데 이는 전문적인 지식과 경험을 기대하기 때문이다. 이벤트주최자는 리스크를 예견하고 이러한 리스크가 부상이나 위험을 초래하는 잠재성을 평가하며, 그 잠재성을 완화시키는 조치를 취하고 개인에게 위험을 경고하는 의무를 이행하여야 한다.

실사(實査: due diligence)는 거래당사자들에 의해 만들어진 권리의 정확성을 확인하기 위한 철저하고 객관적인 조사를 말한다. 또한 재정 및 조직적 안정성, 위험을 초래할지 모르는 상황 여부, 권리에 대한 약속을 이행하는 데 필요한 기술적 능력이나 인프라를 평가한다.

이벤트조직은 자신이 신중한 계획과 구매를 했는지 확인하기 위하여 이러한 실사를 수행한다. 이벤트조직은 부주의에 의한 청구를 줄이기 위하여 주의의무책임에 따라 구매를 수행했다고 설명할 수 있어야 한다. 이는 장소, 공급업체, 장비, 재료는 물론 이벤트 구성요소의 선택에도 적용할 수 있다. 이벤트조직은 안전 및 보안 체크리스트와 같은 실사활동의 증거를 문서화하고, 그러한 안전과 보안문제는 계약서의 내용에 논의되고 포함되어야 한다(Foster, 2002).

2. 법에 규정된 의무

보통 법령(statute)은 문자로 표현되고 문서의 형식을 갖춘 법이 성문법(成文法)이며, 이와 대립되는 개념은 불문법(不文法)이다. 국가의 입법기관에서 일정한 절차를 거쳐 제정되는 법을 제정법(制定法)이라 하는데 성문법은 모두 제정법이다. 일반적으로 무언가를 명령하고 금지하고 규정한다. 헌법도 성문법의 일종이며, 그 하위의 성문법으로는 법률, 명령, 조약, 규칙, 조례 등이 있다(두산백과, 2015). 규칙(regulations)은 어떤 활동을 금지하기보다 직접 통제하고 지시하거나 관리하기 위해 구성된 정부당국이나 공공기관에 의해 정책으로 수립된 규정, 기준이다. 인가(sanctioning)는 정부당국으로부터 주어지는 허가, 승인, 추인 등을 말한다.

국가는 대재난을 기반으로 법을 제정하거나 결과적으로 피해를 유발하는 활동을 근거해서 법률을 제정한다. 일부 제정법은 처음부터 특정 산업이나 상황을 위해 의도적으로 만들었으나, 이 법의 내용은 이벤트의 차원에서 적용이 가능하다. 이와 같이 다른 규정도 부상, 피해 또는 부정적 결과의 선례에 근거하여 고안된다. 이벤트의 특성이나 활동이 법의 목적에 적용하기 어려운 경우에는 특정 규제로부터 면제를 받을 수도 있다. 그러나 행사장(예: 공공건물에 공중접근의 제한 불가)이나 이벤트 구성요소(예: 퍼레이드 차량에 대한 보험담보를 제공)를 선택할 때 법이 요구하는 한계나 조건을 수용해야 한다.

이벤트는 유형, 규모, 장소 등 다양한 구성요소에 따라 고려해야 할 법적 · 규정적 이슈가 있다. 법과 규정은 이러한 모든 이슈의 관련성과 영향을 다루기 위해서 필요하다. 따라서 이벤트주최자나 리스크관리자는 이벤트에 관련하여 적용가능한 법과 규정을 확인하여야 한다. 추가적으로 법과 규정은 시간의 흐름에 따라 새로운 법과 규정으로 개정된다. 이벤트조직 내에는 이벤트에 관한 법률과 공공정책을 관리하는 담당자가 필요하다.

1) 차별금지 및 접근성

장애인복지법 제8조(차별금지 등)에 따르면, '누구든지 장애를 이유로 정치 · 경제 · 사회 · 문화생활의 모든 영역에서 차별을 받지 아니하고, 누구든지 장애를 이유로 정치 · 경제 · 사회 · 문화생활의 모든 영역에서 장애인을 차별하여서는 안 된다'라는 기준이 있다. 모든 이벤트는 신체적 또는 정신적 장애인을 불리하게 대하지 못하며, 장애인을 고려하는 기준을 적용해야 한다. 즉, 장애인에게 불리한 결과를 초래하지 않도록 장애인에 대한 차별금지를 준수해야 한다. 미국은 미국장애인법(Americans with Disabilities Acts), 영국은 장애인차별금지법이 있으며, 대부분의 국가는 장애인 친화적인 법률을 도입하고 있다.

차별금지에 대한 법적 의무는 장애인에게만 해당되는 것은 아니다. 인종, 종교, 나이, 성별, 신체적 기형에도 적용된다. 또한 직원 및 자원봉사자의 채용에 대한 정책, 이벤트대표자들의 행동과 대응, 이벤트의 마케팅에까지 적용되기도 한다.

어떤 관람객, 참가자, 공급업자는 이벤트에 전적으로 참여하기 위하여 제공받아야 할 특별요구를 가질 수 있으며, 자신의 관여가 가능하도록 특별서비스를 요구할 수 있다. 또한 공간배치(layout)는 이들의 이벤트 관람, 참가 또는 서비스 제공을 위하여 입 · 퇴장, 접근성을 충족시켜야 한다. 따라서 현장점검을 하는 동안 장애인을 위한 물리적 특성, 장비, 비상사태절차를 신중히 검토하여야 한다. 건물에 대한 접근성은 그 시설의 책임일 수 있다. 하지만 프로그램에 대한 접근성은 이벤트주최자의 책임으로서 우선 주차, 입장, 좌석, 도구, 장비 및 공간할당 등의 특별한 서비스를 제공해야 한다.

배리어프리(barrier-free)는 장애인, 아동, 노인, 임산부 등을 포함하여 입장객 누구나 편리한 행사장 참여가 가능한 환경을 조성하는 것을 말한다. 이는 행사장 이동 및 관람에 대한 물리적 장벽은 물론 커뮤니케이션(안내책자의 점자, QR코드를 통한 음성안내 등)의 장벽까지 제거하는 것을 말한다. 이와 유사한 개념인 유니버설 디자인(universal design)은 모든 사람들을 위한 디자인(design for all)을 지칭한다. 즉, 연령, 성별, 언어, 장애의 유무 등에 관계없이 처음부터 누구에게나 공평하고 사용하기 편리한 제품, 건축, 환경, 서비스 등의 구현을 의미한다. 두 개념은 모두 장애인이 일상적인 생활을 하는 데 불편함이 없도록 물리적 장벽을 제거하는 차원에서는 동일한 의미를 갖는다. 하지만 배리어프리가 장벽을 명시함으로써 경계를 긋고 논의를 출발하는 반면 유니버설 디자인은 처음부터 보편성을 지향한다는 차이가 있다. 행사장에서의 배리어프리 사례는 관람객 동선상의 도로의 턱을 제거하거나 계단 입구의 슬로프(slope) 설치가 있다.

특별요구를 갖는 관람객을 위해 환경을 제대로 준비하지 못한다는 것은 해당 관람객을 무시하거나 접근성의 원칙을 지키지 못한 것이다. 고려할 대상층은 이벤트의 성공과 지속가능성에 중요한 관람객, 참가자, 지역사회 및 이해관계자를 포괄한다. 특별한 요구를 갖는 개인을 위해 특정 장애를 지나치게 강조하거나 무시하지 않는 중립적인 언어를 사용하며, 그들의 특별요구를 확인하고 표현할 수 있는 방법을 제시하는 것이 중요하다. [표 7-3]은 접근성에 대한 이슈에 관하여 설명하고 있다.

표 7-3 접근성에 대한 이슈

배리어프리(barrier-free)	특별요구
• 평등한 접근 및 기회 • 건축적 접근성 • 프로그램 · 커뮤니케이션 접근성 • 교통 접근성 • 시청각 및 보행 접근성	• 이동능력장애 • 시청각장애 • 언어 및 문해력(文解力) 한계 • 학습장애 • 신체적 · 종교적 제약
건축규정준수	**보조서비스 지원**
• 경로, 동선, 출입구 • 무대 및 좌석 • 음수대 • 화장실 • 주차 • 시청각 경고안내	• 점자자료 • 수화통역 • 청각장애를 위한 통신기기 • 대체자료(예: 녹음문구, 큰 활자) • 청각 헤드셋 • 반려동물 편의서비스

출처: Silvers(2008)를 참고로 저자 재구성

2) 지식재산권

지식재산권(intellectual property rights)은 인간의 창조적 활동 또는 경험 등에 의하여 창출하거나 발견한 지식 · 정보 · 기술, 사상이나 감정의 표현, 영업이나 물건의 표시, 그 밖에 무형적인 것으로서 재산적 가치가 실현될 수 있는 지적 창작물에 부여된 재산에 관한 권리를 말한다(지식재산기본법, 제3조). 과거에는 지적재산권이란 용어를 사용하였으나 현재는 지식재산권이라는 용어를 사용하고 있으며, 지적소유권이라고도 한다. [표 7-4]는 이벤트와 관련된 지식재산권의 사례를 보여 준다.

표 7-4 이벤트와 관련된 지식재산권

• 이벤트 명칭	• 제안서	• 책 및 원고
• 로고(logo) · 로고송	• 문학작품	• 컨퍼런스 발표자료
• 슬로건(slogan)	• 예술작품	• 연설 배포물
• 웹사이트(web site)	• 음악	• 출판물의 표 및 그림
• 공연 프로그램	• 사진	• 방송 프로그램
• 시청각작품	• 제품	• 기업 브랜드
• 데이터베이스	• 녹음	• 유명인의 이미지
• 그림 · 삽화	• 등록자료	
• 영화 · 연극	• 소프트웨어	

지식재산권은 법령, 조약 등에 따라 인정되거나 보호되는 지식재산에 관한 권리를 말하는 것으로 산업재산권, 저작권, 신지식재산권을 포괄하는 무형적 권리를 말한다(특허청, 2015). 산업재산권은 특허권, 실용신안권, 디자인권, 상표권을 총칭하며, 특허청에 출원하여 등록을 받음으로써 배타적 독점권이 부여된 권리다([표 7-5] 참조). 또한 상표권은 상표, 서비스표, 업무표장, 단체표장으로 구분된다([표 7-6] 참조).

표 7-5 산업재산권의 종류

구분	특허	실용신안	디자인	상표
정의	자연법칙을 이용한 기술적 사상의 창작으로 발명수준이 고도화된 것(대발명)	자연법칙을 이용한 기술적 사상의 창작으로 물품의 형상·구조·조합에 관한 실용 있는 고안(소발명)	물품의 형상·모양·색채 또는 이들의 결합으로 시각을 통하여 미감을 느끼게 하는 것(물품의 외관)	타인의 상품과 식별하기 위해 사용하는 기호·문자·도형·입체적 형상·색채·홀로그램·동작 또는 이들의 결합(상품의 명칭)
사례	• 엔진제어시스템 • ABS브레이크시스템	• 백미러 • 자동차 도어	• 차체 형상 • 전방 램프 형상	• 자동차 • 명칭제작사 명칭
존속기간	20년	10년	15년	10년 (10년마다 갱신)

출처: 특허청(2015)

표 7-6 상표권의 구분

구분	상표	서비스표	업무표장	단체표장
정의	타인의 상품과 식별하기 위해 사용하는 표장(과자, 옷, 학용품, 자동차 등에 사용)	타인의 서비스업과 식별하기 위해 사용하는 표장(광고업, 금융업, 요식업 등에 사용)	국내에서 비영리업무를 영위하는 자가 업무를 나타내기 위해 사용하는 표장	동종업자의 법인이 단체구성원의 영업에 관한 상품 또는 서비스업에 사용하는 표장
사례	LG	NH 농협	2012 여수세계박람회 EXPO 2012 YEOSU KOREA	녹차미인 보성쌀 NOKCHAMIIN
권리자	주식회사 LG	농업협동조합중앙회	2012 여수세계박람회 조직위원회	보성군농협쌀조합 공동사업법인

출처: 특허청(2015)를 참고하여 저자 재작성

저작권은 인간의 사상 또는 감정 등을 독창적으로 표현한 창작물인 '저작물'에 대하여 창작자가 가지는 독점적이고 배타적인 권리를 말한다. 저작권은 산업재산권과 달리 창작과 동시에 보호를 받으며, 보호받기 위하여 별도의 등록절차나 방식을 필수적으로 요구하지 않는 특징이 있다([표 7-7] 참조).

표 7-7 저작권의 종류

구분	저작권	저작인접권
정의	사람의 생각이나 감정을 표현한 결과물에 대하여 그 표현한 사람에게 주는 권리로 저작인격권과 저작재산권으로 구분됨.	글자 그대로 저작권에 인접한, 저작권과 유사한 권리로서 이 권리는 실연자(배우, 가수, 연주자), 음반제작자, 방송사업자에게 귀속됨.
사례	소설가가 소설작품을 창작한 경우에 원고 그대로 출판 · 배포할 수 있는 복제 · 배포권과 함께 그 소설을 영화나 번역물 등과 같이 다른 형태로 저작할 수 있는 2차 저작물 작성권, 연극 등으로 공연할 수 있는 공연권 등	• 실연자가 그의 실연을 녹음 또는 녹화하거나 사진으로 촬영할 권리 • 음반제작자는 음반을 복제 · 배포할 권리 • 방송사업자는 그의 방송을 녹음 · 녹화 · 사진 등의 방법으로 복제하거나 동시 중계 · 방송할 권리
보호기간	• 사람이 저작자인 경우에는 저작물을 창작한 때로부터 시작되어 저작자가 살아있는 동안과 죽은 다음 해부터 50년간 • 법인이나 단체가 저작자인 경우는 공표한 다음 해부터 50년간	• 실연의 경우, 그 실연을 할 때부터 50년간 • 음반의 경우에는 음을 최초로 음반에 고정한 때로부터 50년간 • 방송의 경우에 방송을 한 때부터 50년간

출처: 특허청(2015)

신지식재산권은 산업재산권이나 저작권의 범주에 속하지 않으면서 경제의 발전 및 변화와 함께 그 보호의 필요성이 대두된 새로운 지식재산권을 말한다([표 7-8] 참조).

지식재산의 소유권은 법적으로 보호되며 아이디어 자체가 아닌 유형의 표현으로 보호된다. 또한 이러한 아이디어나 이미지가 다른 사람의 창조를 위한 원천이라 할지라도 소유권자의 허락 없이 전면적인 복제를 하거나 사용할 수 없다.

지식재산은 주로 사용승인, 특허료 또는 사용료 지불 없이 사용할 수 없다는 이미지나 단어를 가리키는 심벌로 식별할 수 있다. 이는 컨벤션이나 전시, 시청각 프

표 7-8 신지식재산권의 종류

구분	첨단산업재산권	산업저작권	정보재산권	기타
내용	• 반도체 설계 • 생명공학기술	• 컴퓨터 프로그램 • 소프트웨어	• 데이터베이스 • 영업비밀 • 뉴미디어	• 프랜차이징 • 지리적 표시 • 캐릭터 • 인터넷 도메인 네임 • 새로운 상표 • 색채상표, 입체상표 • 맛, 소리, 냄새상표

출처: 특허청(2015)

레젠테이션, 이벤트에 대한 주제개발에 영향을 미친다. 컨벤션주최자는 발표자에 대해 침해에 관한 법적 책임을 명시하는 계약서를 마련할 필요가 있으며, 이벤트주최자는 상표등록된 것이나 다른 브랜드 이미지 또는 판권이 있는 자료를 특정한 주제의 이벤트에 언어적 또는 장식적인 요소로 사용하지 말아야 한다. 또한 이벤트 로고나 명칭은 상표등록을 해서 오용이나 제품의 위조, 평판의 위협으로부터 보호할 필요가 있다. 게다가 이벤트조직의 정보자산은 필히 손실, 피해 및 도난으로부터 보호되어야 한다.

Event Risk Management

사례___ 유사 지역축제의 원조 논쟁

지방자치단체들이 서로 유사한 축제를 개최하면서 각자가 원조임을 주장해 원조 논쟁에 휩싸였다. 서울 · 진주의 '등(燈)', 영덕 · 울진의 '대게', 음성 · 괴산의 '고추' 등 서로 갈등이 빚어지며 논란이 되고 있다.

진주시는 임진왜란 진주성 전투 때 군사통신신호에서 유래한 남강유등을 발전시켜 지난 2000년부터 '진주남강유등축제'를 열어 문화체육관광부 지정 우수 · 지역대표축제로 선정된 바 있다. 한편, 서울시는 지난 2010년부터 2012년까지 한국방문의 해를 기념해 청계천 일대에서 등축제를 열었고 이후 매년 개최하겠다고 나섰다. 이에 진주시는 즉각 반발했고 급기야 진주시장의 1인 피켓시위로까지 이어지게 된 것이다.

이 시장은 이날 한국프레스센터 · 국회정론관에서 기자회견을 열어 "진주남강유등축제가 특허대상은 아니지만 이건 양심의 문제"라며 "서울시 축제 때문에 진주에 관광객들이 오지 않을 수 있다"고 말했다. 그러면서 "서울시가 한시적으로 개최하기로 한 약속을 어기고 올해도 개최하려 하는데 갑의 횡포보다 더한 폭거"라며 "등축제를 연례화하면 손해배상청구소송을 내겠다"고 덧붙였다.

서울시도 반격에 나섰다. 한문철 서울시 문화관광디자인본부장은 반박 브리핑을 통해 "오늘 진주시장께서 행패에 가까운 행위를 하셨다. 이에 정확한 사실관계를 밝히고자 한다"며 "등축제는 불교 영향으로 아시아 전역에서 개최되며 한국에선 통일신라 때부터 전국적으로 행해진 보편적 축제"라고 말했다. 또 "물 위에 등을 띄우는 유등축제 역시 서울 한강에서 1988~1993년 열렸다"고 덧붙였다. 진주시만의 고유문화가 아니라는 것이다.

또 서울시는 한시적 개최를 약속한 바 없고, 이미 2010년 2월 공문을 통해 서울등축제는 모방이 아니며 지속 운영할 것임을 통보했다고 밝혔다. 한 본부장은 "지난 3월 서울등축제 구간 일부를 진주남강유등축제 홍보구간으로 운영하는 등 상생방안을 제시했고, 담당과장이 4차례나 진주시를 방문했지만, 대화를 거부한 채 박 시장을 문화재를 약탈해 간 일본에 비유하며 비난하고 있다"며 "특히 지금까지 가만히 있다가 올해 들어 박 시장을 공격하는 이유가 뭐냐"고 반문했다. 그는 "이제라도 서로 대화에 나서 발전방안을 모색해야 할 것"이라고 말했다.

유사한 축제에 대해 각자의 입장을 내세워 첨예한 대립을 보이는 사례는 또 있다.

동해안 대게 주산지인 경북 영덕군과 울진군도 대게 원조 고장을 자처하며 축제경쟁을 벌이고 있다. 영덕군은 지난 1998년부터, 울진군은 2000년부터 '대게축제'를 열고 있다. 동해안에 인접한 이들 지자체는 대게의 제철인 2월 말부터 4월 초에 경쟁적으로 대게축제를 열고 서로 '대게 원조' 고장임을 주장하고 있다.

충북 음성군과 괴산군은 고추축제를 놓고 10여 년간 치열한 다툼을 벌이고 있다. 고추축제는 지난 1995년 음성군이 먼저 시작했지만 2001년 괴산군이 뛰어들어 정부유망축제로 선정되면서 가열됐다.

또 설화 '콩쥐팥쥐'의 고향이 서로 자기 지역에 있다며 전북 완주군과 김제시는 신경전을 벌이고 있다. 콩쥐팥쥐를 스토리텔링해 지역축제로 만들기 위해서는 연고에서 우위를 확보해야 하기 때문이다.

이처럼 유사한 축제들이 서로 원조임을 주장하며 논란이 일자 다른 지자체들이 너도나도 지역축제의 상표등록을 서두르고 있다. 이 같은 상표등록 붐은 진주시 유등축제 표절 시비가 발단돼 지자체 간에도 지적재산권을 놓고 법정다툼까지 불사하는 시절이 왔기 때문이다.

그러나 축제를 상표등록한다고 해도 축제와 관련 콘텐츠가 완벽하게 보호받을 수 있는 건 아니라는 것이 문제다. 등록절차가 까다로운 데다 등록이 된다고 해도 법적으로 보호를 받는 건 축제명 정도로 한계가 있다. 오래전부터 지적재산권을 인정받아 온 영상물이나 저작물, 게임 등은 콘텐츠 자체가 등록이 가능하지만 축제는 아직 그렇지 못한 실정이다.

그럼에도 불구하고 기껏 육성해 놓은 축제를 뺏길 수 있다는 불안한 마음에 축제 콘텐츠 보호가 법제화되기 전에 선언적인 의미라도 담기 위해 급한 대로 상표등록에 매달리고 있다.

출처: 뉴스포커스, 2013. 9. 4.

3) 음악저작권 사용

이벤트에 영향을 미치는 가장 일반적인 저작권 및 허가이슈 중 하나가 바로 음악

허가(music licensing)다. 음악저작물은 인간의 사상이나 감정을 음으로 표현한 창작물로서 가사 및 악곡을 지칭한다. 사실상 모든 음악은 저작권을 소유하고 있으며 작곡가, 작사가, 연주자는 자신의 창조적 재산에 대하여 보상을 받는다. 음악저작물 사용요금은 음악저작권 허가 대행사나 저작권협회를 통해서 이들 예술가에게 지불된다. 우리나라의 경우 문화체육관광부에서 허가하는 음악저작권신탁업무 사업자인 (사)한국음악저작권협회, (사)함께하는음악저작인협회가 해당된다.

이러한 요금을 지불하는 것은 이벤트주최자의 책임이며, 행사장 시설 및 엔터테이너가 지불하지 않는다. 이들은 음악이 연주되도록 하는 최종 사용자가 아니기 때문이다. 반면 주최자는 음악저작권 사용료에 대해 분명히 알아야 하며, 그렇지 않으면 이벤트주최자가 승인받지 않은 사용에 대하여 대리책임을 지게 된다. 가족이나 친구만 참석하는 사적 이벤트와 같은 개인적 이용에 대한 음악사용료에 관해서는 아주 제한적 예외가 있고, 교육 또는 공익목적을 위해서는 면제가 인정되지만, 당사자는 항상 이를 확인하여야 한다. 기본적으로 이벤트나 이벤트주최자가 음악을 이용하여 수입이 발생하는 경우에는 이러한 요금을 지불할 필요가 있는 것이다. 음악저작물의 이용기준은 공연, 방송, 전송, 웹캐스팅, 복제 및 배포, 대여 등으로 나누어 사용료를 달리 적용한다. 이벤트와 관련 있는 기준은 공연사용료이며, 유료공연의 사용료는 다음과 같이 산정하고 매출이 없는 무료공연의 사용료는 입장료를 2,000원으로 간주하고 좌석 수를 곱하여 산정한다(한국음악저작권협회, 2014).

- 콘서트, 디너쇼, 연주회 등 음익제공이 주된 공연: 매출액×3%
- 악극, 뮤지컬, 오페라, 발레 등 연극적 요소와 결합한 공연: 매출액×2%
- 패션쇼, 서커스, 무용회, 아이스쇼 등 음악을 부가사용하는 공연: 매출액×1%
- 좌석 없이 공간만 존재하는 경우의 좌석 수=(공연장 총면적−무대설치 면적)÷1㎡

4) 개인정보보호

이벤트와 관련된 막대한 개인적 · 독점적 · 대중적 정보는 개인정보보호의 남용을 일으킬 가능성을 증대시키며, 특히 오늘날 전자기술이 널리 퍼져 있는 경우에는 더욱 그렇다. 우리나라는 개인정보의 수집 · 유출 · 오용 · 남용으로부터 사생활의 비밀 등을 보호함으로써 국민의 권리와 이익을 증진하고, 나아가 개인의 존엄과 가치를 구현하기 위하여 개인정보처리에 관한 사항을 규정하는 것을 목적으로 개인정보보호법을 2011년 제정하였다. 전 세계적으로도 미국의 사생활법(Privacy Act), 유럽연합의 데이터보호지침(Data Protection Directive), 호주의 사생활보호법(Australia Privacy Act), 캐나다의 사생활법(Canadian Privacy Code), 아시아 · 태평양 사생활 보호 헌장(Asia-Pacific Privacy Charter)과 같은 포괄적인 정보의 사생활보호권리를 도입하고 있다.

개인정보침해로부터의 보호와 컴퓨터환경에서의 사용자 사생활의 보호는 웹(web)을 기반으로 하는 등록, 전자결제, 웹사이트(web site), 웹로그(web log),[02] 디지털 마케팅활동을 포함하는 컨벤션과 이벤트의 많은 측면에 적용할 수 있다(Forster, 2000). 개인정보보호에 대한 불법행위는 개인정보침해, 상업적 목적을 위한 신분의 도용 및 남용, 오해를 불러일으킬 사적사항의 공표, 그리고 개인의 난처한 사생활 폭로 등을 포함한다(Tratos, 2004).

개인정보침해의 불법행위는 고용인의 이메일, 다른 온라인 커뮤니케이션에 대한 모니터링과 관련된 직 · 간접적인 감시활동에 관한 것이다. 즉, 비밀준수위반, 거래비밀 폭로나 남용, 명예훼손, 저작권위반의 형식으로 고용주의 법적 책임을 유발시키는 행동이다. 이러한 행동을 사사로운 것으로 생각하는 고용인의 기대를 제거시키는 모니터링정책은 소송을 예방하는 차원에서 고용인 안내서 및 계약서에 명확히 설명되어야 한다.

도용(盜用)은 생존하거나 사망한 유명인사에게 부여된 초상사용권(right of publicity)과 관련되어 있으며, 유명인사의 모습이 상업적 재산가치를 대변한다는 점에서 지식재산권과 유사하다. 초상권(肖像權)은 자기 자신의 초상에 대한 독점권을 말하며, 인격권의 하나로서 자기의 승낙 없이 전시되었을 경우에는 손해배상을 청구할 수 있다. 초상권에는 인격권으로서의 초상권과 재산권으로서의 초상권(초상사용권)이 있다. 초상사용권은 자신이 가진 성명, 초상이나 기타의 동일성을 상

02 특정 개인의 웹사이트

업적으로 이용하고 통제할 수 있는 배타적인 권리다. 상업적 이용의 요소를 핵심으로 하므로 인격권과 구별된다. 이는 홍보물에서 사용하는 '닮은 사람'이나 '닮은 목소리'에도 적용될 수 있다.

남용(濫用)은 개인의 초상권이나 이름을 본래의 목적이나 범위를 벗어나 동의 없이 사용할 때 발생한다. 초상권 사용에 대한 경고문구 또는 권리포기를 등록자료에 포함시켜야 하며, 시청각 기록이 상업적 목적에 사용가능하다는 내용을 안내사인에 포함시켜야 한다.

오해의 소지가 있는 홍보는 사람을 당황스럽게 만들고 진실하지 못하며 명예가 훼손되는 상황에 처하게 만드는 꾸밈, 과장, 왜곡 또는 허구와 관련이 있다. 이는 이벤트주최자의 웹사이트, 블로그, 토론게시판을 통제하는 데 있어 중요한 시사점을 준다. 제3자의 주장에 대한 법적 책임에 제한이 있는 인터넷사이트에 대하여 적절한 면책사항을 포함시켜야 한다.

개인정보의 대중적 폭로는 당혹스러운 사실을 폭로하는 것만 관련된 것이 아니다. 이는 바로 사생활보호 권리주의와 관련이 있다. 즉, 사람은 자신의 정보를 수집하고 배분하는 통제력을 가지고 있어야 하며, 기밀정보는 이를 수집하는 사람에 의해 보호되어야 한다. 이는 자료의 수집과 이동을 통지받을 권리, 어떤 자료가 수집되고 어떻게 사용되는지 제한하는 권리, 자료의 정확성을 검토하고 수정하기 위해 접근할 수 있는 권리, 자료의 민감도에 따라 적정한 행정적 · 기술적 · 물리적 절차를 통해 인전하게 유지할 수 있는 권리를 포함한다(Foster, 2000).

이벤트주최자는 관람객, 고용인, 자원봉사자와 관련된 그들의 정보수집 및 보호활동을 수행함으로써 개인정보에 대한 비밀유지를 보장하는 방법으로 적절한 정보만을 요청하고 이러한 정보가 수집목적에만 사용되도록 해야 한다. 이는 특별한 비밀유지의무를 가지고 암호화와 기타 보안방법을 요구하는 전자금융거래에서 극도로 중요하다. 신용도용범죄와 거슬리는 디지털 마케팅활동이 급증하는 것을 고려할 때, 이벤트조직의 운영과 관련된 모든 면을 아우르는 개인정보보호정책을 개발하고 시행하는 것에 신중을 기해야 한다.

3. 규정준수관리

규정준수관리(compliance management)는 이벤트와 관련 있는 법에 명시된 의무를 수행하고 있음을 나타내기 위하여 필요한 허가 · 인가 · 승인과 같은 문서, 접근권한 및 재산권을 나타내는 법적 문서, 다른 적용가능한 법, 법령, 규칙을 수집하고 적용하며 유지하는 것을 말한다.

허가(許可)는 법령에 의하여 일반적으로 금지되어 있는 행위를 특정의 경우에 해제하여 적법하게 일정한 사실행위 또는 법률행위를 할 수 있도록 자유를 회복시켜 주는 행정행위를 말한다. 특정인에게 허용되는 것이기 때문에 사실상 독점적 이익이 보장되며, 이해에 영향을 미치게 되는 경우가 많으므로 허가과정에는 여러 규제조치가 취해진다. 현행법상 허가를 요하는 것은 숙박시설 · 대중목욕탕 · 음식점 등의 영업 허가 외에 의사 · 약사의 면허, 건축 허가 등 다양하다.

인가(認可)는 제3자의 법률적 행위를 행정청이 동의 · 승인의 형식으로 보충하여 그 법률상 효력을 완성시켜 주는 행정행위를 말한다. 인가제도는 공익과 밀접한 관련이 있는 특정 소수와 불특정 다수 간의 법률행위에 행정주체가 관여하여 그 행위의 효력발생을 행정주체의 의사에 종속시키는 제도다. 예를 들면, 버스요금인상 인가, 사립학교 법인설립 인가, 사업양도의 인가 등이 있다.

승인(承認)은 일반적으로 타인의 행위에 대하여 긍정적 의사를 표시하는 것을 말한다. 행정청이 다른 기관이나 개인의 특정한 행위에 대하여 부여하는 동의의 뜻으로 사용되고 있으나, 그 법적 성격은 인가적 · 허가적인 것이 있다. 상급관청이 하급관청에 대하여 하는 승인은 단순한 행정기관 내부의 관계로서 행해지는 것과 법령 규정에 의해 필요적 행정절차로 요구되는 것이 있다. 예를 들면, 보험약관 승인, 조합정관 승인, 전기공급계약서의 승인 등이 있다.

이벤트를 개최하기 위해서는 다양한 법적 문서가 필요하다([표 7-9] 참조).

표 7-9 이벤트와 관련된 법적 서류

• 집회점유 허가	• 기사면허증
• 사업면허증	• 퍼레이드 이동 허가
• 보험증서	• 퍼레이드 차량 허가
• 동의서 · 승낙서	• 주차 허가
• 배너설치 승인	• 화약사용 허가
• 전기설치 허가	• 불꽃놀이 허가
• 식음서비스 허가	• 전기안전검사증
• 주류면허	• 가스안전검사증
• 안전관리계획 심의	• 구조물 안전진단서
• 불꽃놀이 허가	• 판매 허가
• 각종 허가 · 인가증	• 도로폐쇄 허가
• 임시구조물 허가	• 교통제한 허가
• 보세구역 설영 허가	• 옥외광고물 허가

이러한 허가, 인가, 승인은 단순히 형식적인 일이 아니다. 즉, 이벤트와 관련된 활동과 사용을 관리하는 법과 규정에 따라 제기되는 활동과 사용을 보장하는 제어장치다. 많은 이벤트에서는 이벤트와 관련된 상품을 팔고, 상품 품질과 이벤트 이미지를 통제하기 위하여 허가를 획득하거나 발급해 준다. 스포츠 이벤트는 보통 스포츠당국으로부터 허가와 승인을 구한다. 잠재성이 있는 위험한 활동이나 어린이 프로그램이 포함되어 있는 이벤트는 참가자에게 관련된 리스크를 알리고 이벤트주최자를 법적 책임으로부터 면제하는 동의서에 서명하도록 요구한다.

사전에 법적 책임에 대한 서류를 참가자에게 제공하여 충분히 검토할 시간을 주어 이벤트 참가에 대한 리스크를 고려할 수 있도록 해야 한다. 허가나 승인을 하는 당국은 해당 지방자치단체, 경찰서, 소방서, 관공서, 시설관리공단 등의 정부부처나 기관을 일컫는다. 필요한 법적 문서를 확보하고, 요구하는 허가사항과 과정, 비용, 시간을 검토하기 위해 행사장소, 공급업체, 관련당국을 체크해야 한다. 법적으로 준수해야 할 모든 서류는 반드시 수집하고 보관해야 하며, 일반적으로 허가에는 다음의 내용에 대해 기록하는 것이 필요하다.

- 대중집회(예: 데모, 집회, 반대시위)
- 공공자산이나 공간사용(예: 주차장, 공원, 공공건물)

- 길에 대한 공공권리침해(예: 차도, 거리, 보도, 중앙분리대)
- 지방자치단체 또는 공공서비스의 이용(예: 경찰, 교통통제, 전력, 수도 등)
- 임시구조물의 설치(예: 무대, 텐트, 관람석)
- 폭죽사용(예: 실내 불꽃 신호, 야외 불꽃놀이)
- 공기주입구조물의 설치(예: 에어 바운스 놀이기구)
- 주류 및 음식판매나 서비스

대부분의 지방자치단체는 모든 이벤트와 관련된 허가의 신청과 발급을 관리하는 부서가 있으며, 때로는 정책, 요금, 기한을 명시한 안내책자, 웹사이트나 매뉴얼을 비치하고 있다. 이벤트 장소와 관련하여 대관기준이 각기 상이하며, 신청기간도 대관기관의 성격에 따라 시점이 다르기 때문에 해당 시설관리기관에 사전확인이 필요하다. 컨벤션시설의 경우는 보통 매년 정기적인 개최를 하는 이벤트에 우선권을 배정하며, 예술의전당이나 세종문화회관과 같은 공공시설은 일정기간 내에 신청을 접수하고 신청자를 대상으로 자체기준에 따라 대관일정을 배정하는 경우도 있다.

어떤 허가나 승인의 신청은 기간이 짧고 간단하지만, 이와 달리 기간이 오래 걸리고 복잡한 경우도 있다. 이벤트에 필요한 법적 문서를 발급하기 위하여 재정능력에 대한 증명, 보험담보, 장소계획 승인 등과 같이 반드시 갖추어야 하는 조건이나 요구사항이 있을 수 있다. 어떤 공무원은 허가나 승인기준에 부합하는지 알아보기 위해 현장검사를 요구할 수 있다. 식품위생관련 공무원은 음식을 준비하는 지역과 쓰레기관리시설의 검토를 지시할 수 있다. 소방서에서는 실제 도면배치가 승인받은 평면도와 일치하는지, 특정 재료에 대한 불꽃 테스트로 안전한 사양에 맞는지 확인할 수 있다.

특히 지속적으로 상호 교류하는 관계당국과 좋은 업무관계를 유지하는 것은 중요하다. 이는 신속한 허가발급을 가능하게 해주며, 이에 더해 면제나 특별승인을 정당하게 만드는 이벤트에 대한 고유의 요인에 관해 공무원에게 가르쳐 줄 수 있는 기회가 생기기도 한다. 이러한 허가나 승인을 받는 것이 얼마나 번거롭고 많은 비용이 드는지 관계없이 이 과정을 회피하거나 무시하지 말아야 한다. 적발되는 경우 치러야 할 비용의 대가가 매우 크기 때문이다.

모든 결정과 활동에 대하여 관련계약서, 허가, 승인, 인가 등의 문서가 적법하다는 것을 보증하도록 이벤트계획의 모든 측면을 고려하는 것이 중요하다. 이벤트 개최에 비용을 지출하기 전에 먼저 필요한 허가나 승인을 얻어야 한다. 이벤트 개최에 너무 많은 시간과 비용을 투자하기 전에 원하는 것을 할 수 있도록 확실한 허락을 받아야 하고, 이벤트 개최에 대한 승인을 받기 전까지 이벤트에 대한 홍보를 하지 말아야 한다. 이벤트를 개최할 때마다 허가 및 법적 문서에 대한 체크리스트를 만들어 활용하고, 지역당국의 긴밀한 협조와 교육을 통해서 협력적 관계를 발전시켜야 한다.

4. 법적 문서

리스크관리자는 어떠한 계약서, 협약서, 다른 법적 문서가 요구되는지, 이벤트 운영에 대한 기준과 관례가 무엇인지를 판단해야 한다. 그런 다음 적절하게 개최되어 온 이벤트와 관련하여 필요한 모든 법적 서류를 확인해야 된다([표 7-10] 참조). 이는 공연장르, 공연시간, 필요장비, 공연내용, 책임과 의무 등이 서술된 공연계약서부터 공급업체, 고용인, 참가자, 자원봉사자에게 배타적인 정보의 보호나 구체적인 계획의 노출방지를 요구하는 계약서까지 모든 것을 말한다.

표 7-10 이벤트관련 법적 문서

• 용역계약서	• 비밀유지각서
• 업무협약서	• 고용약정서
• 임대차계약서	• 청구서
• 구매계약서	• 제안요청서
• 스폰서십계약서	• 구매지시서
• 계약서 부칙 · 추가사항	• 작업지시서
• 사용허가서	• 변경지시서
• 검수확인서	• 물품수령증
• 계약이행보증보험	• 추가업무지시서
• 선급금이행보증보험	• 반입 · 반출증
• 하자이행보증보험	

이벤트에 조달한 모든 물품이나 서비스에 대하여 서면계약서를 보유하고 있는 것이 가장 좋다. 계약서는 두 당사자 사이의 약속으로서 제공(용역이나 물품), 보상(지불 또는 답례), 계약서 내에 제시된 조건의 수용을 구체적으로 문서화한 것이다. 계약서는 얼마의 비용으로 무엇이 언제 발생할지, 누가 무엇을 제공할 것인지, 누가 무엇을 언제 할 것인지, 손해나 분쟁이 발생했을 때 어떻게 조치할 것인지 등에 대하여 명확히 제시되어야 한다.

관람객의 입장권 구매나 참가자의 컨벤션 참가등록은 주최자와 관람객(또는 참가자)의 계약적 합의로 고려하여야 한다. 따라서 입장권이나 등록양식의 항목에 대한 단어 선택은 신중하게 판단하여야 하며, 보상한도에 대한 면책도 계약서에 포함되어야 한다. 법적 구속력이 있는 계약서나 합의서는 제공, 보상, 조건을 협상하는 것에서 비롯되어야 한다. 서류화된 계약서는 두 당사자가 수용하여 서명할 때까지는 계약서가 아니라 단지 제안서일 뿐이다. 제공물이나 서비스에 대한 범위와 품질에 관한 것부터 가격이나 비용, 조건사항에 이르기까지 모든 것은 이론적으로 협상의 여지가 있다. 협상하는 동안, 모든 비용이나 수수료에 관련한 금액을 산정하여 이를 최종계약서에 정확하게 반영해야 한다. 또한 필요한 제한사항을 포함시키고, 계약서를 작성하고 서명하는 것을 확실히 해야 한다.

최종계약서에 선행하여 모든 협상조건을 확인하기 위해 확인서(confirmation letter)가 활용될 수도 있다. 양측 당사자가 서로 서명을 하여 계약을 체결하면 법적 구속력이 있는 계약서가 된다. 따라서 확인서가 받아들여지지 않으면 정식계약을 체결하지 않겠다는 의미다. 일반적으로 제안하는 당사자가 공식계약서(기업에서 사용하는 기본적인 양식)의 초안을 작성하나, 제안을 받아들이는 당사자는 수용하기 전에 수정제안(counter-offer)을 하여 변경할 수 있다. 계약서가 양측 당사자에 의해 서명된 이후 변경사항은 반드시 추가사항으로 양 당사자가 서명하여 독립문서로 원계약서에 첨부하여야 한다. 계약서에 서명이 이루어지기 전에는 모든 항목과 비용에 대해 협상의 여지가 있으나, 서명한 이후에는 불리한 항목을 삭제하거나 수정하는 데 제한적이다.

계약서는 양 당사자 모두에게 중요한 것을 포함해야 하며, 불법적이거나 공익질서에 위배되지 않는 내용에 대해서만 합의할 수 있다. 일반적으로 계약서는 각 당사자의 정확한 기대를 명확히 하고, 일방 또는 양방에 대한 보호를 제공하는 일련의 조항을 포함한다([표 7-11] 참조). 모든 계약서, 특히 일정수준 이상의 금융적 의무나 법적 책임을 명시한 경우는 계약체결 이전에 전문가의 법적 자문을 필수적으로 받는 것이 좋다.

불가항력은 서면통지로 법적 책임이 없이 계약을 취소하거나 종료하는 것을 허용할 수 있도록 하는 계약조항이다. 이는 양 당사자가 통제할 수 없는 상황이 발생하여 합의한 조건대로 계약의 이행이 불가능한 경우에 시행된다. 이러한 불가항력은 천재지변(예: 홍수, 태풍, 지진 등), 전쟁, 테러리즘, 전염병, 정부규제, 화재, 파업, 시민소요, 필요한 공익시설의 이용불가 등을 포함할 수 있다. 계약서나 약정서는 안전조치이며, 기대를 설정하고 명확히 함으로써 이벤트조직은 물론 거래하는 상대편을 모두 보호하는 것이다.

표 7-11 중요한 계약조항

조항	주요 내용
보증	• 지적재산권 위반에 대한 법적 보호 • 계약에 따른 민 · 형사상의 법적 책임 부과 • 근로기준법, 산업재해보장법 등 관련법령의 준수 및 책임
보험	• 상대방에게 필요한 종류와 한계를 구체화 • 가입보험증서의 사본 제출
승인 · 허가	• 상대방에게 필요한 승인이나 허가의 유형을 구체화 • 승인 및 허가에 대한 사본 제출
이행준수	• 계약이행의 준수를 보장하는 보증증권담보(계약이행보증증권, 선급금이행보증증권, 하자이행보증증권 등) • 완료기한을 지나 지연되는 기간에 대한 지체보상금 부과(통상 지체기간 1일당 계약금액의 1/1,000 적용)
분쟁해결	• 발생하는 손해 및 피해에 대한 책임소재의 명확화 • 분쟁발생 시 협상, 중재, 강제조정, 소송 등의 해결방안
관할지역	• 분쟁 또는 소송발생 시 관할지역에 대한 명시 • 통상 계약상대자 중 '갑(계약금액 지급당사자)'의 소재지
계약해지	• 어떤 경우에 법적 책임이 없이 계약을 해지할지를 명시(불가항력 포함) • 계약해지조항은 모든 계약서의 필수사항으로 포함

5. 윤리준수

윤리(ethics)는 옳고 그름에 대한 신념을 반영하고 내려진 판단과 선택, 그리고 취해진 행동을 말한다. 윤리는 이벤트나 관련산업을 위하여 대부분의 행동강령에 깊이 내재되어 있다([표 7-12] 참조). 이러한 기준은 공정한 관례를 촉진시킨다는 점에서 의사결정, 협상, 활동 등에 지침이 된다. 또한 윤리기준이나 행동강령에는 정직함, 책임감, 진실성, 의무감, 명확성, 자제력, 신뢰도, 공정성, 충성심, 공평성과 같은 윤리적 가치를 보여 준다.

'ETHICS(윤리)'라는 단어의 머리글자를 사용하여 윤리적 행동과 실천의 근본적인 원리를 이해하는 데 도움이 될 수 있다(Silvers, 2008).

- E(Equality: 평등): 조달부터 참가에 이르기까지 이벤트의 모든 측면에서 평등한 접근이 보장되어야 하며, 행동에 어떠한 차별이나 편애가 있어서는 안 된다.
- T(Trust: 신뢰): 본인이 하겠다고 말한 대로 행하고, 전달하겠다고 한 대로 전하며, 행동과 의무에 대한 책임을 감당하는 것을 입증할 때 신뢰를 쌓는다.
- H(Honesty: 정직): 언제나 본인의 능력, 권한, 상황 또는 이벤트와 관련된 비용에 대해 진실만을 말함으로써 본인 자신을 정직하고 적절하게 대변한다.
- I(Integrity: 진실): 기만을 피하고, 본인의 행동을 고객에 노출시키거나 신문 첫 면에 나오게 한다는 가정하에 스스로 자문하면서 명예롭게 행동한다.
- C(Clarity: 명확성): 무엇이 수용가능하고 그렇지 않은지를 구체화시킨 정책과 절차를 분명하게 하며, 고지에 입각한 동의는 모든 당사자에게 부여되는 것을 보장한다.
- S(Sincerity: 성실): 동료, 의뢰인, 고객, 경쟁자에게 직설적이고 솔직하며 진실한 존경심을 유지한다.

윤리실천은 전례, 관습, 전통, 표준, 공정성에 근거한다. 그러나 무엇이 표준이고 관습인지는 문화나 지역에 따라 달라질 수 있다. 그리고 무엇이 옳은 것인지는 서로 다른 타당한 이유에 따라 상황적인 이의를 제기할 수 있다. 이는 왜 정책과 절

표 7-12 이벤트산업의 윤리강령

(사)한국이벤트프로모션협회 윤리강령
• 우리는 전문가로서의 품위와 자질을 유지하며, 회원의 긍지를 가지고 모든 업무에 책임을 다한다. • 우리는 전문직의 가치를 견지하면서 관련지식과 기술의 습득 및 개발에 최선의 노력을 기울인다. • 우리는 회원 상호 간 존중과 신뢰로서 대하며 회원 상호 간의 인격을 훼손하는 언동을 하지 않는다. • 우리는 공익을 최우선으로 하고 사회에 해악을 끼치는 어떠한 행위도 과감히 배격하여 스스로 건전한 사회문화의 정착에 앞장선다. • 우리는 회원이나 기관 또는 단체의 비윤리적 행위에 대하여 강력히 대응하여 사회정의와 국가발전에 기여한다. • 우리는 협회의 소속기관과 관련단체의 활동에 적극적으로 참여하고 협회의 성장발전과 권익옹호에 힘쓴다.
IFEA(International Festival & Event Association)의 전문가 윤리강령
• 회원은 다음과 같은 사항을 포함하여 IFEA의 사명과 목적에 기여하고 증진시킨다. – 사회에 이벤트와 축하행사의 가치를 표현하고자 하는 협회의 헌신, 전문가로서 축제와 이벤트의 인식 – 회원들의 전문적인 지식, 산업이슈, 트렌드의 인지를 위한 협회의 약속 – 회원들의 전문적인 기준과 윤리적 행동의 의무준수 • 회원들은 자신들의 공동체와 사회에서 축제와 이벤트의 역할에 대해 대중의 이해를 개선시키기 위해서라면 모든 기회를 활용한다. • 회원들은 축제와 행사산업에서 진실과 전문적 능력이 유지될 수 있도록 돕는다. • 회원들은 인적자원훈련 및 관리에 대한 최고기준을 수용하고 증진시킨다. • 회원들은 안전 및 사업상 업무를 수행할 때 전문성의 최고기준을 실행하고 보장한다. • 회원들은 사기, 범죄 혹은 법의 위반의 커미션에 관여되는 어떤 일에도 관계하지 않는다. • 회원들은 정직하고 완벽한 방법으로 사업적인 약속을 대변하며 지킨다. 회원들은 일반적으로 받아들여지는 사업상 관례와 윤리적인 사업행동을 손상시키는 이해의 상충을 피한다. 회원들은 고객, 타 회원, 스폰서 및 다른 사람들과의 사업적인 분쟁을 공정하고 전문적인 방법으로 해결할 수 있도록 모든 합리적인 노력을 강구한다.
MPI(Meeting Professionals International)의 전문성 원칙
• 자신의 영역에서 전문적인 능력과 권위를 과장 없이, 잘못 얘기하거나 은폐하는 바 없이, 정직하게 대변하고 행동한다. • 이익 혹은 개인적 이익을 위한 갈등 혹은 그처럼 보이는 행동을 피한다. • 상거래 중에 적절한 인센티브, 물품, 서비스만 제공하거나 받는다. • 서면 혹은 구두계약서를 존중하며, 다른 이들의 법적 · 계약적 권리를 존중하는 한편 완전하고, 정확하며, 시의적절한 커뮤니케이션을 통해 명확성과 상호 이해증진에 매진한다. • 사생활보호법을 보장하고, 구두로나 글 혹은 전자상으로 얻게 된 특별한 정보에 대해 비밀보장 의무를 준수한다. • 요청된 정보, 제안 혹은 콘셉트를 오용하지 않도록 주의한다. • 회의생산과정에서 자원을 책임감 있게 사용함으로써 환경보호에 헌신한다. • 회의산업의 진보를 위해 훈련, 지식과 경험, 기술공유를 통한 교육적 성장을 활발하게 추구한다. • 국적, 인종, 종교, 성별, 혼인 여부, 나이, 성적 기호, 신체적 혹은 정신적 장애에 상관없이 모든 사람들을 존중하는 포용적인 사업적 분위기를 받아들이고 조성한다. • 이러한 전문성 원칙들을 고수하는 것은 전문성, 능력, 공정한 거래, 진실성을 의미한다.

출처: http://eventpromotion.or.kr/info/info_3.asp, http://www.ifea.com/p/about/policies, http://www.mpiweb.org/About/Leadership/BylawsPolicyManual

차가 이벤트활동과 운영을 위해 적정한 수행기준을 정의해야 하는지에 대한 이유이기도 하다([표 7-13] 참조). 이러한 정책은 수용이 가능하거나 그렇지 않은 행동, 동등한 기회, 재정적 요구조건, 조달, 규정준수 등에 대하여 다루어야 하며, 이 정책은 위반을 어떻게 다룰 것인지 명확히 해야 한다.

표 7-13 윤리실천에 대한 정책

행동	• 직장 성희롱 및 폭력 • 불법 약물 및 주류 음용 • 조직재산의 사용 • 컴퓨터 사용(예: 이메일, 인터넷 접근과 사용, 소프트웨어 사용)
이해의 상충	• 선물 및 사례 • 정치적 활동 • 외부고용 • 가족구성원 • 재무적 이익의 노출
고용인, 고객, 공급업체 정보	• 기록 및 정보의 유지 • 사생활보호 • 비밀보장 • 정보노출
고용실천	• 평등한 기회 • 다양성 인정 • 공평한 대우 • 일 · 가정의 균형 • 차별대우 • 적절한 권한행사
관리실천	• 재무기록과 비용보고서의 정확성 • 조직자산의 적절한 사용 • 독점정보의 보호 • 특전
조달	• 협상계약서 • 구매실행 • 평등한 기회와 접근 • 기대에 대한 명확성 • 과정의 투명성

출처: Silvers(2008)를 참고하여 저자 재작성

건전한 윤리의 실천은 리스크에 대한 노출을 감소시키고 리스크관리의 목적을 성취하는 데 도움을 준다. 선물과 사례를 받는 것에 대한 정책부터 꼼꼼한 기록절차에 이르기까지 공식적인 정책과 절차를 수립하는 것이 필요하다. 이는 직원이 적절한 방법으로 업무와 이벤트 운영을 잘할 수 있도록 돕는다. 이는 리스크를 줄일 뿐만 아니라 이벤트관리전문가로서 평판을 만들어 내고 강화시켜 주며, 서서히 대중의 신뢰를 얻어 가면서 전반적인 산업의 이미지와 기준을 끌어올리는 데 도움이 된다.

Part 03

운영 차원의 리스크관리

Part 03

이벤트의 주최자, 기획자, 연출자, 디자이너는 자신의 이벤트 경험 속에 매력이 넘치고 창의성이 뛰어난 요소를 투입할 수 있도록 방법을 지속적으로 찾아야 한다. 최신의 트렌드, 새로운 기술, 독창적인 활동과 다양한 환경을 찾아 이벤트에 접목하여 이벤트를 더욱 흥미롭고 잊을 수 없게 만들어야 한다. 하지만 신바람 나는 독창력을 향한 아이디어는 간혹 안전의 문제와 결과의 측면에서 수용되지 않는 경우가 있다. 왜냐하면 이런 아이디어를 특정 목적에 맞게 특정 시간, 그리고 특정 장소에 있는 참가자에게 제공하는 데 있어 근본적인 필요조건의 영향을 고려하지 않았기 때문이다.

참신과 혁신을 향한 탐구는 이벤트의 경쟁력과 성공을 담보하는데 필수적인 요소다. 하지만 이러한 탐구는 전달된 경험이 오래 지속되는 것보다 즐거워야 할 것이며, 참가자를 위태롭게 만드는 것보다 마음을 사로잡기 위해서 주의나 경고로 완화시키는 것이 중요하다.

운영 차원의 리스크관리에서는 이벤트와 관련된 프로그램 리스크관리, 참가자 리스크관리, 장소 리스크관리를 통해서 참가자의 욕구와 장소, 그리고 조화로운 놀라움을 충족시키는 방식으로 이벤트 경험을 어떻게 설계하는지 검토한다.

| Chapter **08** |

프로그램 리스크관리

설계(design)는 심미적인 결과물을 산출하는 창의적인 과정이다. 이벤트 프로그램설계(program design)는 이벤트의 목적 및 목표의 예술적 해석과 표현, 그리고 그것의 경험적인 차원에 초점을 둔다. 회의나 이벤트를 설계하는 것은 단순히 활동이나 환경을 만드는 것이 아니라 경험을 창출하는 것이다. 프로그램설계는 이벤트 경험이 지속되는 동안 다양한 이벤트 구성요소의 흐름이고, 참가자의 기대와 장소의 제약을 통합하려는 욕구이며, 연속적이고 실행적인 필요조건을 가지고 무대에 올리는 것이다(Bowdin et al., 2006). 이벤트설계는 실용성을 가미한 미학의 조합이어야 하며, 설계는 어떤 특정 문제를 해결하기 위해 적용한 응용예술이다. 한마디로 설계는 유용해야 된다는 것이다(O'Toole, 2006).

효과적인 프로그램설계는 이벤트소비자에게 경제적 · 감정적 가치를 제공하는 경험을 제공하기 위하여 전략적 · 미학적 · 기술적 · 논리적 기술을 필요로 하며, 이는 5W(누가, 언제, 어디서, 무엇을, 왜)에 대한 철저한 이해에 달려 있다. 이벤트기획자는 이벤트의 개념과 비전을 설계하기 위해 이벤트주최자의 욕구와 목표를 해석하는 이벤트설계자가 되어야 하지만, 이 설계과정은 이벤트 제작의 실용성에 확고한 토대를 두어야 한다. 또한 이벤트기획자는 경험상의 엔지니어(engineer)로서 그 비전을 해석하고 이용가능한 자원에 따라 경험을 전달할 수 있는 적합한 프로그램 구성요소의 선택과 배열을 통해서 수행될 수 있는 구체적인 계획으로 그 설계를 만들어 간다. 또한 이벤트기획자는 물품, 서비스 및 인력의 조달과 계획이 구현되고 관리되도록 실행계획을 보장할 수 있는 이벤트 프로젝트관리자가 되어야 한다.

프로그램설계는 창의력에 달려 있다. 다양한 창의적 기술을 활용하여 발상을 얻긴 하지만, 항상 이벤트의 의도와 성취해야 할 목적과 목표와 함께 출발하여야 한다. 영감과 독창성은 도전과 해결책 사이의 간극을 채워 줄 것이며, 콘텐츠에 대한 계획이 구체화되면서 차례로 그 범위도 설정될 것이다. 개발된 창의적 콘셉트(concept)는 마케팅적 · 운영적 · 재무적 관점에서 평가되어야 하고 이벤트주최자에게 수용되어야 한다. 혁신적이거나 흔치 않은 아이디어를 시도하는 것은 중요하나, 이벤트를 실행하는 사람의 경험부족이나 능력부족 또는 관람객의 오해나 거절로 인한 실패가능성을 최소화하기 위해서 프로그램설계를 참신함이나 놀라움으로 밀고 나갈 때 상당한 주의가 필요하다.

프로그램설계를 현실화시키는 각각의 요소, 성분, 활동, 특성은 그것의 설치, 장비, 운영과 관련된 내재적이거나 잠재적인 리스크가 존재하는데 이들 모두는 리스크를 통제하기 위해 주의 깊게 다루어야 한다. 이벤트 리스크관리자는 행사장으로 들어오는 각 개별 물품과 서비스의 물류계획과 매커니즘을 충분히 알고 있어야 하며, 관람객, 직원, 참가자, 제공자 또는 이벤트조직에 제기될 수 있는 리스크를 분석하기 위하여 이벤트 청중을 만날 시간이 있어야 한다.

1. 경험설계

경험(experience)의 본질은 즐겁고 극적이고 재미를 주며 기억할 만한 만남에서의 소비자 개인의 관계이다(Pine and Gilmore, 1999). 이벤트 경험의 구성요소를 형성하는 활동, 환경, 전시, 편의시설의 의제는 이벤트의 목적과 목표에 의해서만 추진되는 것은 아니다. 이는 또한 이벤트에 참가함으로써 얻어지는 혜택은 물론 이벤트에 자극을 받아서 느끼는 개인적인 몰입에 대한 참가자의 요구에 의해 추진된다. 이벤트 경험을 설계하는 데 관련된 리스크는 이벤트의 유형과 이벤트주최자의 선택에 따라 달라질 수 있지만, 이벤트의 모든 것은 잠재적 리스크를 지니고 있다는 것을 기억해야 한다([표 8-1] 참조).

표 8-1 이벤트 프로그램의 리스크

• 광활한 행사장	• 부적정한 속도나 박자
• 대규모 제작	• 서투른 연기자나 부적합한 전시참가자
• 경쟁의식 또는 과열	• 불충분한 음향 및 조명
• 높은 참석자 밀집	• 동물 출연
• 논란성이 많은 화제 또는 발표자	• 특수효과의 안전성
• 음식 선정과 안전성	• 무리한 일정
• 주류서비스	• 장기간 프로그램 등

이벤트에 포함되는 구성요소의 범위는 이벤트의 목적, 규모, 장소, 예산, 이미지, 참가자의 욕구, 그리고 이러한 요소와 연관된 실행 및 운영적인 필요조건에 달려 있다. 또한 이벤트에서 벌어지도록 계획된 모든 것은 특수장비의 필요, 사용될 재료, 실행하거나 운영할 스태프, 장소 특성에 따른 요건을 갖게 될 것이다([그림 8-1] 참조). 이들은 모두 리스크관리 관점에서 분석되어야 하며, 전체 이벤트계획에 통합되어야 한다. 이는 왜 리스크관리자가 이벤트의 설계 · 계획 · 운영이라는 전체적인 이벤트관리과정에 관여되어야 하는지를 명확하게 알려 준다.

그림 8-1 이벤트의 경험 및 운영적 관점

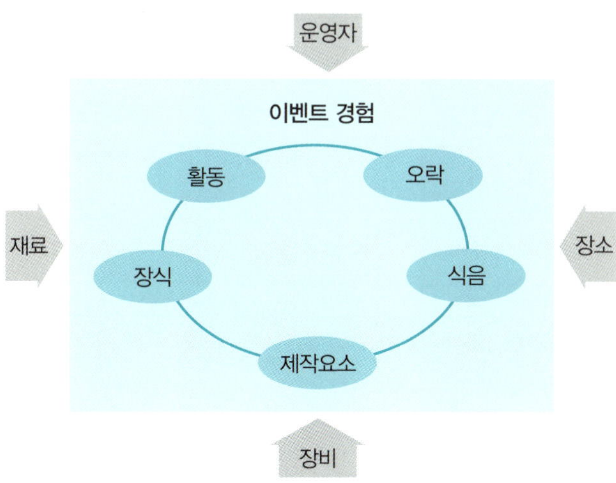

1) 콘텐츠선정

이벤트가 수많은 오락이나 구경거리, 전시, 불꽃놀이를 수반하는 축제이든, 수상, 만찬, 공연이 있는 시상식이든, 다양한 회의, 세션, 사교활동이 계획된 컨벤션이든 간에 이벤트에는 항상 해야 할 것이 있어야 한다. 바람직한 활동(activity)을 선정하고 이러한 활동에서 커뮤니케이션해야 할 콘텐츠(contents)는 관람객의 욕구와 바람, 그리고 이벤트의 목적과 목표를 명확하게 이해하는 데서 출발하여야 한다.

가능한 이벤트활동은 폭넓은 선택의 범위를 포함하여 목적, 본질, 기대되는 성과의 측면에서 다른 특징을 갖는다([그림 8-2] 참조). 이벤트는 본질적으로 관람하거나 체험하는 것이다. 다양한 활동, 엔터테인먼트, 구경거리는 간접적이거나 상호적이며 또는 단순히 장식용으로 이벤트의 주제나 분위기를 강화시키는 역할을 한다. 이벤트 콘텐츠는 교육적이고 영감을 주며 오락적인 목적을 만족시키도록 선정되어야 한다. 예를 들면, 컨퍼런스는 인증 프로그램의 요건을 충족시키기 위해 교육 세션을 제공하고, 전시회는 참가자를 늘리기 위해 정기적으로 산업이슈에 관한 학술 세션을 제공한다. 캠페인성 이벤트는 일반적으로 후원을 독려하기 위해 계획된 요소를 포함한다. 직원대상 이벤트는 재미와 팀워크(teamwork) 증진을 위한 오락활동을 포함한다.

그림 8-2 이벤트활동 및 콘텐츠

활동의 유형
단순관람
참여
직접체험
교육 · 계몽
레크리에이션

콘텐츠의 유형	
개막식	판매 · 구매
폐막식	포럼 · 세미나
축하행사	공연
체험행사	스포츠
콘서트	놀이기구
리셉션	관광
만찬	토크쇼
시상식	직접체험
주민참여행사	실험
전시	식음
게임	카페
퍼레이드	상담

교육활동을 위한 콘텐츠를 개발하는 것은 이벤트의 커뮤니케이션목표와 교육적 의무를 달성하기 위하여 적절한 주제, 구성방식, 발표자의 선정을 포함한다. 이러한 활동은 다양한 학습방식, 기법, 전략을 인식하고 성인학습의 원리와 역학관계를 포함하는 방법으로 고안되어야 한다. 또한 콘텐츠는 교육적 필요와 목표관중의 경험수준을 충족시키도록 설계되어야 한다. 발표자, 진행자, 다른 콘텐츠 전달자는 선정된 프로그램 포맷이나 전달시스템은 물론 내용범위와 주제의 요건에 따라서 선정해야 한다. 명확한 연사 초청 및 발표태도 지침은 고품질의 프로그램이 가능하도록 설정되어야 한다.

어떤 활동은 이벤트의 구성요소이거나 그 자체가 이벤트일 수 있다. 의전요구나 특정 종교 및 의식상의 요건이 충족되지 않거나 또는 의식활동을 수행할 적절한 장비와 인력을 구하지 못할 경우에 의식(ceremony)에는 많은 잠재적 문제가 발생할 수 있다. 퍼레이드(parade)는 장식차량, 행군악대, 집단, 공연단, 부대, 기마부대, 거대한 헬륨풍선의 캐릭터, 차량을 포함하며, 대기줄 및 해산할 수 있는 충분한 집합장소, 방해 없이 통과할 수 있는 길, 퍼레이드에 포함된 각 단위그룹을 호위할 진행요원이 필요하다.

장식용이나 유희용 포즈로 동물을 활용하는 경우에는 관람객에게 위험할 수 있으며, 특히 그 동물이 크거나, 길들여지지 않고, 훈련받지 않고, 컨디션이 좋지 않은 경우 더욱 위험하다. 동물활용의 고려사항으로 접촉, 불편, 도발에 기인한 공격, 관람객 알레르기(allergy)와 공포, 감염, 위생, 동물복지를 염두에 두어야 하며, 이 동물들은 항상 숙달된 조련사로부터 관리되어야 한다(HSE, 1996).

통통 튀는 에어 바운스(air bounce)로 만든 우리(cage)나 성(castle)과 같은 공기주입식 놀이기구, 암벽등반 연습용 인공벽 또는 벨크로[01] 월(Velcro wall)은 사고가능성을 최소화하고 설치 · 유지 · 운영을 위하여 엄격한 안전기준을 시행하여야 하며 충분한 책임보험을 들어야 한다. 이러한 장비와 연관된 위험은 바람의 불안정성, 공기누출, 질식, 낙상, 과잉수용, 체격에 따른 이용자 분리의 실패를 포함한다(HSE, 2001). 놀이기구나 카니발(carnival)장비는 일반적으로 정확한 안전설명서

01 천 같은 것을 한쪽은 꺼끌꺼끌하게 만들고 다른 한쪽은 부드럽게 만들어 이 두 부분을 딱 붙여 떨어지지 않게 하는 여밈장치

에 맞게 설계하고 제작하도록 규제하여야 한다. 이 장비의 설치는 철저한 검사를 거쳐야 하며, 그 상태와 노후화에 대해서도 매일 검사를 받아야 하고 또한 잘 훈련된 운영자와 안내원에 의해 운용되어야 한다(HSE, 1998).

어떤 활동은 그 자체의 본질로 인해 위험하고, 어떤 활동과 요소는 단순히 부적합하며, 활동금지를 추천해야 하는 활동의 내재적인 위험이 있을 수 있다. 그러나 이를 이벤트기획자나 제작자가 항상 알고 세심한 주의를 기울이지 못한다. 예를 들면, 인기 권투시합에서 선수가 싸우다가 뇌진탕으로 부상을 입고 얼마 후 사망을 했다. 이것이 소송문제로 제기되어 주최자가 몇 억 규모의 합의금을 피해자에게 지불했다. 그러나 시합이 법적으로 금지되어 있지 않기 때문에 이 구경거리는 여전히 수많은 시합 프로모터에 의해 제공되고 있다. 이벤트 리스크관리자는 이러한 위험과 위험요소에 대하여 지속적으로 이벤트산업 전반을 살펴야 한다. 오로지 제공자의 안전확약에만 의존할 수 없기 때문이다.

Event Risk Management

사례 2008년 제천자동차마니아페스티벌 카퍼레이드 사고

2008년 제천자동차마니아페스티벌이 5월 23일부터 3일간 충북 제천시 모산비행장과 청풍호반 일대에서 개최되었다. 행사 첫날 카퍼레이드 도중 벌어진 인명사고는 사고위험이 상존해 있는 '자동차축제'의 특성에 미리 대비하지 못했기 때문이라는 비판을 받고 있다.

23일 오후 6시 20분께 제천시 중앙로의 한 교차로에서 개막 카퍼레이드를 벌이던 오토바이 2대가 서로 부딪혀 이 중 1대가 인도를 덮쳐 발생한 사고로 한 모 씨(69세) 등 2명이 중상을 입었다. 이 중 1명은 생명이 위독한 상태다.

경찰은 제천시관계자 등 행사관계자들과 오토바이 운전자 등을 상대로 정확한 사고경위를 조사 중이다. 경찰관계자는 "일반차량과 보행자들의 통행이 통제된, 행사장에서 벌어진 일이어서 교통사고가 아닌 안전사고로 보고 사건을 수사과에 배당해 조사하고 있다"고 밝혔다.

또 제천시는 당초 10억여 원 규모로 행사를 꾸밀 계획이었으나 주관단체의 사업비 투자가 줄어들면서 행사가 절반 수준으로 축소된 것으로 전해졌다.

이 때문에 매일 진행될 예정이었던 자동차스턴트쇼 등의 프로그램이 대폭 축소됐으며, 안전시설도 제대로 설치되지 않은 곳에서 관중들은 혹시 발생할지도 모르는 안전사고의 가능성에 가슴을 졸여야 한 데다 쇼를 위한 시야도 확보되지 못해 관람객들이 큰 불편을 겪었다.

시관계자는 "자동차쇼이기 때문에 보다 완벽한 안전시설을 갖췄어야 했고, 관중들의 시야를 확보해 줄 수 있는 관람석도 필요했다"면서 "모산비행장이 자동차축제를 소화할 수 있는 장소로 적합한지 다시 한 번 고민해 볼 문제"라고 말했다.

출처: 뉴시스, 2008. 5. 25.

사례 송도컨벤시아 놀이시설 에어 바운스 사고

지난 1월 인천에서 발생한 에어 바운스(공기주입식 미끄럼틀) 어린이 사망사고와 관련한 책임자들이 재판에서 집행유예를 선고받았다. 인천지법 형사5단독 류호중 판사는 업무상 과실치사 등의 혐의로 기소된 놀이기구 제조업체 대표 A씨(47세)에게 징역 8월에 집행유예 2년을 선고했다고 16일 밝혔다. 재판부는 또 같은 혐의로 기소된 행사운영업체 대표 B씨(38세)와 현장책임자 C씨(32세)에게 금고 6월에 집행유예 2년과 금고 4월에 집행유예 1년을 각각 선고했다.

A씨는 지난해 12월부터 지난 1월까지 인천시 연수구 송도컨벤시아 내 전시장을 빌려 어린이용 놀이기구인 에어 바운스를 설치해 운영하는 과정에서 안전조치를 제대로 하지 않아 사망사고를 일으킨 혐의 등으로 기소됐다. B씨와 C씨도 사단법인 한국종합유원시설협회가 부과한 준수사항을 지키지 않고 놀이시설 탑승 인원을 제한할 인력을 배치하지 않은 혐의를 받았다.

재판부는 "피고인들은 해당 사고 전에도 이미 여러 차례 안전사고가 일어났는데도 진행요원을 증원하거나 안전사고를 방지할 뚜렷한 대책을 마련하지 않았다"고 판단했다.

한편 놀이시설이 운영 중이던 지난 1월 18일 오전 11시께 송도컨벤시아 내 에어 바운스가 무너져 내리면서 인천 모 초등학교 재학생 D군(9세)이 3m 아래 바닥으로 떨어졌다. 이 과정에서 D군은 안면부가 에어기구에 맞닿아 호흡곤란으로 의식을 잃었고 인근병원으로 옮겨졌으나 압착성 질식사로 숨졌다.

출처: 연합뉴스, 2014. 11. 16.

2) 콘텐츠배치

일단 활동유형이나 이벤트 구성요소가 선정되면 이들을 균형적 · 논리적 · 진보적 경험이 전달되게 하는 방법으로 체계화하고 순서를 배열해야 한다. 각 활동의 장소 및 기간에 대한 필수조건이 결정되어야 하고, 인접하거나 동시에 발생하는 이벤트의 위치선정이 설정되어야 한다. 이벤트 구성요소의 순서는 지속성을 가지고 적절한 속도와 박자를 반영하여 의제, 진행순서, 일정에 배치하여야 한다.

프로그램의 의제나 구조는 관람객이 적절한 순서나 계획된 흐름에서 경험을 진행할 수 있도록 배치되어야 하며, 참가자가 그렇게 선택함으로써 개별 요소의 이점을 충분히 취할 수 있다. 참가자의 동선흐름을 고려하여 단순관람, 참여, 직접체험의 유형별 프로그램 배치가 필요하다. 직접체험 프로그램은 관람객의 만족도가 높기 때문에 프로그램의 비중과 배치를 확대하려는 경향이 있다. 하지만 직접체험 프로그램은 많은 체류시간이 필요하기 때문에 결과적으로 관람객의 동선을 정체하게 만들고 군중의 혼잡도를 높인다. 따라서 체류시간이 낮은 단순관람 프로그램과 체류시간이 중간 정도인 참여 프로그램을 적정한 비율로 배치하여야 한다.

동선계획(flow plan)은 리스크관리의 관점은 물론 경험으로부터의 시각이 중요하다. 예를 들면, 1천 명 이상의 단체가 한 공간에서 다른 공간으로 이동하는 데 최소 30분의 시간이 필요하다. 컨벤션 행사에서 전체회의로부터 개별 주제 세션까지 또는 리셉션으로부터 연회의 만찬까지 이동하는 데 필요한 시간이다. 그리고 군중 이동 시 문제가 발생하지 않도록 보장하는 충분한 시간이 할당되어야 한다. 높은 수요가 예상되는 활동이나 요소에는 특별한 주의가 요구되는데, 이는 참가자가 원하지 않는 선택 또는 수용력이나 군중밀도제약에 의해 양보하도록 강요받는 방식으로 배치되지 않기 위해서다.

리스크관리자는 문제를 야기할 수 있는 어떠한 충돌이 있는지 확인하기 위하여 프로그램구조와 배열을 살펴보아야 한다. 게다가 다양한 협력업체와 공급업체는 이벤트의 활동과 서비스를 제공하기 위하여 계약을 체결할 것이다. 각자는 어떤 리스크가 관련되었는지 확인하고 통제하기 위해 평가되어야만 하는 다른 종류의 필요와 기대를 갖게 될 것이다. [표 8-2]에서 보여 주는 것처럼 이와 같은 필요조건이 포함될 것이지만, 여기에만 국한하는 것은 아니다.

표 8-2 이벤트활동 공급자의 필요조건

• 장비 필요조건	• 반입 · 반출시간 및 공간
• 보안 필요조건	• 주차공간
• 공간 필요조건	• 운영요원 또는 직원
• 무대 필요조건	• 분장실, 출연자 대기실
• 보관 필요조건	• 전기, 물, 가스 공급
• 기술적 제작 필요조건	• 리허설
• 설치 필요조건	• 임시구조물
• 식음료 필요조건	• 숙박시설 등

이벤트 경험의 효과적인 설계와 전달은 참가자, 관람객 및 공급자의 관점으로부터 예지력에 달려 있다. 포함되어야만 하는 활동들은 이벤트의 목적을 향상시킬 수

있는지 면밀히 검토되어야 한다. 이벤트 날짜와 일정은 관련된 모든 사람에게 물류적 필요성과 선호도를 고려하여 충분히 제공되어야 한다. 경험은 관련된 특성과 측면의 총합으로서 하나의 통합된 패키지다. 이 전체적인 본질을 인식하는 데 실패하는 것은 잠재적 위험, 취약성, 그리고 실망에 대한 노출을 불러일으킨다.

2. 환경설계

이벤트나 컨벤션이 개최되는 환경(environment)은 이벤트의 목적달성을 가능하게 하는 것은 물론 참가자의 욕구를 충족시켜야 한다. 장식소품, 소도구, 가구, 장식적인 꾸밈, 길안내시스템의 선택과 배치는 이벤트환경의 매력도와 기능을 강화시킨다. 기획자는 참가자의 반응과 행동에 대한 환경적인 자극효과를 인지하고 이해해야 하며, 환경의 물리적 · 인지적 · 사회적 측면 간에 상승효과가 나타나도록 추구해야 한다(Gifford, 2002). 환경에 대한 참가자의 반응에 영향을 주는 요인은 [표 8-3]에 나타나 있으며, 이벤트기획자는 심미성, 운동성, 행동성, 안락감, 안전의 관점으로 고려하여야 한다. 물론 리스크관리자도 이를 고려해야 하며, 잠재적인 위험을 발견하기 위하여 제안된 환경요소들의 배치, 공사, 설치를 더욱 깊이 살펴봐야 한다([표 8-4] 참조).

표 8-3 환경인지 및 효과에 영향을 미치는 요인

• 활동	• 군중혼잡도	• 참신성
• 건축	• 심미성	• 조직
• 배열	• 친근성	• 개인공간
• 청결	• 가독성	• 안전
• 일관성	• 조명	• 온도
• 복잡성	• 소음	• 유용성

표 8-4 이벤트환경과 관련된 위험

• 임시구조물과 무대	• 모호한 안전신호
• 혼란스러운 배치	• 차단된 안전출구
• 결함 있는 장치	• 차단된 시선
• 광범위하고 다중적인 장소	• 실외 및 원거리 위치
• 부적합한 설치	• 군중과잉
• 부적절한 조명	• 제약되거나 불안전한 장식자재
• 제한된 시야	• 불편한 이동경로(급경사, 계단 등)

행사장의 사용은 그 장소에 영향을 미친다. 특히 특정 목적을 위해서 건립되지 않은 부지나 장소가 그렇다. 장소사용으로 인한 부정적인 영향이 가능한 최소화될 수 있도록 사려 깊은 주의가 필요하다. 피해, 공해, 폐기물을 통제하는 것은 환경보호는 물론 부지나 장소의 사용과 관련된 재정적 · 물리적 리스크를 감소시킬 것이다. 이벤트는 특별한 환경보호규제나 법규를 따라야 하며, 특히 부정적 영향을 미치는 공유지, 수로, 이벤트활동에 관련된 법규를 준수할 필요가 있다.

1) 환경배치

이벤트환경의 물리적 배치와 장식은 참가자나 관람객이 수행하는 활동에 기반을 두어야 한다. 이러한 환경은 참가자가 의도한 활동을 수행하거나 유도시키는 방식으로 설계되어야 한다. 또한 배치와 공간의 사용은 환경조건과 제약의 범위 내에서 사회적 · 물리적인 요건을 충족시키는 방식으로 설정되어야 한다. 리스크관리자는 적절한 기능적 환경과 이와 관련된 위험이나 취약성이 발생하는 측면에서 참가자의 욕구를 주의 깊게 고려하도록 다음의 배치계획을 평가하여야 한다(Silvers, 2008).

- 접근: 도로 및 주차, 장애인 접근성, 입구, 통로
- 대기(大氣): 난방, 냉방, 통풍, 날씨, 소음, 조명
- 대피: 비상구, 비상대응, 커뮤니케이션
- 서비스: 정보, 복리후생, 식음료, 위생시설
- 신호체계: 정보, 지시, 방향, 제한, 안전, 신원확인

• 무대: 장식, 좌석, 막, 바리케이드, 무도장, 칸막이, 제작장비, 계단 · 경사로
• 구조물: 텐트, 캐노피,[02] 그랜드스탠드, 무대, 시청각 스탠드 및 타워, 전망대, 아치형 입구

효과적인 배치의 목적은 이동의 최적화, 혼잡제거, 공간활용을 극대화하는 것이다. 배치는 이동능력의 안전요인으로서 활동에 있어 최대 이동시간을 고려하여 이벤트의 일정과 함께 행사장의 동선계획을 수립하여야 한다. 군중의 안전한 이동을 가능하게 하고, 실제적으로 인식하는 혼잡을 최소화하며, 공간을 통해 흐름을 연출하는 것은 활동, 장식, 무대요소의 배치로 인해 강화되거나 방해를 받을 수 있다. 또한 실행활동을 위한 공간사용은 유지, 보충, 저장에 대한 요건을 포함해서 고려하여야 하며, 이 모든 것은 적절한 공간계획으로 가능할 수 있다. 리스크관리자는 기능적 · 규제적인 접근성을 보장하고 군중밀도를 통제하기 위하여 정밀한 평면도(floor plan) 또는 배치도(site plan)의 개발에 특별한 관심을 가져야 한다.

과밀(crowding)과 밀도(density)는 뚜렷이 구별된다(Gifford, 2002). 과밀은 주관적인 인지이며, 밀도는 객관적이며 물리적인 사실이다. 과밀과 밀도는 개인적인 공간선호도와 관련이 있으며, 이벤트의 사회적 맥락은 물론 문화와 환경요인에 따라 다양하다. 게다가 밀도는 무엇이 발생하든 긍정적이거나 부정적인 규모를 확대시킬 수 있다(예: 즐거움, 불만). 이는 모든 이벤트활동이 고밀도상황을 선호한다는 것으로 설정하고, 모든 안전의 영향을 고려하여야 한다.

2) 공간장식

장식전략은 행사장의 시각적 환경은 물론 운영적 환경에 많은 영향을 미친다. 장식전략을 통해 관람객의 이동을 자연스럽게 연출할 수 있고, 상호작용을 유도할 수 있으며, 가시성을 강화하여 위험을 차단할 수 있다. 예를 들면, 기업이 워터파크(water park)에서 수상분위기의 파티를 열었다. 법적 책임과 착용의상을 고려해 참석자가 수영장이나 물가에 들어가는 것을 금지하기로 했다. 그래서 장식으로 수

02 캐노피(canopy): 차양, 현관, 문턱, 창문 등의 위쪽을 가리는 지붕처럼 돌출된 것이나 덮개를 말함.

영장 주변에 줄을 설치하고 운영요원을 배치하여 풀장 주변의 출입을 통제했다. 이와 같이 많은 이벤트는 다른 활동이나 활동구역을 표시하기 위해 컬러장식을 자주 사용한다. 무대, 연단, 장비는 가시성을 강화하고 특정 활동이나 특징에 대한 관심을 집중시키기 위하여 사용된다. 무대배경이나 천을 씌우는 것은 보관구역의 보기에 거슬리는 건축적 특징이나 잠재적으로 위험한 기구를 가리는 방법으로 사용된다.

이벤트설계자는 이벤트의 공간장식을 위한 방법과 재료에 대하여 가능성을 제한하지 않으며, 창의적인 영감, 테마, 비용, 장비의 사용가능성에 따라 선택한다. 많은 설계자는 연극작품에서부터 사소한 철물점에 이르기까지 어디에서든지 영감을 얻으며, 이례적이고 독특한 방식으로 재료를 인식하고 활용할 줄 안다. 따라서 이벤트활동이 있는 곳에 가끔 놀랍고 흥미로운 환경을 제공할 수 있다. 만일 설계자의 장식공사 및 설치가 안전평가와 특정 이벤트상황에서 성공에 대한 확신이 없다면 많은 리스크문제가 발생하게 될 것이다.

적절한 테이블, 의자, 가구는 이벤트 프로그램의 성격에 따라 배치되어야 하며, 또한 참가자의 관심을 집중시키고 대피할 수 있도록 적절한 시야를 확보하여야 한다. 이들은 재료, 장비의 유형, 배치에 다양한 창의적 선택이 가능하나, 안전을 염두에 두고 공사하고 배치하여야 한다. 예를 들면, 테이블과 의자에 대한 비정형적인 재료의 사용은 불안정하거나 불안한 가장자리 또는 표면을 가질 수 있으며, 의전이나 보안을 필수조건으로 하는 의식행사를 위한 리스크관리 관점에서 의자배치는 매우 중요하다.

대부분의 이벤트요소 또는 구성요소는 특수장비의 사용이나 반입이 필요하다. 이는 항공기구(비행선 등), 시청각기구, 소품이나 제작장비, 텐트나 화장실, 무대, 그랜드스탠드, 포장용 상자나 연단, 조명기구나 설치리프트(lift)를 포함하기도 한다. 리스크관리자는 어떤 장비가 사용되고, 이것이 어디서 왔으며(내부 또는 외부), 어디에 사용되고, 누가 작동시키며, 이것에 어떤 내재적인 안전상 위험이 있는지를 알아야 한다. 이는 이벤트활동을 지원하고, 수행하고, 설치하고, 보호하고, 제거하기 위해서 사용되는 모든 장비를 포함한다. 분명한 것은 리스크관리자가 이벤트의 모든 면에 대해 충분히 알고, 적어도 잠재적인 리스크를 발견하기 위해 어떤 질문을 해야 하는지를 아는 것이 필요하다는 사실이다. 이것이 왜 리스크의 평가과정에 모든 이벤트 구성요소의 제공자를 포함해야 하는지에 대해 결정적으로 중요한 이유가 된다.

3) 길안내시스템

행사장 내에서 관람객의 길안내시스템(way-finding system)은 방문객의 즐거움과 안락에만 연관된 것이 아니다. 이는 관람객의 안전과 복지, 특히 비상사태에 매우 결정적이다. 길안내와 공간인지를 쉽게 하는 환경적 단서를 제공하고 정보, 방향, 지시를 통하여 바람직하거나 필요한 동선흐름을 원활하게 만드는 안내체계를 개발하는 것이 필요하다. 이 단서와 시스템은 장식요소, 가구비치, 감각신호, 합리적인 배치, 신호체계와 함께 달성할 수 있다.

Gifford(2002)는 'way-finding'이라는 용어의 창시자인 Kevin Lynch(1960)의 공간인지연구를 인용하여 길안내를 제안하였다. 즉, 명확한 통로, 뚜렷한 모서리, 특징적인 구역, 분명한 랜드마크(landmark)에 의존하는 환경의 가독성을 언급하면서 신호체계, 번호 매기기, 컬러분류시스템과 같은 환경적 단서가 복잡한 배치에 대한 이해와 길안내가 용이하다고 제시하였다. 현 위치에서 목적지로 이동할 수 있는 능력, 즉 가항성(navigability)은 목적지의 위치가 정확히 알려져 있지 않더라도 독특한 위치확인, 방향단서, 잘 구성된 경로, 결정시점의 신호체계를 제공하고, 미리 매력적 요소로 시선을 유혹함으로써 강화시킬 수 있다(Foltz, 1998).

행사장을 찾고 행사장 안에서 길을 안내해 주는 신호체계(signage)는 가능한 쉽게 만들어져야 한다. 사인(sign)은 이벤트환경에 통합되어야 하고 이벤트의 전반적인 장식과 테마와 조화되어야 한다. 또한 사인은 스폰서의 인식과 이벤트 브랜딩(branding)에 많은 영향을 미친다. 방향이나 정보사인은 이벤트관람객의 편리, 혼란의 최소화, 행동관리가 용이하도록 위치하여야 한다. 권고나 경고사인은 중요한 안전 메시지, 제한, 지시를 커뮤니케이션하기 위해 사용한다. 사인은 읽고 이해하기 쉬워야 하며, 다양한 가능 또는 불가능을 표시하는 대체형식은 물론 상징(symbol)이나 그림문자(pictogram)를 사용하여야 한다. 그리고 사인은 관람객이 길을 찾거나 이벤트를 즐기는 것을 돕도록 어느 곳에든지 배치되어야 한다([표

8-5] 참조).

표 8-5 신호체계와 표시기능

• 입구, 출구	• 비상대피로
• 안내소(종합, 지역)	• 장애인 전용
• 분실물 · 습득물센터	• 주차구역
• 미아보호소	• 종합안내도
• 노약자보호소	• 대기라인
• 물품대여소 · 보관소	• 제한 · 지정구역
• 경찰서	• 일정표
• 의무실	• 좌석배치시스템
• 수유실	• 서비스구역
• 반려동물보호소	• 흡연 · 금연구역
• 동선안내	• 통제구역
• 방향사인	• 접근금지
• 착석 · 촬영금지	• 스폰서 표기
• 음식반입금지	• 전화
• 프로그램안내	• 충전서비스
• 매표소 · 티켓 수령장소	• 임시경고 표지
• 위험공간	• 화장실
• 장비사용설명	• 쓰레기 수거 · 재활용 장소

3. 엔터테인먼트

엔터테인먼트(entertainment)를 담당하는 이벤트기획자는 이벤트 프로젝트와 공연자 및 활동의 지원조건의 조정을 위하여 적합한 엔터테인먼트, 보조 프로그램, 레크리에이션활동을 발굴 · 선택 · 통제하는 것을 감독해야 한다. 이벤트참가자는 마술쇼에서 익스트림 스포츠(extreme sports)에 이르기까지 볼거리를 즐긴다. 이벤트참가자는 번지점프에서 전쟁게임에 이르는 그 사이의 모든 활동에 참여한다. 그리고 새로운 오락활동과 볼거리는 매일매일 개발되고 있다.

일부 공연자와 활동은 다른 것보다 내재적 또는 잠재적으로 더 위험할 수 있지만, 리스크관리자는 특정 엔터테인먼트나 공연자를 옹호하거나 반대하지 않는다.

다만 엔터테인먼트의 선택이 완료되었다면, 리스크관리자는 위험을 평가하고 그 위험을 회피하거나 감소시키고, 전가시키는 데 도움을 주는 권고사항을 만든다. 따라서 리스크관리자는 잠재적인 위험과 취약점을 식별해야 하고([표 8-6] 참조), 이벤트주최자는 적절한 안전조치를 구체화하거나 또는 선택을 재고할 수 있으며, 불안전한 엔터테인먼트나 볼거리는 강력하게 반대하여야 한다.

표 8-6 엔터테인먼트의 리스크영역

• 아마추어 공연자	• 복잡한 무대 및 장비
• 유명 공연자	• 리허설 부족
• 계약추가사항 이행	• 살아있는 동물공연이나 참가
• 볼거리에 대한 초과수요	• 음악저작권
• 특수효과 사용	• 불참 및 취소
• 부적절한 엔터테인먼트	• 공연자 행위
• 관람객과의 지나친 접근	• 공연자 수행원

1) 엔터테인먼트의 선택

컨벤션이나 이벤트에 대한 효과적이고 적합한 엔터테인먼트요소를 선택하기 위해서는 이벤트 프로그램에서 오락과 볼거리를 포함한 목적과 목표를 결정해야 한다. 엔터테인먼트상품, 공연자, 서비스에 대한 유형 및 방식과 적합한 옵션이 확인되어야 하고, 엔터테인먼트의 활동과 볼거리의 범위, 일정, 위치가 반드시 설정되어야 한다. 또한 이벤트주최자는 엔터테인먼트와 볼거리를 위한 중개인, 매니저 등을 확인하고 명확하고 종합적인 계약서 또는 동의서를 사용하여 공연자와 계약을 해야 한다.

리스크관리자는 잠재적인 문제를 드러내기 위해 사용할 선택기준을 항상 체크하고 평가해야 한다. 추정이나 개인적 선호도에 의존하거나 개인 취향의 특정 그룹의 지정은 불만족스럽거나 불미스러운 선택으로 이어질 수 있다. 예를 들면, 조직위원회의 한 위원이 호주 캔버라에서 열린 정부 후원의 컨퍼런스에 만찬 엔터테인먼트로 7명의 스트리퍼(stripper)가 출연하는 45분 풍자극을 공연했으나, 시작 10분 만에 중단이 되었으며 참석자들은 매우 분노하였다. 정부의 재정지원은 즉시 철회되었고, 정부 차원의 조사를 촉발시켰다(Murray, 2006).

예산 및 옵션의 유효성은 일부 선택에 영향을 준다. 주최자는 유명 인사나 저명한 엔터테인먼트가 포함되기를 원할 수도 있다. 엔터테이너에 대한 수수료에 여행, 환대, 보안과 관련된 비용 및 실행, 그리고 추가계약사항에 포함되는 무대에 대한 요구사항은 이벤트의 재정 및 운용상의 자원을 초과할 수도 있다. 유명한 엔터테인먼트는 참가자를 증가시키고 상업적 스폰서를 유인할 수 있지만, 미숙한 주최자가 이를 이행하는 데 있어 제대로 인지를 못하고 준비하지 않으면 심각한 제작의무를 수반하며, 불참석하거나 취소범위의 중요성이 증가한다. 아마추어나 준전문가의 엔터테인먼트는 일반적으로 재능이 전문엔터테이너 수준에 떨어지지 않기 때문에 실용적인 선택이 될 수 있다. 하지만 이들은 기대행동에 대한 의식이 상대적으로 약하다.

인접거리의 공연자(예: 순회마술사나 연주자)와 편의적 구경거리(예: 캐리커처리스트나 포토존)는 대기줄을 관리하고 공연자가 위험에 노출되지 않도록 주의 깊은 관심을 두어야 한다. 환경적 공연자(예: 캐릭터 인형)는 현장계획 및 일정 내에 적정하게 위치하여야 하며, 참가자와 함께 상호작용하는 이들의 역할과 범위에 대하여 명확한 지침이 있어야 한다. 간혹 짓궂은 참가자는 캐릭터 인형을 때리거나 넘어뜨려 다칠 수도 있으며 때로는 관람객과 싸움이 붙는 경우가 발생할 수 있어 관리요원이 항상 함께 다닐 필요가 있다. 또한 의상은 특정 등록상표의 이미지를 침해하지 말아야 하며, 유사성 제한을 지켜야 한다(예: 유명 인사의 닮은 꼴). 생음악이나 녹음된 음악이 많은 이벤트에서 사용되고 있으나, 음악사용과 관련한 음악저작권 규정을 준수해야 한다.

2) 공연조건

일단 엔터테인먼트가 선정되고 계약이 되면 이벤트주최자는 그들의 요구를 충족시켜 주어 공연자가 가능한 최고의 공연을 제공할 수 있는지 확인하여야 한다. 이는 제작 및 실행조건 결정과 통합을 행사장과 운영계획(기술 및 공연 리허설 포함)에 포함시키고, 필요시 숙박시설의 마련(예: 숙소와 현장시설), 환대 및 기술적 요구사항의 계약상 이행을 보장해야 한다. 이 책임범위는 엔터테인먼트 프로그램의 규모와 직접적으로 관련이 있다. 야심찬 엔터테인먼트 프로그램은 제작진행자나 무대관리자에 대한 도움이 필요하다.

공연자들은 다양한 공연 경험의 수준과 함께 폭넓게 다른 문화적 배경을 갖고 있다. 가끔 이벤트주최자와 공연자, 두 당사자는 상대방에 대한 기대와 관련하여 오해를 가져오곤 한다. 리스크관리자는 공연자와 엔터테인먼트 직원의 명확한 요구를 구체적으로 명시하고 주의 깊게 모니터하기 위해 이벤트주최자와 밀접하게 일해야 한다. 공연자의 행동, 콘텐츠, 상호교류, 편의시설(예: 뷔페나 바 입장, 휴게실 구역)에 관한 제한과 금지에 대해 명확하게 커뮤니케이션이 되어야 하며 타당한 것으로 계약서에 포함시켜야 한다. 이러한 내용은 다른 규제적 필요조건(예: 최소 시간, 최소 참가음악인의 수 등) 내에서, 그리고 공연자의 사전동의에 의해 수용되어야 한다.

3) 보조 프로그램

수많은 이벤트, 특히 회의 이벤트인 미팅이나 컨벤션은 주요 이벤트 프로그램과 함께 개최되는 동반자 프로그램, 어린이 프로그램 및 서비스, 사전 · 사후 관광, 콘테스트나 경쟁, 스포츠 토너먼트과 같은 보조 프로그램 및 레크리에이션활동의 선택을 포함한다. 리스크관리자는 어린이 프로그램과 스포츠활동에 특별하게 관심을 기울여야 한다. 어린이 프로그램은 일반적으로 보육 노력이 부과된 엄격한 통제가 충실히 지켜져야 한다. 어떤 운동활동은 본질적으로나 잠재적으로 매우 위험하며, 이것이 모험으로 이어지는 이유가 되기도 한다. 격렬하고 힘든 스포츠는 미숙하거나 신체적으로 맞지 않을 때 부상으로 이어질 수 있고 다른 의학적인 문제를 유발할 수 있다.

이들 프로그램은 법적 책임 이슈와 보험 필요조건에 대하여 특별한 관심이 필요하다. 이는 현장의 적절한 의료서비스의 제공, 참가자가 서명한 배상포기를 포함한다. 그러나 공급자 · 관계자와 주최자 간에 연계를 없애기 위해서 공식적인 이벤트 프로그램에 위험한 활동을 포함하지 말아야 한다. 모든 보조 프로그램과 서비스는 적절하고 자격 있는 공급자가 조달해야 하며, 이벤트와 이벤트주최자에 대한 보험 증서를 통합해야 한다.

4. 제작요소

조명, 음향, 영상, 특수효과를 포함하는 제작요소(production elements)는 이벤트의 환경, 이벤트의 경험, 이벤트의 효과를 강화하기 위해서 대부분의 이벤트에 사용된다. 이러한 극적 요소와 서비스의 결합, 외부구매, 선택, 배치는 장식적이거나 극적인 관점으로부터 이벤트연출자에 의해 고려되어야 하며, 참가자 안전의 관점으로부터 리스크관리자에 의해 평가되어야 한다([표 8-7] 참조). 또한 제작요소는 리스크대책을 지원하기 위해 사용될 수 있기 때문에 리스크완화 관점에서도 고려되어야 한다. 예를 들면, 조명은 출구통로로 안내할 수 있고, 음향시스템은 비상공지에 사용할 수 있으며, 영상 스크린은 다양한 안전 메시지를 전달하는 데 사용할 수 있다.

표 8-7 제작요소와 관련된 리스크

• 노출 또는 불안한 케이블과 전선	• 기술자 지원 부족
• 불안전한 설치	• 불꽃놀이의 안전
• 부적절한 공중 매달기	• 특수효과의 사용
• 부적절하거나 과도한 음향수준	• 알려지지 않거나 놀라운 요소
• 관련시스템의 동기화 문제	• 장비 및 설비 고장
• 미숙한 기술	• 장비 및 시스템의 미작동
• 미숙련자 투입	• 전원 연결 허술
• 부적격한 공급업자	• 부적합한 반입 · 반출 일정

1) 제작시스템

이벤트 또는 프로그램설계의 어느 측면이라도 이벤트주최자는 이벤트의 경험을 창조하기 위하여 수많은 시청각적 요소를 선택할 수 있다. 일부는 순수하게 기능적인 이유로 선택하지만, 일부는 효과를 강화시키기 위하여 연출적인 면을 부각하려고 선택한다. 이벤트주최자와 리스크관리자는 수행될 활동에 대한 요건을 충족시키는 장비, 서비스, 서비스공급자를 선택하기 위해서 기술의 범위, 능력, 한계를 이해하여야 하며 각 요소와 연관된 잠재적 리스크와 리스크관리의 가능성을 평가해야 한다.

조명(lighting)은 공간을 비추는 데 사용하며, 장식적인 효과와 안전한 환경을 조성하기 위하여 필요한 불빛을 제공한다. 조명의 배치와 강도는 주의를 끌거나 주의를 다른 곳으로 돌릴 수 있다. 어둠 속에서는 모두가 익명이 될 수 있기 때문에 조명의 부재 또는 부족한 조명은 사회적 통제를 감소시키는 것은 물론 군중 또는 개인의 이동성 문제가 발생할 수 있다. 원하는 효과를 달성하고, 수행하는 과업이나 활동을 위해 필요한 빛을 제공하며, 장비가 어떠한 안전위험(예: 붙박이가 떨어짐, 장비 다리에 걸려 넘어짐)도 유발하지 않는다는 것을 보장하기 위하여 조명기구와 장비의 배치의 필요조건이 결정되어야 한다.

음향(sound)의 증가는 프레젠테이션(presentation), 엔터테인먼트, 음악적 파노라마, 그리고 특별히 중요한 발표를 포함해서 참가자가 행사장에서 소리를 들을 수 있게 해준다. 만일 이웃주민과 지역의 방해를 금지하는 소음규제가 없다면, 음향의 데시벨(decibel) 수준은 물리적으로 개인과 이벤트에 위험요소가 될 수 있다(예: 청각손상). 만약 사후 방송이나 기록물(예: 웹캐스트, 컨퍼런스 CD 등)을 위하여 녹음한다면, 녹음장비와 수준이 충분하고 적질한 허가를 받았는지 확인하는 데 특별히 주의를 기울여야 한다.

영상장비(projection equipment)는 시각적인 강화로 청각 메시지를 더욱 강화하는 것은 물론 멀리서 이미지와 행위를 볼 수 있도록 사용한다. 다양한 프로젝터(projector)는 TV 모니터에서 빌딩 크기의 스크린(screen)까지 폭넓게 다양한 스크린 위에 이미지와 콘텐츠를 보여 준다.

이러한 시스템에 필요한 설치요건, 사용장비, 작동기술자에 대하여 안전 관점으로 점검하여야 한다. 설치와 운용은 항상 전문가가 맡아야 한다. 장비는 잘못 다루거나 맘대로 조작하면 잠재적으로 위험을 유발하며, 장비의 설치와 장착은 적절하지 않으면 위태로울 수 있고, 전문장비의 고장은 이벤트를 순간 어둠과 침묵 속으로 빠져들게 한다. 장비를 작동하기 위하여 충분하고 접근하기 쉬운 전력공급원이 제공되어야 하며, 정전과 단전을 극복하기 위하여 우발사태대책이 있어야 한다. 여분의 장비를 준비하고 사고를 예방하는 적정한 설치, 리허설, 해체를 위하여 충분한 시간을 할당하는 것도 매우 중요하다.

2) 특수효과

특수효과(special effect)는 주의를 집중시키고 더욱 강조시키며 이벤트 프로그램과 환경에 놀람의 요소를 끼워 넣는 기술과 극적인 트릭(trick)이다. 특수효과는 레이저(laser), 불꽃, 낙하, 발사, 강한 바람, 연무(fog) 등이 있다. 이벤트주최자는 프로그램을 강화하기 위한 효과, 기법, 기술을 평가하고 선택해야 한다. 그러나 리스크관리자의 관점에서 많은 특수효과는 내재적으로 위험하며, 대부분 잘못 취급하는 경우 잠재적인 위험을 갖고 있어서 자격 있는 공급업자로부터 제공받아야 한다. 또한 부가적인 비용 또는 행사장 준비, 전달, 설치, 청소에 대한 실행계획이 고려되어야 한다. 모든 특수효과의 범위와 특징을 모든 공연자, 공급자, 제작인력에게 완전하게 고지할 필요가 있으며, 이벤트 제작에 관련된 모든 사람에게 특수효과에 대한 경고가 있어야 한다.

레이저 조명과 섬광등 조명(strobe light)은 이벤트 프로그램에 흥분을 더하게 하는 공연효과를 줄 수 있다. 그러나 레이저는 시력손상을 야기할 수 있고, 레이저와 섬광등 조명은 간질 발작을 유발할 수 있다. 만일 이런 특수효과를 사용한다면 관람객에게 포스터나 방송으로 사전경고를 보내야 한다. 색종이 조각 대포(confetti cannon)는 그 속에 조각장식을 넣어 30m 이상 발사할 수 있으며, 떨어지는 색종이는 참석자에게 형형색색의 빛을 보여 준다. 그러나 잘못된 타이밍과 잘못 겨누는 경우, 빙빙 도는 물질과 작은 조각이 사람의 눈에 들어갈 수 있고 음식이나 음료에 들어가 그것들을 오염시킬 수 있다.

연무기(fog machine)는 공기를 뿌연 담배연기와 같은 안개로 채우고, 드라이아이스(dry ice)는 지면에 달라붙는 안개를 제공하여 신령스럽고 으스스한 분위기를 만들어 준다. 그러나 이를 만드는 데 사용하는 재료나 다른 분위기를 내는 효과는 화재를 유발시킬 수 있으며(예: 액체질소와 드라이아이스), 인접공간에 산소를 고갈시키거나 공기 속으로 미립자를 분산시킬 수 있다. 이는 천식환자에게 영향을 줄 수 있으며, 여기에 사용되는 향수와 발향효과는 알레르기 환자에게 나쁜 영향을 줄 수 있다.

심지어 흔한 풍선도 부풀리기 위해 헬륨(helium)가스를 많이 사용한다. 은박풍선은 전기전도가 있어 전깃줄에 닿을 경우 전기합선을 일으킬 수 있다. 애드벌룬(ad balloon)이나 풍선에는 헬륨가스를 사용해야 한다. 가끔 수소가스를 사용하는 경우가 있는데 헬륨가스에 비해 매우 저렴하기 때문이다. 수소가스는 폭발위험성이 매우 높은 기체로 풍선이 터질 경우 인명피해로 이어질 수 있다. 리스크관리자는 반드시 헬륨가스의 주입 여부를 직접 확인하여야 한다.

실내 · 외의 불꽃놀이와 에어쇼(air show)는 흥미로운 도입, 강조, 피날레(finale)를 제공한다. 그러나 이는 화재의 위험이 높아서 대부분의 관할권에 의해 엄격하게 통제된다. 이러한 제한은 불꽃을 폭발시키는 장소, 규모, 관중과의 거리, 안전수준, 화재감시인력 등을 규정한다(NFPA 1123, 2000; NFPA 160, 2001; NFPA 1126, 2001).

Event Risk Management

사례__ 국정감사: 애드벌룬 폭발사고 방치해 피해자만 늘었다

각종 행사장을 장식하는 애드벌룬이나 대형 풍선에 수소를 불법주입해 폭발사고로 인한 인명피해가 끊이지 않고 있는데도 관련기관이 이를 방치하고 있다는 지적이 제기됐다.

20일 국회 지식경제위원회 최철국 민주당 의원(경남 김해 을)은 국감에서 지난 10년간 수소가스 불법주입에 따른 폭발사고가 15건으로 전체 가스사고의 6.2%를 차지하고 있고 이로 인한 인명피해도 47명이나 된다고 강조했다.

최 의원에 따르면 지난해 수소 등의 특정 고압가스를 풍선 및 애드벌룬에 주입하는 등 용도에 맞지 않게 사용하는 경우를 제한하는 관련법 개정안을 마련했으나 지식경제부나 공사는 "풍선 및 애드벌룬 안의 수소는 고압가스 안전관리법령의 규제대상에 해당되지 않는다"며 반대의견을 내고 지금까지 대책을 내놓지 않았다.

그러는 사이 올해만 2건의 폭발사고가 발생해 5명의 인명피해가 발생했다고 최 의원은 언급했다.

특히 지난 5월 5일 전북 임실에서 열린 '어린이 민속큰잔치' 행사에서 애드벌룬 4개를 설치했다가 이 중 버려진 1개가 폭발하면서 초등학생 3명, 고등학생 1명이 화상을 입었으나 처벌근거가 없어 피해보상도 받지 못하고 있는 실정이다.

출처: 이투뉴스, 2009. 10. 20.

사례___ '2013 인천음악불꽃축제' 사고

인천 송도국제도시 인천아트센터 일원에서 지난 12일 열린 '2013 인천음악불꽃축제'에서 부상자가 속출했다. 인천연수경찰서에 따르면 이날 오후 7시 30분부터 진행된 축제에서 화약 불꽃재로 인해 모두 158명의 부상자가 발생했다. 이 중 135명은 현장에 있던 119구급대원에게 식염수 소독을 받았다.

17명은 부상 정도가 심각해 길병원, 인하대병원 등으로 이송됐다. 6명은 지역 내 보건소의 치료를 받았다. 이날 참석자들은 불꽃이 낮게 터져 이 같은 사고가 벌어졌다고 지적했다.

이날 행사는 45만 명이 몰릴 정도로 규모가 컸음에도 주최 측은 바람의 방향을 제대로 예측하지 못한 것으로 알려졌다. 주최 측은 민원이 발생한 건에 대해서는 보험조치를 하겠다고 밝혔다.

경찰은 이날 주최 측에서 예상했던 것보다 강한 바람이 불어 화약분진 등에 의해 사고가 벌어진 것으로 보고 있다.

출처: 경인일보, 2013. 10. 14.

5. 식음료서비스

식음료(food and beverage)는 회의에서 가장 단순한 음수대부터 축제나 경기장 행사의 식음영업장, 고위관리를 위한 호화로운 연회, 보상여행 이벤트, 결혼식 만찬에 이르기까지 이벤트의 핵심구성요소다. 음식과 음료서비스를 관리한다는 것은 이벤트의 음식과 음료요구를 충족시키기 위해 적절한 케이터링(catering)업체를 결정하는 것과 메뉴, 수량, 서비스의 유형을 선택하는 것, 또한 주류제공과 관련된 특별사항도 포함한다. 안전한 음식서비스는 질병 및 부상예방을 포함해서 리스크 관리자의 우선 관심사다. 음식서비스에 관한 이슈는 [그림 8-3]에 나타나 있고, 식음료서비스와 연관된 일반적인 리스크는 [표 8-8]과 같다.

식음료서비스는 보통 사내음식공급자(on-premise caterer), 출장음식공급자(off-premise caterer), 영업권자 운영(concession operation)으로 조달되며, 이벤트가 개최되는 상황과 행사장의 환경에 따라 적정한 공급자를 결정하게 된다. 사내 및 출장 케이터링 운영은 매우 다른 요건과 실행계획을 갖게 된다. 사내공급의 경우는 완벽하게 구비된 주방시설의 사용이 가능해야 한다. 출장공급의 경우는 음

❙ 그림 8-3 ❙ 음식서비스의 리스크이슈

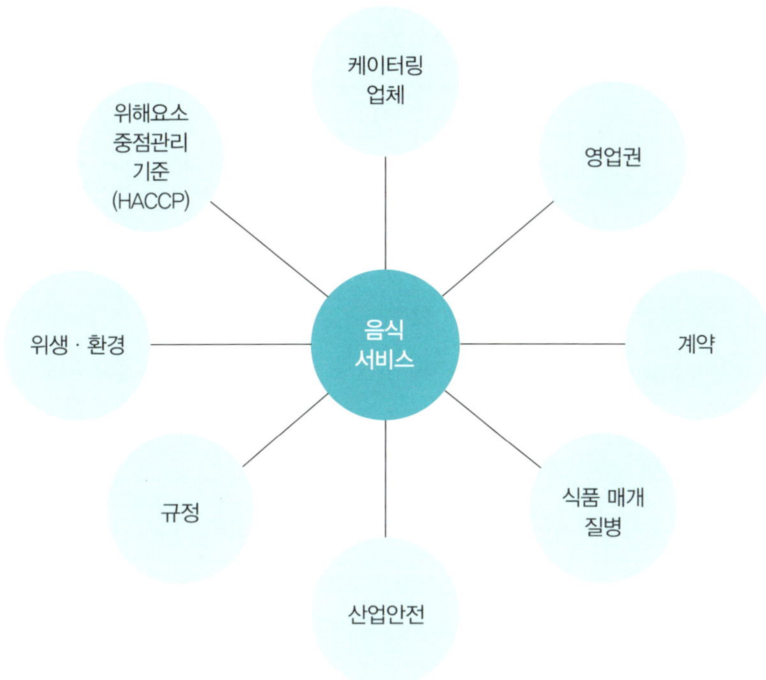

표 8-8 식음료서비스 리스크

• 음식오염	• 음식 취급자 교육 결여
• 부적합한 주방시설	• 비위생적 복장
• 비위생적 환경	• 식음료담당자의 배치
• 엎질러진 식음료	• 미숙하거나 부족한 직원 채용
• 불안전한 화기 사용	• 부적합하거나 부족한 테이블과 의자
• 부족한 음식량	• 출장음식 케이터링
• 메뉴선택 제약(채식주의자, 할랄 등)	• 주류판매 및 음용 등

식을 배송시키거나 반입할 필요가 있을 것이다. 임시주방은 적절한 위치에 마련되어야 하고, 서비스직원이 충분히 배치되어야 한다.

케이터링업체의 계약과 커뮤니케이션은 엄격하게 관리되어야 한다. 케이터링이나 음식서비스의 계약은 날짜, 시간, 식음료서비스의 기간, 제공메뉴의 목록, 서비스대상 사람 수, 직원수준, 비용명세서(예: 식음료비, 세금, 봉사료, 장비 및 설치비, 인건비 등)의 목록과 보증금, 취소조건, 주류서비스, 남은 음식이나 가져온 음식과 같은 방침을 구체적으로 명시해야 한다. 모든 케이터링업체와 영업권자는 모든 해당 규정의 필요조건 준수를 보증할 수 있도록 확인되어야 한다.

1) 메뉴 및 서비스계획

적정하고 충분한 메뉴를 선택하기 위해 식사, 다과, 음료서비스의 요건을 결정하여야 하며 필요한 양을 계산하여야 한다. 다양한 참가자, 직원, 이해관계자에 따라 메뉴계획(menu plan)에 포함되는 메뉴선호도와 다른 영양조건이 필요할 수 있으며, 회의나 이벤트가 며칠간 지속될 경우에는 더욱 복잡해진다. 게다가 식단제약이나 정치적 이슈와 같은 특별한 요구를 고려해야 한다.

종교적인 음식규정(예: 유대교의 율법에 따라 만든 음식, 이슬람교 계율에 따라 도축된 할랄, 인도의 카스트별 식단 등), 신체적 조건(알레르기, 글루텐 과민증 등), 철학적 신념(채식주의자, 동물권리운동가, 환경운동가 등)은 특정한 음식목록, 재료 또는 준비방법을 포함하거나 제외시킬 것을 요구할 수 있다.

컨벤션의 경우 다양한 인종 및 국가에서 참여하기 때문에 음식에 대해 특별한 주의를 기울여야 한다. 국내에서 개최하는 행사일 경우 한식과 양식을 적정히 배정한 식단이 중요하다. 개최국의 음식문화를 알려 주기 위하여 과다하게 한식 위주의 식단을 선택한다면 어떤 외국인에게는 입맛에 맞지 않을뿐더러 소화하기 어려울 수 있다. 또한 각국 정상들이 만나는 정상회의의 경우에는 참석하는 정상의 개인별 음식선호도는 물론 회피대상 음식을 사전에 확인할 필요가 있다. 각국 정상의 입맛과 기호에 맞는 음식을 개별적으로 제공하는 것이 중요하기 때문이다.

서비스계획(service planning)은 음식제공방식과 시기를 명시하고 적정한 룸(room) 구성을 결정하며, 필요한 직원채용과 장비를 확인하여 이를 평면계획과 일정에 통합하는 것으로 구성된다. 출장이나 일시적인 케이터링 장소는 일반적으로 더 많은 서비스계획의 고려사항이 필요하다. 최근 컨벤션의 경우 참가자의 만족도를 제고하기 위하여 만찬 개최장소를 기존의 컨벤션센터나 호텔이 아닌 유니크 베뉴(unique venue)를 많이 활용한다. 이러한 장소는 주로 개최국의 문화를 보여 주는 박물관, 미술관, 문화유산, 공원시설, 전통마을 등을 활용한다.

유니크 베뉴를 연회나 만찬장소로 사용하는 경우 모든 음식을 운반하여야 하므로 주로 출장 케이터링을 활용하게 된다. 이때 뜨거운 음식을 제공하는 경우 현장에서 음식을 덥히기 위하여 불을 사용하거나 전기사용이 필요하다. 유니크 베뉴의 경우 불의 사용을 금지하는 경우가 많기 때문에 사전확인이 반드시 필요하다. 또한 리스크관리자는 유니크 베뉴의 현장환경에 대해 직접 점검하여야 하며, 해당 장소의 기존 사례에 대해서도 조사할 필요가 있다. 특히 문화유산과 같은 장소를 사용할 경우 사회적인 부정적 이슈가 발생할 가능성에 대하여 점검하여야 한다. 모든 장소와 서비스제공자는 리스크관리자가 찾아야 할 취약성과 잠재적 위험을 가지고 있다([표 8-9] 참조).

표 8-9 잠재적인 케이터링 위험에 대한 주의지표

• 뜨거운 음식 준비	• 유리잔의 테를 접촉하는 서비스제공자
• 뜨거운 서비스 용기 및 기구	• 개방된 음식준비구역
• 야외 그릴구이(예: 숯불, 프로판가스)	• 음식취급자의 머리카락
• 날로 먹는 음식이나 재료	• 불안한 카트와 쟁반지지대
• 플람베(Flambé)요리	• 어수선하고 지저분한 뷔페 테이블
• 냉동용 얼음과 식용 얼음의 공동사용	• 뛰어다니는 직원
• 보온기 · 조리기에 무방비 접근	• 부적절한 음식쓰레기 처리
• 신선로 냄비 및 스팀 테이블(steam table)	• 흘리거나 쏟아진 액체
• 불안한 전기코드	• 뷔페나 영업장의 긴 대기라인
• 프로판가스, 부탄가스, 고체연료의 사용	• 개인의 흡연, 껌 씹기
• 이가 빠지거나 깨진 유리나 접시	• 개인의 과다한 보석류 착용
• 어두운 케이터링 장소나 복도	• 형편없는 개인 차림새와 위생

출처: HSE(1999), Shock and Stefanelli(2001)를 참고로 저자 재작성

사례___ 국제검사협회총회 경회루 앞 만찬행사

제9회 국제검사협회 전체총회가 9월 5일부터 10일까지 열리고 있다. 지난 6일에는 경복궁 경회루 앞에서 500여 명의 검사들의 만찬행사가 열렸다. 이 만찬행사는 외국사람들에게 우리의 전통문화를 소개한다는 목적에서 경회루 앞 잔디밭에서 진행되었다. 평소에는 일반시민의 출입을 막기 위해 줄이 쳐져 있던 곳이다. 특히 행사의 하이라이트라고 할 수 있는 '강강수월래'에서 많은 사람들이 손을 잡고 행사장을 돌아 잔디가 많이 훼손되었다.

만찬의 사회는 지난 5월 명예검사로 위촉된 영화배우 안성기 씨와 앵커 김은혜 씨가 맡았으며, 이정수 차장검사가 문배주를 들고 건배제의를 하였다. 만찬 후 서울시립무용단과 국악연주단 '슬기둥'의 공연이 이어졌다. 저녁 7시부터 시작된 행사는 밤 10시가 넘어서까지 계속되었다. 궁궐 내에서 만찬을 즐긴다는 것은 궁궐보호를 내세워 까다로운 규제를 적용하는 일반관람인에게는 꿈도 못 꾸는 일이다.

일반인은 궁궐에 도시락 등 식음료를 반입할 수 없으며 궁궐에서는 지정된 장소를 벗어나 담배를 피울 수도 없다. 이러한 규정이 있음에도 행사장에는 담배 재떨이가 준비돼 있었고, 현장에서 600명분의 등심요리가 즉석에서 조리되었다.

또한 문화재의 아름다운 모습을 보여 주기 위해 조명을 설치하여, 경회루 기둥을 직선으로 비추기도 했다. 참석한 이들은 또 궁궐 내에서 문배주를 마시며 여흥을 즐겼다.

황평우 문화유산정책연구소장은 "일반인이 접근하기 힘든 곳인 궁궐에서 야간에 화기와 주류, 흡연 등을 하는 행위는 문제가 있다"며 "본 행사의 취지를 이해하고 우리 문화재를 소개하는 좋은 기회라고 보지만 바람직한 행사를 위한 고민이 있어야 한다"고 말했다. 황 소장은 또 "행사를 하기 전에 문화재전문가의 의견을 들었다면 이렇게 문화재를 망치면서까지 행사를 하지는 않았을 것"이라며 행사주최 측과 문화재청의 안이한 일처리를 지적했다.

국제검사협회 전체총회 준비를 맡은 금태석 검사는 "이전에도 이곳에서 세계여성지도자대회와 아 · 태관광장관회의 등 국제행사가 많이 열렸다"며 "우리 문화를 알리기 위한 좋은 기회로 생각해 행사를 추진하였고, 문화재청과 충분히 협의를 거쳤기 때문에 큰 문제는 없는 것으로 본다"고 말했다.

문화재청 궁능활용과 담당자는 "정부에서 추진하는 국제적 행사로 지난 5월 24일 신청했다"며 "안전사고, 화재예방 등에 만전을 기해 줄 것을 당부했고, 만찬이다 보니 술과 담배 등이 자연히 등장할 것으로 예상하고 만찬장 주변에 재떨이 등을 설치하여 주변을 훼손하는 일이 없도록 하였다"며 행사진행에 제한조항을 붙였다고 설명했다. 그러나 이 관계자는 조명과 음식조리부분에 있어서는 "조명은 무대장치 설치 시 문제 외에 문화재에 직접 조명하는 것과 수목에 조명하는 부분, 그리고 음식조리부분은 사전협의가 없었다"며 "음식은 호텔식으로 해서 현장조리는 없는 것으로 알고 있다"고 말했다.

출처: 오마이뉴스, 2004. 9. 8.

2) 주류관리

이벤트에서 중요한 리스크관련 관심사항 중의 하나는 술을 제공하는 것이다. 하지만 이는 이벤트의 특정 유형과 이벤트참가자에 관련된 것이다. 공식적이거나 보수적인 경우에 칵테일(cocktail)과 포도주(wine)를 제공하는 것과 소란스러운 팬이 있는 스포츠경기에서 알코올(alcohol)을 파는 것과는 완전히 다르다. 그럼에도 리스크관리자는 알코올이 관람객의 본성을 완전히 바꿀 수 있다는 것을 항상 기억해야 한다. 알코올 섭취는 합리적이고 예의바른 사람을 일반적인 사회적 관습과 통제를 포기하게 만드는 원인이 되고, 결과적으로 더 위험하거나 통제하기 어려운 참가자나 군중이 된다.

효과적인 주류서비스의 관리는 주류서비스정책과 법률에 대한 확인과 준수가 필요하다. 회의 이벤트의 경우는 리셉션과 만찬에서 보통 주류서비스가 수반된다. 보통 칵테일이나 포도주가 제공되며 식사에 곁들이는 반주로서 제공량은 매우 제한적이다. 반면 지방에서 개최되는 축제 이벤트의 경우 식음시설에서 주류를 판매한다. 식음시설에서의 주류판매는 이벤트주최자와 사전에 술의 종류 및 가격에 대해서 상호 협의한다. 또한 식음업자는 주류의 미성년자 판매금지규정의 준수 및 특정인에게 지나친 판매가 되지 않도록 주의해야 한다. 리스크관리자는 이벤트의 유형에 따라 주류판매의 허용 여부를 신중히 판단해야 한다. 가능한 사고를 예방하는 차원에서 주류판매에 대해 보수적인 정책과 방침을 수립하는 것이 바람직하다.

우리나라의 경우 주류판매에 대해 매우 관대한 편이며, 미성년자에 대한 판매를 제외하고는 특별한 강제규정은 없다. 미국의 경우 주류규제기관인 ABC(Alcohol Beverage Commission)를 통해 주류제공을 엄격하게 통제하는데, 이 기관은 주류판매를 허가하고 규제하는 책임을 가지고 있다. 특정 나이 이하의 사람이나 취한 사람에게 주류판매를 금지하고, 운영시간, 필요한 허가와 보험, 주류가격의 책정, 제공하는 주류의 양이나 종류까지 포함한다. 또한 많은 관할권에서는 주류제공자책임법(dramshop law)[03]을 두어 주류제공자에게도 법적 책임을 부과한다.

03 바(bar) 따위에서 술을 마신 손님이 집으로 돌아가는 도중에 교통사고를 일으켰을 경우, 주류를 제공한 술집의 주인에게도 그 피해자에 대한 배상책임을 묻는 법률

법 규제와 관계없이 종업원의 훈련은 필요한 리스크관리의 전술이다. 주류를 제공하는 종업원은 일반적으로 취한 상태의 징후, 취한 손님 다루기, 미성년자 다루기, 신체에 미치는 알코올의 영향에 대한 교육이 필요하다. 이벤트주최자는 책임감 있는 알코올계획, 홍보, 정책을 채택할 필요가 있다.

Chapter 09

참가자 리스크관리

모든 이벤트의 시작과 끝은 이벤트에 참가하는 사람이다. 특정 시간, 특정 장소에서 관람객, 전시참가자, 토론자, 발표자, 대표단, 미디어관계자, 공연자 등의 사람과 이들의 집결에 모든 초점이 맞추어져야 한다. 이러한 사람들을 모이게 만들고 조직화하는 모든 것은 이벤트의 목적과 목표, 시설, 가용자원에 따라 이들의 욕구를 충족시키고 기대를 관리하기 위하여 선택되고 준비되는 것이다. 바람직한 경험들이 안전하고 효과적인 방식으로 전달될 수 있는 방식으로 프로그램은 계획되고 행사장에 적절하게 배치된다. 최종 단계는 참가하는 사람의 수, 행동양식, 이벤트의 속성과 연관된 모든 물리적 요인 및 참가자의 특징을 예상하고 수용하는 것이다([그림 9-1] 참조).

그림 9-1 이벤트 참가관련요인

속성

- 이벤트 주최조직
- 이벤트 시기 · 기간
- 이벤트 장소
- 이벤트 주제
- 프로그램 및 콘텐츠
- 참가자 규모
- 참가자 프로필
- 참가비용

참가자

- 왜 참가하기로 했는가?
- 언제 도착 및 출발을 할 것인가?
- 어떤 경로를 선택할 것인가?
- 어디에 주로 모일 것인가?
- 어떤 활동을 하길 원하는가?

리스크관리자는 참가자의 도착계획, 이벤트 내에서 예상되는 이들의 이동흐름과 집결, 예상되는 이들의 행동양식을 통제하고 형태를 만들어 낼 전략에 초점을 맞춰야 한다. 군중행동은 적절한 계획으로 그 형태를 만들어 갈 수 있다. 입장시스템부터 대기줄 배열, 자리배치, 현장청결에 이르기까지 행동원칙에 대한 신호는 창의적이고 설득력 있는 방법으로 커뮤니케이션을 할 수 있다. 이벤트참가자에 대한 리스크는 이동, 행동, 고객서비스의 혼합적인 차원에서 신중하게 검토되어야 한다([표 9-1] 참조).

표 9-1 이벤트참가자와 관련된 리스크

• 도착 · 출발방식	• 참가자행동에 대한 무관심
• 입장통제 미흡	• 높은 수요의 프로그램
• 혼잡 · 과다 수용	• 프로그램의 비효율적 배치
• 한계수용력 초과	• 부적절한 커뮤니케이션
• 고밀도 참가자	• 참가자 혼란 · 공황
• 참가자의 교차이동 및 역이동	• 불명확하거나 불완전한 지침
• 통제장비 고장	• 통제불가능한 대기줄
• 비효과적등록 및 매표시스템	• 바람직하지 못한 환경
• 비효율적 좌석시스템	• 부적합한 시설 등

1. 참가자관리

참가자관리(attendee management)는 참석한 사람 모두를 포함하여 도착부터 출발까지 이벤트에서 참가자의 행동과 상호작용을 지휘하고 통제하는 것이다. 관리의 유효성은 참가자가 안전하고 효율적인 방식으로 행사장에 입장하고, 행사에 참여하며, 행사장을 떠나는 데 충분한 정보, 수단, 방법을 제공하는 데 달려 있다. 이벤트 경험과 함께 참가자의 상호작용은 절차적 · 운영적 전략에 부응해야 하는 수많은 공간적 · 시간적 차원을 포함한다([그림 9-2] 참조).

그림 9-2 이벤트참가자의 동선

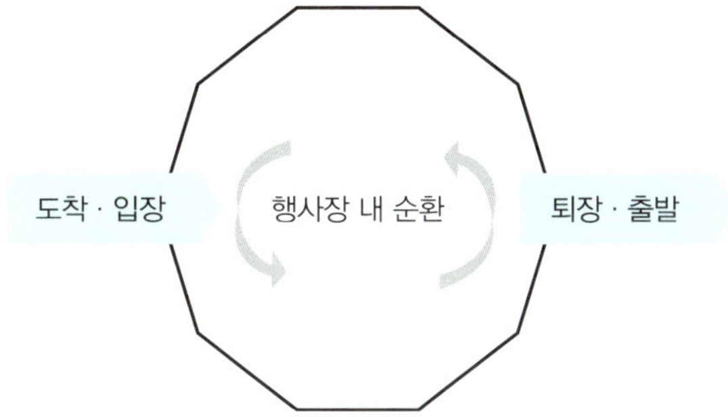

행사장의 어느 곳이든 충분한 공간이 할당되어야 하고, 입장절차와 입구는 명확하고 이해하기 쉬워야 하며, 행사 경험을 성취할 수 있고 혼란이 최소화될 수 있도록 충분한 정보가 제공되어야 한다. 이벤트주최자와 리스크관리자는 바람직한 행동이 각 서비스 시점에서 실현이 가능하고 용이할 수 있는 방법을 고안하기 위하여 도착시점부터 출발시점까지 참가자의 경로와 상호작용을 검토하고 구상하여야 한다. 이벤트의 유형과 범위, 이벤트참가자에 따라 다양한 서비스와 상호작용의 지점을 설정하고 통제하며, 참가자에게 더 안전하고 만족스러운 이벤트 경험을 만들어 주기 위한 창의적 기회와 전략을 제공하는 수많은 방법이 있다.

1) 입장 및 자격인증시스템

회의나 이벤트가 무료가 아니고 대중에게 공개되지 않으며 주변의 개찰구나 점유경계가 없는 장소라면 어떠한 형태라도 입장시스템(admission system)이 필요할 것이다. 입장시스템은 등록부에 서명을 하는 것부터 티켓을 제시하거나 출입증을 확인하며 그 밖의 자격인증에 이르는 수많은 입장통제방법을 말한다. 이벤트의 종류, 활동, 참가자에 따라 다양한 입장통제 및 자격인증을 포함하는 입장시스템을 고려해야 한다.

자격인증(credential)은 이벤트나 특정 지역 또는 활동에 대한 개인의 접근권한을 설정한다. 많은 이벤트는 입장티켓은 물론 원하는 장소, 볼거리, 서비스에 대한 접근을 허용하는 티켓을 판매한다. 콘서트와 같은 문화공연 이벤트는 다른 좌석구역에 대해 각각 다른 색깔의 티켓을 판매한다. 페스티벌은 각 행사일마다 다른 컬러 팔목밴드를 사용하고 특별한 전시나 이벤트에 접근할 수 있는지 표시하기도 한다. 일부 이벤트, 정치 이벤트, 스포츠 이벤트의 경우 미디어(media) 출입을 위하여 목걸이 끈에 투명비닐을 입힌 출입증과 같은 사진이 부착된 신분증(Photo ID)을 발급한다. 회의나 컨퍼런스는 일반적으로 참가하는 개인을 사전심사하거나 등록하기 위하여 참가자를 관리하는 등록시스템(registration system)을 주로 사용한다. 참가자의 자격인증이나 출입증은 동반하는 전시회의 선행 검색시스템은 물론 명찰로서의 역할을 한다.

특히 국가정상이 참석하는 이벤트의 경우 자격인증이 매우 엄격하게 이루어진다. 보통 여러 단계의 절차를 거쳐 본인신분이 확인되어야 행사장에 입장할 수 있다. 행사 전 참석자에 대한 대상명단이 작성되면 해당자에 대한 신원확인 및 검증을 실시한다. 이어서 검증을 통과한 참석 해당자를 대상으로 행사 당일 출입증을 교부받을 수 있는 교환증을 배포한다. 행사 당일 참석 해당자는 행사장 입구에서 교환증과 개인신분증(주민등록증 또는 운전면허증)을 제출하고 본인확인이 되면, 행사장 출입비표(예: 리본에 출입 스탬프 날인)를 발급받아서 입장하게 된다. 만일 교환증과 신분증을 모두 제시하지 못하면 행사장 입장은 불가하다. 이와 같이 복잡한 자격인증을 실시하는 이유는 국가정상의 안전 및 신변보호를 위해서다. 반면 사회 이벤트나 개인 이벤트는 입구에서 이루어지는 방명록의 서명이나 초대장의 제시만으로도 입장한다.

입장과 자격인증 취득절차에 관한 명료성은 참가자에게 중요하고, 입장권한에 대한 명료성은 입장 전 신분확인의 업무를 담당하는 보안요원에게 중요하다. 참가자는 입장진행과정(예: 회전문이나 금속탐지기와 같은 보안검문을 통과하는 것)을 포함하여 자격인증에 사용되는 절차는 물론 정확하게 어디에서 어떻게 입장자격인증을 취득할 수 있는지 안내받아야 한다. 이는 입장경로 및 시간, 분리되거나 제한된 입구, 좌석지정, 반입금지물품이나 활동, 효율적인 방식으로 입장하기 위해 필요한 다른 정보에 대한 안내까지 포함한다. 통상 높은 보안 및 안전이 요구되는 경우(예: 국가정상 참석 행사, BIE 공인 엑스포) 행사장에 위협이 되는 요소를 원천적으로 차단하기 위하여 참가자는 검색대나 금속탐지장치(Metal Detector: MD)를 통과해야 한다. 보안 또는 관리직원, 운영요원은 입장통제시스템을 효과적으로 사용하기 위해 다양한 유형의 자격인증과 그 의미(예: 좌석배정, 접근권한, 허용 또는 금지 등)에 대해 철저하게 숙지하고 있어야 한다.

단순한 명찰은 보안 및 운영요원에게 모두 비슷하게 보여 무엇이 입장가능한지 또는 적용가능한지 나타내지 못한다. 따라서 제공하는 자격인증은 색상 표시와 칭호 사용(예: 녹색은 조직위원회, 적색은 전시참가자, 청색은 화요일 전용 등)과 같은 방식으로 명확히 구분하여야 한다. 티켓의 차별화는 다른 입구에서의 매표, 도착시간, 예약좌석을 포함할 수 있다. 제공되는 좌석이 없거나 선착순으로 착석하는 형식의 축제좌석과 일반입장좌석은 수용인원이 많은 공연 이벤트에서 심각한 군중혼잡과 군중이 한꺼번에 몰리는 상황을 유발하기 때문에 입장관리를 신중하게 대비하여야 한다.

또한 차량에 대한 자격인증시스템의 가동이 필요하다. 주로 이벤트조직이나 관계자의 차량을 대상으로 행사장 내 주차장이나 인접한 주차장을 활용하여 수시로 출입하는 데 있어 편의를 제공하여야 한다. 특히 행사와 관련한 의료 및 안전 차량, 보도 차량, 전시참가자 차량, 공연자 및 공무 차량의 편의를 고려해야 한다. 이와 같이 입장에 대한 자격증명 또는 출입증에 대한 종류별 예시는 [표 9-2]와 같다.

표 9-2 자격증명(출입증)의 종류(예시)

구분		종류	대상
인원	관계자	등록 출입증	조직위원회, 운영인력(안내, 진행, 도우미 등), 참가자, 자원봉사자, 안전, 미디어
		임시 출입증	운영인력, 참가자, 공연자, 미디어
		일일 출입증	참가자, 공연자, 미디어, 시설관리, 공무, 의전수행
		행사용 출입증	공연자
	귀빈	VIP 출입증	정부고위관료, 공공기관장, 단체 · 협회장 등
차량	관계자	상시 출입증	조직위원회, 행사운영, 참가자, 안전, 보도
		임시 출입증	참가자, 공연자, 보도
		일일 출입증	참가자, 공연자, 보도, 시설관리, 공무
	귀빈	VIP 출입증	정부고위관료, 공공기관장, 단체 · 협회장 등

출처: 2012 여수세계박람회 회장운영 실시계획(2012)을 참고하여 저자 재작성

자격인증의 필요성은 규모가 크고 복잡한 이벤트에서, 그리고 입장통제의 필요에 의해 증가하고 있다([표 9-3] 참조). 다양한 이벤트구역과 행사장의 접근은 필요구역에 기반해야 한다. 다양한 이벤트활동, 개인, 장비, 재료 등에 대한 접근제한은 특정일의 특정 업무준비나 특정 시간대 또는 접근승인과 같은 특정 조건에 근거해야 한다. 리스크관리자는 무엇이 누구로부터 보호되어야 하는지 결정해야 하고, 그런 다음 적절한 접근통제와 제한지역, 시간, 사람, 물품에 대한 권한 없는 접근을 방지하기 위한 보안대책을 사용하여야 한다. 또한 사용한계가 초과되는 것을 방지하기 위한 전략이 검토되어야 하며, 특히 컨퍼런스의 인기 세션이나 박람회의 특별관과 같이 높은 관람수요의 활동이나 프로그램을 자세히 검토해야 한다.

표 9-3 접근제한과 입장통제

접근제한	입장통제
• 제한된 사람	• 사전 등록 또는 티켓판매
• 제한된 차량	• 입장 및 자격인증
• 제한된 일자 및 시간	• 구분된 개찰구 운영(개인, 단체, 장애인 등)
• 제한된 구역(상황실 등)	• 보안검사 및 검색대
• 제한된 재료 및 물품	• 입장인원 수 계산
• 제한된 장비	• 출입구 및 통로
• 제한된 정보	• 인접장애물 및 순찰
• 제한된 활동	• 좌석계획
• 제한된 사용한도	• 일반차량 출입통제

이벤트에서 공적 구역과 사적 구역 간에는 차이가 있다. 이벤트시설은 [그림 9-3]과 같이 공적 구역(Front Of House: FOH)과 사적 구역(Back Of House: BOH)으로 나뉜다(Jewell, 1978). 사적 구역은 일반참가자의 출입으로부터 보호가 필요한 구역이며 물품이 있는 경우 추가적인 주의를 기울여야 한다. 사적 구역의 접근통제는 단지 범죄행위로부터 이벤트자산과 사람을 보호하기 위한 수단만은 아니다. 이는 또한 안전의 문제다. 사적 구역이나 접근통제구역은 권한 없는 개인에게 부상을 유발할 수 있는 작업을 하고 있는 장비나 기술자가 있을 수 있으며, 개인이 작업자나 다른 참가자에게 위험한 상황을 만들거나 부추길 수 있기 때문이다.

그림 9-3 이벤트시설의 공적 및 사적 구역

공적 구역 (Front Of House)		사적 구역 (Back Of House)	
출입구	로비구역	관리구역	라운지
매표소	좌석 · 볼거리	장비설치	공연구역
편의시설	안내시설	주방공간	서비스구역
식음시설	현금출납기	하역장	보관구역
의료실	화장실	직원휴게실	출연자 대기실

출처: Jewell(1978)을 참고하여 저자 재작성

리스크관리자는 어떤 위험이나 취약성을 위해 고려된 입장통제 및 자격인증시스템을 검토해야 하며, 이들이 장소, 마케팅, 운영계획에 통합되었는지 확인하여야 한다. 등록 및 입장자격인증의 과정 동안 수집된 정보는 사생활 규정준수에 따라 오용 및 남용으로부터 보호되어야 한다. 국제행사에서는 예상 참가자의 진위 여부를 확인하기 위한 예방책과 규칙이 필요하다. 모든 현금가치성 자격인증(예: 티켓, 유료주차권 등)은 분실, 도난 또는 위조로부터 보호되어야 한다. 또한 모든 통제구역의 접근자격인증은 훼손되거나 위조되는 것으로부터 보호되어야 한다.

2) 입 · 퇴장방식

참가자나 관람객은 특정 입구를 통해 특정 시점에 입장하고, 특정 출구를 통해 특정 시점에 퇴장한다. 또한 이들은 계획적이거나 무계획적으로 다양한 경로를 통해 행사장 공간 내를 이동할 것이다. 이러한 사람의 이동 또는 보행자의 통행흐름을 관리하기 위해 리스크관리자는 응급상황은 물론 일반상황 모두에서 입장과 퇴장방식, 줄 서기, 인간행동패턴을 포함한 통행흐름을 이해하고 예상해야 한다([그림 9-4] 참조).

▎그림 9-4 ▎ 입 · 퇴장방식

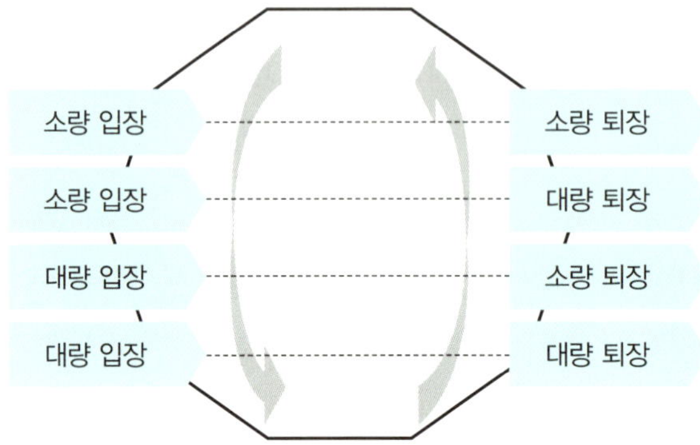

입장과 퇴장방식은 소량방식과 대량방식으로 규정할 수 있다.

- 소량방식: 참가자나 관람객은 다양한 시간대에 입장하거나 퇴장한다.
- 대량방식: 대부분의 참가자나 관람객은 동시에 모두 입장하거나 퇴장한다.

이벤트의 유형, 범위, 일정, 참가자의 규모 및 특성에 따라 참가자를 어떻게 수용할 것인지에 대한 계획을 수립할 수 있다. 예를 들어, 1일 1만 명의 관람객을 예상하는 지방박람회의 경우 행사 시작 시 입장이 급증할 것이나 운영시간 동안에는 관람객이 조금씩 들어오고 나갈 것이다. 반면 1만 명의 관람객을 예상하는 콘서트는 단시간 내에 모두 입장할 것이고 일시에 빠져나가므로 매우 다른 양상을 보일 것이다. 리스크관리자는 행사참가자 수를 수용할 수 있는 물리적이고 절차적인 전략을 평가하기 위하여 입장과 퇴장에 대한 이슈를 철저하게 검토하여야 한다([표 9-4] 참조).

입구규모와 배치, 입구 근처의 인기 프로그램의 배치는 행사장으로 통행흐름을 촉진시킬 것이다. 입구의 개찰구(改札口)의 수량과 위치는 도착방식은 물론 이벤트의 유형과 범위에 따라 적절하게 검토되어야 한다. 이벤트의 규모와 범위에 따라 보행자의 통행흐름을 통제하고 사람이 행사장에 입 · 퇴장하거나 행사장 내에서 활동을 안내하는 데 필요한 방어벽(barricade), 울타리, 차단봉(보통 벨트와 지지대로 구성)을 사용한다.

보통 행사장 정문(main gate)은 입구와 출구가 동시에 설치된다. 입구는 원활한

표 9-4 입 · 퇴장 이슈

입장 이슈	퇴장 이슈
• 입장객 특성 • 입구배치 • 용도별 개찰구 운영(개인, 단체, 노약자 등) • 매표 및 등록(사전등록자, 현장등록자) • 입장확인(티켓, 출입증) • 입장통제 • 입장대기줄 관리 • 대기시간 • 대기밀도(대기 중 붐비는 정도) • 재입장정책(허용 여부, 확인방법)	• 퇴장객 감정상태 • 출구배치 • 출입증 회수 여부 • 출구수용력 • 퇴장방식(평상 시) • 퇴장방식(비상사태 시) • 출구형태(평지, 회전문, 계단 등) • 재입장정책(허용 시 표시방법) • 퇴장시간 • 보관품 반환, 주차확인 등

관람객의 입장을 위해서 보통 출구보다 넓게 설치한다. 출구에는 입장객과 퇴장객이 충돌하지 않도록 입장금지(no entry) 또는 출구전용(exit only)의 표시체계를 활용하기도 한다. 입구는 서비스시스템(예: 등록, 매표, 표 수거, 자격인증 등), 처리비율, 예상 인원 수를 고려하여 충분한 공간이 할당되어야 한다. 통상 개찰구의 처리능력은 1인당 3초를 기준으로 산정한다. 리스크관리자는 장애인 및 약자(노인, 임산부, 어린이 등)와 같은 특별한 배려가 필요한 관람객을 수용하기 위하여 별도의 입구와 입장절차가 준비되었는지 확인하여야 한다.

또한 VIP 방문객(예: 고위관리 또는 유명 인사), 초청 연사, 공연자의 도착과 행사장 내 이동이 용이하도록 특별한 주의와 시설이 필요할 수 있다. 전용 입 · 퇴장 경로와 출입구가 설치되고 칸막이나 직원에 의해 보호되어야 하며, 시선으로부터 완전한 비밀이 유지되고 감춰져야 한다. 이들의 행사장 내 이동은 군중이 몰리거나 군중흐름에 장애를 일으키지 못하게 통제되고 호위되어야 한다. 예를 들면, 어느 콘서트의 가수가 공연장 입구에서 무대 쪽으로 이동할 때, 팬들이 몰려드는 것을 막기 위하여 특수포장용 상자 속에 해당 가수를 숨겨서 들어간 사례도 있다.

퇴장방식과 수단은 입장과 마찬가지로 충분한 공간이 제공되어야 한다. 만일 비상상황이 있다면 모든 퇴장방법이 관람객에게 명확하게 확인되고 사용되어야 한다. 비상출구의 수와 위치는 화재규정에 따라 결정될 것이며, 비상시 가장 가까운 출구를 관람객이 사용하도록 안내하여야 한다. 리스크관리자는 출구에 대하여 적정한 안전과 예방대책이 이벤트계획에 포함되고, 대량 퇴장이 가능하도록 안내요원을 충분히 할당하고 배치하였는지 검토하여야 한다.

퇴장시간, 군중의 감정상태, 행사장의 재입장허가나 금지방침은 출발 리스크를 알아내기 위해 검토되어야 한다. 만일 이벤트가 늦은 밤에 끝나게 된다면, 출구경로와 주차장을 환하게 밝히기 위해 외부조명장비가 필요할 것이다. 이러한 구역을 순찰하고 감정이 격분되거나 적대적인 군중을 통제하기 위하여 추가적인 보안인력이 필요할 수 있다. 일시적인 대규모 이동은 교통시설과 경로에 과도한 부담을 유발하므로 출발특성에 근거하여 신중하게 평가하고 대비하여야 한다.

2. 군중관리

보통 '수많은 사람들'을 지칭하여 군중, 대중, 공중 등 다양한 용어들이 사용된다. 군중(群衆: crowd)은 한곳에 모인 많은 사람으로서 군중심리로 형성된 집단을 말한다. 군중은 다른 사람의 감정이나 행동을 쉽게 수용하고 흉내를 내며 전염성이 강한 특징이 있다. 따라서 군중 속의 개인은 무의식적으로 설득에 무방비한 상태이기 때문에 쉽게 설득당하는 습성이 있는 비이성적 집단이다.

대중(大衆: mass)은 구성원들 서로가 교류나 커뮤니케이션을 하지 않지만, 사회라는 전체적인 공통성을 지니고 있어 사회적으로 동원되는 힘이 있다. 따라서 대중은 공유하는 관심에 대하여 독립적인 개인들의 익명적인 집단이다. 예를 들어, 대중은 주부, 학생, 노인, 실업자 등 한 사회의 인구사회학적인 모든 인간의 집단을 말한다.

공중(公衆: public)은 어떠한 이슈를 중심으로 이성적인 토론과정에서 형성된 집단을 의미한다. 공중은 대중과 비교하여 전체 사회를 대변하는 것보다는 이슈를 중심으로 일어난 집단형태다. 공중은 대중의 집단 중에서 특정 이슈에 관심이 있는 집단이나 해당 조직체(기업, 정부, 사회단체 등)에 관련된 이슈나 문제에 관심을 두는 집단이다(박성호, 2008).

군중은 특정 시간, 특정 공간 내에 특정한 이유로 함께 모인 많은 수의 개인을 일컫는다. 군중을 관리하는 것은 군중 속 개인의 이동과 행동을 안전과 질서가 유지되는 방식으로 통제할 수 있는 시스템의 개발을 필요로 한다. 즉, 군중관리와 군중통제는 상승효과를 주는 관계에 있다([표 9-5] 참조).

표 9-5 군중관리 및 통제전략

군중관리	군중통제
• 참가자 특성 및 행동의 이해 • 입장과 퇴장 • 시설 및 서비스 • 이벤트공간 및 동선 • 프로그램의 배치와 관람동선 • 동선배치(강제동선, 유도동선, 자유동선) • 줄 서기 및 대기라인(차단봉 포함) • 감독 및 모니터링	• 입장통제 • 경계선(방어벽, 울타리, 차단봉 등) • 커뮤니케이션(안내방송 등) • 경고사인 • 행위금지 • 안전인력배치

군중관리계획은 참가자의 규모와 이벤트의 유형에 따라 입구 및 출구시설, 필요공간을 할당하게 된다. 또한 참가자나 관람객의 예상되는 이동과 행동에 대한 분석이 필요하다. 만일 유사한 행사가 개최됐던 시설을 사용한다면, 그 시설은 효율적인 참가자나 관람객의 관리방법에 대한 지침을 가지고 있을 것이다. 그러나 행사의 규모, 유형 또는 장소가 색다르거나 최초인 경우는 유사한 이벤트, 장소와 보안 또는 군중관리전문가로부터 지침을 받는 것이 좋다.

군중관리에서 군중의 규모(size)와 밀도(density)는 가장 중요한 요인이다. 대부분의 치명적인 이벤트 참사에는 수많은 군중이 있었고, 그 안에서 대부분의 부상과 사망은 군중의 압박, 발 디딜 틈이 없거나 움직일 수 없는 상황에서 기인한다. 과잉수용의 위험은 공황, 폭력, 부상, 법적 책임(예: 예측가능성과 주의의무)을 발생하게 한다. 시간, 공간, 정보, 에너지(힘)의 군중흐름원칙을 이해하는 것은 갑자기 불안전한 상황으로 치닫게 되는 치명적인 군중밀도와 급속한 군중이동의 촉발을 예방하는 데 있어 핵심이다(Fruin, 1984).

• 시간(time): 입장 및 퇴장비율, 처리속도 및 이동속도, 이벤트 일정 및 인기 프

로그램의 시간, 수용인원의 초과시간대(피크타임)
- 공간(space): 점유공간의 규모와 배치, 이동 및 비상통로와 패턴, 1인당 할당 공간, 동선 및 서비스지점의 수용력
- 정보(information): 시각, 청각, 인식, 추측 등의 군중반응정보, 직원과 군중의 커뮤니케이션, 군중모니터와 통제 또는 대응인력과의 커뮤니케이션, 군중 내에서 전방 및 후방의 커뮤니케이션 결여
- 에너지(energy): 치명적인 군중밀도력, 심리학적 · 생리학적 스트레스의 강도, 전방으로 밀착하기 · 밀기 · 기대기 · 붕괴에 기인한 부동상태 또는 압축력, 방어벽에 대해 가해지거나 군중 내에 가해지는 압력

군중행동은 이벤트주최자가 수행하는 군중대비활동, 통제절차, 모니터링조치는 물론 군중과 군중의 목표와 일치, 강렬함, 변덕성에 의해서 형성될 것이다(Emergency Management Australia, 1999).

군중통제방법은 질서 있는 집회로부터 불법 또는 불안한 행동을 수반하는 위기상황에 이르기까지 통제이행을 위한 징조나 한계치로의 진전을 포함하여 고안되어야 한다(Abbott and Abbott, 2000). 이를 위한 방안으로 우선 과잉수용을 방지하기 위해 판매티켓의 양을 제한하는 것부터 시작해야 한다.

1) 군중이동

이벤트가 진행되는 동안 행사장에서의 통행흐름은 주의 깊게 고려되어야 한다. 보행자의 통행흐름은 단지 '흘러가면' 된다. 이 흐름을 지연시키는 것은 무엇이든 간에 아주 위험할 수가 있다. 군중이 많고 밀도가 높을수록 이동은 더욱 위험해진다. 행사장 내에서의 길안내와 방향은 이벤트 경험을 바라던 대로 쉽게 전달하려는 것만이 아니다. 이는 사람들의 흐름과 위험한 상황을 통제하는 데 매우 중요하다. 사람들은 자신의 위치가 어디인지, 어디로 가고 있는지 알기를 원한다. 또한 돌아다닐 수 있는 충분한 공간을 필요로 한다.

시설의 수용력은 소방규정에 의해 결정된다. 하지만 행사장의 배치와 프로그램

은 특정 시간대에 위험한 대규모 이동을 발생시킬 수 있다. 이벤트활동과 프로그램의 주의 깊은 배치는 특정 구역의 혼잡을 줄이고 다른 구역으로의 이동을 원활하게 만든다. 인간적인 연관성을 더하기 위해 운영인력을 활용하면 이벤트공간을 통해 더욱 통제된 이동을 쉽게 한다. 특히 사람들이 어떤 지역에서 대피하거나 또는 특정 구역으로 가야 하는 구조반을 위한 공간을 마련해야 하는 비상상황에서는 더욱 그렇다.

위험한 군중이동은 탈출반응 또는 열정적인 경쟁동기로 인해 발생될 수 있다. 이는 군중붕괴, 열광, 충돌, 공황 또는 일시에 몰려드는 현상을 야기하며, 차량과 보행자가 뒤섞이고 군중을 통해 이동하는 동물이나 볼거리, 밀집한 군중 속의 교차이동과 같은 것을 포함할 수 있다(FEMA, 2001; Silvers, 2004). 과잉군중, 밀어넣기, 충격·충돌, 연쇄추돌, 짓밟기, 밀려들기, 밀기, 휘두름, 돌진, 넘어짐, 걸려 넘어짐과 같은 위험은 리스크평가에 포함되어야 한다.

그리고 불안, 신체적 불편, 중·경상, 사망 등을 가져올 수 있는 고밀도이동은 다수의 입장 및 퇴장시간대로 예상할 수 있지만, 이동을 너무 제한하는 시점까지 압력이 커지지 않도록 철저히 감시해야 한다. 군중의 고밀도상태에서 이동흐름은 가장 느린 사람(작고 늙은 여성 요인: little old lady factor)에 의해 영향을 받고 규정된다는 것을 이해해야 한다(Still, 2005). 군중이동관리를 위한 방법은 [표 9-6]에 나타나 있다.

표 9-6 군중이동의 위험을 최소화하는 방법

회피대상	준비대상
• 혼합된 입장과 퇴장의 충돌	• 입장 및 퇴장인원 측정
• 퇴장동선의 집중	• 계량기로 측정된 유입
• 교차 및 역방향 흐름	• 이동 및 순환을 위한 적절한 공간
• 병목 및 혼잡지점	• 동선유도를 위한 안내요원 배치
• 부정확한 수용력 산정	• 다중분산동선 및 출구
• 부적정한 통행을 막는 장벽설계	• 분리이동을 위한 일방통행시스템
• 잠겨 있거나 폐쇄된 출구	• 모니터링을 통한 수용력 규정
• 가파른 경사지, 경사로, 계단	• 충분하고 정확한 정보

출처: Emergency Management Australia(1999), Fruin(1993)을 참고로 저자 재작성

리스크관리자는 대기행렬관리(queue management)에 특별히 관심을 기울여야 하는데 이러한 대기라인(waiting line)은 위험한 군중상황을 부추기거나 증폭시킬 수 있기 때문이다. 대기라인에서의 군중밀도와 압력, 규모, 지속기간은 기다리는 사람에게 영향을 줄 수 있으며, 이는 불평부터 위험한 군중이동에 이르기까지 하나의 원천이 될 수 있다. 대기행렬의 시작점은 명확해야 하며, 대기라인은 통행이나 다른 이벤트요소에 방해되지 않아야 한다. 적절한 분리도구(예: 차단봉, 일시적인 울타리 등) 또는 운영요원으로 대기라인을 만들어야 한다. 일단 대기라인이 만들어지면 이는 저절로 지속되지만, 사람을 가장 짧은 줄로 안내하기 위해 인력이 필요하다.

계단이나 에스컬레이터 위에 줄을 서거나, 퇴장하거나, 가로막는 것을 피하고, 매표소나 등록대의 대기라인은 입구로부터 충분한 거리를 두어 배치하여야 한다. 그리고 대기라인은 통행이나 다른 위험으로부터 분리되어야 한다. 결혼식 만찬에서 테이블번호로 손님을 뷔페에 참석시키거나, 단체환승의 경우 컬러나 번호가 매겨진 탑승권을 사용하거나, 유명한 공연의 선착순 티켓판매와 같은 계량적 방법은 대기행렬의 규모를 관리하는 데 도움이 된다.

Event Risk Management

사례 2005년 상주자전거축제 콘서트 압사 참사

2005년 10월 3일 17시 40분경 경상북도 상주시 계산동 상주시민운동장에서 일어난 압사사고이다.

당시 상주시민운동장 직3문 출입구에서, 상주자전거축제행사 중 하나로 초청한 문화방송 가요콘서트를 관람하기 위해 입장하던 관객들 중 시민 11명이 압사하고 70여 명이 부상당했다. 사고 당시 운동장 주변에는 콘서트관람을 위해 1만여 명의 시민들이 모여 있었으며, 특히 사고가 난 출입구인 직3문 앞에서 5천여 명 정도가 입장을 기다리고 있었다. 주최 측에서는 사람이 많이 몰릴 것을 예상하고 운동장 스탠드에 1만 개의 좌석, 잔디밭에 5천 개의 좌석을 추가설치해 둔 상황이었다. 사고현장에는 주최 측 경비인력 70여 명과 경찰인력 30명 등 100여 명의 안전관련요원들이 있었던 것으로 전해졌다.

직접적인 사고원인은, 17시 40분경 직3문 열쇠를 보유한 상주시 공무원 최 모 씨가 문을 여는 순간, 앞쪽에 있던 할머니 한 명이 떠밀려 넘어졌고 이어서 뒤에 있던 사람들이 연쇄적으로 넘어진 것이다. 당시 행사장 입구가 총 네 곳이었지만, 연예인이 참여하는 리허설에 시민들이 방해가 될 것을 우려한 주최 측이 출입구를 모두 폐쇄하고 사고가 일어난 직3문만을 개방하였다. 실제 행사는 오후 6시였고, 주최 측에서는 원래 행사 직전까지 문을 개방하지 않으려 했으나, 경찰이 날이 어두워지고 대기인원이 많아져 사고위험이 높다고 보고 오후 5시 30분쯤 출입구 개방을 요구하였으며, 주최 측에서는 이를 거부하다가 5시 40분쯤 뒤늦게 한 개의 문만을 개방하였다. 게다가 주최 측 행사진행요원이 입장객들을 줄을 세우지 않고 그대로 입장시켜 피해가 더 증폭되었다.

사고가 일어난 직3문은 원래 입구가 아닌 출구로, 운동장 안쪽으로 경사가 45도에 가까워 한꺼번에 많은 사람이 입장할 경우 사고위험이 큰 곳이다. 반대형태의 경사를 가졌던 직1문과 직4문을 열었다면 피해를 줄일 수 있었다. 한편 행사주최 측에서는 경찰에 230명의 경찰병력을 요구하였으나 거절당했다고 주장했다. 당시 배치된 경찰병력은 30명에 불과했다. 또한 주최 측에서는 당시 직3문과 4문, 즉 두 개의 문을 개방할 예정이었으나, 연예인이 이용하는 화장실이 직4문 부근에 있다는 이유로 문화방송이 거절하여 직3문만 열게 되었다고 주장하였다. 당시 행사장에 있었던 최병택 상주인터넷방송 사장은, 사고가 난 문에 경찰이 단 두 명만 배치가 되어 있었고, 당황한 안전요원이 사고 당시 다시 문을 닫으려 하면서 흐름이 막혀 중간에 갇힌 사람들이 더욱 큰 피해를 입었으며, 사고 이후 지휘체계가 전혀 없었던 데다 긴급차량이 다닐 도로도 확보되지 않는 등 경찰과 시 공무원들의 사고수습능력에 문제가 있었다고 주장했다.

출처: 위키백과(https://ko.wikipedia.org)

2) 군중행동

군중행동(crowd behavior)은 잠재적으로 개인행동과 매우 다르다. 그 이유는 어떤 위태로운 대중 속이나 특정 조건에서의 개인은 자신의 이동을 통제할 능력을 잃어버리거나 사회적 책임을 중지하기 때문이다. 군중은 순수하거나 악의적인 공동의 목적을 추구하는 결합적이고 집합적인 독립체가 될 수 있으며, 만일 이것이 공간적 · 안정적 수용력을 초과할 때는 위험해질 수 있다. 이는 일반적으로 이벤트의 본질, 의제, 활동, 군중의 규모와 밀도, 긴급 또는 비상상황에 의해 영향을 받는다. 위험한 군중행동은 산불과 같이 번질 수도 있고, 범람하는 강과 같이 밀어닥칠 수도 있다. 그러나 불의 연료를 제거하거나 강물의 흐름에 다른 배수구를 뚫는 것처럼 이런 위험한 상황을 통제할 수 있는 방법은 항상 존재한다.

군중과 군중행동은 경제적 · 사회적 · 정치적 · 심리적 차원에서 다양하게 연구되고 있다. 군중에 대한 연구는 1890년대의 프랑스 군중심리학자 귀스타브 르 봉(Gustave Le Bon)의 집단행동연구로부터 시작하여 현대의 군중집회 및 교통 네트워크분야에까지 이르고 있다. 연구결과, 군중의 본질과 이동은 군중의 행동이 환경적 조건, 각 구성원의 동기와 감정, 원하는 성과를 얻기 위한 개인의 시도를 쉽게 하거나 방해하는 힘에 기초한다는 사실이 드러나고 있다.

귀스타브는 군중행동이 비이성적이고 선도자를 맹목적으로 따르는 성향을 나타내며 최면에 걸린 것과 같이 동질적이라고 말한다. 반면 Berk(1974)는 집단적 표현부터 집단적 무질서에 이르기까지 집단행동은 이성적이고 의식적인 생각에 기초하며, 가끔 타당한 동기로 인하여 선동되지만 상세히 검토했을 때 동질적이거나 단일의 사고방식을 대표하지 않는다고 주장한다. 오히려 집단행동은 시간이나 정보가 부족한 상황에서 집단적 문제해결에 참여하는 개인들로 구성되어 있어 격앙된 감정은 결정의 정확성을 약화시키지만 합리성을 저하시키지는 않는다는 것이다.

그러나 Gladwell(2002)은 일단 개인은 집단의 일원이기 때문에 동료집단으로부터 받는 사회적 압력과 사회적 규범에 민감할 수밖에 없다는 것을 상기시킨다. 결국 이벤트는 공유된 행동과 감정에 의존하고 이를 조장하는 집단적 경험이라는 사실이다. 다시 말해서, 군중 속의 개인들은 자신의 정신을 잃지 않는다. 개인들은 자신만의 결정을 내리며, 완전한 일치보다 공통성의 결과를 가져온다. 그리고 집단행동은 협력적이거나 경쟁적일 수 있다.

Gladwell(2002)은 범죄학자의 연구를 인용하여, 범죄나 바람직하지 않은 행동은 부분적으로 사회적인 맥락을 반영하는 물리적 조건의 결과라고 주장한다. 만일 깨진 창문이나 낙서가 방치되고 있다면, 이는 아무도 이 상황을 신경 쓰지 않거나 통제하지 않는다는 의미다. 즉, 행동은 전례에 의해 영향을 받는다. 권위는 정당한 지위에서 물러나게 되고 새로운 규범이 수립되기 때문에 연이은 사소한 사건들은 개인에게 규정이나 사회적 규범에 저항하도록 권한을 부여한다(Veno and Veno, 1992). 이는 아무것도 통제되지 않아서, 즉 수용하지 않는 방식으로 행동하도록 허용한다는 작은 문제다. 이는 때맞춰 뚜렷한 간섭 없이 발생할 수 있는 바람직하지 않는 행동을 다루거나, 자신이 처벌받지 않을 것이라는 믿음으로 동일한 위반(예: 경기장에서 물건을 던지거나 행사장 입장을 위해 울타리를 넘는 것)을 보이며 다른 사람을 유도하는 것이다. 예를 들면, 2000년 뉴욕시에서 푸에르토리코의 날 퍼레이드에서 경찰이 아무런 조치 없이 서 있는 동안 50명 이상의 여성이 각양각색의 수위 높은 희롱으로 고통을 받았던 것처럼 무대응은 상황을 악화시킨다(Tarlow,

2002).

불만과 지루감은 바람직하지 않은 행동을 선동한다. 예상하지 않은 불만이 공격의 가능성을 높인다는 불만-공격이론(frustration-aggression theory)은 개인이 원하는 목적을 성취하는 것을 방해받을 때 파괴적인 행동이 나타날 수 있다고 가정한다. 지루감은 불만의 유형으로 볼 수 있다. 공격의 정도는 심각한 제약이나 통제가 가해질 때 개인의 허용수준에 근거한다(Veno and Veno, 1992). 공격적인 행동은 심한 비난이나 의기양양, 공포, 분노와 같은 감정적 계기에 대한 반응일 수 있고, 마약이나 알코올중독과 같은 정신적 장애와 정확한 정보의 부족에 의해 과장될 수 있다. 또한 공격적인 행동은 더위, 추위, 소음 등 환경적인 조건으로 인한 신체적 불편함에서 나타날 수 있고, 다른 사람이 공격적인 행동을 보이고 나서 보상을 받거나 처벌받지 않는 것을 보았을 때 그 가능성은 높아진다. 리스크관리자는 불만을 최소화할 수 있는 방법을 찾아야 하고, 불만을 나타내는 군중의 상태를 철저히 감시하고 신속하게 대응하여야 한다(Au et al., 1993).

Event Risk Management

사례 경마관중 3천 명의 난동

26일 오후 5시 45분께 경기도 과천시 주암동 162번지 과천경마장에서 경주를 관람하던 관중 3천여 명이 기수가 낙마한 상태에서 결승점을 통과한 경주마의 골인을 인정해 줄 것을 요구하며 관중석에 불을 지르는 등 2시간여 동안 난동을 부리다 출동한 경찰에 의해 강제해산됐다.

이날 관중은 12번째 경주에서 2번으로 출전한 경주마 '케비(기수 박종태, 28세)'가 경주로를 출발해 4~5m 달려간 지점에서 기수가 낙마하자 기수 없이 그대로 달려 2위로 골인했으나, 마사회 쪽의 경기규칙에 따라 등위가 무효로 처리되자 경주조작이라고 주장하며 마권판매대로 달려가 마권 상금을 지급할 것을 요구하며 관람석 유리창과 폐쇄회로 텔레비전 등을 부수고 파라솔, 의자, 쓰레기통 등에 불을 지르는 등 난동을 부렸다.

이 과정에서 난동을 제지하던 한국마사회 직원들과 일부 관중 사이에 심한 몸싸움이 벌어져 마사회 직원 신정돈 씨(43세, 비서실장) 등 직원과 관람객 10여 명이 다쳤다.

한편 경찰은 이날 오후 7시 30분께 경찰 2개 중대 2백50여 명을 현장에 투입해 관중을 강제해산하고 정확한 사고경위를 조사 중이다.

출처: 한겨레신문, 1993. 9. 27.

3) 군중통제

군중통제(crowd control)를 위해서는 군중을 형성하고 영향을 미치는 요인을 이해하고 바람직하지 않은 행동이나 상태를 제어할 수 있는 방안을 수립해야 한다. 또한 지속적으로 군중의 상태를 주시하고 미리 설정한 한계점을 넘어가는 상황에 대한 대응계획을 시행하여야 한다. 예를 들면, 매표창구의 대기라인이 정해진 한계점을 초과하면 매표창구가 추가로 열려야 하고, 또한 관중이나 참가자가 바람직하지 않은 행동을 보이면 행사장 밖으로 퇴출해야 할 것이다. 일반적인 군중유형과 대응전략은 [표 9-7]에 나타나 있으며, 대부분은 관찰, 감독, 커뮤니케이션에 중점을 두고 있다.

표 9-7 군중유형 및 특징에 따른 대응전략

군중유형	특징	대응전략
평상	평온한, 중립적인, 순응하는, 자발적인, 자제력 있는, 최소 보행, 순간적 고밀도상태	• 통제지점에서 군중밀도의 변화를 모니터링, 불만 또는 혼란의 기색, 우발적 범죄행동(예: 소매치기) • 보조동선 또는 협소지점에 대한 서비스의 활성화, 정확한 정보제공, 범죄자 체포 및 저지를 위한 법 집행의 활성화
응집	협력적인, 공유관중 또는 참여적 경험을 위한 모임, 때때로 조직화(예: 데모, 집회, 행진), 가끔 계획에 의한 고밀도상태	• 위태로운 군중밀도를 모니터, 불만 · 지루감 · 감정고조의 징조, 불안 또는 폭력행동을 조장하는 언행의 확대 • 협소지점에 보조동선이나 서비스를 활성화, 정확한 정보제공, 행동에 대한 확고한 규정의 수립 및 공표, 시기적절하고 타당한 방식으로 위반처리
표출	활기 넘치는, 즉흥적인 감정분출, 거칠게 때리는 장난 또는 장난행동을 보임, 가끔 욕구에 의한 고밀도상태	• 논쟁에 대한 감시, 불만 · 지루감 · 감정격앙의 징후, 불안전한 군중이동, 불안전한 육체적 활동 • 상황분산을 위한 조치, 수용불가한 행위 선동자의 제거, 정확한 정보와 유익한 경보의 제공
공격	경쟁적인(예: 한정된 자원이나 욕구대상에 대한 경쟁), 언어적으로 적대적인, 강렬한 사회적 긴장, 악의적인 장난, 반사회적 행동(예: 성폭력)	• 불안하거나 폭력적인 행동을 조장하는 언행의 확대를 감시, 극도의 흥분 징후, 돌진 · 약탈 · 파괴적인 행동, 가능한 진압용 무기 • 행위와 바람직한 대상의 분배에 대한 확실한 규정의 수립 · 공표 · 집행, 경쟁적인 파벌의 분리, 알코올 사용가능성의 제한이나 제거, 무기전시금지, 정확한 정보 및 예방적 정보의 제공

폭발	발광하는(떠들썩하나 악의적이지 않은), 공황상태(탈출, 비상), 폭력적인, 무질서한(반항적으로 무법적인), 분노와 파괴적인(폭동) 상태	• 위태로운 군중밀도의 감시, 감정적인 긴급성의 급증, 돌진 · 밀기 · 떠미는 행동, 비상상황 • 행사의 일시적 지연 또는 취소를 고려, 긴급 또는 대피계획의 활성화, 정확한 정보 및 탈출경로의 제공, 불법행동 및 군중해산을 위한 대응으로 법 집행의 활성화

출처: Silvers(2008)를 참고하여 저자 재작성

군중상태가 관리불가능하게 되는 상황이 되면, 이벤트주최자는 이를 통제하기 위하여 법 집행요원이 될 가능성이 높다. 이벤트주최자의 접근방식은 상황평가에서 시작하여 모니터링, 통제, 해산, 체포의 순서적 행동으로 나타날 것이다. 이런 접근방식의 이해는 리스크관리자의 대응계획에 영향을 미치는 것은 물론 이벤트에서 법 집행의 효과를 가능하게 할 것이다. 하지만 법 집행을 요청하는 것은 일반적으로 이벤트의 모든 권한을 경찰에게 넘겨줄 수밖에 없다. 만일 이벤트 자체가 논란의 여지가 있거나(예: 항의행진), 폭발적인 군중이 예상되거나(예: 경쟁이 치열한 스포츠 이벤트), 군중규모 자체가 골칫거리(예: 대형 축제나 콘서트)의 범위인 경우에는 준비 단계의 초반부터 법 집행을 포함시키는 것이 매우 중요하다. 그래서 이들의 필요와 전문지식이 전체 이벤트계획에 포함될 수 있다.

군중통제인력은 모든 군중통제전략의 핵심요소이며, 이들은 적절하게 장비를 갖추고 훈련되어야 하며 배치되어야 한다. 군중통제인력은 안내 및 운영요원부터 전문적인 보안요원과 경찰까지 아우른다. 각 인력에 부여되는 의무와 권한은 물론 명령과 통제의 위계에 대한 명확한 가이드라인을 수립하는 것이 필요하다([표 9-8] 참조). 안내 및 운영요원에게 대립적이거나 물리적으로 개입하는 의무는 부여하지 말고, 다만 그러한 방법이 필요한 상황을 보안요원이나 상황실에 보고토록 하는 것이 일반적이다.

모든 이벤트관련인력이 이벤트관람객에게 도움과 지침을 제공하는 것이 군중통제인력의 우선적인 책무다. 예방적인 방법을 이용하고 군중을 돕는 것은 군중을 통제하려고 시도하는 것보다 훨씬 효과적이다. 이벤트직원과 보안요원의 행동과 태도는 지침과 규정에 관하여 순응하거나 반항으로 이끌 수 있다. 정확하고 시기적절

표 9-8 군중통제인력의 의무 및 권한

구분	의무 및 권한
안내요원 · 운영요원	• 관람객 안내 및 지원 • 문제에 대한 감지 • 운영규정의 집행 • 보안담당(상황실 · 운영본부)에 보고
보안요원	• 관람객 안내 및 지원 • 문제에 대한 감지 • 운영규정의 집행 • 상황을 분산시킴 • 선동자를 퇴장시킴
경찰(법 집행)	• 상황을 분산시킴 • 선동자를 퇴장시킴 • 군중을 해산시킴 • 위반자를 체포

한 정보제공은 관람객에게 기대되는 행동을 유도하도록 커뮤니케이션하는 것이며, 리스크가 높은 행동을 방지하거나 군중의 긴장 또는 불안을 완화시킨다. 또한 이는 관람객이 군중통제과정에서 능동적인 역할을 하도록 하고 관람객의 안전을 위협하는 상황, 조건, 행동을 모니터하고 보고할 수 있도록 권한을 부여하는 것이다.

군중통제인력은 가동할 준비가 되어 있는 군중관리와 통제 메커니즘(예: 입장시스템, 행동규칙, 접근제한구역 등)에 관한 훈련, 군중 모니터링활동, 사건 및 상태에 대한 대응에 적용되는 절차, 공격적 · 모욕적 · 폭력적인 행동에 대한 분산과 물리적인 저지를 위한 특별한 훈련과 절차를 제공받아야 한다. 또한 이러한 활동을 지휘하도록 권한을 부여받은 사람으로서 눈에 잘 식별될 수 있는 유니폼을 제공받아야 한다(WorkSafe Victoria, 2006).

활동을 모니터링하기 위해서는 적절한 감시장비와 유리한 위치가 필요하다. 안내 및 운영요원은 전략적으로 군중 속에 배치되고, 현장의 상태와 개인의 행동문제를 관찰할 수 있다. 그러나 군중의 밀도를 관찰하기 위해서 높고 좋은 위치를 필요로 한다. 떠오르는 군중문제는 적절한 지휘체계 내에서 적정하게 보고될 수 있도록 커뮤니케이션 네트워크와 절차가 설정되어야 한다. 또한 군중 자체의 본성(예: 군중규모와 구성)은 커뮤니케이션과 행동의 변화가 더 느려지거나 더 어렵게 만들 수 있다(Emergency Management Australia, 1999).

군중통제는 어마어마한 관객의 대규모 이벤트에 독점적으로 긴요하게 쓰이는 것은 아니다. 예를 들어, 2013년 브라질 산타마리아아에 위치한 키스 나이트클럽(Kiss nightclub)에서 화재가 일어나 500여 명 중 245명이 숨지고 100여 명의 부상자가 발생했다. 화재원인은 무대연주자 중 1명이 불꽃쇼를 벌이려다 천장의 방음재에 불이 붙었기 때문이다. 이는 군중통제가 많은 사람 수가 아니라 시간, 공간, 변동성, 긴급성에 의해 구별되어 실시되어야 할 필요가 있다는 교훈을 주고 있다.

Event Risk Management

사례 서태지 러시아 공연과 KT&G 상상 체험단

서태지 러시아(블라디보스토크) 공연(2004년 5월 8일)은 한·러수교 120주년 기념행사의 일환으로 KT&G에서 후원을 하였고, 여기에 함께 참가할 상상 체험단(800명)을 선발하여 전세 유람선 2척(명명: 상상호, 희망호)을 이용해서 러시아 공연에 동참하는 행사였다.

상상 체험단을 대상으로 사전에 오리엔테이션을 실시하였으며, 여기에서는 승선 예정인 유람선에 대한 정보와 4박 5일간의 선상 숙박 및 현지 프로그램 등에 대하여 상세한 설명과 일정에 대해 안내하였다.

하지만 희망호로 확보된 유람선이 선주의 사정으로 인하여 최종적으로 배를 빌려주는 것이 불허가 되어 결국 다른 유람선으로 대체하게 되었다. 문제는 대체된 유람선은 낡고 오래되어 선박 및 편의시설의 수준이 형편없었다. 더군다나 150명이 열악한 숙박시설을 이용해야 하는 상황이 벌어졌다. 상상 체험단이 희망호에 승선하자마자 계획된 유람선과 너무 차이가 나는 것을 확인하고 문자 메시지와 통화로 배의 문제를 외부로 알렸고 심지어 집단 하선까지 불사하겠다는 단체행동에 돌입했다.

이에 주최 측은 블라디보스토크 현지에 별도의 호텔 객실을 예약하여 150명에 대한 숙소를 준비하였으나, 이 중 23명은 호텔 숙박을 거부하기도 하였다. 희망호에 승선한 260명의 상상 체험단은 애초 계획과 다르게 진행된 점에 대하여 주최 측에 공식적인 보상을 요구하기에 이르렀다. 결국 주최 측은 귀국하는 길에 선상 체류일자에 해당하는 3일짜리 여행상품인 '상상티켓'을 희망호 탑승자 전원에게 제공하는 것으로 합의했다.

3. 참가자서비스

군중관리와 통제는 그 초점이 참가자에 집중될 때 효과적이다. 이벤트주최자와 참가자 사이의 효과적인 상호작용은 행동적 전략과 신체적 전략에 달려 있다. 이 전략은 적절한 수준의 도움과 예의가 전달되어 결국 군중통제전략의 효과가 증대된다. 참가자는 자신의 행동과 연관된 잠재적 위험을 인지하지 못한다. 참가자는 자신의 행동이 다른 사람이나 자신이 당면한 환경에 미치는 영향에 대하여 잘 깨닫지 못한다. 그러므로 초기 개입은 거슬리게 느끼기보다는 정중하고 유익해야 한다. 이러한 고객서비스 태도는 위험한 상황을 발생시키거나 심화시키는 부적절한 행동이나 사건을 줄일 수 있다. 이벤트 및 행사장의 차원에서 참가자의 신체적 · 감정적 욕구를 예측하는 것은 이러한 예방적 방법을 강조하는 유 · 무형적인 특성의 개발에 필수적이다.

1) 편의시설 및 서비스

이벤트주최자는 관람객에게 배려와 편의를 느끼게 하는 공간, 편의시설 및 서비스를 제공함으로써 불만, 혼란, 불안과 같은 군중통제의 문제와 고객불만의 요인을 대폭 감소시킬 수 있다([표 9-9] 참조). 리스크관리자는 이러한 편의시설 및 안내 사인의 배치가 참가자의 이동에 가능한 방해되지 않게 접근이 가능하도록 수용가능성과 적절성을 확인해야 한다.

만남 및 대기장소는 관람객이 단체의 구성원을 기다리면서 모일 수 있도록 충분한 공간이 할당되어야 한다. 모여 있는 사람들이 입장과 퇴장의 흐름을 방해하지 않도록 입구나 출구로부터 충분히 떨어져 위치하여야 한다. 통상 행사장 출입구 외부에 위치하고 있으며, 필요에 따라서는 출입구 내부에 추가배치하기도 한다.

종합안내소는 행사장의 시설, 프로그램, 일정의 안내는 물론 교통, 숙박, 주변관광정보 등 참가자를 위한 모든 정보를 안내하는 역할을 한다. 행사장이 넓은 경우에는 구역안내소를 추가로 설치하여 참가자에게 서비스를 제공한다. 이러한 안내부스(booth)는 행사장 입구에 인접하거나 주요 동선에 위치하여 참가자의 눈에 잘

표 9-9 이벤트의 편의시설 및 서비스

• 만남 · 대기장소	• 사이버카페
• 종합안내소(리플릿, 행사안내, 통역 등)	• 무료 충전소
• 구역안내소(안내서비스 등)	• 노약자휴게소
• 물품보관소	• 미아보호소
• 물품대여소(유모차, 휠체어)	• 식음판매시설
• 유실물보관소(분실물, 습득물)	• 통신센터
• 유아휴게실 또는 수유실	• 흡연구역
• 화장실(기저귀 교체실 포함)	• 셔틀버스(외부주차장, 인근터미널 운행)
• 은행 · 자동현금지급기(ATM)	• 비즈니스센터(business center)
• 의료실 · 응급처치실(구급차 포함)	• 주변관광안내
• 이동파출소	• 휴게시설
• 이동소방서(소방차 포함)	• 반려동물보호소
• 불편신고센터	• 우체국 · 택배서비스

띄어야 하며, 이벤트의 장소, 규정, 절차를 완전히 숙지한 안내요원이 상시대기하여야 한다.

물품보관소는 참가자의 행사장 관람편의를 제공하기 위하여 참가자의 소지물품을 보관함에 맡겨 둘 수 있는 서비스다. 보관물품의 손실이나 망실로 인한 참가자의 불만사항을 방지하기 위하여 가능한 잠금장치가 되어 있는 보관함을 사용하는 것이 바람직하다. 또한 참가자의 열쇠분실 시 발생하는 상황에 대해 마스터키(master key)를 준비해야 한다.

물품대여소는 휠체어, 유모차 및 보행보조기가 필요한 관람객에게 무상으로 물품을 대여함으로써 편의를 제공하는 곳이다. 보통 유모차는 36개월 미만의 영 · 유아를 동반한 보호자에게 대여하며, 휠체어 및 보행보조기는 장애인과 65세 이상의 노약자에게 대여한다. 물품대여 시 용도에 어긋나는 사용이나(예: 물건이나 짐의 이동) 전시관 우선 입장 혜택에 악용하는 경우를 방지하기 위해 유의하여야 한다.

유실물보관소는 분실물의 신고, 습득물의 접수 및 인도 등 모든 관련업무를 효율적으로 처리할 수 있는 체계를 구축하여 관람객의 만족도를 강화하는 기능이다. 분실물과 습득물은 소유자의 명확한 확인 및 인계가 필요하며, 접수된 물품은 최대 3일 정도 보관하되, 이후에는 경찰서나 파출소에 인계하여야 한다.

미아보호소는 사전미아방지에 주안점을 두어 적절한 안내 및 주의사항을 전달하는 커뮤니케이션이 필요하며, 미아발생 시 신속한 조치와 함께 안전하게 보호하여 보호자에게 인도할 수 있는 대응체계를 구축하여야 한다. 입구 근처에서 미아방지 명찰(이름, 보호자 연락처 등 기입)에 관람객이 스스로 기입하여 어린이나 고령자의 옷에 부착하는 방법도 효과적이다.

유아휴게실은 영 · 유아기 자녀를 가진 여성을 위하여 수유 및 휴식공간을 제공하는 곳이다. 신체적 약자인 영 · 유아와 여성이 휴식하는 공간이므로 항상 청결유지와 쾌적한 분위기를 조성해야 한다. 수유용 소파와 편의물품을 비치해야 하며 특히 내부가 보이지 않도록 가림막을 사용하여 외부와 차단해야 한다.

핵가족화에 따라 반려동물이 증가추세에 있다. 보통 행사장 내 반려동물의 동반금지를 원칙으로 하므로 이들을 보호하고 세심하게 관리해 주는 반려동물보호소의 설치가 필요하다. 반려동물의 건강 유무를 확인하고, 보호시간 동안에는 식수만 제공하되 사료는 제공하지 않아야 한다. 사료 취식으로 인한 부작용(예: 배탈, 설사 등)이 발생하는 경우 보호자와 분쟁이 일어날 수 있다.

매우 넓은 행사장의 경우 휴게시설의 부족은 관람객의 불만을 고조시키는 중요한 요인이다. 휴게시설은 행사장 배치를 고려하여 골고루 쉴 수 있는 공간을 마련하며, 관람객이 쾌적한 휴식을 취할 수 있도록 청결하게 관리해야 한다. 또한 야외 휴게시설은 햇빛이나 우천을 차단할 수 있는 그늘막 또는 지붕이 있는 시설물이 필요하다.

공공장소의 금연구역 확대는 물론 비흡연자의 건강을 위하여 별도의 흡연구역 설치가 필요하다. 흡연구역은 옥외에 설치하고 일반인에게 노출되지 않도록 한다. 또한 통풍이 잘되는 곳에 설치하고, 어린이 및 비흡연자에게 피해가 가지 않는 곳에 위치하여야 한다. 특히 흡연시설에는 소화기를 비치하여 만일의 사태를 대비하여야 한다.

또한 관람객의 편의제공을 위하여 공공서비스인 우체국 · 택배서비스, 은행 · ATM, 공중전화의 설치도 고려해야 한다. 우체국의 경우는 관람객보다 이벤트 기간 동안 근무하는 국내외의 참가자, 전시참가자, 스태프, 영업시설업자 등에게 필요하며, 택배서비스는 행사장에서 관람객이 구입한 물품을 발송하는 데 유용하다. 필요한 현금의 입출금을 위하여 임시은행(예: 모바일 차량)이나 ATM(Automated Teller Machine: 현금자동입출금기)의 설치도 필요하다. 공중전화의 경우 해외참가자에게 필요할 수 있으며, 국내참가자를 대상으로 하는 경우에는 대부분 휴대전화를 사용하기 때문에 유용성이 없을 것이다.

2) 숙박 및 환대제공

회의 이벤트주최자는 이벤트의 유형, 참가자의 범위와 특성에 따라 숙소배치와 특별한 고객서비스를 위해서 다양한 수준의 책임을 갖게 된다. 컨퍼런스나 컨벤션과 같은 회의 이벤트는 참가자를 위해 호텔방의 예약이 필요하고, 이벤트주최자에 의해 일부 또는 전체의 객실비용이 지불된다. 예를 들면, 참가자가 의무적으로 참석하는 포상행사나 기업행사는 행사주최자가 모든 숙박비를 지불한다. 자발적으로 참석하는 회의 이벤트는 비용을 본인이 부담하는 참가자들을 위해 충분한 객실을 예약하고 이벤트주최자는 직원과 초청 연사의 숙박비만 지불하게 된다.

대규모의 컨벤션이나 스포츠행사의 경우에는 많은 참가자의 호텔객실이 필요하다. 국가별 · 개인별 경제적인 부담을 고려하여 다양한 호텔(예: 호텔등급별)의 객실예약이 필요하다. 특히 잠재적으로 사고가 발생할 수 있는 미수교국, 비우호적인 국가관계, 종교문제, 경쟁관계에 있는 국가의 참가자는 서로 분리하는 것이 좋다. 국가별로 다른 호텔을 배정하거나 같은 호텔이라도 층수를 다르게 하여 가능한 서로 마주치지 않도록 하는 것이 중요하다.

리스크관리자는 숙박과 관련된 계약내용이 신뢰성 있는 참석인원 수의 추정에 근거하고 있는지, 숙박사용절차와 비용이 분명하게 명시되어 있는지, 적절한 객실 정돈에 대한 모니터링이 이루어지고 있는지 확인해야 한다. 그리고 주최자가 부담하는 비용에 대한 제한사항이 해당 호텔은 물론 객실사용자에게 분명히 전달되었는지 확인해야 한다. 숙박업무는 이벤트주최자 내부에서 처리되기도 하고 숙박업체나 숙박시설로 직접 외부계약이 되기 때문에 숙박양식이 등록과정 및 자료에 포함되어야 한다. 또한 이벤트주최자는 객실을 공유하고 룸메이트(roommate)를 스스로 선택하는 과정에 대하여 어떠한 책임도 지지 않아야 한다.

이벤트주최자는 VIP, 연사, 공연팀, 스폰서, 사회자와 같은 참석자를 위한 리셉션(reception)구역, 대기실, 분장실, 라운지시설 등을 별도로 준비할 필요가 있다. 이러한 시설의 접근경로와 인접은 환대 및 보안 관점에서 고려되어야 한다. 여기에는 식음료, 장비, 편의시설이 계약상 포함되어야 하고, 특별한 접근경로와 입장통제가 요구되며, 특정 시설로부터 특정한 거리가 필요할 수 있다.

일반적으로 이벤트스폰서가 제공하는 환대행사(예: 만찬, 리셉션 등)는 이벤트 내에 포함되거나 이벤트와 함께 수반된다. 이벤트주최자는 이러한 부수적 행사의 계획과 배치에 직접적으로 관여할 수도 있고, 이벤트주최자의 관여 없이 스폰서가 직접 진행할 수도 있다. 그러나 환대행사는 참가자를 유인하기 때문에 해당 이벤트에 어느 정도의 책임이 연계될 것이다. 따라서 그런 책임(예: 동일장소 배치, 주류서비스 또는 활동)을 제한하는 명확한 정책과 절차를 설정하는 것이 바람직하다. 이는 이벤트에서 고객환대활동이 주행사와 같은 기준을 충족시키고 리스크평가에 통합될 수 있도록 스폰서십계약에 포함시켜야 할 필요가 있다.

3) 고객서비스

참가자의 욕구를 예상하고 그러한 욕구를 충족시키기 위해 정중하고 성실하게 서비스를 전달하는 것은 좋은 고객서비스의 기본이다. 게다가 기대를 관리하는 것은 고객만족의 가능성을 증가시킬 것이다. 이는 행사장 입장절차부터 퇴장하기까지 참가자의 상호작용 및 관여는 물론 사후접촉까지도 적용할 수 있다. 리스크관리자는 양질의 고객서비스를 제공하기 위한 시스템이 언제나 준비되어 있는지 확인해야 한다. 왜냐하면 고객의 불만은 이미지 하락과 파괴적인 행동, 심지어 소송까지 초래할 수도 있기 때문이다.

예를 들면, 무역전시회에 참여한 전시참가자들이 사전 및 사후의 마케팅활동을 위하여 방문객의 연락처 목록의 제공을 약속받았다면, 주최자는 등록참가자에게 이러한 일이 발생된다는 것을 미리 알려 주어야 한다. 만일 컨벤션의 축하연에서 좌석배정을 해야 한다면 티켓교환대가 설치되어 참가자들이 식탁배정을 위해 등록패키지에 있는 예약쿠폰이나 티켓을 교환할 수 있게 해야 한다.

참가자에게 기대되는 것, 특정 물품이나 행동의 금지를 안내하는 것은 참가자를 위한 긍정적인 경험을 용이하게 하며, 이벤트 리스크를 감소시킬 수 있을 것이다. 참가자와 접촉하는 모든 인력이 적시에 유용한 도움을 제공하기 위한 방법, 자료, 도구를 준비하는 것은 효과적인 통제수준과 훌륭한 서비스수준을 가능하게 할 것이다.

Chapter 10

행사장 리스크관리

모든 이벤트는 어딘가에서 개최된다. 행사장(event site)은 이벤트 경험이 발생하는 무대이거나 현장이다. 행사장은 이벤트를 만드는 데 있어 현장에 들어오는 사람, 물품, 서비스는 물론 이벤트참가자에게도 충분한 공간을 제공해야 한다.

이벤트주최자는 수용력, 역량, 마케팅 관점으로부터 행사장을 고려해야 한다. 그러나 어떤 잠재적인 행사장이라도 이벤트참가자, 이벤트의 목적과 목표, 이벤트 경험에 기여하기 위하여 리스크관리 관점으로부터 다루어져야 하는 강점, 약점, 기회, 위협을 갖는다. 이벤트주최자와 리스크관리자는 장소의 타당성을 확보하기 위해서 이벤트와 행사장의 공간, 사회기반시설 및 이벤트의 세부적인 속성을 평가해야 한다([표 10-1] 참조).

표 10-1 이벤트 평가속성

속성	예측 의미 및 요소
이벤트 특성	• 기대행동과 이벤트 강도를 예측한다. – 이벤트의 목적 · 유형, 감성 품질, 관람이나 참여, 공적이나 사적 – 입장 · 장내이동 · 퇴장 패턴, 예상 대기라인 – 무질서위험, 충돌이나 논쟁의 수준, 사건이나 사고가능성, 이전 사상자 비율
참가자 규모	• 이동수용력과 서비스역량의 요건을 예측한다. – 군중규모와 밀도, 이동 흐름양 – 입장기준: 무료, 구매(티켓, 등록), 초대 – 서비스나 점검을 위한 정점
참가자 개요	• 예상 반응행동과 반응능력을 예측한다. – 인구통계학, 연령 · 단체의 혼합, 신체적 · 인지적 능력 – 이동거리 · 복잡성, 이벤트나 장소의 친숙도 – 소속 · 멤버십 · 초대, 개별 또는 그룹 내

이벤트 시기	• 서비스와 인프라에 대한 수요영향을 예측한다. – 운영시간, 낮 또는 밤, 최대 이동 · 교통량 시간대 – 계절 · 날씨요인 – 서비스에 대한 이벤트 수요(경쟁, 연속, 동시발생)
이벤트 기간	• 서비스요건의 수준을 예측한다. – 서비스의 정점(예: 화장실 사용, 현장의료제공, 인력요청) – 매표와 좌석정책, 가변적인 참석규모 – 현장복지서비스의 이용가능성, 야간 숙박시설
이벤트 위치	• 수용력과 사회기반시설의 요건을 예측한다. – 지질학적 위치 · 밀도, 실내 · 실외, 도시 · 외곽 · 원거리, 포장 · 비포장 도로, 개인 · 공유재산 – 특정 목적 또는 다목적 장소, 검증되지 않았거나 임시장소, 임시구조나 무대, 인프라역량, 환경적 통제 – 공간규모, 배치구성과 복잡성, 광범위 · 수많은 현장, 활동의 집중과 분산
이벤트 빈도	• 역사적 데이터 품질, 주최자의 친숙도 · 경험을 예측한다. – 첫 회, 일회성(단 한 번) – 동일현장에서 반복, 다른 현장에서 반복, 반복 특징 – 재개최비율
이벤트 프로그램	• 공간과 수요수준 또는 내재적 리스크요인을 예측한다. – 위험하거나 고수요활동, 음식 · 주류서비스, 특수효과 – 무대와 장비, 운용과 기술자 지원 – 반입 · 반출, 설치, 유지

출처: Silvers(2008)를 참고로 저자 재작성

1. 행사장 선정

행사장 선정의 범위는 이벤트의 필요에 부응할 수 있는 위치와 시설의 공급처, 점검, 선택, 계약체결까지 포함한다. 새로운 사업을 위해 장소를 선정할 때 위치(location)를 중요시하는 것처럼 이벤트를 위한 가장 좋은 위치와 장소를 선정하기 위하여 이와 동일하게 적용해야 한다. 모든 유형의 이벤트는 실내 및 실외, 특정 목적 및 임시시설, 운동장, 도시의 거리, 놀이공원, 마을광장, 공터, 전시컨벤션센터, 심지어 개인주택이 이벤트의 무대가 될 수 있다. 위치는 도심에서 외딴곳, 지역에서 먼 장소나 해외장소까지 다양하다.

장소의 공간수용력, 비용, 역량, 특징, 적합성, 접근성 등은 행사장으로서의 실현가능성을 결정하는 데 활용된다. 행사장 선정은 법적 관점과 운영적 관점에서 이용가능성, 비용경제성, 타당성의 기준에 근거해야 한다. 일단 행사장을 허가, 건축이나 계약 · 임대 합의로 결정하면, 이벤트주최자와 리스크관리자는 이벤트의 제작을 완벽하게 준비하기 위하여 행사장시설 및 그 지역 주변에 완벽하게 익숙해져야 한다. 이는 리스크를 완화시킬 수 있도록 모든 위험이나 취약성의 평가도 포함된다.

1) 선정기준

행사장 선정(site selection)은 이벤트의 필요조건과 자원에 대하여 잠재적인 장소의 품질과 자격조건이 조사 · 증명 및 평가된다는 점에서 실용적이고 직감적인 과정이다. 행사장의 요구사항 및 선정기준의 가중치를 부과한 장소의 세부설명서는 이벤트의 우선순위, 목적 및 목표에 따라서 개발되어야 한다. 행사장 선정에 대한 최종적인 결정은 이벤트주최자 단독 또는 이사회, 위원회 등과 협의하여 이루어질 수 있다. 사전에 규정한 가중치 부여기준은 개인적 선호도, 편견, 유인책, 부패, 부도덕한 행동의 출현을 방지하거나 제거하는 데 도움을 준다. 일반적인 행사장 선정기준은 이벤트의 유형, 규모, 범위에 따라 해당 이벤트의 비중과 적용가능성이 다양하다([표 10-2] 참조).

일반적으로 행사장의 기준과 조건을 정량화하고 자격을 부여하는 선정작업에 앞서 후보 행사장에 대한 물리적 점검이 선행되어야 한다. 추가적인 장소점검기준은 이벤트의 특별한 요구조건에 따라 평가되어야 한다([표 10-3] 참조). 비록 장소가 보유하고 있는 시설, 특성 및 인력은 자산 또는 부채일지라도 이들은 시간이 지나면서 변화하게 되며, 대규모 컨벤션이나 박람회 같이 수년 전에 미리 예약하는 이벤트에 영향을 줄 수 있다는 것에 주의하여야 한다. 또한 호텔이나 컨벤션센터와 같이 다중적인 이용시설을 고려할 때, 다른 이벤트와의 상충가능성을 확인하기 위하여 다른 잠재적인 동시사용자를 확인하는 것도 중요하다.

표 10-2 행사장 선정기준

수용능력	비용경제성	보유역량
• 기능공간의 적합성 • 건물 · 공간 수 • 수용인원 • 공간규모(총면적, 천장 높이)	• 시설 · 공간 대관료 • 대관율(1일, 시간, 야간 등) • 서비스비용 • 장비대여료 • 공공인프라 사용료 (수도 · 전기 · 압축가스 등) • 계약상의 영업허가권	• 장비유용성 • 인력유용성 • 보안 및 응급처치 • 하역장 • 스태프 경험 • 지원서비스 • 기술설비
조건	**법적 준수**	**편의성**
• 경쟁 이벤트 • 비상대응의 적합성 • 시설상태 • 기능공간의 품질 • 안전기록 • 주변환경	• 비상사태계획 • 화재안전 • 보건 및 안전기준 • 보안방법 • 특수요구 준수	• 접근용이성 • 주차시설 • 현장 외 장소의 인접 • 교통수단유용성 • 주변편의시설 • 가시성
배치	**제약**	**특성**
• 건물특징 • 장식요소 • 융통성 • 이벤트요소의 근접 • 장소배열	• 법적 제약 • 시설소유권 • 정책 • 규정과 제한 • 등록업체	• 날씨 • 기후 • 목적지 타당성 • 보유편의시설 • 스타일이나 이미지 • 주제부합성

표 10-3 행사장 점검기준

• 입구 · 출구	• 무대	• 식음판매시설
• 전시공간	• 좌석구역	• 하역장
• 이벤트공간	• 대연회장	• 사무실(주최자, 운영본부용)
• 시청각시설	• 회의공간(대 · 중 · 소)	• 보관구역
• 조명시설	• 비상구	• 통로 · 복도
• 전기시설	• 편의 · 지원시설	• 케이터링
• 환기시스템	• 화장실	• 펜스 · 울타리
• 바닥 및 하중강도	• 주차시설	• 행사장 주변

각각의 이벤트를 위해 특별하게 만든 맞춤형 장소점검 체크리스트를 사용하는 것은 개별적 또는 다수의 잠재적 장소를 비교 · 평가하는 데 용이하다([표 10-4] 참

조). 이러한 체크리스트는 이벤트주최자가 고려하고 있는 물품이나 서비스의 적합성을 평가하는 데 도움을 준다. 그래서 이벤트주최자의 기준에 맞추기 위해서 무엇이 추가적으로 필요할지 아닐지를 결정하게 된다. 이러한 문서화는 중요한 리스크관리 이슈에 대한 관심을 보이게 되고, 잠재적인 법적 책임을 감소시켜 주는 데 도움이 된다.

표 10-4 리스크관리를 위한 행사장 점검기준

• 비상대피대책	• 응급처치역량 및 장비
• 비상구 · 비상통로	• 보안시스템(예: CCTV, 순찰)
• 피난처수용력	• 이벤트의 목적에 맞는 보안요건
• 단전을 대비한 예비발전기	• 잠금장치유형 및 발급절차
• 승강기 · 에스컬레이터 점검	• 인접지역의 노출정도
• 소화기(예: 배치, 가시성, 정기점검)	• 과거의 사고발생률
• 화재안전시스템(예: 스프링클러)	• 날씨위험
• 최단거리 의료시설	• 사회적 · 정치적 불안정

출처: Berlonghi(1990), Silvers(2004)를 참고로 저자 재작성

2) 행사장 주변의 지역자원

일단 이벤트 장소를 선정한 후, 이벤트주최자와 리스크관리자는 이벤트에 사용될 자원과 서비스를 결정하기 위하여 행사장과 주변지역에 익숙해지도록 노력하여야 한다. 물론 이들 자원과 서비스는 불리한 조건과 사고를 완화시키거나 대응할 수 있어야 한다([표 10-5] 참조). 이는 이벤트 제작을 준비하는 데 관련이 있으며, 행사장이 이벤트주최자나 리스크관리자가 거주하지 않는 지역이면 특히 중요하다. 지역자원의 전화번호, 주소는 이벤트 프로젝트와 관련 있는 모든 작업을 위해 수집되어야 한다. 또한 현지 및 지역의 지도를 입수하여 행사장의 주변지역에 스스로 익숙해지도록 노력해야 한다.

또한 이벤트 제작이나 인력에 적용되는 특별한 조건이나 제약사항을 확인하기 위해서 필요한 지역당국의 연락처를 확보하여야 한다. 예를 들면, 어떤 지역에서는 공공장소의 흡연은 범법행위가 될 수 있으며, 어떤 국가는 많은 돈을 가지고 오거나 나라 밖으로 가져가는 것을 제한한다. 이러한 제약사항은 현지인에게는 자연스

러운 일이나, 이벤트 운영과 외래관광객에게는 중요한 영향을 미칠 수 있다. 특히 국내가 아닌 해외에서 이벤트를 개최하는 경우 해당 국가나 지역의 제약사항에 대하여 신중하게 검토해야 한다.

표 10-5 이벤트기간 중 필요한 지역자원

• 지역당국(예: 관공서)	• 인쇄 · 출력소
• 의료시설	• 사무용품
• 소방서	• 우체국
• 약국	• 렌터카(rent-a-car)
• 은행(ATM 포함)	• 운송 · 택시서비스
• 편의점 · 식료품점	• 장비대여서비스
• 음식점	• 주유소
• 의류점	• 세탁소
• 임시숙소	• 종교시설 등

3) 행사장 리스크평가

이벤트가 진행되는 동안 행사장은 사람과 활동, 그리고 흥분으로 채워질 것이다. 행사장의 사전점검은 장소, 예상활동, 장비와 관련된 잠재적인 위험과 취약성을 확인하기 위하여 수행된다([표 10-6] 참조). 이어서 지속적인 상황을 감시하기 위해 설치기간은 물론 이벤트기간의 전반에 걸쳐 유사한 점검이 수행된다. 초기점검은 행사장의 배치와 서비스제공계획에서 취급되는 구역이나 항목을 나타낼 것이다. 설치에 앞서 사진이나 영상으로 기존의 상태를 상세히 기록하고, 철수 후에 이벤트 운영에 의해 직접 유발된 어떠한 손실이라도 상세히 기록하는 것이 필요하다.

장소의 속성과 창의적인 가능성에 중점을 두는 이벤트주최자나 기획자에 반하여, 리스크관리자는 무엇이 잘못되고 있는지에 주의하여 행사장의 모든 측면에 중점을 두어야 한다. 비록 리스크관리자의 부정적 성향은 이벤트담당인력에게 불편할 수 있지만 이러한 비관적인 관점은 필요하다. 리스크관리자는 별도로 점검을 수행하며, 점검보고서 또는 의견에 대한 전달수위를 완화시킬 필요가 있다. 이는 우려사항이 묵살되지 않고 적절하게 취급되기 위해서이다. 결국에는 대부분의 장소에 대한 위험과 취약성은 단순한 장소계획의 전략으로 제거되거나 완화시킬 수 있을 것이다.

표 10-6 행사장에서의 위험이나 취약성

• 공사구역	• 공기오염	• 혹독한 날씨 · 기온
• 급경사 · 절벽	• 먼지공해	• 자외선
• 낙하위험	• 입장 · 퇴장(위치 및 수용능력)	• 위생시설
• 공중장비설치	• 레이저 사용	• 전염병(들쥐, 해충)
• 장비설치	• 조명 · 특수효과	• 유독성 초목
• 시스템설치	• 소음 · 진동수준	• 바닥 미끄럼 위험
• 공공시설 연결(전기, 수도)	• 인기 높은 볼거리	• 보행자 · 차량 교차
• 장애물	• 좌석 및 가시성	• 보도 · 통로상태
• 임시구조물	• 보관구역	• 지형 및 조경
• 화학물질 저장	• 주차구역	• 인접토지 사용

출처: FEMA(2001), Silvers(2004)를 참고로 저자 재작성

2. 행사장계획 및 배치

이벤트의 계획과 연출은 행사장의 적절한 배치와 구성에 영향을 준다. 참가자나 관람객의 모든 활동과 그 활동을 위해 필요한 모든 것은 주어진 공간 내에서 준비되어야 한다. 또한 행사장의 공간을 점유하고 있는 이들의 안전을 보장하는 방식이어야 한다.

행사장계획(site plan)의 주요 원칙은 수용력, 군중관리, 대기, 혼잡, 가독성이다. 그리고 행사장의 구성 및 배치는 접근, 이동, 동선, 대피처, 안락, 보관에 대해 중요하게 고려해야 한다(Getz, 1997). 또한 행사장계획에서 운영시간 내의 관람객 수(예: 최대 체류시간, 최소 체류시간)에 따라 이벤트의 구성요소와 서비스의 범위를 적정하게 배정하여 효율적인 관리가 필요하다. 이벤트참가자의 욕구, 이벤트의 유형, 시설의 특징, 활동 프로그램, 관람객의 규모는 안전하고 효과적인 배치와 구성에 반영하여야 한다.

1) 활동에 따른 장소배치 및 수용력

행사장에서 실행되는 프로그램의 종류와 시간은 필요한 관람객의 활동과 장비를 어느 곳에 배치할지를 결정하는 데 필요하다. 관람객의 활동형태는 집결(정지상태의 관람객), 행렬(볼거리에 대한 정지상태의 직선형 이동 또는 직선형 관람객 이동), 직선적 교차점(교차점에서 볼거리에 대한 관람객의 직선적 이동), 열린 공간(자유로운 통로 이동), 전시(계획된 순환동선)로서 특징지을 수 있다(Getz, 1997). 활동분포와 고정 · 가변적 이동횟수는 대기라인과 혼잡을 감소시키고 반대방향이나 교행이동을 줄일 수 있도록 행사장 배치설계에 통합시켜야 한다. 그럼으로써 이동수용력을 강화시킬 수 있다(SFPE, 2002). 활동의 물리적인 측면과 관람객의 이동은 공간의 면적뿐만 아니라 최대 점유수용력을 결정할 것이다.

리스크관리자는 원활한 행사장 순환과 출구의 수용력을 고려하여 1인당 최소 1㎡ 이상의 순 바닥면적을 할당하여야 한다. 또한 피크타임(peak time)의 관람객의 밀도와 이동을 고려하여 충분한 통로 및 동선을 제공하여야 한다. 극장식 좌석은 바닥에 고정된 의자와 같이 출구수용력을 유지하기 위한 대기라인과 통로폭을 확보하기 위하여 묶여진 좌석형태로 만들어야 한다. 시야(sight line)는 천장 높이가 바닥의 좌석수용력에 기초하여 무대 및 스크린의 높이를 수용할 수 있도록 가늠하고, 앞사람으로 인해 뒷사람의 시야가 가리지 않도록 가능한 좌석배열을 엇갈리게 하는 것이 좋다. 또한 혼잡이나 충돌이 발생할 수 있는 중앙의 이동을 없애고 좌우 및 후면의 이동을 활용해야 한다. 활동과 식음시설(예: 볼거리, 음식점, 매점 등)은 입구로부터 멀리 위치하여야 하며, 대기라인은 입구나 다른 활동을 방해하지 않도록 해야 한다. 또한 볼거리의 우선순위와 시간배정은 행사장 배치설계에 있어 중요한데, 이는 높은 수요의 활동과 대중이동은 추가적인 공간이 필요하기 때문이다.

2) 행사장계획에 대한 고려사항

대부분 특별한 목적을 위해 건립된 시설은 이벤트의 요구조건을 충족시키는 데 필요한 장비를 갖추고 있다. 하지만 다양한 이벤트는 행사 운영과 프로그램에 따라 완벽한 행사장 조건을 갖추기 위해서 대부분 추가적인 장비 및 서비스가 필요하다.

야외나 임시장소는 완전한 행사장이 되기 위해서 임시구조물, 텐트, 이동시설 및 장비 등 인프라가 요구된다. 또한 이벤트주최자와 리스크관리자는 이벤트참가자와 공급자의 필요사항을 예측해야 하며, 이를 고려하면서 행사장으로서의 장소가 보유하고 있는 자원을 점검하여야 한다.

행사장계획은 관람객구역과 운영구역을 고려해서 분리하여야 한다. 관람객구역에 위치하는 운영장비의 설치를 포함하여 운영구역으로의 접근제한을 위한 시각적 · 물리적 장벽을 준비하여야 한다. 이러한 장벽은 행사장의 잠재적인 위험의 특징에 따라 고안되어야 한다. 예를 들면, 야외축제의 경우 출입구 통로를 따라 파놓은 배수구는 통로의 경계를 표시하고 야간에 관람객의 퇴장동선을 안내하기 위해 접근을 방지할 수 있는 LED 울타리를 사용할 수 있다. 어떤 구역의 주위는 분명하게 경계를 나타내고 통제하여야 한다. 이벤트 구성요소와 장비는 특정한 장소에 위치하고 보호되어야 하며, 의료 및 편의서비스는 행사장에 적절히 배치되어야 한다.

임시구조물과 무대는 해당 건축법을 준수하여 신고 및 설치되어야 하며 관리당국의 점검을 수반할 수 있다. 설치공간의 허용 하중치에 따라 적정한 장비를 확보하여야 하며, 행사장계획에 따른 장비의 설치위치는 물론 표면상태(예: 경사도, 하중 용량)에도 주의를 기울여야 한다. 대형텐트, 마키텐트(marquee tent), 타워(예: 조명, 카메라), 물통 배너, 이동용 의자 등은 일반적으로 바람 저항(말뚝 고정 또는 물 하중)을 견딜 수 있도록 조립 및 고정하여야 한다. 특히 태풍시기에 개최되는 이벤트의 대형텐트는 최대 풍속 40㎧ 이상을 견딜 수 있는 종류(예: TFS텐트)로 설치하여야 한다.

무대배치는 충분한 공간이 필요하며, 무대와 무대 뒤의 시설을 분리하여야 한다. 무대에서 특수효과(예: 연무, 불꽃 등)의 사용과 안전을 위해 객석과 상당한 거리를 두어야 한다. 또한 공연자의 낙상을 방지하는 보호물이나 관중 쇄도를 예방하기 위한 장애물의 설치도 필요하다.

3) 행사장배치도

일단 모든 이벤트 구성요소와 이를 위한 공간 및 인접 필요조건이 결정되면, 계획한 배치의 구성과 동선의 효율성을 확인하기 위하여 종합적이고 정확한 비율로 그려진 행사장배치도가 준비되어야 한다. 이러한 배치도는 현장계획(site plan), 평면계획(floor plan)이라고 부른다. 여기에는 이벤트 프로그램과 물류적인 특징은 물론 모든 실내건축과 지형상의 특성을 포함하여야 한다. 행사장배치도는 관람객 이동과 물류적인 필요조건이 적절하게 다루어지고, 배치는 머릿속에 그리는 것과 같은 이벤트 경험을 가능하게 할 수 있도록 적정한 이해관계자의 검토가 필요하다 ([표 10-7] 참조).

표 10-7 행사장배치도 포함사항

• 장소개관(장소 및 인근의 지명, 도로명 포함)	• 텐트, 무대, 임시구조물의 위치
• 이동경로(예: 퍼레이드)	• 장식항목이나 가구위치
• 지형적 특성 및 위험한 위치(야외장소)	• 음향, 조명, 영상, 특수효과 장비 · 설치위치
• 건축적 특성 및 차단위치(실내장소)	• 환대구역 · 라운지의 위치
• 입장동선(참가자, 관람객, 스태프, 공급자)	• 보관구역의 위치
• 주차지역 및 시설(장애인 포함)	• 접근제한구역의 식별
• 공급업자의 행사장 내 서비스동선	• 케이터링, 식음시설의 위치
• 펜스, 장벽, 장애물의 위치	• 화기사용 식음시설의 식별
• 입장 및 퇴장위치	• 전기, 급수시설의 위치
• 하역장 · 하역구역의 위치	• 이동발전기의 위치
• 비상구위치	• 폐기물보관소의 위치
• 비상상황을 위한 입구, 출구, 내부통로	• 위생시설 및 이동식 화장실의 위치
• 종합운영본부의 위치	• 현장응급처치실 · 의료서비스 · 구급차의 위치
• 볼거리, 전시, 부스, 활동, 좌석구역의 위치	• 장애인관련 구성요소의 식별 등

행사장배치도는 제안된 활동, 시설 및 장비, 서비스의 분배가 실행에 앞서 평가되고 조정된다는 점에서 행사장의 구성과정에서 중요한 부분이다. 이를 잘 활용함으로써 시간, 비용, 노력을 절약할 수 있다. 행사장배치도는 개최장소나 시설의 특성은 물론 외부의 특성이나 주변을 포함할 필요가 있다. 배치도의 면밀한 분석을 통해 예상치 못한 보건 및 안전위험, 보안취약성, 실행상 위험소지, 기반시설의 문

제 등을 발견할 수 있다. 행사장배치도의 다른 유형에는 이동 및 동선(예: 관람객, VIP, 관리동선)지침, 길안내지도, 좌석배치도와 같은 것들이 있으며, 이들도 커뮤니케이션의 도구로써 활용할 수 있다.

3. 사회기반시설관리

사회기반시설(infrastructure)은 행사장에서 이벤트를 운영하는 데 필요한 공공시설과 기술적인 지원을 말한다. 사회기반시설의 관리는 이벤트의 기능적 필요를 충족시키기 위하여 교통시스템, 주차시설, 공공시설, 위생 및 폐기물관리시스템 등의 장비와 서비스의 확인, 획득 및 강화와 비상대응서비스를 위한 준비까지 포함한다.

사회기반시설은 이벤트 프로그램의 유형과 범위에 따라 다양한 수준의 수용력과 역량을 필요로 한다. 다양한 수준은 특수목적을 위해 건립된 건물, 독특한 장소, 임시시설, 미개발부지에 따라 나타날 것이다. 교통시스템과 주차시설의 평가는 관람객의 위치와 규모와 관련한 행사장의 위치에 영향을 받을 것이다. 필수적인 공공시설과 폐기물관리서비스는 이벤트에서 수행하는 활동에 의해 결정될 것이다. 위생시설 및 응급서비스의 제공은 일반적으로 이벤트의 특성, 관람객의 규모, 기간에 근거하여 산정되어야 한다.

1) 수송 및 교통

이벤트를 둘러싼 수송 및 교통은 관람객의 규모, 이벤트의 장소 · 시간 · 기간, 이벤트의 유형 · 범위에 따라 달라진다. 가장 일반적인 문제로는 이동방식, 교통혼잡, 도로수용력, 경로, 미관람객의 영향, 교통 및 보행자의 안전을 포함한다. 이동과 수송은 목적지까지 항공, 자동차, 버스 · 택시, 선박, 기차 등을 이용할 것이며, 이러한 운송수단으로 목적지나 행사장까지 직접 운전하거나 타고 갈 것이다. 사실상 이동은 거의 모든 이벤트에 필수적이다. 일반적으로 이벤트의 유형과 대상이 이벤트주최자나 리스크관리자가 고려하는 이동범위와 수송문제를 좌우할 것이다([표 10-8] 참조).

표 10-8 수송에 대한 고려사항

교통수단	• 이벤트의 목적지와 행사장으로 이동 시 예상되는 이동수단의 확인 • 국내외참가자를 위한 교통서비스의 수용력과 역량을 평가 • 다인승 차량(예: 버스)의 우선권 부여에 대한 가능성 확인
자격증명	• 접근자격 차량 및 승객접근 차량의 유형과 필요성을 결정 • 접근 및 입장자격의 배분을 시기적절하게 조정
지상운전자	• 교통수단공급자의 수용력, 역량, 장비 품질, 법규준수를 평가 • 정확한 지도(map)와 지침을 제공받은 운전자가 쌍방향 커뮤니케이션능력과 규정을 준수하도록 보장
단체이동	• 이동승객 수, 그룹 도착 · 출발시간 및 목적지 이동시간의 확인 • 승차, 하차, 교통장비의 대기위치, 운전자 숙식에 대한 결정
하역구역	• 명확한 적재 · 하역구역 설정과 밝은 조명과 훈련된 직원의 배치 • 작업 차량이 보행자의 안전을 보장하도록 접근을 제한하는 능력과 필요조건을 확인
대중교통	• 기존 대중교통 선택권과 접근가능성을 확인 • 대중 환승서비스의 확대, 급행 · 전세서비스를 위한 필요성 및 가능성 확인
도로 · 경로	• 특정 경로, 도로 · 차선폐쇄, 교통방향 조정을 위한 필요성과 가능성을 평가 • 경찰 · 교통당국의 개입과 서비스로 인해 발생하는 '사용자 부담비용'을 확인 • 대량이동이나 대형 차량이동에 대한 시간규제나 경로제한의 결정 • 긴급대응계획에 포함되는 비상접근과 대체경로를 설정
일정	• 일반적으로 높은 혼잡시간대를 확인하고, 행사장 출발 · 도착시간과 경로를 비교 • 행사장 인접시설과 활동에 따른 출발 · 도착시간의 교통혼잡영향을 평가 및 완화
셔틀운행	• 목적지 도착 · 출발의 개인이나 단체의 환승, 여러 장소의 숙박과 명소, 위성주차장 마련, 넓은 행사장 내에서 이동을 위한 셔틀운행서비스의 필요성 결정 • 정기적 · 지속적인 경로를 설정하기 위한 출발 · 도착규모와 위치를 산정
안내사인	• 이동하는 참가자에게 정보를 제공하기 위한 안내사인의 필요성과 내용을 결정 • 참가자를 위한 안내사인의 콘텐츠와 수량이 충분한지 확인

교통관리계획은 적정한 수송기관, 법 집행기관, 공공안전기관 등의 이해관계자와 협력하여 개발하여야 하며 다음의 사항을 다룬다(Latoski et al., 2003).

- 행사장 접근과 주차
- 보행자 접근

- 교통흐름
- 교통통제
- 이동 중인 관람객 정보
- 교통감시
- 교통사고관리 및 안전

전시회(fair)와 축제(festival)는 일반적으로 지역거주민과 인바운드(inbound) 관광객을 포함하며, 개인과 렌터카(rent-a-car)를 위한 도로와 경로, 그리고 대중교통의 편리성이 주의 깊게 고려되어야 한다.

박람회(exposition)와 무역전시회(trade show)는 전시장에 도착하는 작업차량 및 전시물을 고려할 필요가 있으며, 미술 및 공예전시회는 전시물과 함께 도착하는 개인참가자 및 승합차와 차량의 물품목록을 고려할 필요가 있을 것이다.

회의 이벤트인 컨벤션(convention)이나 컨퍼런스(conference)는 행사장 부근의 외부로부터 오는 참가자를 포함시켜야 한다. 여기에는 항공수송(예: 항공사 및 일일 항공편 수), 리무진 · 택시서비스의 수용력, 방문객의 높은 비율을 차지하는 항공환승, 단체환승이나 연속적인 셔틀서비스를 위한 지상운송업체와 같은 이슈들을 고려하여야 한다.

보상여행 이벤트(incentive event)와 고위급 회담은 원거리에 대한 전세기 VIP와 고위 관리를 위한 리무진(limousine)서비스와 같은 고급 교통서비스를 고려해야 한다. 스포츠 및 관중 이벤트는 대중교통수단을 강화하고 단일 차량의 이동이나 대체경로에 대한 대안개발과 같은 이동수요의 관리방안을 고려할 필요가 있을 것이다.

퍼레이드(parade), 거리전시회, 마라톤과 같은 거리 이벤트(street event)나 노상 이벤트(road event)는 많은 수용능력을 지닌 특정 목적의 장소와 비교하여 다른 고려사항과 교통영향에 대한 이슈를 갖게 될 것이다.

또한 주말에 개최되는 이벤트는 평일과는 다른 교통상황을 갖게 될 것이다. 이벤트로 인하여 기존 교통에 유발하는 잠재적인 영향을 평가하는 것은 이벤트주최자의 책임이며, 설치부터 철거까지 이벤트 운영의 전 기간을 포함해서 기존의 교통상황은 이벤트에 영향을 미칠 것이고, 부정적인 영향을 완화시키기 위해서 이해관계자와 필요한 방안을 찾아야 할 것이다. 게다가 리스크관리자는 [표 10-9]에 있듯이 수송이나 교통비상계획을 필요로 하는 사건, 상황 또는 시나리오를 평가하여야 한다. 막힘없는 접근경로는 응급 차량(예: 경찰차, 소방차, 구급차)을 위하여 제한되고 보호되어야 한다. 전용 또는 우선순위의 입장 및 퇴장경로는 버스 · 셔틀서비스, 서비스 차량, 우선주차서비스에 대해 계획하여야 하고, 이 모든 경우에도 차량과 보행자의 교통은 구분되어야 한다.

표 10-9 수송 및 교통의 긴급대책 체크리스트

• 교통접근의 장애	• 중대한 교통사건 · 사고
• 대중교통의 파업	• 과다수용
• 이벤트의 연기나 취소	• 도로공사
• 이벤트관련 시위 또는 항의	• 경로차단
• 다른 목적의 거리집회	• 보안 · 안전위협
• 고위관리 차량행렬로 인한 수송방해	• 참가자의 보안이나 이동일정 지연
• 장비의 고장이나 나타나지 않음(no show)	• VIP의 보안 또는 이동일정 지연
• 비상상황에 따른 대피	• 혹독한 날씨조건
• 다양한 접근경로 또는 주차구역	• 숙련된 직원이나 자원봉사자의 부재

출처: Latoski et al.(2003)을 참고하여 저자 재작성

2) 주차관리

이벤트에 참가하기 위해 오는 수많은 차량은 적절한 주차장소와 공간에 수용되어야 하며, 심지어 적재 및 하역작업을 하는 짧은 시간에도 주차시설이 필요하다. 이벤트주최자와 리스크관리자는 전문컨설턴트와 함께 주차수요를 분석하여 이에 맞는 주차시설을 확보하여야 한다([표 10-10] 참조). 이는 예상 차량의 수량과 유형은 물론 차량의 도착과 출발패턴을 결정하기 위해서다. 또한 필요구역, 이용가능성, 주차선택권의 제한에 따라서 주차구역을 할당하고 지정하고 분리하는 주차계획을 개발하기 위해서다.

필요한 지정구역의 주차는 VIP, 이벤트후원자, 참가자, 출연자, 전시참가자, 공급업자, 직원, 자원봉사자, 미디어, 응급상황서비스를 고려해야 한다. 주차장의 부

표 10-10 주차관리의 고려사항

평가	• 주차구역의 위치 및 수용능력 • 주차구역의 상황 및 사용가능성(특히 비포장 · 임시주차시설) • 접근경로 및 차량처리시스템 • 주차통제인력과 장비의 필요성
할당	• 예상 수요에 기초한 주차구역의 지정 • 장애인 및 교통약자를 위한 주차장 배치 • 제한구역 및 행사관련 차량 지정(VIP, 스태프, 비상용 등) • 보조 · 예비주차장 확보 및 셔틀버스 운영 • 승차 · 하차위치 및 통행방법(양방, 일방) 지정
권고	• 유료주차 또는 대중교통이동의 선택권 제공 • 주차유도: 안내사인, 안내지도, 지시사항 • 주차상황에 따른 우회권고 • 주차금지 및 차량 견인위치

지와 공간의 배치요인은 유 · 무료주차, VIP주차, 장애인주차, 버스주차, 행사 차량주차, 택시 · 리무진 정차구역, 환승주차장, 위성주차장이나 예비주차장 등을 포함하여야 한다.

포장, 조명, 보안과 같은 주차구역의 환경을 검토하고 미비점은 보안하여야 한다. 특히 야외임시주차장의 경우 주차선이 없거나 조명이 없는 경우 효율적인 주차관리가 어렵고 사고의 위험성이 매우 높다. 주차장 점유 모니터링방법과 만차결정기준을 설정하고, 대체 또는 초과주차구역의 교통안내를 위한 절차를 수립하여야 한다. 행사장의 주차장이 모두 만차가 되는 경우, 행사장 접근 이전에 신호체계를 통해서 차량을 예비주차장으로 안내하거나 주차장 만차로 인한 진입불가를 미리 알려 주어야 한다.

접근경로 및 차량처리시스템(예: 요금납부, 증명서 · 허가서 확인, 교통방향 등)은 차량의 진입 및 진출흐름이 적절하게 관리되고, 운전자의 불만이 주차통제에 대한 위반을 부추기지 않도록 안전과 효율의 관점으로부터 고려되어야 한다. 구분된 접근경로와 입구는 지정주차구역과 연결되어야 하며, 교통흐름은 통제인력과 안내사인이나 장애물을 활용하여 용이하도록 해야 한다.

행사장 인접 거주민 및 사업을 위한 차량주차를 보호하고 이벤트와 무관한 교통흐름의 경로를 유지하여 이벤트의 개최로 인한 해당 지역의 불편을 최소화하여야 한다. 또한 구급차, 경찰차, 소방차, 이동식 화장실, 폐기물처리 차량, 공공차량과 같은 긴급하거나 필수적인 서비스 차량의 행사장 접근로를 보호하기 위한 규정이 수립되어야 한다(FEMA, 2001; Latoski et al., 2003). 주차수용능력을 초과하는 수요를 감당하기 위한 임시적인 주차구역은 출구 교통흐름의 충돌을 방지하기 위하여 통제되거나 금지되어야 한다.

모든 주차지침과 제한사항은 이벤트관련 주차로 인한 주차수요, 주차장 지정, 교통수요의 수준에 따라서 적절하게 참가자 및 비참가자에게 알려져야 한다. 이는 이동경로상의 안내사인, 등록자료, 홍보자료, 웹사이트에 있는 지도 등을 포함할 수 있다. 안내사인은 차량진입 전에 '본인책임'의 강조, 견인경고, 승하차위치를 포함한 제한사항을 알려야 한다. 보행자 안내사인은 주차구역부터 행사장 입구까지 관람객을 유도하기 위해 제공되어야 한다. 지도는 일정비율로 그려지거나 항공사진을 첨가할 수 있으며, 이는 이해관계자나 사용자에 따라 다양한 버전을 활용할 수 있다. 그리고 지도는 다음의 정보를 포함해야 한다(Latoski et al., 2003).

- 주차구역 또는 주차장 지정(숫자, 문자, 컬러코드 지정, 차량 또는 사용자 제한등급)
- 특정 주차장 접근지점 안내, 비용, 운영시간
- 제한된 행사장 외부 및 노상 주차구역(인접 거주자 및 견인구역 포함)
- 셔틀버스 서비스경로 및 승하차지점(특정 주차장 안내 예시: 블루주차장행 '블루라인' 버스)
- 도로규정(쌍방, 일방), 도로폐쇄, 주요 고속도로 연결 및 이름, 차도, 거리의 정보
- 주요 지형지물, 본부호텔 위치, 대중환승역, 사적 또는 제한된 소유물

사실상 주차는 모든 이벤트에서 통제된다. 주차장계획 및 공급의 실패는 이벤트의 법적 책임을 증가시킬 수 있다. 통제되지 않는 주차는 법규를 위반하고 대중이나 개인재산을 손상시키고 위험한 교통혼잡을 유발하거나 비상사태대응을 위태롭게 할 수 있다. 모든 주차서비스는 숙련되고 적절한 보험에 가입한 공급업자를 통

해 수행되어야 한다. 그리고 모든 주차시설은 차량과 보행자의 편의성, 접근성, 안전, 규정준수에 맞춰 평가하여야 한다.

3) 공공시설서비스

대부분 사람들은 일상에서 사용하는 공공시설서비스(public utility service)가 행사장에서도 공급되는 것은 물론 냉난방 · 환기시스템, 통신능력이 충분한 것으로 생각한다. 하지만 행사장으로 사용하는 장소는 개발된 곳부터 미개발된 곳까지의 폭넓은 범위를 가지고 있으며, 그 안에 포함된 다양한 이벤트활동을 고려해야 한다. 이러한 공공시설은 이벤트의 필요에 따라 적절한 유형과 용량이 배분되도록 모든 이벤트와 행사장에 대해 신중하게 평가해야 한다. 공공시설을 설치 및 사용하기 위하여 준수해야 하는 법적 규제와 세부사항이 있으며, 공공시설서비스와 관련된 일반적인 리스크를 확인하여야 한다([표 10-11] 참조).

표 10-11 공공시설서비스 리스크

• 장비 · 설비에 대한 관람객 접근	• 불충분한 전기 콘센트 및 배분
• 결함이 있거나 부족한 장비	• 불충분한 전압 및 수압
• 우연 또는 의도적인 방해	• 전기 및 물의 불안전한 근접
• 식수공급의 오염	• 예비전력의 부족
• 부적절한 배수시스템	• 발전기에서 나는 소음 및 공기오염
• 부적절한 전기통신 접근	• 정전 또는 전력차단
• 불충분한 냉난방시스템	• 노출되거나 보호되지 않는 전원
• 미환기구역에서의 연료 사용	• 부적정한 전기설비
• 부적절한 압축가스 탱크의 보관	• 전류나 전압의 급등으로 인한 장비 손상
• 환기차단 및 공기오염	• 보안 · 보호되지 않는 코드와 케이블

사실상 전력은 모든 이벤트와 이벤트 내 대부분의 활동에 필수적이다. 전등이나 전시물에 사용하는 조명부터 음향, 영상, 컴퓨터장비에 이르기까지, 행사장 전체를 통해 다양한 용도와 수준의 전력공급이 필요하다. 행사장 전반에 필요한 전력을 산정하고 항목별로 전력을 분배하며 그 전력원은 어디로부터 공급되는지 확인하여야 한다. 이벤트주최자는 전기를 필요로 하는 모든 공급자로부터 전력의 필요 예상치

를 수집하여 필요전력량을 결정해야 한다.

또한 전기회로의 과부하(overload)를 방지하기 위하여 적정한 위치에서 전력을 배분해야 하며 이를 행사장배치도에 표시하여야 한다. 그리고 전력부족에 대비하거나 예비전력을 준비하기 위하여 이동용 발전기의 설치와 수량을 고려해야 한다. 비교적 장기간 개최되는 이벤트에서는 참가자 및 공급자의 추가적인 전기사용을 고려해야 한다. 전기안전담당자는 매일 사용전력량에 대해 현장에서 직접 확인함으로써 과부하에 따른 정전이나 전기화재를 예방해야 한다.

리스크관리자는 정전을 대비하여 안전과 비상조명 및 음향시스템에 예비전원설비(back-up power source)가 준비되어 있는지 확인해야 한다. 모든 전기장비, 접속, 코드, 케이블, 전선은 손상이나 걸려 넘어질 수 있는 위험, 부정접속을 방지하기 위하여 적절한 보안이 이루어지도록 확인하여야 한다. 모든 임시전기시설은 전문가에 의해 설치되어야 하고, 설치가 완료되면 전기안전공사 검사자의 점검과 승인이 필요하다. 조명, 음향, 영상 등 전기시스템의 통제위치와 운용은 비상상황에 전원을 끄거나 켤 수 있도록 하기 위해 확인되어야 한다. 비상대응계획에서 포함된 것과 같이 무대의 조명 및 음향시스템을 통제하기 위하여 출연자가 사용하는 전기시스템도 포함시켜야 한다.

경유나 휘발유, 프로판가스, 그리고 다양한 액체연료와 가스는 음식조리, 난방기나 발전기 연료, 풍선용 헬륨가스, 특수효과 등에 사용된다. 이러한 연료를 사용하는 시설이나 장비는 안전하고 원활하게 작동되어야 하며, 규제요건에 따라 적절하게 설치되어야 한다. 그리고 이러한 시설과 장비에서 뿜어내는 유독성 또는 불쾌한 연기를 감소시키기 위하여 환기가 잘되는 장소에서 운용되어야 한다.

모든 압축가스용기는 손상되거나 폭발되는 것을 방지하기 위하여 항상 직립 자세로 안전하게 고정시켜야 하며 직사광선을 피하도록 조치해야 한다. 모든 연료용기와 저장소는 일반인이 접근하지 못하도록 적절한 잠금장치나 안전장치를 해야 하며, 연료교체 및 유지상태는 신중하게 통제되어야 한다. 리스크관리자는 모든 연료공급원에 비상차단밸브가 설치되어 있는지 확인하고 운영자는 이를 언제, 어떻게 사용하는지 알고 있어야 한다.

식수(potable water)는 음료, 음식, 세척, 손 세정, 분무기, 응급치료서비스, 장비냉각 및 장식처리 등에 필요하다. 잡용수(雜用水: non-potable water)는 화장실, 화재진압, 먼지제거에 사용된다. 물은 임시 또는 야외행사장의 가장 큰 관심사이며, 만일 안전하고 적정한 물공급의 연결이 불충분하거나 이용하기 어렵다면 별도로 물을 외부로부터 입수하는 방안을 고려해야 한다. 통상 식수는 생수병이나 정수기를 통하여 제공되며, 상황에 따라 수도시설을 설치하기도 한다. 임시급수는 승인된 보호용기에 옮겨지고 저장되어야 하며, 세균안전에 대한 검사가 필요하다. 또한 배수시설은 물이 넘치거나 미끄러운 표면을 예방하기 위하여 사용한 물과 넘치는 물을 수용할 수 있어야 한다. 그리고 침전물, 폐기물 또는 오염된 물은 적절한 용기에 담아 폐기처리하여야 한다.

냉난방 및 환기시스템(Heating, Ventilation and Air Conditioning system: HVAC)은 보건과 안전 관점은 물론 안락 관점에서 고려되어야 한다. 임시행사장이나 야외장소에 있어, 난방은 추운 날씨에서 저체온 방지를 위해 중요하며, 냉방은 더운 날씨에 열사병 방지를 위해 중요하다. 연기나 불꽃효과에 대한 시스템의 증가, 불가 및 반복사용에 대한 허가와 절차를 포함하여 연료나 특수효과가 사용될 때마다 환기시스템이 신중하게 고려되어야 한다. 이벤트주최자와 리스크관리자는 이벤트의 필요에 따라 냉난방을 쉽게 조작할 수 있도록 이용시설의 환경조절에 익숙해야 하며, 허가 없는 조작이 발생하거나 아무나 접근하지 못하도록 엄격히 제한하여야 한다. 환기시스템의 구성 및 배치는 무대설치, 장식 또는 보관자재나 장비에 의해 방해받지 않도록 확인하고 감시하여야 한다.

행사장의 전기통신(telecommunication)능력은 이벤트와 참가자의 특성과 수요에 근거하여 평가할 필요가 있다. 회의 이벤트나 무역박람회의 참가자와 전시참가자는 인터넷서비스와 스마트폰서비스에 좋은 무선연결을 요구하고 있으나 일부 장소나 빌딩에서 문제가 있을 수 있다. 인터넷 연결을 위해 제한된 장소에 제공하는 고주파 무선 네트워크 접속구역인 와이파이(WiFi: Wireless Fidelity) 핫스팟(hotspot)[01]은 많은 지역에서 충분하게 공급되고 있지만, 주의사항은 그러한 네트

01 무선 랜 서비스지역을 지칭하는 것으로, AP(Access Point: 무선 공유기) 주변의 통신이 가능한 구역을 핫스팟(hotspot)이라고 한다. 핫스팟은 1994년 미국의 플랜컴(PLANCOM)사에 의해 최초로 보급되었으며, 2000년대부터 본격적으로 증가하기 시작했다.

워크를 통해 전달되는 데이터의 보호 및 보안에 취약할 수 있다는 점이다.

유무선 인터컴(intercom: 여러 장소 간에 연결되는 음성통신 채널시스템)은 무대제작이나 통역서비스에 필요하고 특수장비는 시청각장애인을 위해 필요하며, 초고속라인은 인터넷 접속이나 디지털방송을 위해 필요하다. 텔레커뮤니케이션의 장비와 서비스는 유지 및 보수에 대한 신속한 대응능력은 물론 설치비용과 사용요금에 주의를 기울여야 한다. 그리고 모든 장비설치는 숙련된 전문가에 의해 수행되어야 하고 케이블, 전선, 접속부에 발이 걸려서 넘어지는 위험이 없도록 주의 깊게 모니터링을 해야 한다. 노상이나 참가자의 동선에 노출된 케이블 및 전선은 보호대(예: 고무매트)로 덮어 주어야 한다.

모든 공공시설 및 장비의 설치와 운용도 중요하지만, 이벤트주최자와 리스크관리자는 행사장에서 모든 공공시설의 원활한 유지와 신속한 서비스를 고려할 필요가 있다. 이는 장비의 연료보급, 수리, 재배치, 대체나 제거를 위한 특별경로와 접근지점을 포함한다. 이벤트주최자와 리스크관리자가 이 분야에서 전문가이길 기대하는 것은 아니지만, 언제 전문가가 필요하고, 누가 전문가인지, 어떻게 신속히 전문가에게 연락해야 하는지 알고 있어야 한다. 행사장시설 및 관리부서는 외부공급업체의 전문가와 친숙해야 하고, 지원에 필요한 사람을 알아야 한다.

Event Risk Management

사례 2007년 아산성웅이순신탄생축제 LP가스통 폭발사고

지역축제가 열리고 있는 충남 아산의 간이음식점에서 LP가스가 폭발해 13명이 다쳤습니다. 가스폭발사고가 난 간이음식점에는 불에 그을린 시커먼 음식물과 그릇이 어지럽게 널려 있습니다. 주변의 비닐천막은 불에 타 녹아내렸습니다. 가스통에 연결된 호스가 빠지면서 새어 나온 가스가 폭발한 것으로 경찰은 추정하고 있습니다.

〈녹취〉 목격자: "쉭 소리가 나길래 이쪽으로 갔는데 하얗게 뻗치더라고요."

어젯밤 10시쯤에 난 이 사고로 관람객 44살 박 모 씨 등 13명이 화상을 입었습니다. 주변의 또 다른 간이음식점 40여 곳도 가스관리가 엉망이긴 마찬가지입니다. LP가스통은 가스레인지와 3미터 이상 거리를 둬야 하지만 화기 바로 옆에 어지럽게 놓여 위험천만한 모습입니다. 가스가 샐 경우 가스공급을 차단하는 최소한의 안전장치도 없습니다.

〈녹취〉 간이음식점 주인: (가스차단기 설치해 놓으셨나요?) "차단기는 없죠. 가스밸브만 잠그고 가죠."

행사주최 측도 이동음식점의 소방안전대책은 한계가 있다고 말합니다.

〈녹취〉 아산시 행사관계자: "소방차 대기하는 것하고 소화기 설치된 정도죠."

축제현장은 많은 관람객이 찾는 데다 간이음식점이 밀집돼 있지만 소방안전은 소홀해 자칫 큰 사고로 이어질 우려가 높습니다.

출처: KBS 9시 뉴스, 2007. 5. 1.

4. 실행관리

이제까지 살펴본 바와 같이 이벤트의 경험은 치밀하게 설계 및 정의되고, 행사장은 적절하게 측정되고 배치도가 완성되었다. 필요한 사회기반시설은 확인되고 준비되었으며, 물품 및 서비스공급업자와 계속 접촉 및 협의하여 계약을 체결하였다. 출연자와 운영인력은 조달 및 선발되어 모두 준비되었다. 이제 남은 일은 모든 것과 모든 사람을 투입하고 이벤트 자체를 실행하고 프로그램을 이벤트의 현실 속으로 옮겨서 실행하는 것이다. 이러한 사람, 물품 · 서비스, 장비의 집합은 단기간에 집중적으로 발생하므로 신중한 계획과 실행에 대한 철저한 감독이 요구된다.

이벤트를 위해 설치하고 이행하기 위한 실행계획(action plan)과 실행에 대한 관리는 행사장의 물리적인 제약 내에서 이벤트와 연관된 현장활동을 위한 분석, 순서배열, 작업의 감독, 공급업자 및 필요한 자재 및 재료 등을 포함한다([그림 10-1] 참조). 이벤트 리스크관리자는 필수사항이 모두 포함되고 실행계획의 모든 부분이 준비되고 안전하도록 세심히 검토하여야 한다. 이는 이벤트의 준비에 깊게 관여함으로써 가장 잘 달성될 수 있다.

그림 10-1 이벤트 실행의 과정

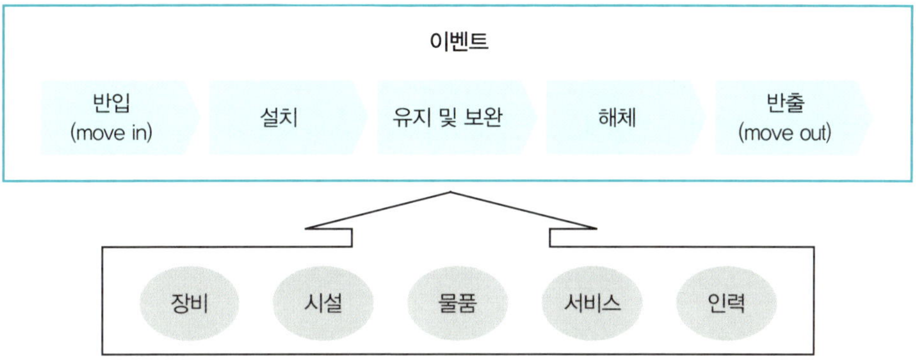

1) 작업의 체계화 및 순서화

이벤트 실행계획에 따라 일시에 행사장으로 장비나 물품을 반입하여 설치한다면 분명히 커다란 혼란과 충돌을 일으킬 수 있다. 실행을 위한 물류(logistics)는 자원, 물품 및 서비스, 지원의 시간관련 흐름과 위치를 필수적이고 적절한 순서로 체계화하고 최적화하여야 한다. 위치와 순서를 위한 실행계획은 이벤트의 범위, 이벤트의 장비 및 활동의 우선순위, 행사장의 물리적 제약에 달려 있다.

또한 하도급업체의 필요성과 시간제약을 토대로 하여, 인력과 장비의 이동을 행사장의 내부, 주변, 외부로 나누어 그 흐름을 관리해야 한다(Bowdin et al., 2006). 이벤트의 실행에 있어 주어진 시간과 공간이 한정적인 것을 고려한다면, 이벤트주최자는 고정적 수용능력수준에 대한 수요를 시간순으로, 그리고 공간적으로 관리하는 방식으로 활동과 자원 · 재료의 이동을 할당해야 한다.

각각의 물품과 서비스에 대한 시간적 · 공간적 세부명세서는 내부 또는 하도급업체로부터 수집되어야 한다. 이들은 우선순위(다른 어떤 것보다 선행되어야 하는 것)와 인접필요성(무엇인가가 위치해야 하는 장소)을 토대로 가장 효과적인 경로, 하역위치, 시간, 작업순서를 결정하기 위해 분석되어야 한다.

대부분 이벤트의 경우, 실행계획의 우선순위는 첫 번째 것을 처음으로 배정하는 단순한 상식적 사고와 함께 수행된다(예: 큰 항목을 가장 먼저, 선입후출법 등). 하지만 규모가 크고 복잡한 이벤트의 경우, 업무분류체계와 제작일정을 조합하기 위한 우선순위 도해 소프트웨어의 사용은 활동의 전체범위(예: 무엇이 발생하는 것), 필수적이며 외부종속적인 것(예: 도착하거나 완성된 후에 시작할 수 있는 것)처럼 작업활동의 물류적 관계를 분명히 보여 주는 데 필요할 것이다(PMI, 2008). 크거나 작거나, 단순하거나 복잡하거나, 실행계획의 목표는 작업자들이 같은 공간을 점유하려 하거나 또는 동시에 동일장비를 사용하는 것을 방지하고, 작업자가 중요한 과업을 기다리면서 놀고 있거나 중요한 과업이 완성되기까지 불만스럽게 기다리는 것을 예방하는 것이다.

2) 물류관리

실행계획에 따른 물류관리는 처음 물품의 반입부터 마지막 물품의 반출까지, 그리고 행사장을 원상태로 복구한 시점까지 행사장 사용의 전 기간을 포함하여 시간순서대로 진행되는 것을 리스크관리자가 확인해야 한다. 이는 모든 이벤트 실무담당자가 각자 성취해야 할 과업의 공통적인 상황에서 시간순서적인 세부사항을 검토하는 사전회의부터 시작되고, 그 결과를 점검하고 하고 남아 있는 문제를 해결하는 사후회의에서 종료된다(Connell, 2002).

물류에 관하여 불충분하게 다뤄지는 기간은 유지 및 보충활동이 발생하는 이벤트기간과 해체 및 반출하는 기간이다. 개최기간이 길거나 또는 다양한 장소에서 개최하는 이벤트의 경우 공급품의 보충은 자주 필요할 것이며(예: 전시참가자의 재고보충 또는 영업시설의 음식재료공급), 유지활동이 수행되어야 한다(예: 이동식 화장실의 배설물 제거 또는 장비교체). 또한 공급품 재고나 보안으로 인해 보호해야 할 보관구역(storage area)을 설정할 필요가 있을 뿐만 아니라, 그 시간과 경로에 대해서 실행계획과 장소계획에 통합할 필요가 있을 것이다. 비록 이러한 활동은 매일 행사장 개장시간에 앞선 일정으로 예정되어 있지만, 이는 충분하거나 실현가능하지 않을 수 있기 때문에 행사장의 내부이동을 위한 준비는 반드시 이루어져야 한다.

이벤트가 끝나면, 장비가 반출되고 모든 공급업자나 참가자의 차량에 물품을 적재하는 종료 단계로서 이는 가장 무계획적이고 위험할 수 있다. 이벤트 경험의 흥분과 관심은 사라지고 작업자들은 지쳐 있고 이벤트인력들은 집에 가서 쉬고 싶어 한다. 결과적으로 이벤트의 해체와 철수로 행사장은 무질서해지고, 장비는 잃어버리거나 손상되고, 적재장소에서는 서로 먼저 반출하기 위해 혼란이 일어나며, 이벤트인력의 부상이 발생할 수 있다. 리스크관리자는 반입할 때와 같이 반출할 때도 신중하게 진행하고 담당인력을 제공하여 모니터링을 해야 한다. 또한 전시참가자의 폐기물도 함께 적재하여 반출하도록 하고, 반입물품과 반출물품에 변동이나 이상이 없는지 확인할 수 있도록 해야 한다. 반출이 모두 이루어지게 되면 청소서비스를 제공하여 행사장 현장이 원상태로 복구될 수 있도록 확인해야 한다.

3) 하역작업

실행계획은 하역구역 및 하역장의 수용능력, 위치, 규모, 하역장부터 행사장까지 거리는 물론 접근경로의 복잡성, 특성, 역량을 포함하여 행사장의 물리적 특징과 제한에 의해 상당한 영향을 받을 수 있다. 리스크관리자는 이벤트주최자, 장소공급업자, 공연자 또는 참가자 사이에 적정한 협의가 이루어질 수 있도록 하역구역에 대해 특별한 관심을 두어야 한다.

게다가 일부 전시컨벤션센터는 자체 등록업체에게만 작업을 허용하고 있어 시설내에서의 모든 작업에 대해 사전주의가 필요하다. 일부 외국의 경우, 법적으로 노동연맹에 가입한 등록업체에만 작업을 허가하고 있기 때문에 이러한 제약을 인지하고 있어야 한다. 또한 리스크관리자는 모든 계약업체와 하도급업체에 실행계획에 있어서 자신의 역할과 일정을 적정하게 알고 있는지 확인해야 하며, 반입 및 반출기간 동안에는 하도급업체의 실행적합성과 수행을 감독하는 역할을 부여받은 담당자가 누구인지 확인해야 한다.

특수목적으로 건축된 많은 시설은 하역장을 가지고 있지만, 언제 물품이나 장비의 하역이 이루어지고 얼마나 오랫동안 차량이 공간을 점유할 수 있는지 제약이 있을 것이다. 하역장의 입구는 높이제한이 있거나 또는 하역장 가장자리와 차량의 개방에 필요한 특별한 경사로 사이에 높이가 다를 수도 있다.

임시 또는 야외행사장은 이벤트기간 동안 작업차량을 위한 추가적인 주차구역은 물론 하역구역의 지정이 필요하다. 또한 대형 이벤트나 박람회와 같이 수많은 작업 차량이 예상되는 경우에는 별도의 집결구역이 필요하다. 이는 하역장의 접근을 기다리는 동안 차량이 위치하거나 하역 및 설치와 관련한 장비를 일시적으로 보관해야 하기 때문이다.

장비나 자재를 내려놓은 하역장소로부터 행사장의 최종목적지까지의 경로도 고려되어야 한다. 하역장과 행사장 사이의 거리가 먼 경우, 무거운 받침대나 다른 장비를 이동하기 위해 지게차, 짐수레, 손수레와 같은 중간장비가 필요하다. 야외 이벤트의 경우, 경로는 비포장으로서 먼지나 풀이 있을 것이고, 합판과 같이 넓은 부피의 물품은 손수레의 이동을 쉽게 하기 위해 눕힐 필요가 있다. 경로는 출입구와 장비의 크기를 수용할 수 없는 급커브의 통로를 포함할 수 있으며, 이는 다른 경로나 또는 이동 전 물품의 분해가 필요하다. 행사장의 위치는 하역장과 다른 층에 있을 수 있고 비록 화물승강기가 있는 시설을 이용하더라도 승강기가 운반되는 장비에 대해 크기나 무게를 수용하지 못할 수도 있다.

Part 04

조직 차원의 리스크관리

Part 04

대부분의 이벤트는 성공적이었다고 말한다. 기존의 방식대로 준비하고 실행하면 아무런 문제없이 진행된다고 생각한다. 하지만 이러한 생각은 복잡한 이벤트 비즈니스에 대한 오해를 반영하는 것이다. 형편없는 체계나 관리가 잘못된 이벤트는 매우 위험한 상황에 처하게 한다. 이벤트가 좋은 결과를 가져오더라도 이벤트가 잘 관리되었다는 것을 보증하는 것은 아니다. 이벤트산업에 있어 행운이란 있을 수 없다. 더구나 철저한 리스크관리의 실행에 있어 특히 행운은 없다. 행운이라는 환상은 더욱 힘든 일을 요구한다. 즉, 열심히 일을 할수록 행운도 찾아온다는 의미다.

이벤트의 목적을 달성하기 위한 효과적인 사업계획을 수립하는 데 있어, 이벤트 프로젝트는 서로 연결된 수많은 부문이 있다. 이벤트는 하나의 비즈니스로 접근되어야 하며, 탄탄한 조직적 기반과 탁월한 사업실행으로 완성시켜야 한다.

제4부에서는 이벤트 비즈니스에 있어 상호 연결되고 상호 의존적인 이벤트의 경영, 커뮤니케이션, 마케팅 차원의 리스크관리에 대하여 설명한다. 이벤트 비즈니스의 뛰어난 실행은 해당 이벤트와 연관된 리스크의 유형과 범위에 직접적인 상관관계를 갖기 때문이다.

Chapter 11

경영 리스크관리

이벤트는 하나의 프로젝트다. 시간관리, 인적자원관리, 재무관리, 조달관리와 같은 경영 또는 관리적 기능과 이들을 이행하고 통합하는 데 사용되는 시스템은 일반적으로 프로젝트경영 및 관리의 분야에 포함된다. 많은 산업에서 프로젝트관리자가 사용하는 도구, 기법, 용어, 과정, 절차는 이벤트주최자에게 실질적인 도움이 되고 있으며, 특히 효과적인 관리업무와 리스크관리를 실행하는 데 있어 더욱 큰 도움이 된다.

프로젝트의 통합은 이벤트 프로젝트에 포함된 다양하고 수많은 상호작용, 의존성, 상호 연결된 요소와 자원을 조직화하고 동기화하며 융합하기 위해 매우 중요하다. 이는 의사결정에서 이들의 선택에 의해 영향을 미치거나 또는 영향을 받는 모든 요인들을 포함시키도록 보장하는 것이다. 조직구조 및 프로젝트기획의 전반에 걸친 리스크관리의 통합은 이벤트의 범위와 리스크노출을 관리하는 데 도움이 된다.

프로젝트관리자가 프로젝트의 자원을 관리하기 위해 사용하는 주요 방법은 프로젝트의 범위관리다. 범위관리(scope management)는 범위를 정의하는 것과 통제하는 것으로 구성된다. 범위의 정의는 이벤트 프로젝트에 포함되는 책임과 요소의 전부 및 한계에 대한 설명서이며, 이 설명서는 이벤트 프로그램의 설계 내에서 수립된다. 과업기술서 및 업무분류체계는 이벤트를 만드는 데 필요한 책임, 요소, 과업을 정의한다(PMI, 2000). 또한 건전한 조직구조, 사업계획 및 일정계획을 수립하는 것은 자원할당과 물류적 요건을 규정하는 데 도움이 된다.

1. 시간관리

시간관리(time management)는 이벤트 프로젝트와 관련된 과업을 수행하기 위해 필요한 활동의 구성을 용이하게 하는 추진일정, 제작일정, 일정통제의 수립과 검증을 말한다. 모든 이벤트 프로젝트는 일정에 맞게 제작되도록 필요한 모든 작업에 제한된 시간을 가지고 있다. 시간은 한계성과 유한성의 자원으로서, 시간제약은 이벤트관리과정의 속도를 결정하고, 중대한 이정표와 리스크의 영역을 규정한다. 일정과 관련된 리스크의 원천은 3가지 범주로 나눌 수 있는데, 그것은 바로 연기(delay), 의존성(dependency), 기간추정(duration estimate)이다(Kendrick, 2003).

일정계획은 프로젝트의 전체 범위와 현장의 반입부터 반출까지 이벤트를 다루는 제작일정을 포함하는 전체적인 추진일정을 말하며, 일정개발방법을 사용하여 일정계획을 수립하여야 한다([그림 11-1] 참조).

그림 11-1 일정개발과정

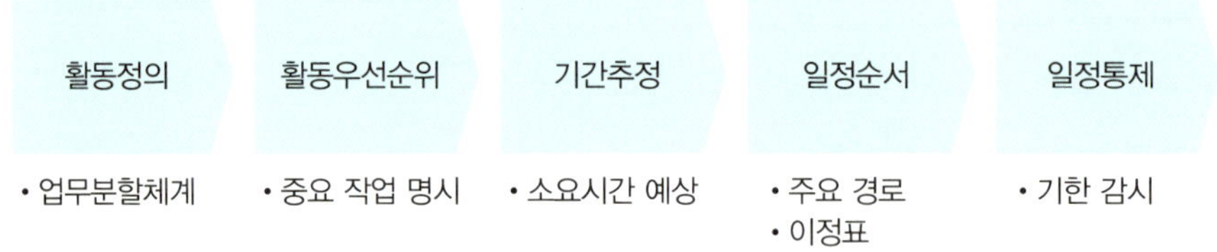

1) 이벤트활동

이벤트 프로젝트의 범위와 산출물은 이벤트와 그 구성요소의 날짜와 시간을 포함하여 업무기술서에 명확하게 규정하여야 한다. 불완전한 범위의 정의는 추진일정의 개발과정 전반에 걸쳐 정확성을 떨어뜨리고, 이벤트 프로젝트의 전반에 취약성을 증가시킬 수 있다. 그리고 업무기술서는 업무분류체계(Work Breakdown System: WBS)를 작성하는 데 사용한다. 업무분류체계는 프로젝트를 세부항목으로 분해하는 톱다운(top-down)방식으로 접근할 수 있고, 또는 필요한 활동을 브레인스토밍하여 이를 무리(cluster)로 체계화하는 보텀업(bottom-up)방식으로 접근할 수도 있다. 업무분류체계는 기존 이벤트나 유사 이벤트의 업무를 참고하면 용이하게 작성할 수 있다.

조직구조와 예산을 통합시키고 효율적인 추적이 가능하도록 업무분류체계를 계층적 범주(예: 위원회, 부서)로 체계화하는 것은 매우 유용하다. 다양한 업무내용을 확인하고, 해당 업무를 수행할 담당자를 결정해야 한다. 또한 추가적인 필요업무와 일정의 효율성에 영향을 미칠 수 있는 잠재적 제약을 발견하기 위해서 이들 담당자의 의견도 구해야 한다.

2) 활동시스템의 구성

활동시스템의 구성은 업무활동의 순서에 영향을 미치는 업무종속성, 상호작용, 우선순위를 나타내는 작업체계다. 이는 주로 최단경로분석(Critical Path Analysis: CPA)[01]을 사용하여 수행된다. 전통적인 프로젝트관리에서 최단경로분석은 예상 완료일을 확인하기 위해 미래를 계획하는 데 사용했지만, 완료일이나 시기가 미리 결정되어 있거나 고정되어 있는 이벤트관리에 있어 최단경로분석은 역방향계획의 도구로서 활용된다(Tum et al., 2006).

과업의 종속성은 다른 과업의 선행완성에 의존하게 되며, 일정 내에 적절한 우선권이 명확하게 확인되고 제공되어야 한다. 여기서 지연은 남은 일정에 영향을 미치기 때문에 종속성은 밀접하게 모니터링이 되어야 한다. 이정표(주요 인도물지점) 및 마감시간이 설정되어야 하며, 특히 지연 리스크 및 가장 약한 연결고리에 대한 문제를 제기하는 종속성이 강조되어야 한다(Kendrick, 2003).

이러한 이정표와 마감시간은 자주 리스크대응조치를 위한 징조와 한계치가 된다. 여기에서 최단경로를 고안하고 커뮤니케이션을 할 수 있는 도표의 개발과 사용은 유용하다. 최단경로를 설명하기 위해 막대그래프(bar chart)로 과업의 연결을 보여 줄 수 있고, 중대한 선택과 반복이나 대안의 절차가 올바르게 적용되도록 순서도(flow chart)에 의사결정 및 확인포인트를 포함시킬 수 있다.

01 최단공기(工期)와 최소경비로 작업을 진행하기 위해 작업일정을 결정하는 방법

과업을 완료하는 데 걸리는 소요시간을 정확히 추정하는 것은 쉽지 않다. 이는 낙관적 시각, 지나친 자신감, 정보부족, 예상치 못한 과업범위의 추가에 기인한다(Kendrick, 2003). 이를 '계획의 오류(planning fallacy)'라고 부른다. 이는 소요시간에 대해 부족한 판단력을 드러내는 것으로, 실제 필요한 시간보다 더 짧은 시간에 과업을 수행할 것이라는 신념과 함께 장애물을 무시(예: 최상의 시나리오를 가정)하는 것을 말한다(Yates, 2003). 기존 및 만성적인 일정변동을 알아내기 위해서 선행 이벤트의 검토는 물론 전문가의 판단 및 유사한 추정은 효과적인 방법이 될 수 있다.

활동속성과 기간조건은 시간의 제약 및 자원관리의 차원에서 확인되고 분석되어야 한다. 시간은 직선적이고 그 무엇으로도 대체할 수가 없다. 시간을 확장하는 유일한 방법은 다른 자원을 추가함으로써 보상하는 것이다. 즉, 주어진 시간 내에 더 많이 하고 더 생산적이 되는 것이다. 과업은 시간순의 배열로 순서화하고 동기화시켜야 한다. 연속적으로 수행해야 할 과제를 확인하고, 동시에 수행해야 하는 과제, 융통성을 가져야 하는 과제를 식별해야 한다(Lewis, 1997). 최단경로활동으로 전환될 수 있는 과제와 자원을 식별하고 가능한 언제 어디서나 최단경로활동을 완수할 수 있도록 예비경로를 제공해야 한다.

3) 추진일정의 개발 및 통제

주요 일정계획은 모든 공급업체의 목록을 포함하고 모든 국면을 통하여 전체 이벤트 프로젝트의 종합적 계획을 반영하는 일정과 연계하여 만들어야 한다. 일정계획을 개발하기 위하여 자원의 평준화와 기간압축을 적용할 수 있는 지역이 있는지 확인해야 한다. 인력 및 장비의 유휴시간을 최소화하는 방법을 찾아야 하는데, 이는 높은 비용이 발생하며 과업을 성급하게 재촉하면 작업자는 불만이나 곤란을 겪기 때문에 취약성과 위험을 만들어 낼 수 있어 향후 작업의 시간압력이 뒤따른다(Van der Wagen and Carlos, 2005). 공휴일과 기념일, 계절적 영향(휴가, 날씨 등)과 같은 외부적이거나 문화적인 제약을 확인하고, 근로여건(주중, 일일 근무시간 등)을 고려해야 한다.

추진일정의 개발은 수행되어질 과업의 통합 및 최단경로를 반영하여야 한다. 예를 들면, 행사장의 계약체결에는 법무담당, 장소선정위원회, 운영관리자, 다양한 공급업자, 수많은 다른 책임영역이 포함된다. 각 부서장에게 배포하는 것은 물론 주요 이해관계자와 함께 개발된 일정의 정확성과 유효성을 확인해야 한다. 상호 필요한 일정조정을 하고 나면, 합의일정에 근거하여 필요한 세부사항과 개인일정을 준비하고 모든 직원에게 배포한다. 이러한 추진일정은 일정표(timeline), 간트 차트(Gantt chart)[02]나 이정표 차트(milestone chart),[03] 산출물 마감목록, 제작일정, 프로그램목록 또는 요약일정표의 형태로 만들어진다.

일정통제는 마감시간의 모니터링, 업무수행에 대한 추적, 일정변동분석, 변경제어방법의 사용을 말한다. Smith와 Merritt(2002)는 일정모니터링과 통제에 대한 사전대비가 왜 중요한지에 대해 다음의 3가지 이유를 말한다.

- 문제에 대한 뒤늦은 주의(attention)는 고가의 해결책을 초래한다.
- 문제에 대한 뒤늦은 감지(detection)는 먼저 가능한 해결방안을 불가능하게 한다.
- 뒤늦은 놀라움(surprise)은 적절한 해결책을 개발하는 시간을 감소시킨다.

추진일정에 맞게 과업을 수행하기 위해서는 일정변화에 신호를 보내 주고, 그 규모를 표시하며, 정확한 조치를 안내할 수 있는 과업수행 측정방법을 만들어 내고 구현해야 한다. 문제를 더 빨리 진단할수록 더 빠른 대응과 함께 시간을 확보할 수 있으며, 문제를 해결할 수 있는 대안들을 찾을 수 있다. 어떠한 변화도 그 영향은 적지 않기 때문에 변화가 발생하였을 때 특정 일정의 업데이트(update)상황이 이벤트조직 전체에 전달되어야 하며, 전체 일정에 미치는 영향을 최소화하여야 한다.

02 목적과 시간의 두 기본적 요소를 이용하여 만드는 그래프로, Henry Gantt에 의해 고안되었다.

03 중점관리가 필요한 단위작업을 설정하여 집중관리를 실시함으로써 여러 작업 가운데 중점관리대상 작업의 목표달성 여부에 비중을 두는 기법으로, 단위작업 상호 간의 선후 종속관계가 고려된 방법이다.

2. 인적자원관리

사람은 이벤트에 있어서 가장 가치 있고 중요한 자원이다. 인적자원관리(human resource management)는 이벤트 프로젝트의 요구에 맞는 적정하고 다양한 인력을 제공하기 위해 적용되는 고용과 노동합법성에 따라 적절한 조직구조의 공식화, 채용에 대한 정책과 절차, 오리엔테이션(orientation), 동기부여, 훈련, 보상, 감독, 훈련, 계약근로자, 자원봉사자 등을 포함한다. [표 11-1]은 이벤트에 대한 인적자원과 연관된 리스크를 보여 준다.

표 11-1 이벤트의 인적자원 리스크

• 근로기준법의 남용 또는 무시	• 미흡한 정책
• 노동조합 제약 · 분쟁	• 불충분하거나 비효과적인 훈련
• 모호한 보고관계	• 전문가 부족 및 부적합한 활용
• 범죄행위 또는 동기	• 인식부족
• 나태하거나 지루해 하는 인력	• 감독소홀
• 경험미흡	• 핵심인력의 손실
• 나쁜 인성	• 과로하는 직원
• 부적합한 노동력 풀(pool)	• 부적합한 태도 또는 적성
• 불확실한 과업 · 권한한계	• 부적절한 행위
• 부정확한 일정과 배치	• 불투명하거나 부적합한 기대
• 직위의 포기	• 불신
• 불충분한 직원 수	• 불안한 작업환경
• 직무기술서의 미흡	• 승인되지 않은 의사결정

효과적인 인적자원관리는 기대(명확한 직무기술서, 정책, 절차), 준비(적정한 오리엔테이션 및 훈련), 감독(체크포인트, 감독, 피드백시스템), 평가(수행검토 및 교훈)의 기본적인 구성요소의 설정과 채택에 달려 있다. 이는 이벤트기업과 그 구성원 양쪽 모두의 필요에 기여하는 조직구조와 문화를 만드는 데 필요한 순환과 통합시스템을 나타내고 있다는 것에 주목하여야 한다. 인력계획이 수행되어야 하고, 그 역할과 책임이 결정되어야 하며, 권한과 책임의 위계가 확립되어야 하고, 인력에 대한 직무기술 및 선택기준이 개발되어야 한다. 이에 따라 직원 및 자원봉사자에게

적절한 방법으로 모집, 입사, 오리엔테이션, 훈련, 배치, 지도, 보상이 이루어져야 한다. 그럼으로써 이러한 가치 있는 인적자산은 생산적일 수 있으며, 지속적인 성공을 위해 유지되어야 한다.

1) 조직체계와 문화

아주 작은 규모의 행사라 할지라도 성공적인 이벤트를 만들어 내기 위해서는 많은 사람이 필요하다. 모든 사람의 성격, 선호, 경험, 기능 및 전문수준은 이벤트의 성공을 만들어 내는 데 도움이 된다. 조직도(organizational chart)는 이벤트의 운영 및 이벤트조직을 위한 권한구조(예: 직원의 행동을 지시하고 결정할 권리)와 책임(예: 할당업무에 대한 책임)을 나타낸다.

이 조직도는 필요한 모든 부서, 위원회, 소위원회, 그리고 이벤트의 구성요소를 포함하여야 한다. 이는 지휘계통, 즉 누가 어떤 구성요소를 책임지는지, 누가 무엇에 대한 책임이 있는지, 누가 의사결정을 하거나 할 것인지, 어떻게 서로 연관되어 있는지를 나타낸다. 또한 적절한 지휘계통과 커뮤니케이션 채널을 수립하기 위해 이벤트조직의 내부 및 외부에 있는 이해관계자를 고려해야 한다.

조직도의 범위와 배치는 이벤트의 범위와 요소에 달려 있으며, 이벤트조직의 사업을 수행하는 데 필요한 다양한 부서가 더해진다. 조직도는 조직에 포함된 사람과 지배구조의 명확한 정의에 따라서 구분된 방식으로 기능의 개요를 설명해야 한다. 또한 조직도는 보고 및 지시관계를 설명하는 데 충분하도록 종합적이며 단순하고 간결하여야 한다. 특히 비상상황의 경우 신속한 상황전파를 위하여 포괄적 연락체계와 국소적인 연락체계가 구분되어 표시되어야 한다.

조직체계는 계층구조, 보고관계, 그리고 이벤트조직의 전반적인 과업흐름을 정의한다. 반면 조직문화(organizational culture)는 조직이 하는 일, 조직의 사명과 가치, 조직의 리더십 스타일(leadership style) 등 조직의 성격에 의해서 형성된다. 많은 이벤트조직은 그들 자신의 목적으로 인하여 다른 기업에 비해 덜 관료적인 시스템을 반영한다. 하지만 조직도 안에서 통제의 범위, 권한의 한계, 커뮤니케이션 채널은 명확하게 정의되고 명시되어야 한다.

조직체계 및 문화와 연관된 리스크를 평가할 때, 리스크관리자는 우선 법적 · 윤리적 요건에 따라 의사결정의 권한이양이 가능한 서면정책 및 지침의 일관성 있는 사명과 비전의 서술내용을 확인해야 한다([표 11-2] 참조). 정책이나 절차는 조직의 처리원칙은 물론 고용을 관리하는 법적 규정을 준수해야 하며, 이벤트조직과 운영의 전반에 걸쳐 일관적으로 커뮤니케이션이 되고 수행되어야 한다.

표 11-2 이벤트조직에 대한 정책, 규정 및 절차

• 채용자격정책	• 보건 · 안전규칙과 절차
• 인사기록정책	• 채용절차
• 차별금지정책	• 인사고과절차
• 친인척고용정책	• 분쟁 및 불만처리절차
• 출퇴근정책	• 조달 및 발주절차
• 내규 및 관리정책	• 인수인계절차
• 보상 및 징계정책	• 대중과 미디어관계절차
• 비밀정책	• 제한 및 금지행동
• 데이터 접근 및 취급정책	• 요구행동 및 제약행동
• 기술사용정책(예: 인터넷, S/W)	• 복장규정
• 장비활용정책	• 전결규정 및 결재절차
• 선물 및 사례정책	• 비용사용규정
• 성희롱정책	• 복리후생절차(예: 휴가)

2) 인력채용

이벤트조직에 필요한 만큼의 사람을 찾고, 적합한 사람을 뽑는다는 것은 상당히 복잡한 과정을 거친다. 인력을 채용하려면 직무분석, 직무요약, 직무기술서, 직무명세서, 선발 및 평가기준을 포함한 인력계획이 선행되어야 한다. 인력계획의 범위는 이벤트의 규모, 유형, 개최지에 따라 달라질 수 있지만, 최소한 인력계획이 없는 이벤트직원은 유급직이나 자원봉사자나 모두 자산이 아니라 부채가 될 수 있다. 왜냐하면 이러한 인력은 자신의 의무를 이해하지 못하거나 할당된 업무에 대해 기술이나 경험이 없으며, 이벤트업무를 하기보다는 그냥 있거나 바라보기만 하여 실제업무를 수행할 수 없기 때문이다.

먼저 이벤트 프로젝트를 수행하기 위하여 필요한 인력 수를 확인할 수 있는 필요성평가(needs assessment)가 실시되어야 한다. 이는 업무분류체계를 사용하고 이전의 인력계획을 검토하며 부서장이나 또는 위원회의 의견조사를 통해 진행된다. 수많은 과업들은 각 과업과 연관된 주요 기능 및 수행요소를 결정하기 위하여 분석될 필요가 있는데 이를 직무분석(job analysis)이라고 한다. 직무요약(job summary)은 해당 직위의 목적과 책임의 개요를 설명할 수 있도록 작성되어야 한다. 또한 사직, 무능력, 신뢰성 문제로 인한 주요 인력의 손실을 보완하기 위해 인수인계계획을 고려하여야 한다.

직무분석과 직무요약은 그 직위를 충족시키는 인력의 주요 의무와 기대를 명확하게 확인하도록 직무기술서(job description)에 통합되어야 한다. 특히 자원봉사자에게는 과업이나 작업이 왜 중요한지, 적절하게 수행되지 않을 때의 결과에 대해 구체적으로 설명해 주는 것이 필요하다. 어떤 직위는 특별한 자격조건을 요구하는데 이는 과업을 수행할 때 특정 수준의 역량이 필요하기 때문이다. 직무분석은 해당 직위에 요구되는 특정한 신체적 또는 기술적 능력, 훈련, 자격증, 면허증에 대한 정의를 포함하여야 한다. 여기에 직무수행자가 보유해야 하는 개인적 특성이나 속성(예: 신뢰성, 주의력)을 추가하여 직무명세서(job specification)에 포함시킨다.

직무기술서와 직무명세서는 선발기준을 위한 기초를 형성하고, 이벤트조직과 지원자의 기대가 서로 일치하도록 명확해야 한다. 또한 법적 책임을 예방하기 위해 법으로 승인된 기준을 준수하여야 한다. 선발기준은 직무수행평가를 위한 평가기준에 반영되어야 하며, 평가기준은 직무요약과 직무설명서에 반영되고 피드백(feedback)되어야 한다.

모집활동(recruitment activity)은 모든 기대 및 기회가 투명성이 보장되도록 설계해야 한다. 모집활동은 응모자의 접근이 쉽고, 유능하고 열정적인 인력을 유인하기 위해서 다양한 방법으로 수행되어야 한다. 여기에는 전통적인 모집전략은 물론 좀 더 혁신적인 모집전략도 필요하다. 특히 자유재량시간이 점차 줄어들고 있는 자원봉사자는 더욱 그렇다. 가장 먼저 살펴보아야 할 것은 이벤트인력으로서의 참여경험자와 개최지역의 인력이다.

인사기록은 모든 고용인과 자원봉사자에 대해 작성되어야 하는데 최소한 모든 연락정보(예: 이름, 주소, 전화번호, 휴대폰번호)와 비상시 연락할 사람과 전화번호를 포함한다. 모든 개인기록은 비밀정보로서 반드시 준비되고 저장되고 보호되어야 한다.

채용된 모든 인력은 이벤트의 배경과 목적, 행사장배치, 이벤트 프로그램, 개인의 위치와 역할 등에 대하여 공식적인 오리엔테이션을 제공받아야 한다. 이는 일반적으로 이벤트 운영매뉴얼이나 자원봉사자 핸드북에 포함되어 배포되며, 주요 정책과 절차가 보강될 때는 서면과 구두형식으로 전달되어야 한다. 또한 개인은 물론 참가자나 관람객의 안전과 복지를 위한 리스크메시지를 전달하는 것도 중요하다. 여기에는 사건취급에 대한 지침, 위험한 상황이나 활동의 보고, 위험회피를 위한 승인 등을 포함한다.

이벤트주최자부터 자원봉사자까지 경험부족은 이벤트관리에서 가장 큰 리스크의 하나이다. 경험부족은 대개 훈련, 멘토링(mentoring), 그리고 경험을 통해서 자연스럽게 극복된다. 직무분석을 통해 해당 과업과 요구되는 수행수준을 확인하고, 이는 또한 채용된 직원의 훈련필요성을 평가하는 데 사용되어질 것이다. 직원이 과업을 수행하는 동안 사용하는 장비의 절차와 운용방법을 알려 주고 훈련하도록 해야 한다. 모든 직원에게 고객서비스의 기본적인 책임을 강조하고, 유니폼을 착용한 사람은 자신의 역할에 관계없이 참가자나 관람객의 질문에 대답할 수 있도록 준비되어야 한다. 따라서 모든 직원은 가장 자주 묻는 질문에 대한 답변을 제공받아야 하고, 어디에서 도움을 제공받는지(예: 관람객 편의시설, 응급치료시설)를 알고 있어야 한다.

3) 동기부여 및 모니터링

동기부여(motivation)는 어떤 사람을 활동하도록 자극하여 의도하는 목표로 향하게 하는 것으로, 사람은 무엇을 하고자 하는 욕구가 일어날 때 일하려는 동기가 발생한다. 유급인력이나 자원봉사자가 일을 하는 이유, 보상, 인식을 확인하고, 이러한 욕구와 필요를 충족시키고 그렇게 함으로써 고품질의 수행활동에 동기를 부여하는 자극전략을 만드는 것은 이벤트조직의 의무다.

개인이 왜 유급직원 또는 자원봉사자로 응모했는지 면접 시 확인하거나 응모신청서에 적어 내도록 하는 것이 바람직하다. 이는 친구와 함께 구성된 팀의 배치 또는 업무가 완료되면 이벤트 프로그램에 접근이 가능한 무료입장처럼 이들의 유효성과 신뢰성을 강화시킬 수 있는 전략을 발견할 수 있다.

특히 경험이 없는 인력의 감독관리는 개인의 업무수행이 이벤트조직의 욕구를 충족시키는 데 있어 매우 중대하다. 감독은 개인의 감시활동이 아니다. 감독은 멘토링이며, 개인활동을 지도하는 것이다. 질문에 답변하기 쉽도록 하며 지침을 제공하는 활동이다. 감독과 수행평가는 양방향활동으로서 이 과정 속으로 통합되는 피드백시스템이 있어야 하고 직원의 질문과 권고는 활발히 권장되어야 한다. 시정조치가 이벤트 운영을 보호하고 작업자에게 학습기회로 활용하는 방식으로 허용되는 이벤트 제작기간과 추진일정 이내에 체크포인트(checkpoint)를 개발하는 것이 바람직하다.

모든 인력에 대하여 고용기간을 통해 주기적으로 평가를 실시하고, 이벤트 종료시점에 성과평가를 실시하여야 한다. 이는 적대적이거나 잘못을 찾는 활동이 아니다. 개인의 성과와 전문성 향상을 강화시키려는 방법을 모색하는 것이다. 모집, 오리엔테이션, 훈련, 모니터링을 통해서 문제점을 찾고 습득한 교훈은 미래의 이벤트 인력육성에 반영시켜야 한다.

4) 인간관계

이벤트의 인력은 적은 편이며 주로 배타적인 속성을 갖고 있다. 어떤 사회든 대립이 있고, 개인적이거나 절차적이고, 훈련과 해고가 필요할 때도 있다. 갈등이나 분쟁해결절차는 들려오는 불만을 해결하기 위한 방법을 제공하고, 시의적절하고 공정한 방법으로 다루며, 이벤트 운영에 방해가 되지 않도록 수립되어야 한다. 만일 징계가 필요한 경우, 처벌적 징계조치보다 시정조치를 사용하는 것이 중요하다. 왜냐하면 잘못은 거의 악의에 기인한 것이 아니기 때문이다. 하지만 어떤 행동이나 행위가 어떤 상황(예: 폭력, 절도)에서 용납되지 않는지 명확해야 한다. 필요한 경우 훈련은 항상 개인적이고 개인의 존엄성을 보호하는 방법으로 항상 수행되어야 한다.

인력회사로부터 임시직이나 계약직을 뽑을 때, 재정 및 근로조건에 관한 의무를 완전히 이해하기 위해서 계약을 면밀히 검토해야 한다. 게다가 어떤 책무를 해당 기업에 부여하기 위하여 계약서에 명시된 감독협약을 인지하고 준수하여야 한다. 만일 지시 · 통제권한 및 책임이 뒤바뀌는 경우 자신에게 넘겨진 책임의 변화를 확인해야 한다. 인력회사의 작업자를 이벤트조직의 직원으로 간주하지 않는 것을 명시하는 공급업체나 독립계약자와 계약을 체결하는 것도 좋은 전략이다.

3. 재무관리

리스크관리자는 이벤트 운영과 관련된 재정 리스크를 완화시키기 위해 재무관리를 잘 이해하여야 한다. 재무관리(financial management)는 이벤트조직의 재무목적을 달성하기 위하여 예산, 원가계산, 가격전략, 표준회계절차, 자산 및 현금의 흐름관리를 개발하고 사용하는 것이다. 돈은 이벤트를 진행하기 위해서 반드시 필요하다. 리스크관리를 포함하여 이벤트가 현실적으로 실현가능하려면 이벤트조직과 운영의 모든 측면에 할당이 가능한 충분한 자금이 있어야 한다.

회계 및 예산에 대한 적절한 정책과 절차를 개발하고 지속적으로 수행한다면 많은 재무 리스크는 예방이 가능하고 제어할 수 있다([표 11-3] 참조). 법의 준수는 재정손실에 대한 첫 번째 방어방안이며, 서면계약과 주문변경서의 사용은 재무적 의무와 책임의 범위를 통제할 것이다. 다음으로 효과적인 예산책정, 건전한 입찰조달 및 평가수행, 합리적인 현금관리절차는 수입과 지출을 정확하게 예상하게 하고 적절하게 재원을 할당하며 적정한 재무기록을 유지할 수 있게 해준다.

표 11-3 재무 리스크

• 불확실한 소요예산의 추정	• 통제되지 않은 지출
• 부정확한 수입 및 비용예측	• 조달정책의 결함
• 부적절한 현금흐름	• 부적절한 회계관행
• 예상하지 못한 수입감소	• 부족하거나 불확실한 자금조달
• 예상하지 못한 비용증가	• 취약한 현금취급관행
• 예비비의 과소책정	• 사전원가계산과 집행의 차이
• 환율변동	• 집행금액과 사후원가정산의 차이

1) 재무정책과 절차

모든 이벤트와 이벤트조직은 자산, 부채, 수입, 비용의 측정은 물론 언제, 어디서, 어떻게, 왜, 누구로부터 수입과 지출이 생겼는지 정확하게 기록하고 신뢰할 수 있는 회계시스템을 가지고 있어야 한다. 이런 시스템을 통해 분류, 요약, 해석, 전달된 금융자료는 재무의사결정을 내리는 데 도움이 된다.

재무기록, 그리고 문서화 및 지출통제에 사용되는 정책과 절차는 사업운영을 위한 다양한 법적 요구조건의 준수를 설명하는 데 필수적이다. 그리고 이벤트도 하나의 사업으로서 운영된다. 자산을 보호하고 비용을 정당화하기에 충분하고, 또한 일관성 있고 포괄적인 방식으로 수행되는 효과적인 내부통제가 있다는 것을 주주, 이해관계자, 감사에게 보여 줄 수 있어야 한다. 이러한 통제는 다음의 사항을 포함한다(Silvers, 2008).

- 회계절차(예: 거래기장, 기본문서의 부호화, 기업 · 정부 회계기준)
- 예산승인절차(예: 발주처, 조직위원회, 사무국)
- 계약승인절차(예: 변호사 · 법무팀 검토, 계약팀)
- 신용정책 및 절차(예: 신용거래, 채권 및 채무)
- 지출승인과정(예: 청구서, 변경요청서, 지급확인서)
- 조달정책 및 절차(예: 제안요청서, 구매요청서)
- 환불정책 및 절차(예: 취소기한, 비례금액)
- 변제정책(예: 일일경비, 비용보고서)

2) 예산편성 및 통제

예산(budget)은 이벤트를 개최할 때 사용되는 가장 중요한 계획이다. 예산은 재무적 규율을 시행하고 이벤트계획의 수행상태를 추적하는 데 사용되는 효과적인 제어장치다. 예산을 책정할 때는 가격정책에 영향을 미치는 이익목표가 결정되어야 한다. 또한 수익과 비용을 예측하고 재정자원을 정의하며 항목의 우선순위에 따라 자원을 할당하여야 한다. 예산의 집행은 계획과의 차이를 확인하고 수정하기 위해서 적절한 시점에 비용효율적 방식으로 계획 대비 집행보고서가 면밀하게 모니터링되어야 한다.

예산편성은 선행기록이나 또는 유사 이벤트로부터 개념적 추정에 근거해서 시작하여 점진적으로 구체화가 된다. 예산은 이벤트의 다양한 부서 또는 위원회에 의해 정제되고 검증된다. 최종적으로 이벤트주최자 또는 집행기관으로부터 승인을 받는다. 예산편성은 운영계획에 앞서 계획되지만 공급업체의 견적서와 계약을 근거로 최종비용이 확정되기 때문에 계획과정의 후반부에 완성된다.

예산은 확정적인 문서가 아니라 하나의 계획이다. 예산은 추가품목의 비용, 우선순위의 수정이나 예상 수입(예: 스폰서십, 티켓판매)의 저조로 인해 발생할 수 있는 변화에 유연하게 대응해야만 한다. 예산은 이벤트에 대해 만들어진 결정사항을 반영하고 수입과 비용추정치를 주고받기 때문에 승인된 지출과 동일하지 않다. 예산은 다양한 부서나 위원회에 예상 지출한도를 보여 주는 데 사용하지만, 지불한도가 어떻게 누구에 의해서 만들어졌는지 명확해야 한다.

예산의 구조와 범위는 이벤트의 유형, 크기, 관리방식에 따라 다양하지만, 편차를 쉽게 확인하고 바로잡기 위해서 모든 수익과 지출을 충분히 세부적으로 확인할 수 있어야 한다. 수익은 보수적으로 예측하고, 비용은 여유롭게 예측하여야 한다. 또한 예산은 현금흐름과 함께 프로젝트 추진일정에 통합되어야 하며, 중요한 단계에서의 결정은 신중하게 주의하여야 한다. 왜냐하면 변경(change)은 이벤트의 실행에 가까울수록 비용을 증가시키고, 이러한 변경은 시간이 없거나 공급업체와의 가격협상의 여지가 줄어들기 때문이다.

1년 이상의 장기적인 이벤트를 준비하는 경우 인플레이션(inflation)과 예산승인

시점과 이벤트시점 사이에 발생하는 변화를 다루기 위해 추가적인 예산할당이 필요하다. 또한 예상하지 못한 비용의 발생을 고려해서 예비비를 책정해야 한다. 비용통제의 가능성이 예측되는 경우 3~5%, 많은 변수나 비용의 불확실성이 있는 경우 5~10% 정도를 책정하는 것이 좋다.

예산은 우선순위가 설정된 이벤트의 목적과 목표에 따라 변경하기 위하여 추진일정상 결정시한과 연계된 비용 쪽으로 통합하는 비용절감전략을 갖고 있어야 한다. 또한 예산집행은 재무 리스크를 최소화하고 기회를 극대화하며 이벤트의 완전성을 유지하기 위해 면밀하게 감시되어야 한다(Silvers and Nelson, 2005).

- 현금흐름일정 이내에 채권과 채무를 연계시켜라.
- 창의적인 비용절감과 비용회피기회를 개발하라.
- 쉽게 비교할 수 있도록 예산유형을 표준화하라.
- 명확한 정책과 절차로 사기행위를 방지하라.

예산을 축소시켜야 하는 경우, 리스크관리비용이 겉보기에는 이벤트에 직접적으로 기여하지 않기 때문에 지출을 감소시킬 수 있는 비용으로 생각할 수 있다는 것을 인지하는 것은 매우 중요하다. 이 그릇된 인식은 리스크비용에 대한 투자혜택은 물론 회피에 따른 법적 책임의 고충을 겪으면서 극복되어야 한다. 미리 적은 비용을 지출하는 것은 끝날 무렵에 더 많은 비용의 지출을 막는 것이다.

3) 비용산출과 가격결정

비용산출과 가격결정은 서로 밀접하게 연계되어 있다. 왜냐하면 이벤트비용은 이벤트참가비에 결정적인 영향을 미치며, 티켓이나 등록비처럼 입장료가 요인이 아니라면 이벤트의 실현성을 결정하기 때문이다. 이벤트주최자나 이벤트참가자의 구매가격 한계치는 예산에 포함될 수 있는 프로그램과 서비스의 유형과 수준에 영향을 미칠 것이다.

먼저 수익에 대한 필요조건이 결정되어야 한다. 이벤트가 이익을 창출할 것인지, 본전만 찾을 것인지, 그냥 초청할 것인지에 대한 결정이다. 만일 이벤트가 수익을 창출하거나 본전을 기대한다면 손익분기점(Break-Even Point: BEP)분석을 수행해야 한다. 참가자 수 및 1인당 참가비 또는 입장료를 기준으로 어떤 지점에서 수익이 비용과 동등한지, 어떤 지점부터 수익이 발생하는지 확인하여야 한다.

정확한 비용을 추정하기 위해서는 모든 직접 · 간접비용(예: 인력 · 기술수준), 고정 · 변동비용(사내 · 아웃소싱), 물품 및 서비스비용, 판매비용, 그리고 수많은 숨겨진 비용을 포함하는 항목의 자세한 목록이 필요하다([표 11-4] 참조). 모든 입찰 및 계약체결에 있어 예상치 못한 지출을 통제하기 위하여 모든 비용과 잠재적 비용(예: 숫자가 감소하면 소모되거나 또는 1인당 비용이 상승)을 구체적으로 명시하여야 한다.

표 11-4 숨겨 있거나 예상치 못한 비용

• 운영인력 추가비용(예: 관람객 폭증)	• 유지 · 보수비용
• 날씨변동에 따른 비용(예: 폭염 시 모자제공)	• 인력식사비
• VIP 참석에 따른 추가제작비(예: 대통령)	• 현장기술자 비용
• 국내외 벤치마킹비용	• 초과근무수당
• 수수료	• 워크숍비용
• 환율	• 숙소임대비용
• 수입세	• 운송 및 취급비용
• 사례	• 셔틀버스 환승
• 배달비용	• 스폰서십 지원
• 설치비용	• 자문위원 또는 전문가 컨설팅
• 최종 순간의 변경	• 예상치 못한 행사장 준비비용
• 연체료 및 벌금	• 예상치 못한 장비대여
• 법무비용(예: 소송)	• 추가사용료(시설 또는 공공요금)

출처: Silvers and Nelson(2005)을 참고로 저자 재작성

4) 현금흐름관리

예산을 수립할 때 수입과 비용의 규모도 중요하지만, 수입과 비용의 시기를 잘 관리하여야 한다. 이러한 시기를 관리하는 것이 바로 현금흐름(cash flow)관리다. 이벤트주최자는 비용지출은 개최준비부터 이벤트를 마치는 시점까지 지속적으로

발생하지만, 대부분 수입은 이벤트 개최시점 이후에 발생되는 경우가 많다는 것에 유의해야 한다. 따라서 초기 단계에 비용에 대한 부담이 많기 때문에 이벤트의 안정적인 운영을 위한 자금의 확보가 중요하다. 축제나 컨벤션과 같은 연례행사의 경우 필요한 자금은 이전 행사의 이익으로부터 종종 조달될 수 있다. 하지만 일회성 또는 처음 개최되는 이벤트는 스폰서십 유치, 정부보조금, 신용대출, 주최자의 착수금이나 선금에 의존하는 방식으로 필요한 자금을 구해야 한다. 또한 계획된 비용은 반드시 발생하지만 계획된 수입은 발생되지 않을 수도 있다는 자세를 갖지 않는다면 현금흐름관리에 상당한 혼란을 초래할 수 있다.

가장 유리한 수입과 지출을 협상하거나 일정에 맞추기 위하여 수입과 지출의 예상되는 시점을 나타내는 시차별 예산으로 현금흐름을 관리해야 한다. 이처럼 중요한 현금흐름은 현금흐름관리표를 통해 효율적으로 계획할 수 있다. 현금흐름관리표는 이벤트 개최준비의 시작단계부터 일단위, 주단위, 월단위로 모든 수입액의 규모와 입금예정일, 모든 지출액의 규모와 지출예정일을 기입함으로써 부족분을 예측할 수 있고 이에 대처할 수 있다. 현금흐름관리표에는 지급대상업체와 계약금 지급일, 지급단계, 지급조건 등을 함께 명시하는 것이 좋다.

현금, 수표 및 신용카드의 거래는 이벤트에 이익이 되는 우선적인 방법으로 구성하며, 안전한 현금취급절차는 절도, 사기, 오류에 대한 노출이 완화되도록 설정하여야 한다. 소액현금을 포함한 현금지급과 티켓판매, 등록비, 기부금, 식음영업권과 같은 현금수입에 이르기까지 현금취급절차는 이벤트 프로젝트의 생명주기 전반에 걸쳐 이벤트주최자의 수입과 지출에 대한 현금흐름의 모든 방법을 포함하여야 한다.

행사장 현장에서의 현금관리는 판매보고서, 현금보고서, 현금결산, 직불 및 신용카드거래의 처리를 수반할 것이다. 손실이 발생하지 않도록 수금과 현금취급의 모니터링은 주의 깊게 관리되어야 하며, 다음과 같이 현장 현금취급절차가 필요하다(Silvers and Nelson, 2005).

- 현장 은행이나 금고로서 역할을 하는 잠금장치가 있는 안전한 사무실이나 구역의 설정
- 금전등록기에 대한 배포 및 마감에 대한 규칙 수립

- 현장에서 돈을 취급하는 특정인의 지정
- 현금자금을 취급할 최소한의 직원 수를 유지
- 주기적인 현금수금과 예상 현금규모에 근거한 수금시점의 금전등록기를 모으는 일정의 계획 수립
- 위치에 따라 총액이 기록되도록 계산절차 수립
- 티켓 및 기념품 판매에 대한 내 · 외부 감사절차의 수립(예: 판매기록, 미판매 티켓, 현금거래영수증)

5) 재무보고 및 기록

정확한 재무정보는 양질의 의사결정을 유도하고, 재무계획에 있어 약점을 알려준다. 그러므로 재무정보는 정확히 포착되고 적절히 해석되어 적정한 보고 및 기록 시스템 내에서 커뮤니케이션이 되어야 한다. 또한 재무정보는 이해관계자, 직원, 관리주체, 관련당국에 명확하고 완전한 보고서로 제공된다. 이 시스템은 이벤트주최자의 재무적 민첩성과 안전성을 위해 빠르고 정확한 재무정보를 제공하는 능력을 가져야 한다.

재무보고서는 재무정보를 받아보는 사람에게 필요한 정보가 커뮤니케이션이 되는 방식으로 재무정보가 제공되어야 하며, 필요한 시점에 준비되어야 한다. 재무제표는 규정요건에 따라 준비되어야 하며, 세금납부나 대출 또는 스폰서십 같은 다양한 목적과 다양한 시점에 만들어진다. 기본적인 문서를 포함한 재무기록은 법적 기준대로 유지되어야 하며, 그 안에 있는 유용한 정보를 분석하고 활용하기 위해 접근이 쉬운 방식으로 보유되어야 한다. 또한 이 정보는 가치가 있고 소유권이 있기 때문에 이에 대한 접근은 반드시 보호되어야 하며, 정보노출은 매우 신중해야만 한다.

사례___ 2014년 진주국제농식품박람회 비리의혹 감사

진주시에서 매년 개최되는 국제농식품박람회의 예산낭비 등 부정 · 비리의혹에 대해 감사원이 공익감사에 나선다. 진주시의회 류재수 의원은 진주 국제농식품박람회의 위법 · 부당한 사업추진, 예산낭비 등과 관련한 공익감사청구에 대해 감사를 벌이기로 했다는 감사원 통보를 받았다고 6일 밝혔다.

류 의원은 지난해 33억 원으로 연 박람회 사업비가 실내 전시장의 텐트 규모와 조명 개수 등을 늘리는 방법으로 4억 5천여 만 원이 과다산정됐다며 진상규명을 위한 행정조사특별위원회 구성안을 본회의에 제출했으나 무산되자 시민 760여 명의 서명을 받아 지난달 4일 감사원에 공익감사를 청구했다.

청구서에서 그는 "박람회를 마치면 정산전문 회계법인에 의뢰해 수입과 지출의 적정성 여부를 따지고 집행잔액을 반납해야 하는데도 해당 부서에서는 전문기관정산서를 받지 않고 정산보고서만 받아 처리하는 등 부적절하게 마무리한 사실도 드러났다"고 주장했다.

감사원은 오는 15일부터 감사관 2명을 파견해 2주간 감사를 벌일 예정이다.

공익감사청구제도는 자격 있는 사람이 공익을 목적으로 특정사항에 대해 감사를 청구하면 감사원은 필요할 경우 감사하고 나서 청구인에게 통보하는 것이다.

출처: 경남매일, 2015. 6. 7.

4. 조달관리

조달관리(procurement management)는 정확한 입찰품목, 품질기준, 적합한 문서, 변경통제를 사용하여 조달될 재화나 서비스의 공급업체나 판매업체를 외부로부터 구매 · 선택 · 계약하는 과정이다. 좋은 조달관리의 시행은 공급업체나 판매업체, 이들과의 사업적 상호작용과 관련된 리스크를 결정함으로써 리스크관리를 용이하게 한다([표 11-5] 참조).

조달과정은 조달계획, 입찰계획, 입찰공고, 제안서 제출 및 프레젠테이션 실시, 입찰업체 선정, 계약체결, 제품 · 서비스 · 제작 납품, 수령 및 검토, 비용지불, 계약종료로 구성된 순차적이고 통합적인 절차를 밟는다([그림 11-2] 참조). 또한 조달과정은 조달필요성의 상세한 설명, 공급업체의 정보확인, 공급업체의 선정 및 계약, 계약이행 모니터링을 포함해서 조달과 관련된 책임을 명기함으로써 조달과정

표 11-5 조달 리스크

• 조달정책의 미흡	• 부적절한 계약관리
• 구매절차의 미흡	• 불완전한 사양 · 세부설명서
• 불완전한 입찰 · 제안서	• 계약이행에 대한 모니터링 부족
• 부적정한 입찰 · 제안서 평가절차	• 비효과적인 품질관리
• 비윤리적 청탁관행	• 무능력한 공급업체
• 불공정한 선정관행	• 공급업체 관계악화
• 조달참가업체의 담합	• 공급업체의 금품수수
• 부족한 공급업체 정보원	• 공급업체의 계약미이행
• 단독입찰 공급업체	• 물품 및 서비스의 속임(예: 수량, 품질)

그림 11-2 조달과정

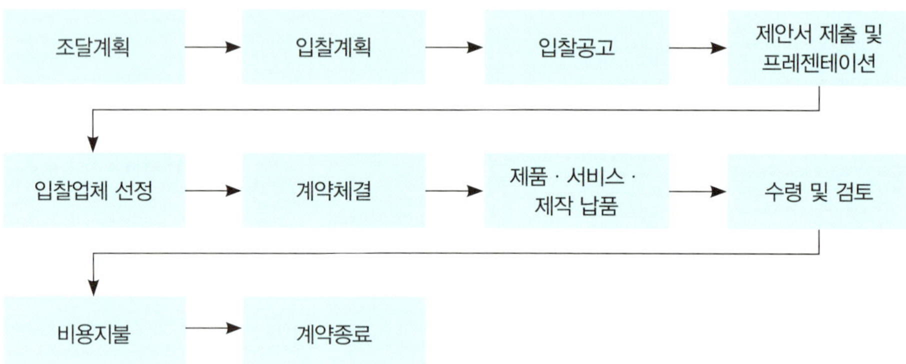

을 명확히 해야 한다. 그리고 구매는 공급업체의 재화 및 서비스의 납품과 사용, 공급업체의 계약과 지불관리는 물론 세부설명서를 준비하는 데 전문적인 지식을 가진 전문가와 협력할 필요가 있다(Monks, 1996).

품질보증에 대한 국제기준(ISO 9001, 2000)에 의하면 조직은 문서화된 절차를 갖고 있어야 하며 구매한 모든 제품이나 서비스에 대한 적절한 선정, 평가, 통제를 보장하기 위한 절차를 명시하고 있다. 이는 제품이나 서비스가 명시한 요구조건, 계약체결, 구매문서화를 이행하면서 요구사항의 확인, 공급업체평가 및 선정, 입찰 및 구매문서의 사용에 대한 절차를 포함한다(Tricker, 2001).

1) 조달정책

조달은 판매과정이며, 종종 매우 다양한 양적 · 질적 기준, 수많은 대안, 판매자로부터 구매자에 대한 상당한 압력의 대상이다. 조달결정을 위한 틀(framework)을 제공하는 법적 요건과 윤리적 지침에 따라 조달정책을 수립하는 것은 중요하다. 다양한 부서에 걸쳐 상당한 협력이 요구되는 대형 이벤트는 구매의 범위와 복잡성이 증가함에 따라 공식적인 틀에 대한 필요성이 증가한다(MPI, 2005). 예를 들어, 마케팅부서의 스폰서십계약은 이벤트에 대한 공급자로서 직접적인 경쟁사의 제품 사용을 제한할 수 있으며, 경쟁사의 제품이나 서비스의 구매는 스폰서십 협상을 위태롭게 하거나 스폰서와의 계약위반에 이르기도 한다.

규제적인 주의사항은 민간 이벤트주최자를 포함하여 공공 또는 공익적 주체의 조달관행에 초점을 맞추어야 하는데, 구매결정에 영향을 미치는 금품수수 및 향응행위(예: 선물증정, 편의제공, 무료여행, 술접대 등)를 금지하거나 제한하고 있다. 모든 구매활동이 투명하고 원칙에 입각하도록 윤리적 이슈를 다루는 조달정책을 개발하고 적용하는 것이 바람직하다.

또한 의사결정시스템을 개발하는 것도 중요한데 여기에는 제품이나 서비스 사양의 정확한 설명, 의사결정과정의 적합한 기준 · 규칙 및 제약의 적용, 적합한 심의와 협력의 활성화, 부여된 적정한 권한 및 권한이양 등을 포함한다. 또한 입찰 및 제안검토과정을 규정하고 적절한 협의를 포함하며, 특정 한도 내에서 협상이 용이하도록 계약언어를 표준화해야 한다(MPI, 2005). 의사결정시스템은 적용가능한 결정방식이나 형식을 확인하여야 한다. 예를 들면, 의사결정의 전원합의, 단일의사결정자, 과반수 투표, 채점시스템, 제한기준(예: 일정금액 이상 구매의 경우 3개 업체가 입찰참여) 등이 포함될 수 있다.

대부분의 이벤트조직은 채무 및 채권(예: 구매주문서, 청구서 등)에 대한 추적이나 지불시스템과 같은 특별한 구매업무와 비용을 집행할 수 있는 직원에게만 권한을 부여하는 절차를 설정한다. 명확한 구매정책, 절차나 승인이 없는 지출은 공급업체관리 및 비용효용성을 훼손시킨다.

2) 조달 및 입찰계획

조달 및 입찰계획에서는 우선 계약할 물품과 서비스에 대한 필요성과 범위를 규정하는 것이다. 무엇이 필요한지, 언제 필요한지, 조직 내부 또는 외부 중 어디에서 조달하는 것이 좋은지를 고려해야 한다. 이를 위해 잠재적인 구매의 기능과 비용을 확인하는 가치분석(value analysis)을 수행하는 것이 필요하다. 이는 구매의 필요성이 실제로 유효한지, 기능이 실제 필요한지, 동일한 기능을 수행하는 데 더 낮은 비용의 옵션은 없는지를 포함한다(Monks, 1996). 이벤트관리자는 품질통제를 보증하기 위해 이벤트를 위해 어떤 품목이나 서비스가 중요한지를 알고 있어야 하며 이에 대한 비상계획도 준비하여야 한다.

다음 단계는 계약할 물품과 서비스에 대한 세부설명서를 규정하고, 이에 적합하고 역량이 있으며 자격요건을 갖춘 공급업체를 찾는 것이다. 기본적으로 자격요건을 충족시키면서 풍부한 경험과 능력을 보유한 공급업체 후보군을 찾는 것도 중요하다. 통상 공급업체는 복수의 업체가 참여하여 선정되지만, 입찰업체가 단독으로 참여하는 경우에는 다른 대안을 모색해야 한다. 복수의 업체가 참여할 수 있도록 자격조건이나 역량의 수준을 조정할 수 있는지 검토하고, 단독응찰한 원인을 잘 분석하여야 한다.

이벤트주최자는 잠재적인 공급업체의 데이터베이스(database)를 발전시키고 지속적으로 유지하는 것이 바람직하다. 사전에 공급업체의 역량, 자질, 규정준수에 근거한 평가를 진행하고 미리 설정된 지급결제과정에 동의하며, 조달 및 입찰시스템에 통합한 주요 공급업체의 명단을 만들어 활용하는 것이다. 입찰과 관련하여 명확하고 완전한 입찰문서를 개발하여야 하는데 다양한 목적과 명칭이 사용된다([표 11-6] 참조).

공급업체 선정기준(selection criteria)은 공정한 선정과정을 바탕으로 수립되어야 하며 입찰업체에 명시되어야 한다. 이 기준은 주관적이거나 객관적일 수 있고, 유형적이거나 무형적일 수 있으며, 무엇보다도 수량, 품질, 서비스, 비용, 납품, 필요성의 이해도, 창의적인 접근방식, 신뢰성, 기술적 역량이나 지원, 구매조건을 포함할 수 있다(PMI, 2008).

:: 표 11-6 입찰관련 설명서의 유형

• 입찰공고서	• 용역입찰유의서
• 제안요청서(Request For Proposal: RFP)	• 전자입찰유의서
• 과업지시서 또는 과업이행요청서	• 공급자 행동강령
• 제안금액요청서(Request For Offer: RFO)	• 사전자격심의서(Pre-Qualification: PQ)
• 제안서 평가항목 및 기준	• 입찰초청서(Invitation For Bids: IFB)
• 계약일반조건	• 입찰요청서(Request For Bids: RFB)
• 입찰지침서	• 정보요청서(Request For Information: RFI)
• 시방서 및 특수조건	• 견적요청서(Request For Quote: RFQ)
• 안전계약 특수조건	• 세부설명서 또는 사양설명서

선정기준은 의사결정에 있어 개인적인 영향이나 선호를 제거하거나 최소화하는 정량적 점수로 결과가 산출되도록 평가항목별 중요도를 수치로 배정한다. 이는 다속성 효용이론(Multi-Attribute Utility Theory: MAUT)[04]에 근거한 의사결정 매트릭스기술을 사용하여 수행된다. 또한 비용과 가치 간의 차이와 단순한 상품과 복잡한 서비스 간의 차이가 있다는 것을 기억해 둘 필요가 있다(MPI, 2005).

3) 계약관리

입찰과정을 통해 잠재적인 공급업체가 선정되면 협정가격, 인도물(물품, 서비스, 제작물), 추가요구에 대한 협상이 이루어진 후 계약이 진행된다. 이벤트에 대한 공급업체의 입찰은 자신의 입찰비용 모두를 포함하지만, 이것을 당연한 것으로 수용하지 말고 협상 및 계약과정 동안 확인해야 한다. 예산통제를 원활하게 하고, 계약업체를 이벤트관리 및 운영에 통합시키기 위하여 가능한 조속히 계약을 체결하는 것이 바람직하다.

이들 계약업체는 모두 자신만의 관리규정이나 관행이 있어 착수금(선금) 및 지불조건이 다르며, 납품소요시간과 물류적 요건도 다르다. 이러한 부분은 이벤트의 일정개발, 커뮤니케이션, 예산관리, 변경관리 및 통제에 대하여 중요한 의미를 갖는다. 또한 계약사항에 대한 이행을 보장받기 위해서 이행보증보험증권, 선급금이행

04 의사결정 시, 각 대안에 대해 여러 가지 속성을 고려하는 경우에 적용되는 규범이론

보증증권, 하자이행보증증권 등에 대한 보험가입과 더불어 보험증서 사본을 제출 받아야 한다.

상호 간의 합의로 계약이 체결되면 계약이 종료될 때까지 지속적으로 의무사항이 계약조건과 일치하여 수행되고 있는지 추적되어야 한다. 규정에 따른 장비가 필요한 곳에 보내져야 하고 해당 정책과 환경은 커뮤니케이션되어야 하며, 효과적인 변경통제시스템이 구현되어야만 한다. 변경요청은 공식적이고 서명인증이 필요한 서면을 항상 사용해야 하며, 이러한 변경은 대개 금전, 품질, 잠재적 리스크에 있어 비용이 발생하기 때문에 행사장에서의 변경은 더욱 신중하게 다루어야 한다.

또한 납품된 물품과 서비스가 합의된 사양을 충족시키는지 확인하는 품질통제절차가 개발되고 수행되어야 한다. 수행평가(performance evaluation)는 향후 이벤트에 대한 사업정보를 제공하기 위하여 이벤트의 목표와 공급업체 선정기준을 반영하는 평가기준을 사용하여 실시되어야 한다. 계약완료 및 최종지불은 계약조건, 구매 또는 지불정책과 절차를 준수하여 이행되어야 한다.

사례___ 2013 산청세계전통의약엑스포 대행업체 입찰사건

2013년 산청에서 개최되는 세계전통의약엑스포 '실행계획수립 및 행사대행'업체 선정을 위한 심사를 앞두고 심사위원 명단이 사전유출돼 경상남도가 심사를 미루고 감사에 착수했다.

경상남도 감사실은 "행사대행업체 심사를 앞둔 지난 4월 29일 익명의 진정서가 제출돼 조직위에 확인한 결과 심사위원 명단이 유출된 것으로 확인됐다"고 31일 밝혔다.

제보는 '공정해야 할 입찰이 불공정하게 진행된다는 의혹이 있다. 공무원이 특정 업체와 결탁해 심사위원을 내정한 의혹이 있다'는 내용을 담고 있었다. 여기엔 지방의원과 교수, 연구소장 등 예비 심사위원 13명의 명단도 들어 있었다. 조직위는 심사를 앞두고 32명의 전문가 풀에서 9명의 심사위원을 확정했는데 실제 제보된 13명에는 최종심사위원으로 참여한 사람이 상당수 포함된 것으로 알려졌다.

감사실은 이날 3명의 감사반을 조직위에 투입, 명단유출책임자와 유출과정조사에 들어갔다. 익명의 진정이 접수된 날은 조직위가 대행업체제안서를 낸 8개 업체를 대상으로 우선협상대상자 선정을 위한 심사를 하루 앞둔 날이었다. 조직위는 일단 명단유출이 사실로 드러난 만큼 심사를 내달 20일로 연기했다. 조직위가 이번에 제한경쟁입찰에 붙인 행사대행범위는 개·폐막식과 전시·연출, 각종 이벤트, 홍보, 운영, 임시관 설치 등으로 예정가가 82억 원이다.

수사결과, 심사위원 명단유출사건은 조직위원회 간부와 공무원들의 소행으로 드러났다.

경남경찰청 수사과는 엑스포 행사대행업체 선정을 앞두고 심사위원 명단을 업체에 넘긴 혐의(공무상 비밀누설 등)로 조직위원회 집행위원장 이 모 씨(55세, 계약직 공무원 3급)에 대해 22일 구속영장을 신청했다. 또 기획본부장 박 모 씨(53세) 등 조직위에 파견된 산청군청 4~6급 공무원 3명을 같은 혐의로 불구속 입건했다.

집행위원장 이 씨는 지난 5월 말 산청군 산청읍의 한 식당에서 행사대행업체 선정평가에 참여할 위원들의 명단을 입찰예정업체인 S사와 D사 대표에게 알려 준 혐의를 받고 있다. 이 씨는 기획본부장 박 씨와 짜고 8천만 원 상당의 조직위 출범식 행사를 수의계약이 가능한 2천만 원 이하로 분리해서 발주, 자신이 알고 지내던 C업체와 계약하도록 조직위 직원 2명에게 지시한 혐의도 받고 있다.

기획본부장 박 씨는 지난 2월 조직위 직원 2명에게 집행위원, 자문위원 등 조직위 관계자 530명의 명단이 담긴 자료를 C업체 대표에게 넘기라고 지시한 것으로 드러났다. 박 씨는 5월 중순 무렵 대행업체 J사 상무 1명에게 응찰자가 결정된 '주제관 및 한의학박물관 전시물 제작 · 설치사업'의 평가결과표를 보여 줘 업체별 순위를 누설한 혐의도 받고 있다.

경찰은 C업체 대표 박 모 씨(45세, 여)를 개인정보보호법 위반혐의로 불구속 입건했다.

출처: 연합뉴스, 2015. 5. 31., 2012. 10. 22.

5. 시스템관리

시스템관리(system management)는 이벤트 프로젝트에 필요한 것을 통합하기 위하여 적절한 기술적용 및 장비를 사용하여 다양한 책임의무, 데이터베이스, 지식관리, 지식전달시스템을 수행하고 조정하는 것을 말한다([표 11-7] 참조). 즉, 시스템은 과업을 수행하는 전체 또는 과정을 구성하기 위해 함께 협력하는 상호 연관된 활동이나 부분이다. 단조롭고 반복적인 업무를 자동화하고 방법론을 자세하게 설명하며 절차를 표준화하는 물리적 · 개념적 시스템의 개발과 사용은 일관성을 촉진시키는 장점을 가지고 있으며, 오차와 비용을 감소시킴으로써 조직의 효과성과 효율성에 기여한다(Tricker, 2001).

이벤트조직이 사용하는 체계적이고 기술적인 시스템의 유형, 범위, 복잡성을 확인하고, 가능하면 생산성을 증대시키고 리스크관리목표를 촉진시키는 시스템을 개발해야 한다. 시스템은 체크리스트에서 항목을 체크하는 것처럼 단순할 수도 있고,

복잡한 프로젝트관리 소프트웨어처럼 광범위할 수도 있다. 이는 필요한 기능을 완성하는 질서 있고 종합적인 과정을 제공하는 시스템의 능력이다.

표 11-7 이벤트관리에 사용하는 시스템

• 의사결정시스템	• 운영시스템
• 프로젝트관리시스템	• 재고시스템
• 구매시스템	• 변경통제시스템
• 품질관리시스템	• 예약시스템
• 인력관리시스템	• 일정시스템
• 회계시스템	• 참석자관리시스템
• 커뮤니케이션시스템	• 티켓판매시스템
• 데이터베이스시스템	• 스폰서십관리시스템
• 문서생성 및 경로시스템	• 식음 · 판매 영업권관리시스템

시스템을 이용하는 직원이 시스템에 따라 행동을 하거나 하지 않을 경우 그 영향을 인지하는지 아닌지를 확인해야 한다. 시스템의 실행에 있어 약점은 리스크이며, 시스템 사용에 대한 훈련을 향상시키거나 시스템 자체를 향상시키는 단계가 필요하다(예: 수정, 단순화, 재배치 등). 시스템 통합에서의 약점, 시스템이 다른 시점에 타인이나 타 부서에 의해 고안되거나 구매될 때의 문제는 전체 시스템을 시스템 자체로서 함께 검토함으로써 극복할 수 있다.

시스템과 시스템요소의 연결, 상호작용, 과정을 이해하는 시스템적 사고를 수용하는 조직은 안전, 보안, 지속가능성을 증대시키는 연속적인 개선이 가능하다.

효과적인 리스크관리를 위한 시스템개발에 있어 중요한 부문 중의 하나가 의사결정(decision making)이다. 이는 승인되지 않은 의사결정을 예방하기 위해 조직도를 고안할 때 수립하는 관리위계, 의무, 책임과 밀접하게 관련되어 있다. 의사결정시스템의 목적은 사람이 결정하기 위해 승인을 요청하는 것이 아니라 오히려 이들이 좋은 결정을 하도록 도구를 제공하는 것이다. 이벤트조직은 직원이 책임감을 가지고 이들의 경험과 전문지식이 의사결정에 기여할 수 있기를 원하지만, 직원이 적절한 권한 없이 모든 것을 선택하거나 결정하기를 원하지 않는다. 특히 고위험이거나 위기상황에서의 권한은 엄격한 위계에 따라야 할 것이다. 개인에게 의사결정에 대한 단독책임의 과중한 부담을 주는 것보다 공동의 심사숙고가 바람직하다.

효과적인 의사결정시스템은 내려야 할 결정에 대한 선택과 결과를 나타내는 피드백과 함께 표준화된 연속적인 과정을 갖게 되며, 많은 도구와 기술을 포함한다. 직관력이 무시되어서는 안 되겠지만, 이벤트를 둘러싼 모든 결정과 모든 요소와 함께 구조화된 의사결정시스템을 개발하고 사용하는 것은 이 결정의 범위와 영향이 논리가 정연하다는 것을 보증하고 고객과 관람객에게 그 결정이 타당함을 보여 주는 데 도움이 된다. 또한 이는 이벤트조직이 긴급성과 중요성 사이에 차이점을 파악하여 해당 문제를 다루도록 도움을 줄 수 있다.

정책이나 절차와 같은 개념적 시스템은 편람, 체크리스트 또는 매뉴얼에서 확인된다. 또한 네트워크, 데이터베이스, 웹기술 등 다양한 기술에 의해 지원을 받으며 이를 통해 실행된다. 이러한 기술의 조달, 운영, 유지, 업그레이드는 관리되어야 하며 기술시스템의 보안과 완전한 상태가 유지되어야 한다. 또한 이러한 기술과 관련한 장치, 재료, 기계류, 공급업자, 접근가능성, 호환성, 역량, 신뢰성은 반드시 검증되어야 하며, 내재된 어떠한 위험이라도 분석되고 완화시켜야 한다.

사무실의 장치 고장, 컴퓨터 고장, 네트워크 중단, 웹기반의 도구는 시스템관리를 위태롭게 할 수 있다. 어떤 특정한 기술에 대한 독점적 의존은 관리상 운영을 취약하게 만든다. 시스템 내의 모든 데이터의 중복보관과 백업(back-up)은 필수이며, 장비는 적절하게 유지되어야 한다. 컴퓨터의 사용은 조직과 그 장비가 위험한 상태로 될 수 있는 접근과 행위(예: 인터넷 서핑, 다운로드)를 통제하는 정책에 의해 관리되는 것이 바람직하다. 무선과 네트워크기술은 이벤트조직의 정보를 안전하게 하고 개인정보가 보호되도록 주의 깊게 고려되어야 한다. 또한 이 모두는 물리적 · 행위적 · 절차적 손실을 예방하는 전략이 포함된 보안시스템에 통합되어야 한다.

Chapter 12

마케팅 리스크관리

이벤트에 참가자가 없다면 이벤트는 성공하거나 지속할 수 없기 때문에 모든 유형의 이벤트관리에 있어 마케팅은 매우 중요하다. 이벤트는 무역박람회, 예술전시회, 공예전시회, 지역축제, 문화공연, 퍼레이드, 컨벤션, 스포츠 이벤트 등 다양한 유형에 따라 독특한 시장의 특성을 갖는다. 또한 많은 기업이 마케팅의 일환으로 정례적으로 개최하는 이벤트나 특정 목적의 이벤트에 스폰서십(sponsorship)으로 참여하려는 것은 이벤트에 내재되어 있는 흥미진진하고 체험적인 본질의 이점을 활용하려는 것이다. 마케팅 리스크관리의 목적은 리스크관리자가 알아야 할 마케팅활동과 연관된 취약점을 조사하고, 리스크를 줄이기 위해 마케팅기능을 수행하는 활동과 어떻게 협력하는지 방법을 검토하는 것이다([표 12-1] 참조).

표 12-1 이벤트의 마케팅 리스크

- 통합 마케팅 커뮤니케이션전략의 미흡
- 모호한 목표시장의 설정
- 마케팅믹스의 미흡
- 프로모션믹스의 미흡
- 브랜드관리
- 캠페인 시기 및 미디어믹스의 실패
- 경쟁적 관계(일자, 참가자, 유형 등)
- 비효율적인 광고집행
- 불충분한 프로모션
- 부적합한 스폰서십
- 경쟁적 관계의 스폰서 유치
- 스폰서십 수입의 부족
- 스폰서의 손실
- 미디어 도달범위의 부족이나 초과
- 비효과적인 PR활동
- 매복 마케팅
- 일방적인 이메일 캠페인 전개
- 판매상품허가

일반적으로 마케팅은 '상품과 가치를 생산하고 교환함으로써 개인이나 단체가 그들의 필요와 욕구를 얻는 사회적 관리과정'이라고 정의한다(Kotler et al., 1996). 즉,

마케팅은 목표시장의 필요와 욕구를 알아내고 경쟁자보다 더 효과적인 방법으로 시장이 요구하는 만족을 전달하여 조직의 목표를 달성하는 핵심적인 요소라는 의미이다.

Hall(1997)은 이벤트 마케팅은 '이벤트참가자와 방문자의 접촉을 유지하면서 이들의 필요와 동기를 알아내어 이에 부응하는 상품을 개발하고, 이벤트의 목적과 목표를 표현하는 커뮤니케이션 프로그램을 수립하는 관리기능'이라고 정의하고 있다. 또한 Getz(1997)는 '이벤트 마케팅은 마케팅믹스(marketing mix)를 사용하여 고객가치를 창출함으로써 조직의 목표를 달성하는 과정'으로 정의하며, 이를 실행하는 조직은 '상호 호혜적인 관계가 수립될 수 있는 마케팅 지향성과 경쟁우위를 유지해야 한다'라고 주장한다.

이와 같이 이벤트 마케팅은 상호 관계적이고 역동적이며 연속적인 과정으로서 접근되어야 한다. 즉, 구매자, 판매자, 상품 사이의 관계와 거래가 순서대로 발생하는 연속적인 상호작용과 의사결정과정으로 인식할 수 있다([그림 12-1] 참조). 고객, 고객의 필요와 욕구, 고객의 필요와 욕구를 만족시키는 상품, 그리고 이벤트 조직의 목표를 달성하기 위해서 고객에게 도달하는 방법이 명확하게 정의되지 않

❙ 그림 12-1 ❙ 이벤트 마케팅의 핵심개념

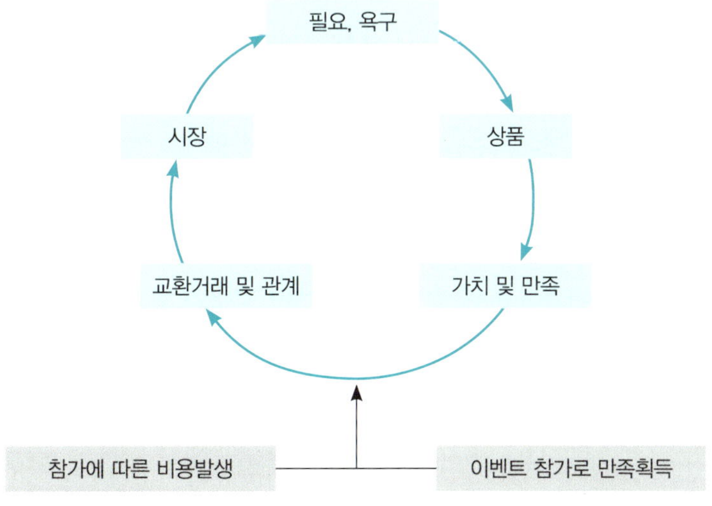

출처: 이경모(2002)를 참고하여 저자 재작성

는 한 리스크는 마케팅의 과정 속에 내재되어 있는 것이다. 이벤트의 실행가능성은 포괄적이고 전체적인 이해에 달려 있으며, 이벤트의 성공과 실패는 주최자와 참가자 양쪽의 목표와 필요를 충족시키는 적절한 도구, 기술, 전술을 사용하는 데 달려 있을 것이다.

게다가 하나의 경험으로서의 이벤트의 본질은 사실상 무형상품과 연관된 구매자와 판매자의 관계를 철저하게 이해하는 것이 필요하다. 이벤트의 참가자로서 구매자는 상품(예: 경험)의 일부가 되고 상품의 가치를 더하게 된다. 이 상품은 상호 커뮤니케이션이 적시에 적절한 방법으로 유발될 수 있도록 고객과 이벤트제작자의 태도, 인식, 의사결정과정을 정의하고 분석하는 데 더 많은 자극을 더한다(Masterman and Wood, 2006).

1. 마케팅계획

마케팅계획은 이벤트를 위한 마케팅에 사용할 전반적인 전략과 전술을 말하며, 이는 목표대상의 정의 및 획득과 유지, 내·외부 메시지와 미디어, 이벤트의 목표를 달성하기 위한 우호적인 관람객이나 참가자 관계유지를 포함한다. 마케팅의 과정 체계는 시장조사, 전략개발, 캠페인계획, 커뮤니케이션활동, 모니터링, 평가 및 피드백으로 구성된다. 이와 같이 마케팅계획은 이벤트의 목표를 달성하기 위한 통합적 과정의 시스템이며, 리스크관리자의 입장에서 마케팅계획은 리스크평가과정의 중요한 도구가 된다. 마케팅계획에서 리스크를 감소시킬 수 있는 몇 가지 방안은 다음과 같다.

- 목적과 목표를 평가하는 데 신중하고 충분한 검토가 필요하다. 목적이나 목표 속에 또 다른 목적이나 목표가 있을 수 있다.
- 이벤트계획의 과정 전반을 검토하고 이에 맞춰 마케팅계획을 조정해야 한다.
- 참가자 관점에서 커뮤니케이션에 대한 이해와 설득이 되는지 검토하여야 한다. 커뮤니케이션은 이해와 관련이 있으며, 주최자가 무엇을 말하는지 추정하

는 것이 아니다.

- 관여된 이해관계자의 모든 목록을 수집하고, 이들의 욕구를 만족시킬 수 있도록 주의 깊게 살펴보아야 한다.
- 이벤트 마케팅과 스폰서 마케팅의 시기와 메시지와 관련해서 일치할 수 있는 스폰서의 일치성을 찾아야 한다.
- 마케팅계획을 재검토하고, 다시 계획하고 체크하며, 제작하고 피드백을 받고 반영하여야 한다.
- 본인의 육감, 본능, 직관만을 믿지 않아야 하며, 타인의 것도 신뢰하지 말아야 한다. 정확한 방법을 찾는 것은 중요한 이슈를 확인하는 조사와 검증이다.

이벤트는 마케팅 측면에서 볼 때 이벤트참가자에 대해 서비스라는 무형의 상품을 제공하는 산업이며, 이러한 이벤트의 특성에 따라 이벤트 마케팅활동을 수행하는 데 있어 몇 가지를 유의하여야 한다. 이벤트는 참가자에게 즐거움, 정보제공 등의 서비스를 제공하지만 유형의 물질은 제공하지 않기 때문에 무형성의 특성을 갖는다. 또한 이벤트는 일시적으로 개최하는 소멸성을 갖고 있다. 이벤트와 이벤트에 관여된 이해관계자가 동일시되는 불가분성의 특성과 서비스상품으로서 참가자 누구에게도 소유될 수 없는 소유 불명확성이라는 특성을 지닌다.

마케팅계획의 수립은 상황분석, 목표시장의 정의, 메시지 및 브랜딩개발, 마케팅 미디어 선정, 통합 마케팅 커뮤니케이션으로 구성된다. 상황분석은 시상의 환경적 · 경쟁적 · 기회적 측면을 유심히 살핀다는 점에서 실행가능성을 결정하는 시작점이며, 수행되어야 하는 이벤트 프로젝트를 평가하는 것이다.

1) 목표시장 및 세분화

목표시장(target market)은 상황분석과 함께 밀접하게 연관된다. 목표시장은 내부 및 외부시장의 범위를 확인하고, 그 시장의 범위를 구체적으로 세분화한다. 세분화된 시장의 특성을 분석하고 목표시장의 욕구, 필요, 기대를 정의하며, 효과적인 고객관계전략과 전술을 결정하여야 한다. 이벤트의 목표시장은 일반상품의 마케팅과 달라서 다양한 이해관계자들이 관련되어 있다. 모든 마케팅활동은 그 대상이 누구인지에 따라 달라질 수 있는데 재무적인 측면에서 스폰서, 기업이 대상이 되고 행정적인 측면에서 중앙정부, 지방자치단체, 정치인 등이 대상이 된다. 또한 참가자, 방문객, 스태프, 업무파트너(식음시설, 휘장사업자 등)는 운영적인 측면에서, 언론 및 방송미디어는 홍보적인 측면에서 매우 중요하다.

이벤트에 참여하는 수요시장은 인구통계적 · 지리적 · 심리적으로 서로 이질적인 성격을 지닌 사람으로 구성되어 있다. 이들 중 서로 유사한 유형이나 특성을 지닌 사람들을 하나의 집단으로 구분하는 과정을 시장세분화(market segmentation)라고 한다. 시장세분화는 목표시장을 확인하고 이 시장에 대해 우선순위를 정하는 데 도움을 준다. 또한 목표시장의 필요와 욕구를 충족시킬 수 있는 적합한 이벤트 프로그램을 개발할 수 있으며, 세분화된 각각의 시장에 대해 효과적인 마케팅을 할 수 있도록 메시지와 미디어의 선택을 가능하게 한다. 시장세분화는 다양한 변수를 사용하여 목표시장의 프로필을 만들며, 시장정보는 새로운 시장의 창출기회는 물론 시장, 제품, 프로모션전략의 약점을 나타내 주기도 한다([표 12-2] 참조). 또한 이 변수와 관련된 특성은 리스크평가활동을 수행할 때 참가자의 기대와 예상 행동을 확인하는 데 도움이 될 수 있다. 예를 들면, 지리적 인구밀도(예: 도시, 교외, 지방)는 도시에서 개최하는 컨퍼런스에 참석하는 지방참가자에 대해 여행과 안전대책에 대한 준비를 위한 커뮤니케이션이 필요할 것이라는 사실을 알려 준다.

이러한 시장세분화과정을 통해 이벤트의 참여확률이 높은 집단을 찾아내고, 잠재적 세분시장의 수요를 추정하며, 세분시장의 지속가능성과 규모를 인식하여 목표시장에 대한 비용효율성을 검토하여야 한다. 시장세분화는 일정한 특성을 지닌 세분시장 중 가장 매력도가 높은 세분시장을 목표시장으로 선택하고, 적은 비용으로 최대효과를 얻는 데 있어 반드시 필요한 과정이다. 리스크관리자는 잠재고객에 대하여 마케팅관리자와 같이 알아야 할 필요가 있다.

표 12-2 시장세분화변수

인구통계학적 변수	지리학적 변수	심리학적 변수	행동적 변수
• 연령 • 성별 • 혼인 여부 • 가족규모 • 가족생활주기 • 교육수준 • 소득수준 • 직업 • 종교 • 국적	• 지역 • 도시규모 • 인구밀도 • 기후 · 계절 • 국가 • 우편번호	• 사회계층 • 생활양식(lifestyle) • 성격 • 가치관 • 태도 • 신념	• 혜택추구 • 구매행동 • 충성도 • 과거구매 • 계절성 • 사용률 · 패턴

출처: Kotler et al(1996)

2) 메시지와 미디어

효과적인 메시지(message)는 참가자를 위해 이벤트가 제공할 수 있는 독특한 가치제안을 규정함으로써 개발할 수 있다. 각 목표시장에 어떤 메시지가 커뮤니케이션이 될 필요가 있는지 결정하고, 차별적이고 강력한 언어 및 시각적 이미지를 사용하여 브랜드 아이덴티티(brand identity)를 창출하며, 일관성 있는 메시지와 브랜딩을 통해서 고객의 마음속에 자리매김(positioning)을 해야 한다.

지속적이며 반복해서 개최되는 이벤트의 경우 이벤트 브랜드와 이미지관리는 매우 중요하다. 정기적인 이벤트는 브랜드 이미지와 명성을 형성하게 되며 브랜드의 자산을 구축하기 위해서 보호되어야 한다. 이는 로고(logo), 행사 타이틀(title)의 등록상표부터 행사장계약까지 포함한다. 배타적인 행사장계약은 직접적인 경쟁 이벤트 또는 상충되는 유사 이벤트의 개최를 제약하는 것이다. 또한 처음 개최하는 이벤트나 또는 일회성 이벤트에서도 브랜드 이미지관리를 신중히 고려하여야 한다. 이벤트의 성공가능성을 증대시키기 위해서는 브랜딩전략과 전술을 수립할 필요가 있다.

마케팅 메시지를 전달하기 위하여 미디어를 선택하는 경우, 사용가능한 다양한 미디어와 미디어의 상대적인 강점과 약점에 대한 이해가 필요하다. 일반적으로 커뮤니케이션과 관련하여 마케팅담당자가 메시지를 전달하는 데 사용가능한 미디어와 도구는 무수히 많다.

- 방송미디어: TV, 라디오, 케이블TV, 위성방송
- 인쇄미디어: 신문, 잡지, 포스터, 브로슈어, 포스터, DM(Direct Mail)
- 디지털미디어: 인터넷 웹사이트, 이메일, 블로그, SNS(페이스북, 트위터, 카톡 등)
- OOH(Out Of Home)미디어: 전광판, 옥외, 야립, 교통(버스, 지하철, 택시), 정거장 셸터(shelter)

미디어의 선택은 목표시장의 선호도, 침투력, 시장수명주기에 따라 이루어진다. 예를 들면, 젊은 계층은 디지털매체를 선호하나 노년 계층은 방송과 인쇄미디어를 선호할 것이다. 고밀도의 도시지역에 있는 현지시장을 목표로 하는 축제나 레저 이벤트는 옥외와 교통미디어를 선택할 수 있다. 특정 산업의 컨벤션은 일반적으로 브로슈어, 이메일, 직접우편(direct mail)을 활용할 것이다.

3) 통합 마케팅 커뮤니케이션

마케팅 목표를 달성하기 위하여 개발된 통합 마케팅 커뮤니케이션(Integrated Marketing Communication: IMC)전략은 광범위하게 사용되고 있다. 이는 목표시장의 특성에 일치하는 마케팅활동을 선택하고, 각 활동의 강점을 기반으로 목표를 강화시키는 마케팅믹스를 개발한다. 또한 소비자의 구매행동과정(AIDMA)인 인지(Awareness), 관심(Interest), 욕구(Desire), 기억(Memory), 행동(Action)의 각 단계에 해당하는 마케팅활동의 일정을 수립하며, 일관성과 적시성(Timeliness)을 위하여 모든 마케팅활동을 통합하는 것이다. 일반적인 이벤트에 대한 마케팅도구는 [표 12-3]에 있으며, 마케팅담당자는 기회를 확인하기 위해 검토하여야 하고, 이벤트 리스크관리자는 취약점을 찾아내기 위해 검토가 필요하다.

표 12-3 이벤트의 마케팅도구

광고	디지털	홍보제작물	판매촉진
• 방송매체 • 인쇄매체 • 디지털매체 • OOH매체 • 직접우편(DM)	• 블로그 · 카페 • 이메일 • 웹사이트 • SNS • 스마트폰 앱	• 뉴스레터 • 안내책자 • 브로슈어 • 리플릿 • 홍보영상	• 콘테스트 • 홍보성 이벤트 • 판촉물 • 경품
직접판매	**환대 이벤트**	**PR**	**전략적 제휴**
• 상품판매 • 텔레마케팅 • 티켓판매 • 전시회 참가	• 팸투어 • 로열티 프로그램 • 네트워킹 • 리셉션	• 프레스 키트(press kit) • 보도자료 • 미디어 컨퍼런스 • 미디어 팸투어 • TV 게스트 출연	• 크로스 프로모션 • 기부 및 후원 • 보조금 • 스폰서십

2. 촉진

이벤트의 촉진(promotion)은 이벤트 참여를 유도할 목적으로 해당 이벤트에 대하여 실제참가자 및 잠재참가자를 대상으로 정보를 제공하거나 관심 및 수요를 만들어 내기 위한 마케팅 노력이다. 촉진은 인적판매, 광고, PR, 판매촉진으로 구성되며 이들의 역할은 이벤트의 인지도 제고, 호의적인 이미지 형성, 이벤트관련 정보제공, 이벤트의 수요창출 등이다. 광고 및 PR은 이벤트 초기 단계에 상대적으로 효과가 높으며, 인적판매와 판매촉진은 이벤트 개최 직전에 상대적으로 높은 효과를 나타낸다.

촉진은 목표대상에게 메시지를 전달하고 구매행동에 영향을 미치기 위하여 다양한 미디어 및 도구를 사용한다. 모든 촉진활동을 완전히 통합시키고, PR활동은 물론 대체미디어와 함께 일관성 있는 메시지와 브랜딩으로 모든 활동을 강화시키는 것이 중요하다. 촉진에 사용하는 미디어 및 도구는 각각의 특성에 따라 다루어야 할 리스크를 지니고 있다.

1) 광고

광고(advertising)는 이벤트의 정보를 제공하거나 설득하기 위해서 다양한 미디어의 시간 또는 공간을 유료로 구매하여 이를 통해 이벤트 메시지를 전달하는 것이다. 활용이 가능한 매스컴과 방법의 강점 및 약점을 평가하고, 마케팅의 목표 및 목표시장에 따라 적합한 매스컴을 활용해야 한다. 예산에 맞는 가장 효율적인 미디어계획을 수립하고 이에 따라 미디어를 배분 · 구매 · 집행하며 그 결과에 대하여 평가하여야 한다.

광고의 목적은 정보를 제공하여 이벤트의 인지도를 높이고 이벤트에 대한 관심과 흥미를 유발하여 이벤트에 대한 브랜드 상기는 물론 참여를 유도하는 것이다. 각 미디어는 서로 다른 능력과 장 · 단점을 갖는다. 다음의 주의사항은 이벤트 마케팅담당자와 리스크관리자가 고려할 사항이다.

- 대중매체: 보통 4대 매체(TV, 라디오, 신문, 잡지)를 말하며, 목표시장의 선택과 제한이 어려우며, 모든 사람이 이벤트에 대해서 인지할 수 있다.
- 출판홍보물: 출판물의 특성으로 메시지의 내용을 변경하는 데 많은 시간이 소요된다. 직접우편은 정크메일(junk mail)[01]이 될 수 있으며, 포스터 · 전단지 · 리플릿 · 브로슈어의 배포 및 게재는 규제를 적용받거나 자칫 쓰레기가 될 수 있다. 초청장은 정보가 누락되거나, 이름이나 직함이 잘못 기입되면 불쾌감을 유발한다.
- OOH미디어: 목표대상의 선택성이 부족하며, 외부설치로 인한 잠재적인 손상(메시지 및 이미지의 변형)의 우려가 있다.
- 디지털미디어: 이메일 관련규정은 수신자의 허락이 필요하다. 전자상거래는 거래보안이 필요하며, 온라인의 논의나 비판은 명예훼손의 책임을 적용받을 수 있다. 목표대상의 접속선택은 통제하기 어렵다.
- 텔레마케팅: 수신자의 허락이 필요하므로 자주 거슬리거나 귀찮게 생각한다.
- 변경가능성: 출연자나 볼거리를 보증하지 못하는 것으로 보통 '변경가능'이라고 표현한다. 여기에는 적절한 갱신, 환불, 대체일(예: 우천 시)을 제공하는 별

01 원치 않는데 일방적으로 보내는 광고물

도방안을 준비하여야 한다.

광고 캠페인은 비용의 효율성을 고려하고 메시지가 적시에 목표대상에게 도달되도록 계획되어야 한다. 적절한 효과지표(예: 시청률, 청취율, 구독률, 열독률 등)보다 개인선호도에 따라 미디어를 선택하는 것은 고비용 · 비효율적이다. 미디어시간이나 공간의 구매비용과 시청자 · 구독자에 대한 특성을 확인하여 광고예산과 미디어 집행계획을 수립하여야 한다. 또한 광고 메시지는 이벤트 진행 단계에 따라 인지적 · 정서적 · 행동적 커뮤니케이션전략을 활용하여야 한다.

2) 판매촉진활동

홍보성 이벤트(promotional event)는 해당 이벤트의 인지와 관심을 증대시키기 위해 수행하는 특별한 행사나 활동이다. 이러한 활동은 출범식, D-day 행사(예: D-365일, D-100일), 자원봉사자 발대식, 홍보대사 임명식, 세미나, 포럼, 지역순회 홍보활동, 계기성 행사(예: 동일한 목표대상으로 개최하는 타 이벤트에 참가하여 홍보활동 전개) 등 다양한 형태로 나타난다.

판매촉진(sales promotion)은 잠재고객의 행동을 자극함으로써 티켓판매와 참가자 수를 증가시키려고 수행하는 다양한 활동이다. 이러한 활동은 콘테스트를 통한 티켓제공, 조기구매 및 다량구매에 따른 할인제공, 증정품에 이르기까지 사실상 무제한적이다. 시행되는 각 활동에 대해서는 명확하고 측정가능한 목표가 반드시 설정되어야 하고, 고유의 리스크평가를 포함한 신중한 기획이 필요하다.

콘테스트, 할인쿠폰, 구매증명 또는 기부할인, 빈도 또는 수량할인과 같은 기능성 판촉활동은 특정 시간대의 구매를 증가시키거나 새롭거나 부진한 목표시장에 침투하기 위해 종종 사용한다. 경품은 특별한 주의가 요구되는데 이는 게임적인 성격과 부당하게 경쟁자의 고객을 유인하는 불공정거래행위의 유형으로 볼 수 있기 때문이다. 이런 활동의 수행은 적법성과 적절성에 대하여 활동이 착수되기 전에 반드시 확인하고 부정적인 반응이 나타나지 않도록 신중히 수행되어야 한다. 정부는 '경품류 제공에 관한 불공정거래행위의 유형 및 기준'을 지정고시하고 있다([표

12-4] 참조).

표 12-4 경품류 제공에 관한 불공정거래행위의 유형 및 기준

경품의 종류	소비자 현상경품류(사업자가 상품이나 용역의 거래에 부수하여 현상의 방법으로 소비자에게 제공하는 경품류)
부당한 제공행위	• 경품가액의 합계액이 경품부상품 또는 용역의 예상 매출액의 3%를 초과하는 경우(단, 경품가액의 합계액이 3천만 원 이하인 경우는 제외) • 현상경품류의 가액이 2천만 원을 초과하는 경품을 제공하는 경우
불공정행위	• 경품행사의 구체적인 내용이 포함되지 않은 표시 및 광고행위 - 경품제공 행사기간 - 경품제공조건 및 경품의 내용
예외사항	개업행사, 신상품 발매행사 시에 제공하는 현상경품류는 3개월간 규정을 적용하지 않음.

쿠폰, 구매증명제도, 할인시스템은 거래절차가 이들을 수용할 수 있도록 충분히 통합된 기반시설을 필요로 한다. 예를 들면, 자원재활용을 위해 알루미늄캔 모으기에 참여하면 할인을 해준다고 하자. 이때 수집된 캔을 처리할 충분한 저장공간과 운송수단이 필요하다. 또한 통제된 쿠폰, 구매증명제도에 대하여 위조를 예방하는 방법이 고려되어야 한다.

상호 촉진활동(cross promotion)은 두 가지 다른 상품이나 두 회사가 서로 제휴하여 공동으로 판매촉진을 하는 형태이다. 이를 통해 창출하는 시너지는 상당한 비용절감과 이미지를 강화하는 혜택이 있으나, 제휴는 긍정적이든 부정적이든 각 파트너가 수행하는 활동이 다른 파트너에게 영향을 미친다는 것이다. 이벤트조직은 자신의 파트너를 존중함은 물론 자신의 이미지나 메시지의 진실성을 보호해야 한다. 또한 이것은 이벤트주최자가 자신의 이벤트와 함께 타인이 수행하는 즉석 또는 부수적인 활동을 통제하는 조치를 취해야만 하는 이유이다.

3) 마케팅자료

다양한 마케팅자료(marketing materials)는 홍보성 행사 및 촉진활동을 지원하기 위해 필요하다. 이들은 점포 안에서 시범설명(in-store demonstration)이나 무역박람회의 참가를 위한 전시부터 회의대표단 및 축제참가자를 위한 프로그램 책자, 테마파티나 상품출시를 위한 인쇄된 자료에 이르기까지 다양하다. 내용은 내·외부 이해관계자나 전시참가로부터 수집하여야 하고 로고 사용, 브랜드 또는 주제 이미지는 반드시 모니터가 되어야 한다. 적절한 언어, 형식, 조직, 포맷 등은 주제, 목표대상, 이벤트 단계별 시기에 따라서 사용되어야 한다.

수많은 기회와 취약점은 리스크관리의 관점에서 발생한다. 기회는 축제 및 회의 등록자료를 위한 마케팅 브로슈어에 보건과 안전에 대한 정보를 제공하거나, 대표단 자격증명이나 배포용 현장지도에 비상연락망을 포함하거나, 연회의 메뉴카드에 주요 성분을 나타내거나, 리셉션에서 테이블 텐트(table tent)에 알코올에 대한 경고 메시지를 표기하는 것이다.

모든 특별한 조건과 특정한 제약은 가능할 때마다 광고와 홍보자료를 통해 명확하게 참가자에게 커뮤니케이션되어야 한다. 취약점은 다른 것들 가운데서도 부정확하고 완성되지 않거나 구식 스타일의 내용, 부적정한 로고의 사용(예: 색깔, 위치, 미승인 사용), 위조쿠폰이나 자격증, 지식재산권의 침해, 일관성의 결여(예: 혼합된 메시지)를 포함한다.

3. PR

PR(Public Relations)은 이벤트 프로젝트와 이벤트조직이 인지도, 신뢰도, 호의도를 강화시키려는 노력의 일환으로 다양한 공중과의 관계를 설정하는 커뮤니케이션을 사용하여 퍼블리시티(publicity)의 혜택을 얻으려고 사용하는 마케팅도구다(Kotler et al., 1996). 이는 이벤트 프로젝트와 기업, 특히 위기나 논란이 벌어지는 때를 둘러싼 인상, 이미지, 이슈를 강화하거나 통제하기 위해 준비하는 것은 물론 미디어와 함께 이익관계의 구축과 유지를 포함한다.

광고와 달리 PR활동을 통해 만들어지는 매체보도는 무료이며, 이는 객관적이고 편견이 아닌 것으로 메시지 수신자가 인지하게 된다. 그리고 목표대상의 태도에 직접적인 영향을 미칠 수 있는 정보를 제공하는 데 있어 기회를 갖는다. 마케팅 메시지의 수신자는 메시지에 대한 신뢰도를 낮게 보기 때문에 추천, 통계, 조사결과 및 다른 증명을 제공하여 가능한 신뢰도를 높여야 한다. 한편 메시지 수신자는 소비자 리포트, 리뷰, 전문가 추천, 게재기사와 같은 무료 뉴스기사를 더욱 신뢰하고 있다. 이와 같은 모든 것은 PR활동을 통해 달성된다.

1) PR전략

PR전략의 개발은 다양한 대내 · 외 공중의 범위와 특성을 확인하고, PR활동을 위한 필요성과 목적을 정의하며, 공중과 소통할 수 있는 믿을 만한 메시지를 만들어 내는 것이다. 또한 이들 공중에게 효과적이고 효율적인 접근을 가능하게 하는 미디어와 방법을 발견하는 데 관여한다. PR활동은 소비자 목표대상은 물론 모든 내 · 외부 이해관계자 및 구성원을 고려하여야 한다. 이는 사전적이고 대응적인 맥락, 정치적이고 촉진적인 관점, 그리고 위기관리 관점에서 분명히 검토되어야 한다.

PR전략에서 활용할 수 있는 전술과 방법은 수없이 많이 있다([표 12-5] 참조). 기업이나 이벤트주최기관에서는 이런 PR활동을 일반적으로 마케팅, 홍보, 커뮤니케이션부서를 통해 준비하며, PR전문가, 미디어전문가, 커뮤니케이션전문가와 같

표 12-5 일반적인 PR활동

• 퍼블리시티	• 뉴스레터(디지털, 인쇄)
• 언론 · 방송보도	• 공식발표
• 보도자료제공	• 공식홍보대사 또는 마스코트
• 프레스 키트(press kit)	• 공익광고
• 영상보도자료(Video News Release: VNR)	• 공공서비스활동
• 청각보도자료(Audio News Release: ANR)	• 지역사회단체의 지지
• 미디어 컨퍼런스	• 자선단체 제휴
• 프레스 팸투어	• 학교 프로그램 및 활동
• 환대 이벤트	• 시사회
• 인터뷰	• 특별출연
• 설명회	• 연설 및 프레젠테이션

은 전문인력을 통해 수행된다. 리스크관리자는 PR담당부서나 책임자와 함께 협력하여 수행하는 활동이 이벤트의 리스크평가에 포함된다는 것을 확실히 인지시켜야 하며, 이들이 적극적으로 리스크관리환경에 참여할 준비가 되어 있는지 확인하여야 한다.

PR전략은 개최하는 이벤트에 대하여 연간활동으로 검토되어야 하며, 일회성 이벤트에 대한 PR활동은 행사 후는 물론 행사 전, 행사 중에도 고려되어야 한다. 평가목적 및 차기전략개발을 위하여 모든 PR자료의 사본과 보도자료를 수집하고 보존하는 기록절차를 수립하는 것이 필요하다. 프레스 키트(press kit) 및 기타 근거자료는 현재의 PR노력을 강화하고, 위기나 긴급상황에 대응할 때 특별히 도움이 될 수 있도록 개발되어야 한다. 고려하여야 할 PR자료는 [표 12-6]에 나타나 있다.

표 12-6 PR관련자료

• 보도자료	• 핵심참가자 프로필
• 현장도면과 도표	• 참가자 명단
• 빈번한 질문(Frequently Asked Question: FAQ)	• 스폰서 명단
	• 스폰서 프로필
• 연설자료 및 발행된 기사의 사본	• 자선 및 전문단체 제휴
• 사실보고서(fact sheet)	• 관련이슈에 대한 정책강령
• 인쇄제작물(뉴스레터, 브로슈어, 전단지)	• 안전기록과 계획
• 조직의 연혁과 구조	• 일정표
• 해당 이벤트의 역사	• 통계자료
• 미디어 승인 및 접근지침	• 사진(디지털, 컬러, 흑백)
• 담당자 이름과 전화번호	• 영상테이프, 음성테이프, DVD, CD
• 주요 임원진의 이름과 프로필	

2) PR관리

PR활동은 일반적인 홍보나 언론보도는 물론 이미지, 이슈, 위기관리목표에 초점을 맞춰야 한다. 이러한 맥락에서 구성원 또는 이해관계자관리의 측면에서 이벤트의 목표나 제작에 영향을 미칠 수 있는 이슈나 동향을 알아내기 위해서 정부, 지역사회, 대민업무 프로그램을 전개하는 것이 중요하다. PR담당자는 지역사회, 소비자, 고용인, 공익단체의 태도와 관심사를 이해하고, 이들은 물론 인쇄 및 방송미디어의 기자들과 협력적인 관계를 설정하고 이를 유지하여야 한다.

이미지관리(image management)는 긍정적인 여론형성을 위하여 영향력 있는 교육 및 정보활동의 수립을 통해서 이벤트 프로젝트나 이벤트조직에 대하여 인지도와 호의도를 창출하는 것이다. 마찬가지로 이미지관리는 오보, 불일치, 악의에 기인한 악화로부터 이벤트와 이벤트조직의 이미지 보호를 추구한다. 이 보호기능은 이슈관리(issue management)와 밀접하게 연관되어 있으며, 외부정보원에 의해 발생되는 활동과 미디어보도에 대한 면밀한 관심이 필요하다. 이해관계자관리에서 논의된 바와 같이, 이벤트조직과 연합하거나 또는 반대하는 공중 사이의 상호작용과 협상에 대한 방안을 발견하고 구축하여야 한다.

이슈(issue)는 조직과 공중 사이에 발생한 의견의 갈등이나 격차(gap)를 말하며, 일반적으로 내적인 경영이나 운영의 변화는 물론 외적인 정치, 법, 경제, 사회, 기술적 변화에 기인한다. 이슈는 인지되지 않는 잠재적 이슈에서 떠오르는 이슈로, 그리고 위기상황으로 전환될 수 있다. 그러므로 적시에 개입하기 위해서 이슈의 잠재적 영향을 분석하고 밀접하게 감시하여야 한다. 초기 단계는 이슈에 대하여 외부인지의 증가가 발생할 때이며, 조기탐지는 PR활동을 통한 대응에 영향을 미칠 수 있는 조직의 능력을 증대시킨다. 위기성 이슈를 식별할 수 있는 경고신호는 공중의 저항, 공식적인 보건과 안전경고, 끊임없는 고객불평, 느슨한 법적 준수의 수준, 고용인으로부터의 간청을 포함한다(Harvard Business Essentials, 2004). 리스크관리자와 PR책임자는 선제적인 태도로 상황을 예측하고, 상태를 추적하며, 대응을 촉발하는 이슈기록을 유지하여야 한다.

이슈가 위기 단계에 도달하면 공격적인 PR접근방법이 필요하다. 위기관리(crisis management)는 조직에 위기를 야기할 수 있는 사건이나 사고가 발생했을 때, 그 피해를 최소화하고 조직의 이미지 손상을 방어하는 상황전개와 조직에 이익을 주는 모든 대상에게 총체적으로 행하는 커뮤니케이션관리의 과정이다. 위기를 극복하기 위한 커뮤니케이션전략으로는 일관되고 신속한 커뮤니케이션으로 조직에 대한 신뢰감을 심어 주고 공중이 공감할 수 있어야 한다. 이러한 위기관리 커뮤니케이션의 원칙은 다음과 같다(박성호, 2008).

- 신속성의 원칙: 최대한 빨리 대응한다. 일반적으로 위기발생 직후 조직의 대변인이 언론에 첫 성명서를 제공할 때까지 3시간을 넘지 말아야 한다.
- 일관성의 원칙: 한목소리로 말한다. 조직구성원들 모두가 일관된 목소리를 낼 수 있도록 가상의 훈련을 하는 것도 위기관리 대비책이다.
- 개방성의 원칙: 열린 커뮤니케이션체제를 운영한다. 기자실을 만들어 개방하고 언론의 정보욕구에 대비해 보도자료를 만들어 배포하거나 기자회견을 통해 정보욕구를 충족시킨다.
- 공감의 원칙: 사건, 사고에 대한 책임 있는 행동과 공중들의 공감을 불러일으키는 대응책을 마련한다. 희생자에 대한 동정심과 유감을 적극 표현한다. 조직의 책임 유무에 상관없이 최초 성명서에서 희생자에 대한 진솔하고 적극적인 관심을 표명한다.
- 신뢰성의 원칙: 조직의 최고책임자를 개입시킨다. 위기극복을 위한 최고책임자의 설명과 노력은 공중의 신뢰도를 형성하는 데 기여한다.

리스크관리자는 사건이나 논란을 내부적으로 즉시 확인하는 방법이 있고, PR대응활동에 비상대응기관과 커뮤니케이션을 위한 규약이 효과적으로 준비되어 있으며, 이벤트조직을 대표하는 대변인이 지정되어 잘 훈련되어 있다는 것을 확인하여야 한다. 또한 정보는 추측이나 와전을 방지하기 위해 신속하게 커뮤니케이션되어야 한다.

PR담당자는 언론 및 방송보도를 통한 목표를 달성하기 위하여 미디어 기자 및 담당자와 상호 호혜적인 관계를 구축하여야 한다. 미디어와의 우호적인 관계는 특히 위기, 논쟁, 비상 시 적절하게 표현된 보도를 하는 데 매우 중요하다. 이러한 관계는 개별 미디어담당자(예: 기자, 편집자, 리포터)의 연락정보와 각 매스컴에 대한 미디어목록의 개발과 함께 시작된다. 이 관계는 시기적절하게 뉴스거리가 되는 미디어 보도요청을 준비하고, 미디어의 요구와 규약을 존중하며, 미디어에 적절한 접근과 편의시설을 제공하고, 항상 정확하고 신뢰성 있는 정보를 제공함으로써 만들어진다. 하지만 비상상황, 논쟁이나 위기가 발생한다면 미디어는 이벤트에 대해 공세적인 성향을 띤다. 위기는 미디어의 강력한 관심을 끌어들이고, 미디어는 사건

발생과 그 여파에 대한 정보수집과 기사화에 적극적인 태도를 보일 것이다.

3) 공식대변인

이벤트조직의 차원에서 대외적으로 공식적인 입장을 표명하고, 방송출연이나 기자회견에서 명목적인 대표성과 권위를 부여하기 위해 공식대변인(official spokesman)을 지정하고 훈련시키는 것은 리스크관리계획의 주요 구성요소다. 공식대변인의 선정 및 활용은 이벤트조직이나 이벤트 자체에 대하여 대외적인 커뮤니케이션의 창구를 일원화시킴으로써 정보의 통일성과 신뢰성을 담보할 수 있다.

대변인은 강인한 성격을 지녀야 하고 신뢰성을 강화하기 위해 조직의 상위계층에서 나와야 한다. 또한 관련된 모든 주요 기관과 당국에 대한 공식대변인을 지정하고, 미디어 및 관련기관에 대응할 때 준수해야 할 규약을 지정하는 것이 바람직하다(Glaesser, 2006). 또한 대변인을 훈련시키는 것은 필수적이다. 대변인은 이벤트조직을 대표해서 정확한 정보와 적절한 메시지를 전문가답게 전달해야 되기 때문이다. 위기상황에서 기자들은 빠르고 공세적인 태도로 어렵고 논쟁적인 질문을 큰 소리로 말할 것이다. 이는 매우 위협적이기 때문에 냉정과 침착한 태도가 필요하다. 즉, 많은 연습이 요구되는 기술이다. 다음의 핵심내용은 대변인의 태도에 참고가 된다(Haddow and Bullock, 2003).

- 핵심메시지의 내용을 강화시키기 위해 정보를 반복한다.
- 부정확한 내용을 바로잡아라. 그렇지 않으면 사실로 수용하게 된다.
- 이야기와 함께 통계자료를 사용하거나, 이야기에 생명력을 불어넣는 사례조사를 활용하는 것처럼 짝을 지어라.
- 남의 일에 관여하지 말아야 한다. 다른 비상대응기관이 그들의 문제에 대답할 것이다.
- 항상 정직하라. 만일 질문에 대한 답을 모른다면, 모른다고 말하고 답을 찾아 알려 주거나 또는 누가 알고 있는지 기자에게 언급해야 한다.

위기나 비상상황이 발생하는 동안 이벤트조직 내에서 누가 언급하든 모든 것은 공개된다고 이해해야 한다. 이는 미디어가 보도하는 데 인용되거나 참고가 될 수 있다. 따라서 모든 미디어 및 다른 질의는 지정된 대변인이나 관계자에게 문의하여야 하며, 왜 반드시 이렇게 해야 하는지 모든 직원에게 설명해야 한다. 위기상황에서 모든 정보는 사실(fact)에 근거해야 하며, 모든 사실을 알지 못할 수 있으므로 추측과 소문은 자주 오보로 이어진다. 조직 내부의 이해관계자와 직원은 추측과 소문을 방지하기 위하여 가능한 빨리 사실에 대하여 커뮤니케이션이 이루어지고 알려져야 한다.

4. 판매활동

모든 마케팅활동은 결과적으로 입장권이나 등록패키지, 스폰서십, 기념품 등의 판매거래를 위한 것이다. 판매활동의 관리는 기대이익을 달성하기 위하여 이벤트와 연결된 모든 판매활동에 대한 절차, 플랫폼, 거래과정의 수립과 감독을 포함한다. 이러한 판매활동이 발생하는 환경은 이벤트의 이미지, 브랜딩 관점은 물론 물류계획까지 고려하여야 한다.

리스크관리자는 합리적인 사업계획이 준비되어 있는지 확인하여야 한다. 즉, 모든 상품, 이벤트입장권, 다른 수입원에 대한 수입요건과 판매목표를 결정해야 한다. 바람직한 소비자행동과 현금유동성을 확보하기 위해 사용하는 인센티브(incentive: 예를 들면, 조기등록자의 비용할인, 마지막 기회의 기념품할인 등)는 공급과 수요의 조건에 따라 수익을 극대화하는 재고관리전략이 필요하다.

1) 등록 및 티켓

이벤트와 관련된 등록 및 티켓판매는 온라인, 이벤트현장, 판매제휴(예: 은행, 티켓판매 전문업체 등)를 통해서 이루어진다. 등록 및 구입방법은 사람, 우편, 전화, 팩스(fax), 인터넷 또는 모바일로 이루어진다. 전자상거래기술(e-commerce technology)의 급속한 발전은 판매활동에 많은 편의를 제공하고 있으며, 판매제휴로 권한이 부여된 외부판매점의 판매활동은 판매한도와 판매수수료에 대한 사전협의 및 계약체결이 필요하다.

또한 이벤트조직 내의 사무실과 현장판매활동을 위해서 필요한 장비, 자료, 직원의 역할과 책임을 결정하고 조정하여야 한다. 티켓, 쿠폰, 할인권은 현금가치자산으로 취급되어야 하며, 판매되지 않은 티켓이나 남은 쿠폰 및 할인권은 처리 및 감사방법을 수립하여 손실, 절도 및 위조로부터 보호하여야 한다. 공인된 모든 판매활동은 신중히 감시되어야 하며, 비공인활동(예: 암표거래, 무료입장권이나 초대권의 저가매매 등)은 반드시 통제되어야 한다.

거래절차는 편리한 고객서비스수준을 보장하고 판매활동으로부터 발생한 수익을 보호하도록 설정하여야 한다. 질 낮은 고객서비스는 결과적으로 부정적인 입소문으로 나타나며 최악의 경우 대립이나 보복사건으로 나타날 수 있다. 편리하고 원활한 거래를 처리하기 위해서 필요한 적절한 장비(예: 금전등록기, 신용카드기)를 준비해야 한다. 또한 효율적인 현금출납절차를 개발하고 시행하여야 한다. 그리고 모든 장려책, 할인, 쿠폰현금화, 환불을 처리하기 위한 절차를 포함하여 판매활동에 투입되는 담당인력에 대하여 충분한 훈련과 실습을 제공해야 한다. 리스크관리자는 이러한 시스템에서 취약점 및 문제를 발견하기 위해서 모든 판매플랫폼과 거래절차가 완전히 통합되고 조정되었는지 확인해야 한다.

2) 상품화권자 및 영업권

주요 이벤트는 이벤트의 경험이라는 추억과 유산을 남기는 것은 물론 이벤트조직에 중요한 수입원이 되는 기념품(souvenir)을 개발 및 판매한다. 또한 축제와 박람회에서 식음료 및 다양한 상품을 팔 수 있는 권리인 영업권을 판매한다. 이러한 활동을 성공적으로 진행하기 위해서는 소매업에 대한 이해가 필요하다. 대부분의 이벤트조직은 공식상품화권자라는 명목으로 기념품의 개발 및 판매를 소매업체에 하도급을 준다. 식음료 및 상품을 판매할 수 있는 영업권에 대해서는 해당 판매활동에 대한 구체적인 필요조건과 한계에 대하여 명확히 기술하여야 한다. 이와 같은 업무를 착수하기 전에 이벤트조직은 상품화, 허가, 양도와 관련한 법적 책임과 적법성에 대해 확인하여야 한다([표 12-7] 참조).

상품화권 및 영업권에 대한 허가계약은 스폰서계약과 마찬가지로 법률전문가 또는 변호사의 자문 및 검토를 필요로 한다. 이는 적절한 기대와 한계를 계약서 내에 명시하여 이벤트의 이미지나 권위를 보호하는 것이다.

표 12-7 상품화 및 영업권허가에 대한 리스크 고려사항

• 상품화 및 영업권의 수수료 산정	• 현장배치 및 가판대의 안전
• 저작권 · 등록상표 위반	• 품질통제의 결여
• 허가계약서	• 제품품목의 선정
• 위조상품	• 취급품목의 중복
• 제조물책임보험	• 비슷인 취급품목의 추가나 변경
• 고객서비스 불만	• 반입 · 반출에 대한 필요조건
• 저품질 · 고가격에 따른 불만	• 재고관리
• 비공인된 로고사용	• 잉여재고정리
• 비공인된 판매활동	• 스폰서의 경쟁브랜드 취급

이벤트조직이 영업권과 공간을 판매한다는 것은 영업에 대한 수익, 상품 및 서비스의 조달, 제품라인에 대해 영향권을 갖는다는 것이다. 영업권을 판매하는 방식은 고정수수료 또는 매출분배제가 있다. 고정수수료방식은 해당 업종과 판매품목에 근거하여 예상 관람객 수를 고려해 산정하는 방법과 영업시설의 수와 규모에 근거하여 산정하는 방법이 있다. 매출분배제방식은 해당 영업시설의 실제 매출액을 근거로 하여 일정비율로 이벤트조직과 영업권자가 분배하는 방법이다. 매출분배제는 분배액을 산정하기 위하여 총 매출액에 대해 정확히 확인할 수 있는 방법을 고안해야 한다.

영업권은 효과적인 상품믹스(예: 동일상품의 판매중복방지 또는 업체의 소수화)와 모든 법적 규정에 따른 자격능력(예: 사업허가, 보험담보, 보건 및 안전허가 등)에 기초하여 선정하여야 한다. 영업권판매를 공모하는 경우 이러한 한도를 적용하는 것은 거래제한이나 차별에 대한 주장을 예방하는 데 도움이 된다.

영업권계약서(concessionaire contract)에는 이들 부스, 가판대, 스탠드, 차량, 전시, 텐트의 설치, 운영, 해체에 대한 규칙 및 규정을 명시하여야 한다. 이 규정은 공간할당, 위치, 구조안전, 보관위치와 안전, 재고보충(예: 현장의 차량이동), 장비안전, 운영시간, 판매활동(예: 할당공간 및 부스 내 제한)을 포함한다(HSE, 1999). 비공인 판매활동은 행사장으로부터 엄격히 규제되어야 하며, 이벤트조직은 행사장 인근의 불법판매활동을 방지하고 제거시키기 위해 지역관련당국과 긴밀히 협조할 필요가 있다.

5. 스폰서십관리

스폰서십관리(sponsorship management)는 이벤트 프로젝트를 위한 재정 및 현물이나 프로그램 지원을 제공받고 이에 알맞은 유 · 무형의 혜택에 대한 적절한 평가와 배분을 통해 스폰서, 기부자, 후원자를 확인, 요청, 확보, 서비스 제공 및 유지하는 것을 말한다. 이러한 스폰서십에 대한 용어는 협찬, 후원, 기부, 전략적 제휴 등 다양하게 사용하지만 재정적 지원의 근본적인 목표는 동일하다. 물론 다른 것과 마찬가지로 리스크도 있으며 다음과 같은 것을 포함한다(Silvers, 2008).

- 스폰서십 수입에 대한 과도한 의존성이나 확신성
- 이벤트 주제와 부적합하거나 상충되는 스폰서
- 스폰서 지원규모와 이에 상응하는 혜택패키지의 비합리성
- 스폰서의 지나친 활동으로 인한 이벤트의 목적 훼손
- 법적 제한이나 필요조건의 미준수
- 매복 마케팅, 권한 없는 비스폰서(non-sponsor), 약탈적 활동
- 계약의무의 불이행 등

먼저 이벤트에 대한 상업적 스폰서십과 비상업적 지원의 적합성에 대한 결정이 필요하다. 모든 이벤트가 스폰서십에 적합하지는 않으며, 스폰서도 이벤트에 적합하지 않을 수 있다. 스폰서십은 이벤트의 목적에 부합하고 스폰서에게 마케팅기회를 부여하기 위해 스폰서십 프로그램과 수입목표를 체계화하는 데 세심한 주의가

필요하다. 잠재적인 스폰서는 이벤트참가자에 대한 그들의 적합성과 목표시장의 조화성, 태도나 특성에 근거해서 요청받고 선정되어야 한다. 다음과 같은 질문은 스폰서십 리스크관리에 도움을 줄 것이다.

- 이벤트 주제와 스폰서의 브랜드는 상충되는가?
- 이벤트에서의 논란은 스폰서에게 악영향을 미칠 것인가?
- 스폰서의 확보 실패는 이벤트의 개최에 치명적인가?
- 이벤트는 스폰서 입장에서 마케팅도구로서 매력적인가?
- 스폰서 참여혜택에 대한 약속이행은 가능한가?
- 스폰서십 확보에 대한 시간은 충분한가?

스폰서십계약은 이벤트의 현장에서 가능한 것과 불가능한 것에 대한 기준과 한계에 대해 명확하게 표기하여야 한다. 또한 스폰서의 독점권범위에 대해 명시하여야 한다. 예를 들면, 스포츠대회의 경우 대회를 통제할 수 있지만 대회에 참가하는 팀을 통제할 수는 없다. 이는 대회 스폰서의 경쟁자가 자신의 심벌과 로고를 모든 선수의 유니폼에 넣을 수 있다는 것을 의미한다(IEG, 1996). 또한 이벤트의 현장에서의 스폰서 인지와 현장활동은 이벤트 운영계획에 구체적으로 명시하고 포함시켜야 한다. 사인체계와 배너(banner)는 스폰서의 로고를 포함하며, 홍보성 전시물(예: 고무보트, 차량, 구조물 등)은 배치계획 내에 안전하게 위치해야 한다(HSE, 1999).

스폰서십의 동의와 기부금 수락의 적법성을 이해하는 것은 필수적이다. 여기에는 광고규제, 독점금지의 반향, 세금발생, 보도조건의 다양성이 있을 수 있다. 예를 들면, 스폰서가 이벤트에 현물기부로 상품을 제공하는 것이 허용되는 것인지 살펴보아야 하며, 주류 스폰서는 미디어 노출에 대한 법적 규제가 있다(Berlonghi, 1990). 그리고 대부분의 이벤트는 적극적으로 스폰서의 확보를 추구하는 반면, 어떤 경우에는 이벤트가 제공하는 지위, 규모, 목표시장과의 관련성 때문에 스폰서나 기부자가 이벤트를 찾기도 한다. 한편 메가 이벤트인 박람회의 경우 스폰서가 전시참가자가 될 수가 있다. 세금과 관련하여 스폰서가 제공하는 현금을 이벤트주최자가 기부금으로 처리하는 경우 세금혜택을 받을 수 있기 때문이다.

1) 상업적 스폰서십

많은 대형 공공이벤트의 관심은 이벤트 운영에 더 많은 필요수입을 확보하고, 권위와 마케팅효과를 줄 수 있는 상업적 스폰서십(commercial sponsorship)의 판매다. 상업적 스폰서십은 이벤트와 관련하여 효과적인 마케팅방법으로 활용하는 답례로 현금이나 현물로 비용을 지불하는 것이다(IEG, 1996). 또한 이벤트 마케팅으로 알려진 스폰서십은 상당한 금액과 중요한 책임을 수반하는 비즈니스다. 상업적 스폰서십은 이벤트조직과 스폰서의 계약관계이기 때문에 이 관계를 공들여 만드는 데 상당한 관심이 필요하다. 어떤 상황이 발생하더라도 이벤트는 약속한 모든 혜택의 제공을 포함하여 계약의무를 이행하여야 한다.

스폰서십계약(sponsorship contract)은 다양한 스폰서혜택을 포함하는데, 범주나 독점권 자격은 투자수준, 이벤트의 특성(유형, 규모, 수), 광고보장, 상품화권리, 그리고 티켓, 출입, 특정 구역, 환대기회와 같은 혜택에 근거한다(Skinner and Rukavina, 2003). 또한 계약은 지불비용, 독점권 유지, 로고나 상표의 사용정책, 보조활동에 대하여 각 당사자에게 부여해 놓은 제한과 같은 두 당사자의 의무사항을 다룬다.

다양한 특수성이 스폰서십계약에 포함되어야 하는데, 이는 각 당사자가 자신의 책임, 혜택, 권리, 승인된 활동의 한계를 알고 있다는 것을 확인하기 위해서다. 많은 스폰서계약은 예우 차원에서 재계약에 대한 우선권을 제공하며, 거부할 경우 대체 스폰서를 모집할 충분한 시간을 허용하는 의사결정기한을 포함한다. 또한 이벤트는 항상 혜택제공내역 및 미디어 노출을 기록한 행사 후 성과보고서를 준비하여야 한다.

상업적 스폰서는 스폰서 구매와 관련하여 자신의 법적 의무와 잠재적인 부정적 노출을 통제하는 데 노력을 다하여야 한다. 또한 이벤트와의 제휴와 관련하여 긍정적인 노출을 증대시키려고 노력한다. 리스크관리자는 평가활동을 조정하고 전문지식과 자원을 이용하기 위하여 스폰서의 자체 법제부서 및 리스크관리부서와 협력해야 한다.

2) 비공인 마케팅활동

스폰서의 특별한 관심은 경쟁사가 이벤트의 활용에 대한 비용지불 없이 이벤트의 목표시장을 노리는 매복 마케팅(ambush marketing)의 통제다. 매복 마케팅은 공식 후원업체가 아니면서도 매복을 하듯 숨어서 후원업체라는 인상을 주어 고객에게 판촉을 하는 마케팅전략을 말한다. 예를 들면, 월드컵의 경우 FIFA 공식후원업체가 아니고는 월드컵이라는 이름을 내걸지 못한다. 그렇기 때문에 매복하듯 살짝 숨어 개인선수나 붉은악마 등을 활용해 월드컵관련업체인 것처럼 광고를 하는 것이다.

이러한 매복 마케팅의 활동은 스폰서십에 있어 투자가치를 약화시킨다. 이를 감지하고 통제하지 못하면 이벤트는 스폰서십의 수입을 확보하지 못하는 위기를 맞게 된다. 이벤트와 제휴를 함축하는 언어를 사용하거나, 홍보성 전시를 행사장과 인접한 곳에 설치하고 대규모 미디어 구매를 활용하는 경쟁사의 마케팅전술은 해당 이벤트와 인지된 관계를 창출한다. 따라서 이벤트조직은 이벤트의 브랜드와 로고에 대한 상표등록을 통하여 그 가치를 보호하는 것은 물론 가능한 인접한 활동을 적극적으로 통제하는 데 많은 노력을 기울여야 한다.

감시해야 할 비공인 마케팅활동은 무역박람회의 슈트케이싱(suitcasing), 컨벤션에서 비공인 환대 리셉션(hospitality reception), 공공이벤트에서 비공인 제품 샘플링 등을 포함한다. 슈트케이싱은 무역박람회장 내부나 인접한 곳에서 판매 및 홍보활동을 벌이는 비공인 스폰서를 말한다. 이들은 전시장관리자나 운영요원에 의해 통제되어야 한다. 주요 컨벤션은 수많은 스폰서의 환대성 리셉션과 호스피탤리티 스위트(hospitality suite)[02]를 갖는다. 그리고 비스폰서는 비용지불이 없이 참가자를 유치하는 유사한 활동을 주최하기 위해 시도한다. 이런 경우는 장소에 관한 계약(예: 이벤트조직이 허가하지 않은 연회장의 예약금지)과 참가자의 홍보(예: 등록자료에 방침과 공식 스위트룸 및 리셉션의 목록 발행)로 다뤄져야 한다.

축제와 같은 공공이벤트는 자주 스폰서가 현장에서 샘플링과 쿠폰 배포활동을 수행하도록 허용하는데, 참가자는 상품샘플을 받거나 상품할인 또는 상품권을 받는다. 비스폰서가 유사한 활동을 시도하는 경우가 있는데, 참가자가 많거나 입장료

02 호텔에서 숙박목적이 아닌 오락 및 연회목적으로 사용하는 객실

가 무료인 경우가 특히 그러하다. 이는 스폰서의 혜택에 대한 가치를 절하시키기 때문에 엄격히 통제되어야 한다. 스폰서의 입장에서는 이벤트조직에 상품의 책임 범위와 무단침입자의 통제에 대한 보증을 요구하기 때문이다. 또한 많은 참가자는 특정 캠페인이나 단체를 위해 팸플릿(pamphlet)이나 전단을 배포하려는 사람을 유인할 수 있다. 이벤트와 관련하여 참가자에게 불편을 주지 않고 이벤트의 원활한 운영을 위해서 불법적인 어떤 자료의 배포도 금지하여야 한다.

사례 스포츠 이벤트의 매복 마케팅

'번개' 우사인 볼트는 지난 2008년 베이징올림픽 남자 육상 100m 결승에서 9초 69의 당시 세계 신기록을 세운 후 카메라 기자들 앞에서 자신의 육상화를 들어 보였다. 개인 후원사 퓨마에 고마움을 전하기 위해서였다.

이는 '앰부시(ambush: 매복) 마케팅'의 일종이다. 스포츠 이벤트에서 공식후원사가 아니면서도 상표, 광고문구 등을 이용해 대회와 관련된 기업이라는 인상을 심어 줘 대중의 시선을 집중시키는 전략이다. 앰부시 마케팅은 주로 올림픽, 월드컵 같은 대규모 스포츠대회에서 이뤄진다. 소규모 이벤트의 경우 홍보효과가 미미해 기업들은 굳이 마케팅을 할 필요성을 느끼지 못한다.

앰부시 마케팅이 본격적으로 시작된 것은 1984년 LA올림픽이었다. 당시 국제올림픽위원회(IOC)는 올림픽에 앞서 후지필름과 공식후원계약을 했다. 그러나 이미지 제고효과와 수익의 상당수는 경쟁사인 코닥이 가져갔다. 코닥은 중계방송사와 후원을 맺어 자사 로고 노출빈도를 높였다.

성공사례는 국내에도 많다. SK텔레콤은 2002년 한 · 일월드컵에서 앰부시 마케팅으로 짭짤한 수익을 올렸다. 한 · 일월드컵 공식후원사였던 KTF(현 KT)는 '코리아팀 파이팅(Korea Team Fighting)'이라는 응원구호를 내세워 자사와 월드컵을 하나로 인식하게 했다. 하지만 KTF는 SK텔레콤의 앰부시 마케팅에 일격을 당했다. SK텔레콤은 '붉은 악마가 돼라(Be The Reds)'는 슬로건을 앞세웠다. '스피드011' 광고에 "4,000만이 붉은 악마가 될 때까지 SK텔레콤이 함께합니다"라는 문구와 YB(윤도현 밴드)의 곡 '오 필승 코리아' 배경음악, 태극기 장면 등을 집어넣어 '월드컵=붉은악마=SK텔레콤'이라는 공식을 만들어 냈다. 광고는 '스포츠 내셔널리즘(sports nationalism)'이 가미되면서 더욱 큰 반향을 일으켰다. SK텔레콤은 앰부시 마케팅을 통해 KTF보다 적은 비용으로 훨씬 강력한 홍보효과를 누렸다는 평가를 받았다.

앰부시 마케팅은 후원사가 아닌 기업들에 수익창출의 기회를 가져다준다. 반대로 주최 측과 후원사에는 골칫거리다. 앰부시 마케팅전략을 펼치는 기업들로 인해 홍보효과가 반감되기 때문이다.

IOC 등 스포츠 이벤트의 주최 측은 '얌체' 마케팅전략을 펼치는 기업들의 행위를 원천봉쇄하기 위해 노력을 쏟는다. 그러나 일부 기업들은 이마저도 피해 간다. IOC라도 경기력에 직접적인 영향을 미치는 요소들까지 통제하지는 못한다. 수영복, 육상화 등은 선수 측이 선택하는 부분이다. 볼트의 세리머니로 퓨마가 부각된 것도 바로 이 같은 이유에서다.

출처: 한국스포츠경제, 2015. 7. 20.

Chapter 13

커뮤니케이션 리스크관리

커뮤니케이션(communication)은 리스크관리과정 및 시스템에 있어 필수적인 요소이며, 시의적절한 정보획득, 분배, 그리고 의사결정에 있어 적절한 협의를 포함한다. 커뮤니케이션은 이벤트계획을 둘러싼 정보와 이벤트계획에 관여된 이해관계자 사이의 중요한 연결고리다. 커뮤니케이션은 정보를 제공하고 경고를 하며 연락을 하는 데 사용되고, 이벤트의 개최와 상황을 다양한 대중에게 알린다. 또한 이벤트의 필요와 리스크관리목표에 따라 행동을 안내하고, 영향을 미치는 정보를 수집하고 전달하며 확인하고 대중에게 알리는 데 사용한다.

커뮤니케이션은 다양한 도구와 기술, 그리고 언어, 상징, 신호를 사용하는 사람 사이에서 공유된 내용을 전달하는 개념이다. 커뮤니케이션을 하기 위해서는 반드시 발신자(sender), 메시지, 경로 또는 매체, 수신자(receiver)가 있어야 하며, 언어와 신호는 발신자 및 수신자 모두에게 인식되고 이해되어야 한다. 또한 커뮤니케이션은 일방향이 아니라 쌍방향의 과정이라는 것을 이해하는 것이 중요하다. 피드백 및 확인은 제공된 정보 또는 주어진 설명이 이해되도록 항상 이 시스템에 포함되어야 한다. 이 시스템의 어떤 부분에서의 결함이나 고장은 잘못된 커뮤니케이션이나 이해를 못하는 커뮤니케이션의 결과를 초래할 수 있다.

커뮤니케이션은 글로 쓰고, 말로 표현하고, 귀로 듣고, 눈으로 볼 수 있다. 이벤트계획의 정보획득과 분배에 가장 효과적인 방법을 결정할 때, 이러한 커뮤니케이션경로와 연관된 메시지 전달의 효율성이 주의 깊게 고려되어야 한다.

- 문자언어(written word): 메모, 보고서, 매뉴얼, 노트, 계약서, 안내판 등
- 구두언어(spoken word): 대화, 통화, 회의, 통지 등
- 몸짓(gesture): 표현, 목소리 높낮이(voice tone), 행동 등

- 멀티미디어(multimedia): 다양한 기술적 방법의 조합
- 시각 이미지(visual image): 삽화, 사진, 도표 등
- 상징(symbol): 아이콘(icon), 캐릭터, 픽토그램(pictogram), 시청각 신호, 유니폼, 로고, 휘장 등

메시지(message)를 전달하기 위해 다양한 커뮤니케이션채널을 사용하는 것은 메시지의 흥미, 유지, 이해력이 강화되기 때문이다. 따라서 이벤트 커뮤니케이션 계획의 전반에 문자언어, 구두언어, 시각 이미지를 사용하는 것은 중요한 메시지가 잘 수용되고 이해되는 것을 보장할 것이다.

커뮤니케이션의 경로(channel or media)는 개방되고 효과적이고 포괄적이어야 하며, 커뮤니케이션의 장벽은 감소시키거나 제거되어야 한다. 커뮤니케이션의 문제는 주로 시기선택(timing), 방법, 환경(예: 소음, 방해) 또는 감정(예: 인간적 갈등, 상처받은 감정)에 기인한다(Heller, 1998). 커뮤니케이션 리스크에 대한 장애요인은 주의에 대한 경쟁적인 수요, 현 상태에 대한 만족, 부정, 기존 신념과의 상충, 메시지와 메신저의 신뢰성을 포함한다(Haddow and Bullock, 2003). 커뮤니케이션에 장애가 될 수 있는 변수는 발신자와 수신자 간의 차이(예: 태도, 정보수준, 사회시스템), 커뮤니케이션 표현의 차이, 선행경험의 차이, 문화적 차이, 일치하지 않는 메시지와 신체언어가 있으며, 특히 이벤트 제작 스태프, 스트레스, 일상의 변화, 수면부족과 관련된다(FEMA, 2005). 이러한 취약점은 커뮤니케이션계획과 절차를 수정할 때 반드시 고려되어야 한다.

이벤트에 사용되는 일반적인 커뮤니케이션도구는 [표 13-1]에 나타나 있다. 각 도구는 전체 이벤트 커뮤니케이션계획 내에 다기능적인 역량을 가지고 있으며, 프로젝트관리를 위한 운영목적부터 마케팅목적, 리스크관리목적까지 포함한다. 또한 각 커뮤니케이션의 방법은 이벤트의 일상적인 기능과 위기나 비상상황 내에서 서로 다르게 적용하고 영향을 미치게 되며, 이러한 몇 가지 이슈는 [표 13-2]에서 보여 준다.

표 13-1 커뮤니케이션도구

서면	청각	시각	디지털
• 실행계획서 • 운영매뉴얼 • 회의록 • 보고서 • 계약서 • 브로슈어 · 리플릿 • 변경지시서	• 회의 • 공지 • 대화 • 통화 • 인터뷰 • 구두지시 • 경보음	• 조직도 • 평면도 • 차트 · 그래프 • 사진 · 그림 • 사인체계 • 비디오 • 심벌 및 로고	• 방송보도 • TV · 라디오 • 인터넷 • 인트라넷 • 모바일 • 이메일 • 웹사이트

표 13-2 커뮤니케이션도구에 대한 이슈

서면	• 문서는 증명상황에 필수적임 • 브로슈어(brochure)는 계약서의 유형으로 활용가능 • 보고서 및 회의록은 적시에 이벤트활동을 모니터하는 효과적인 방법 • 매뉴얼은 표준운영절차의 커뮤니케이션과 스태프 · 자원봉사자의 의무를 포함하여 제작
청각	• 구두 메시지는 신속하고 쌍방향이나, 망각과 오해 가능 • 이벤트에 대한 재무, 법적 문제, 운영 등 대화내용은 항상 메모 또는 서면으로 기록 • 장내방송(PA)시스템은 자체 및 예비전력을 가져야 하며, 행사장 전역에 명확하게 전달 • 안내방송은 단순하고 명확하게 발음하며, 내용의 변경이나 청중의 이동을 감안하여 충분히 도달되도록 반복안내가 필요
시각	• 전광표지판은 실시간정보, 안전고지 및 경고의 제공에 사용 • 사진, 그래픽은 출구방향이나 비상대처방법과 같은 중요한 설명을 제공 • 투사장치(projection device)는 비상설명 및 공지를 강화하는 데 사용
디지털	• 방송(TV, 라디오)은 이벤트관련사항의 공지에 사용되며, 재난 및 긴급상황에 가장 유효성이 높음 • 인터넷은 이벤트 웹사이트를 관리하고, 이벤트 이해관계자의 정보공유 및 의견교환이 가능하며, 외부위협과 취약점을 조사하는 데 활용 • 이메일은 승인 없이 의도하지 않은 대상에게 전달가능 • 인터넷, 휴대폰, 무전은 공적 업무에만 이용 • 전자상거래는 구매자 및 판매자의 정보가 보호되는 안전한 서버를 통해 수행

출처: Silvers(2008)를 참고하여 저자 재작성

커뮤니케이션은 전체 이벤트관리과정을 지원하는 기술(skill)이며, 종합적이고 정교한 커뮤니케이션계획은 통제에 대한 사정(assessment)부터 평가(evaluation)

까지 전반적인 리스크관리과정에 매우 중요하다. 커뮤니케이션기술은 귀로 듣고, 이해하고, 해석하고, 글로 쓰는 능력과 효과적이고 효율적인 방법으로 정보를 말로써 설명할 수 있는 능력을 포함한다. 이러한 기술은 협상, 설득, 보고, 설명, 정보의 상관성과 긴급성을 식별하는 데 사용되고, 논리적이며 설득력 있는 주장을 만들며, 원하는 것만 듣거나 다른 발신자, 수신자의 잘못된 커뮤니케이션을 인식하고 극복하는 데 사용된다.

발신자는 정확한 전달을 위해 가장 적합한 메시지, 방법, 매체를 선택해야 하며, 메시지가 간결하고 명확하며 완벽하다는 것을 보장할 책임이 있다. 반면 수신자는 받은 메시지가 정확하고 완전하게 이해된다는 것을 보장할 책임이 있다(PMI, 2008). 메시지를 명확하게 만들기 위해서는 메시지가 순서대로 제시되어야 하고(예: 메시지에 대한 이유, 뒷받침하는 정보, 결론, 의견, 필요조치), 정교한 단어를 사용하며 불필요한 세부사항은 생략하여야 한다(FEMA, 2005). 게다가 다국어, 다문화, 다중형식, 그리고 목표대상의 멀티미디어 욕구를 알아야 한다.

또한 신체언어 및 시선처리, 개인공간, 만지기, 음성 · 억양, 시간사용, 외모와 관련 있는 비언어적 대인 커뮤니케이션기술과 문화적 영향을 인지해야 한다. 비언어적 신호는 사람이 직접 상호작용을 하는 동안 더욱더 중요하게 사용되고 때로는 커뮤니케이션의 90%까지 차지하며, 만일 언어의 소통이 조화를 이루지 못하는 경우 언어적 메시지를 대신할 것이다.

1. 커뮤니케이션관리

커뮤니케이션관리(communication management)는 현장보고, 복명행위, 이벤트계획의 내 · 외부구성원과 함께 정보교환을 위하여 필요장비의 입수, 그리고 방법과 규칙의 개발 및 이행을 말한다. 또한 관련기록과 연락처(contact information)를 종합적이고 이용가능한 서식(format)에 준비하고 구체화하는 것을 포함한다. 커뮤니케이션전략은 이벤트에 관여한 사람이 자신의 과업, 의무, 목적과 목표를 완수하는 데 필요한 정보를 갖게 하고, 커뮤니케이션의 오류에 기인한 문제를 최소화하도록 개발되어야 한다([표 13-3] 참조).

표 13-3 커뮤니케이션 리스크

• 불분명한 커뮤니케이션체계	• 모호하거나 생소한 용어
• 커뮤니케이션의 오류(악의, 오해)	• 정보처리 상호운용의 문제
• 일관성이 없는 커뮤니케이션	• 장비손상 또는 고장
• 전달 메시지의 상충	• 단일기술에 높은 의존도
• 메시지 전달의 지연	• 다중형식 · 매체수단의 결핍
• 메시지 분실	• 적절한 장비운영의 미숙
• 메시지의 오해	• 통신시스템의 과부하
• 중앙통제의 미흡	• 통제되지 않는 소문과 추측
• 혼란스럽거나 상충되는 지침	• 신뢰할 수 없는 정보
• 통신규칙의 부족	• 비인가 대변인

전반적인 리스크관리계획은 커뮤니케이션하는 활동, 조치, 성과를 위해 사용하는 절차와 기술의 개발을 포함한다. 커뮤니케이션계획은 이벤트 프로젝트의 생명주기 동안 이벤트의 대내 · 외 조직의 운영구조를 통해서 적합하고 정확한 정보의 흐름을 통합하도록 고안되어야 한다. 이러한 계획을 위한 범위와 필요성은 조직의 규모, 복잡성, 이벤트 증가 또는 부과된 규정준수요건에 따라 증가한다.

행사 전(pre-event) 커뮤니케이션은 이벤트 운영의 프로젝트관리 측면에 집중될 것이다. 방대한 정보는 배정된 과업의 진척과 수행을 모니터하도록 정보를 수집하고 분배한다. 또한 효과적인 이벤트관리 및 리스크관리계획을 창출하기 위하여 판매업자, 공급업자, 규제당국, 주요 이해관계자, 영향력 있는 사람으로부터 정보가 수집되어야 한다. 모든 주요 커뮤니케이션과 함께 수령 및 이해의 서면확인이 필요한데 특히 시기(timing), 비용(cost), 품질(quality)에 관련된 변경에 있어서는 더욱 그렇다.

이벤트가 진행되는 동안 현장의 커뮤니케이션계획은 보건, 안전, 복지, 이벤트 참가자들의 참석에 대한 필요한 정보전달은 물론 감시기능의 임무를 부여받은 사람에게 중요한 정보의 즉각적인 전달에 집중된다. 비상상황이 발생할 때는 평소 운영에서 정보교환에 사용하는 커뮤니케이션경로를 활용하고, 비상대책반과 정부당국이 포함되도록 확장된다.

행사 후(post-event) 커뮤니케이션은 이벤트 운영 및 의무에 대한 관리가 종료됨에 따라 이벤트 프로젝트로부터 얻은 성과와 교훈을 담은 결과보고서의 제출과 과업수행보고회를 실시한다. 이러한 커뮤니케이션은 스폰서와 고객을 유치하는 데 관련된 마케팅 및 고객관계전략에 사용된다. 또한 자원봉사자의 기반을 유지하거나 회의참석자를 위한 교육적 프로그램을 확장하는 것처럼 특정 고객층과 함께 연중 계속되는 전략으로 확장될 수 있다.

1) 커뮤니케이션시스템의 개발

커뮤니케이션시스템(communication system)은 커뮤니케이션 필요조건(예: '누가, 언제, 어디서'에 따라 필요한 유형과 서식)과 이러한 필요조건을 기초로 사용하는 커뮤니케이션기술을 포함한다(PMI, 2008). 커뮤니케이션시스템은 다음의 커뮤니케이션과정의 4가지 구성요소를 다루어야 한다(Alexander, 2002).

- 기술(technology): 메시지 구성 및 전송에 사용하는 하드웨어
- 절차(procedure): 기술과 함께 사용되는 서식 및 방법
- 인적 요인(human factor): 기술을 운용하는 인식과 능력
- 조직적 맥락(organizational context): 규칙, 문화, 타깃, 우선순위의 체계

이 4가지 구성요소는 NFPA의 표준 1221(2002)과 유사한데, 이는 장비, 운영절차, 개인훈련, 메시지유형, 양(시스템수용력), 콘텐츠, 시기선택으로써 커뮤니케이션시스템의 4가지 기본요소를 나타낸다. 또한 양호한 시스템 수행을 위해 필요한 커뮤니케이션의 개념으로서 '공통용어', '명확한 본문이나 분명한 언어, 그리고 설정된 표준용어와 문구'가 사용되어야 한다.

커뮤니케이션시스템은 전체 사용시스템으로서 고안하는 것이 필수적이다. 우리 인체의 순환계는 몸 전체에 혈액의 흐름을 조절하는 것처럼 커뮤니케이션시스템도 마찬가지다. 즉, 커뮤니케이션시스템은 정보의 흐름이 자신의 과업을 적절하고 효

과적 · 효율적으로 수행하는 데 있어 정보를 갖고 있거나 정보가 필요한 모든 사람을 포함하여야 한다. 이벤트 프로젝트의 모든 내 · 외부구성원을 포함하고([그림 13-1] 참조), 이벤트 전반에서 특히 이벤트가 실행되는 동안 커뮤니케이션의 다른 방식이 이러한 이해관계자들과 이해관계자그룹을 위해 필요할 것이다.

그림 13-1 이해관계자의 내부 및 외부구성원

내부 이해관계자	외부 이해관계자
이벤트주최자 · 발주처	관람객 · 참가자 · 청중
조직위원회 · 집행위원회	관계당국
사무국 · 부서	지역사회
직원	미디어 · 언론
운영요원 · 자원봉사자	스폰서
판매업자 · 공급업자	후원기관
참가자	시민단체

내부 이해관계자는 직원, 참가자, 공급자, 그리고 이벤트 운영방식에 중요한 정치적 영향을 미치는 사람까지 폭넓게 다양한 인원이 포함될 것이다. 외부 이해관계자도 내부와 동일하게 다양한 사람이 포함되지만, 운영상 커뮤니케이션에는 포함할 필요가 없을 수 있는데 이는 보안상의 이유다.

예를 들어, 이벤트의 유형 및 범위에 따라 고객은 결혼식에서 신부의 어머니와 같은 외부 이해관계자가 고려되기를 바랄 수 있다. 어머니는 결혼식 이전에 공급자와 함께 모든 커뮤니케이션에 포함될 필요는 없지만 결혼식의 변경 또는 비상상황에 관한 커뮤니케이션에 포함될 필요가 있다. 하지만 이벤트에 대한 투자를 보장하기 위하여 전체 이벤트기획 및 리스크평가과정에 포함될 필요가 있는 대형 이벤트의 기업 스폰서는 마케팅 및 재무적인 관점에서 유효할 수 있으며, 리스크관리과정에 유용한 관점과 자원을 제공할 수 있을 것이다.

관련당국은 규정준수를 이유로 사전행사 및 현장에서 커뮤니케이션하는 동안 내부 이해관계자로서 포함될 필요가 있으며, 일부 공급업체는 초기에 조달과 관련한 커뮤니케이션이 발생한 이후에 변경하거나 취소를 요청할 수도 있을 것이다.

일반적으로 수집되고 전파되는 정보의 유형인 내 · 외부 메시지는 [표 13-4]에 나타나 있다. 내부 메시지는 운영과 모니터링정보에 집중된다. 외부 메시지는 마케팅 및 프로모션에 더욱 관련되지만, 정확한 기대치를 설정하고 적절하고 바람직한 행동과 행위를 장려하기 위해 충분한 운영정보와 지침을 포함한다.

표 13-4 내 · 외부고객을 위한 메시지

내부 메시지	외부 메시지
• 목적과 목표	• 이벤트의 목적, 임무, 성격
• 정책 및 절차	• 이벤트개최의 혜택 및 기회
• 규정 및 필요조건	• 촉진활동(인지, 흥미, 욕구, 행동의 유발)
• 안전 · 보안의무	• 기대효과 설정
• 직무기술서	• 지역사회 지원
• 지휘 및 통제계통	• 규제적 규정준수
• 긴급상황의 공지	• 규칙과 규정
• 역할 및 수행에 대한 기대	• 안전 · 복지계획 및 공지
• 현황보고서	• 상황, 변경, 취소에 대한 공지
• 상황, 변경, 취소에 대한 통보	• 긴급상황의 공지

외부 메시지는 현실적으로 정치적 · 운영적 · 규제적 또는 촉진적 외부그룹 내에서 특정 고객층을 대상으로 할 것이다. 외부그룹에 대한 조사는 그들 사이에 내재하는 욕구와 관심의 주요 영역을 이해하는 것이다. 목표시장 및 마케팅 메시지는 이벤트에 부정적인 사람의 관심을 끌어들이는 것은 물론 잠재적인 행사참가자로서 대상이 되는 사람들의 기대치와 예상행위를 확인하는 것이 중요하다(Berlonghi, 1990).

특히 중요한 것은 이벤트참가자에게 안전, 보안, 교통정보에 대해 전달하는 것과 이벤트의 개최로 인한 교통상황이나 도로폐쇄에 대해 알려 주거나, 관람객에게 반입금지품목에 대하여 고지하는 것처럼 지역사회의 주민에게 영향을 미친다는 것이다. 이벤트에 대한 특별한 주의사항과 금지사항은 이벤트의 개최에 앞서 잘 공지되어야 한다.

2) 현장 커뮤니케이션

현장 커뮤니케이션(on-site communication)은 신속성과 역동성을 가지고 정보제공자, 의사결정자, 응답자 간의 효율적인 연결을 제고시켜야 한다. 주최자, 직원, 자원봉사자, 보안 및 운영인력, 공연자와 참가자, 공급업체, 관람객, 관련기관, 미디어 간의 커뮤니케이션은 적시에 정확한 정보를 간단명료하게 제공해 주는 포괄적이고 효과적인 네트워크를 필요로 한다. 이벤트에 대한 활동, 조치, 상태는 지속적으로 감시되어야 하고, 일단 특정한 조치가 결정되고 이행되어야 한다면 이는 내·외부직원, 공급업체, 이해관계자에게 즉시 전달되어야 한다.

리스크관리자는 네트워크가 이벤트의 모든 측면과 영역을 다루고 있는지 확인해야 한다. 정보를 누가 전달하고, 누구에게 전달할 것이며, 어떻게 그리고 어떤 순서와 형식으로 전달할지에 대하여 절차가 수립되어야 한다. 명령 및 지휘체계는 구체적으로 명시되어야 하며, 운영본부나 상황실은 효율적인 커뮤니케이션, 보안, 응급대응을 위해 설립되어야 한다.

행사장의 모든 구역을 연결하는 커뮤니케이션 네트워크를 가지고 운영본부(operation center)를 설치하여야 한다. 운영본부는 공식적인 정보교류나 통지를 위해 각 구역과 무신 주피수나 메신저로 연결되어 있어야 한다. 현장의 모든 메시지가 운영본부로 모이게 되고, 그 다음 적절한 분석과 의사결정이 내려진 후 바로 운영본부로부터 안내방송이 이루어지면 훨씬 효율적이다([그림 13-2], [그림 13-3] 참조).

또한 공식대변인이나 홍보담당자의 지정은 이벤트에 대한 정보, 특히 비상상황의 공식적인 정보를 전달하는 사람의 수를 제한하는 데 중요하다. 비상상황 동안 미디어 및 이해관계자에게 일원화된 담당자만 정보전달의 창구가 되며, 모든 커뮤니케이션은 이 담당자를 통해서 이루어진다. 일반적으로 대변인이나 홍보담당자는 운영본부 내에 배치하며, 일관되고 정확한 정보의 수집과 공개를 조정할 수 있도록 모든 정보 및 커뮤니케이션활동의 중심이 된다.

▌그림 13-2 ▌ 분산형 커뮤니케이션 네트워크

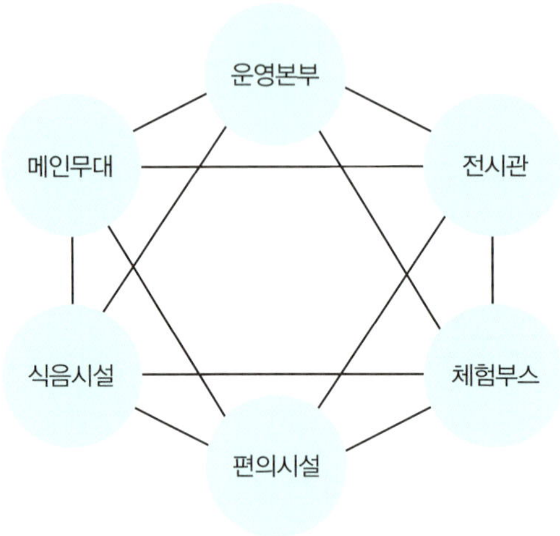

▌그림 13-3 ▌ 집중형 커뮤니케이션 네트워크

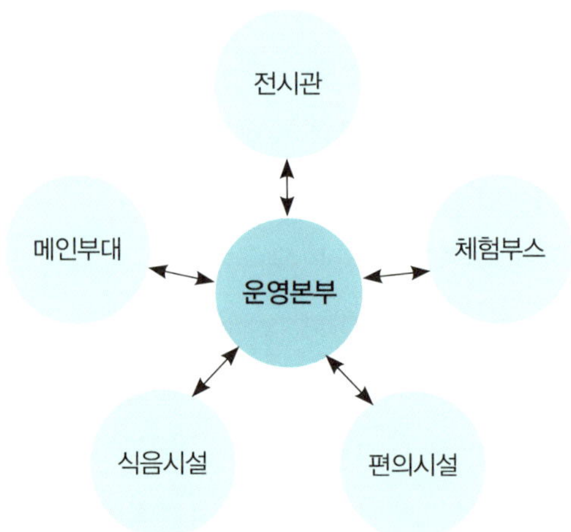

또한 통신망(communication network)은 특히 위기상황에서 내 · 외부 이해관계자를 위하여 경고계획을 통합하여야 한다. 위기의 영향을 받는 관람객이나 참가자에게 사용되는 방식과 미디어에 따라서 커뮤니케이션의 책임을 구체적으로 명시하는 순서도를 미리 작성하는 것이 좋다. 예를 들면, 전화연락망을 구축하는 것은 위임을 통해 정보의 신속한 전파를 가능하게 한다. 또한 모든 현장 커뮤니케이션시스템 및 장비에 대해 보안평가를 수행해야 하는데, 이는 이벤트의 운영을 방해할 수 있는 사람들이 주요 대상이 되기 때문이다.

3) 통신장비

다양한 통신장비가 이벤트의 현장에서 활용되는데, 일반적으로 내부 커뮤니케이션에는 송수신 겸용 무전기(walkie-talkie)가 사용되고, 공중 커뮤니케이션에는 장내방송시스템(PA system)이 주로 사용된다. 모든 통신장비는 정상적으로 작동하는지와 행사장 전체를 포괄할 수 있는지를 확인하기 위해 반드시 테스트가 필요하다. 주요 통신장비는 자체 전원공급장치 및 백업(back-up)시스템(예: 장내방송을 위한 스피커의 설치)이 있어야 하고 여분도 필요하다.

휴대폰 및 무전기와 같은 통신장비의 사용은 스태프와 다른 인력 사이의 커뮤니케이션능력을 향상시킬 수 있는 방법이 될 수 있다. 비상용 휴대폰번호를 행사장 전역에 게시하여 관람객이나 참가자가 비상사태 또는 사고에 처하거나 이를 목격했을 때 즉시 통화할 수 있게 하는 것도 좋은 방법이다. 또한 행사주최자, 리스크관리자 및 주요 직원은 비상연락망을 자신의 휴대폰에 입력해 놓고 사용하고, 행사 후에는 삭제하는 것이 바람직하다.

또한 리스크관리자의 관점에서 커뮤니케이션계획에 통합되는 이벤트 프로그램의 제작에 사용되는 다양한 유형의 장비로서 전광표지판, 조명, 음향, 영상장비 등이 있다. 또한 유니폼, 사인(sign), 수신호(hand signal)와 같은 시각적이고 비언어적 형태의 커뮤니케이션방법을 고려해야 한다. 행사용 유니폼(예: 모자, 티셔츠, 조끼, 재킷)은 관람객에게 권한을 알려 주고, 이를 착용한 인력은 주최자와 관람객의 시야 내에서 신속하게 식별될 수 있게 해준다. 예를 들면, 수많은 관중이 모여 있는 콘서트에서 운영요원에게 형광 주황색 조끼를 입혀 잘 보이게 한다. 미리 정해진 수신호나 몸짓은 특정 상황이나 메시지를 시각적으로 인지시킬 수 있다. 예를 들면, 운영요원이 모자를 벗거나 팔을 높게 들어 올리면 자신의 위치에 지원이 필요하다는 신호를 보내는 방법이 될 수 있다.

사인체계(signage)는 현장관리뿐만 아니라 커뮤니케이션계획에 매우 중요한 구성요소다. 정보성 또는 경고성 메시지는 행사장 전체의 주요 지점에 안내사인을 설치해야 한다. 특히 행사장으로 들어오는 사람이나 물품을 제한하는 경우 입구에 사인을 설치해야 한다. 사인체계는 비상대피계획에 특히 중요하며 눈에 잘 띄고 명확하게 보이는 곳에 위치하여야 한다. 부족한 사인체계는 군중을 혼동시키고 좌절시킬 뿐만 아니라 비상사태의 경우 군중이 폭력에 이르는 상황을 불러일으킬 수 있다. 날씨와 같이 통제할 수 없는 상황에 처했을 때 필요한 통제방법은 어떻게 군중과 소통할 것인가이다. '죄송하지만, 현재로 말씀드릴 추가정보는 없습니다'라는 안내방송은 군중과 계속 접촉을 유지하기 위해서 필요하다. 안내방송을 하지 않으면 불안과 불만을 증폭시키기 때문에 상황이 변하지 않더라도 계속 그 상황에 대해서 정보를 알리는 것이 바람직하다.

4) 통신규칙

통신규칙(communication protocol)은 다양한 사람이 이용하는 무선 주파수와 채널의 배정, 메시지의 유형, 무선 규율을 유지하기 위해 필요한 절차를 말한다. 또한 통신규약은 의사결정 및 책임체계와 내부 무선 메시지 및 외부공지에 사용하는 언어를 포함한다.

무선 통신의 사용에 특정한 절차나 규칙이 설정되거나 시행되지 않는다면, 사용자들 사이에 자주 한가한 대화나 쓸모없는 정보가 오고가는 방식이 될 수 있다. 동일한 주파수의 사용은 많은 사람에게 시스템의 혼동을 가져올 수 있기 때문에 다른 특정 채널이 운영 및 긴급상황의 커뮤니케이션과 다른 부서를 위해 지정되어야 한다. 관련당국과 커뮤니케이션하는 담당자, 관람객의 질문과 관심에 관련된 담당자, 시설관리 및 공급자와의 연락담당자와 같이 특정 커뮤니케이션에 대한 책임과 함께 대응할 직원도 배치하여야 한다.

이벤트와 직접적으로 무관하거나 긴급한 정보, 특히 안내 메시지가 완성될 때까지 대화내용을 듣지 말아야 하는 관람객이나 특정 이해관계자에 의해 새어 나갈 수 있는 전파내용이 있을 때에 통신제한이 수행되어야 한다. 만일 어떤 무선 대화의 필요성이 특정 인력에만 제한된다면, 해당 인력에게만 제한될 수 있는 주파수의 채널을 변경하는 것이 필요하다. 의사결정의 계층구조는 권한 없는 결정에 의한 행동을 방지하고 부적절한 지침을 주지 않기 위해 명확하게 설정되어야 한다.

문화적 · 언어적 · 교육적 · 직업적 배경의 다양성은 근본적으로 다른 어휘, 전문용어, 관점으로 이어진다(Kendrick, 2003). 이는 특히 안전당국이 현장 커뮤니케이션계획과 규칙에 포함될 때 무선 통신에 대한 공통어휘목록을 설정하는 것이 매우 중요하다는 주장의 이유이다. 각 안전기관(예: 소방서, 경찰서 등)은 자신들의 규범, 지침, 내부문화를 가지고 있으며, 사용하는 언어나 코드의 의미가 기관마다 상이할 수 있기 때문이다.

음성절차(voice procedure)는 발신자와 수신자 간의 명료하고 정확한 통신이 될 수 있도록 무선 규칙이 고안되어야 하며, 모든 무선사용자는 이러한 지침이 적절하게 수행되도록 훈련을 받아야 한다([표 13-5] 참조). 대화그룹(주파수 채널), 호출신호(개인별 무선 식별 인명 또는 제목), 무선 호출과정(호출하고, 받고, 종료하는 방법), 용어(사용하는 단어 또는 코드)는 명확하게 세부적으로 명시되고 충실히 지켜져야 한다.

특히 스포츠행사와 같은 대규모 관람 이벤트나 축제와 같은 야외 이벤트에서 장내방송시스템(PA system)은 행사기간 동안 일반적인 이벤트정보와 관람객 편의 안내에 사용될 것이다. PA시스템을 통해 전달되는 주기적인 안내와 긴급상황에 대한 안내 사이에는 뚜렷한 차이가 있어야 한다. 긴급 메시지는 공중이 과도한 스트레스를 받거나 공황상태가 되지 않도록 암호명이나 문구를 통하여 전달되어야 하지만, 직원은 대응활동을 준비할 수 있도록 허용이 되어야 한다.

엔터테인먼트를 위해 음향시스템을 갖추고 있는 작은 이벤트는 긴급공지에 대해 음향시스템을 사용하도록 계획을 수립하고, 대부분의 공공집회장소는 PA시스템으로 제공되는 실내음향시스템(house sound system)을 갖추고 있다. 리스크관리자는 공연자에게 음향시스템의 사용에 대하여 충분히 고지하고 흔쾌히 협력하게 만드는 것은 중요하다. 만약 공연자가 협력할 수 없는 경우 실내음향시스템을 우선 긴급공지용으로 지정하여 공연자시스템보다 우선하는 방법을 활용하여야 한다.

표 13-5 무전기 이용을 위한 사용규칙

구분	내용
호출 부호	• 무선사용자는 지위 · 위치 · 장소 및 대화그룹을 설명하는 식별 명칭을 갖는다. • 대규모 네트워크에서 개인 이름의 사용을 권장하지 않는다. • 호출부호는 일반적으로 단어, 숫자, 문자 명칭을 갖는다(예: C1, Gate 1). • 호출부호나 단어철자법의 문자호칭은 국제음성기호를 준수한다. • 발음은 완전하게 구별되어야 한다.
호출 · 수신 과정	• 전송은 호출부호, 발신자, 수신자로 식별되어야 한다. • 호출은 전송종료를 나타내는 '오버(over)'와, 대화종료를 나타내는 '아웃(out)'으로 구두점을 사용해야 다른 사람이 그 채널을 자유롭게 사용한다. • 호출자와 수신자가 식별되도록 순서를 명확히 한다(예: 여기는 C1. G2 수신. 오버). • 만일 응답이 없으면, 다음 사용자를 위해 채널사용을 끝낸다(예: G2 없습니까? C1 아웃). • 수신자는 호출자에게 자신을 알려야 한다(예: 여기는 G2. 전송하라. 오버).
메시지 내용	• 용어와 표준은 정확한 정보를 전송하기 위해 설정되어야 한다. • 메시지는 명확한 언어를 사용하며 짧고, 간략하고, 직접적이어야 한다. • 코드번호나 단어는 신속히 보호되는 커뮤니케이션에 필요하다(예: 'code red'는 응급상황, '재위치'는 주변사람이 듣지 못하게 이동). • 보안요원의 즉각적인 대응이 활성화되는 특수코드를 사용한다. • 메시지가 수신, 이해, 명령수행이 확인되는 절차를 수립해야 한다. • 사적 메시지나 잡담은 철저히 금지되어야 한다. • 욕설, 음란하고 외설적인 언어의 사용은 금지한다.
채널 사용	• 대부분의 양방향 무선은 많은 주파수 채널을 갖는다. • 채널은 호출그룹 및 메시지의 유형에 따라 지정된다(예: 짝수 채널은 순찰용, 홀수 채널은 비상통신용). • 채널변경에 대한 규약을 수립한다(예: 특수상황 시 또는 사전지정된 패턴). • 무선 범위는 주파수 채널이 행사장 전체에 도달되는지 확인해야 한다. • 지정된 순서대로 교대근무가 시작될 때 모든 무선 체크인(check-in)을 수행한다(예: 알파벳 또는 가나다순).

5) 필요정보와 문서화

기획과정을 통해 수집된 수많은 문서는 의사결정과 커뮤니케이션에 용이하도록 현장에서 이용할 필요가 있다. 대부분 이벤트조직은 이벤트 실행계획서나 운영매뉴얼과 같은 책자를 만드는데, 여기에 세부계획, 계약, 회의록, 통신, 필요한 허가, 면허, 승인의 사본을 포함할 수 있다.

지도, 행사장 도면, 기술적 도표, 업무흐름도, 시각적 자료는 커뮤니케이션을 강화하기 위해 제작하거나 수집하여야 하며 현장에서 사용할 수 있어야 한다. 무선규약에서 논의된 바와 같이, 합의된 명명협약은 장소, 위치, 긴급상황의 수준에 관하여 혼란을 없애기 위해 만들어야 하고 이는 모든 문서와 커뮤니케이션과정에서 일치하여야 한다(HSE, 1999).

표준운영연락망과 긴급연락망의 작성과 배포는 필수적이다. 이벤트주최자는 모든 직원, 이해관계자, 판매업체의 이름과 연락처를 보유하여야 하며, 비상대응 연락목록은 안내부스, 등록부스와 같은 커뮤니케이션의 모든 지점에 신속하게 접근할 수 있도록 별도로 비치하여야 한다. 비상대응을 수행하는 주요 인력은 사본을 가지고 있어야 하며, 무선 통신장비를 수령한 모든 인력은 휴대용 수첩에 연락망과 호출부호목록을 가지고 있어야 한다.

박람회나 국제회의와 같은 이벤트의 경우 대표자, 전시자, 참가자는 등록양식에 긴급상황 시(In Case of Emergency: ICE) 연락처(이름 및 전화번호)를 기입하도록 요구받게 되고, 이 연락처는 등록 데이터베이스에 유지되며 자격증명의 뒷면에 표기될 수 있다. 이러한 정보는 행사 이후에 모든 이벤트기록으로부터 완전히 제거해야 한다.

모든 현장에서 간단한 보고, 모니터링, 대응활동, 커뮤니케이션이 기록되어야 한다. 안건, 사건보고양식, 사건등록, 활동기록, 메시지기록, 현황판, CCTV (Closed Circuit TV) 영상기록 등이 다양한 도구와 기술을 사용하여 문서화된다. 이러한 문서화는 현장의 활동, 상태, 의사결정의 순차적인 측면을 포함하고 설명해야 하는데 이 정보는 향후 증거자료가 될 뿐만 아니라 기획과 리스크평가에 활용될 것이다.

2. 정보관리

정보관리(information management)는 필수적인 이벤트 비즈니스정보와 조직의 기억을 수집하고 보존하기 위해서 관례적인 보고, 기록저장, 개인정보 및 독점 정보에 대한 보호절차의 이행을 통해서 정보를 수집 · 분배 · 통제 · 유지하는 것을 말한다. 정보관리는 지식관리를 용이하게 하는데 데이터(data)를 수집하고, 이해하고, 전달할 수 있는 상태가 되어야 비로소 지식이 될 수 있다.

이벤트 프로젝트와 이벤트조직의 일반적인 운영에 관련된 방대한 양의 정보가 있는데, 이 범주는 프로젝트는 물론 커뮤니케이션하기 위한 모든 기획문서부터 참석자, 인력 데이터베이스에 이른다. 이 모든 데이터는 반드시 관리되어야 하나 개인이 간단히 모든 것을 기억할 수 없기 때문에 사라지거나, 실수나 고장에 의해 잃게 되거나, 의도나 오류로 인해 위태롭게 될 수도 있다. [표 13-6]은 이벤트조직이 정보자산을 관리하는 데 연관된 일반적 리스크를 나타낸다.

표 13-6 정보관리 리스크

• 접근통제 부실	• 규정준수에 대한 부주의
• 암호화통제 결여	• 개인정보보호정책의 결여
• 문서화절차 부족	• 보안수준 분류의 미흡
• 혼란스러운 파일작성방식	• 시스템 위반에 대한 신속한 대응 미흡
• 장비오작동	• 느슨한 백업업무와 절차
• 장비오용	• 데이터 저장의 통제
• 바이러스 감염	• 유지 · 보수의 부족
• 노트북 사용 및 원격작업	• 주요 인력의 손실
• 장비의 도난	• 불충분한 사용자훈련

효과적이고 안전한 데이터시스템은 비밀성(confidentiality), 무결성(integrity), 가용성(availability)을 가져야 한다(Kennedy, 2006). 정보를 수집하고 체계화하기 위해서 정책, 전략 및 절차가 개발되어야 하고, 데이터관리책임자가 효과적인 방법으로 정보를 수집 · 조직화 · 저장 · 보호할 수 있는 훈련이 필요하다.

1) 정보처리활동

정보를 수집하고 분배하는 것은 사람이 정보나 데이터를 포획하고 조합하는 방식의 인지를 필요로 하며, 다양한 대내외적 원천으로부터 관련된 데이터와 정보를 입수하는 것이다. 데이터, 문서, 다른 문서화는 포털사이트의 광대한 영역을 통해서, 그리고 전체 기획 및 제작과정 동안에 이벤트 프로젝트 속으로 들어가게 된다([표 13-7] 참조).

표 13-7 이벤트 데이터 및 문서의 유형

• 기본계획서 · 마스터플랜	• 서신 또는 팩스	• 행사장배치도
• 실행계획서	• 이메일	• 차트 및 지도
• 체크리스트	• 고용인 기록	• 메모
• 매뉴얼(manual)	• 사정(assessment)	• 마케팅자료
• 결과보고서 또는 백서	• 평가(evaluation)	• 보도자료
• 입찰 및 제안서	• 재무제표	• 등록부
• 과업지시서	• 사건보고서	• 추진일정표
• 변경지시서	• 문의서	• 근무자 명단
• 일일업무일지	• 지침서	• 연락망
• 참가신청서	• 재고목록	• 전화일지
• 상황보고서	• 우편목록	• 계약서
• 회의록	• 참가자 명단	• 증명서 · 보증서 등
• 승인서	• 참석자 · 관람객 수	

특히 이벤트 프로젝트를 둘러싼 계획이나 조건에 변화가 발생하거나 리스크를 사정하는 동안, 초기 기획 단계에서는 조사가 수행되고 과거기록이 검토된다. 또한 모니터링활동은 중요한 정보를 생산하는데, 이는 적절하게 문서화가 되거나 컴퓨터로 작성된 형식으로 처리되고 커뮤니케이션계획으로 통합되어지는 기존 데이터 보고 및 모니터링시스템을 지원하게 된다. 외부상황의 모니터링, 참석자의 추적, 대표 정보검색시스템과 같은 정보수집활동은 합의된 데이터관리체계 속으로 입수되고 통합되어야 한다.

일단 정보나 데이터가 포착되면, 이벤트 프로젝트의 관련성과 정확성에 대해 반드시 분석 · 해석 · 평가되어야 한다. 이러한 정보처리활동은 요약, 우선순위, 수집 · 분석, 검증, 기록까지를 포함한다. 구조 및 시스템뿐만 아니라 정보배분정책과 절차는 적절한 구두, 서면, 다른 방식으로 적합한 사람에게 정보를 배분하도록 개발되어야 하며, 증거 및 역사적 기록을 제공하는 문서를 만들어야 한다. 이러한 체계와 과정은 간단하고 확장되어야 하며, 가능하다면 자동적으로 프로젝트관리시스템 전반에 통합되어야 한다(O'Toole and Mikolaitis, 2002).

2) 데이터구조시스템

정보관리체계는 필요에 따라 데이터가 검색되고 보호되는 방식으로 데이터를 받고, 정리하고, 보존할 수 있어야 한다. 비록 많은 이벤트조직이 일부 절차를 가동하면서 이러한 기능을 위해 컴퓨터 소프트웨어의 형식을 활용하고 있을지라도, 차이점, 취약점 및 개선의 기회를 확인하기 위해 시스템을 전체적으로 검토하는 것이 바람직하다.

정보를 체계화하기 위해 적절한 구조를 개발하는 것은 전체와 부분 사이의 관계를 인식하고 설명하는 군(群: cluster)으로 정보를 분류하고 이것을 적정한 장소에 저장할 수 있느냐에 달려 있다. 이러한 분류는 데이터의 종류, 사용, 맥락에 따른다. 예를 들면, 보안목적을 위하여 민감하고, 개인적이며, 임무수행에 필수적인 데이터 분류수준이 사용되어야 한다(Kennedy, 2006). 그러나 이는 이벤트의 범위 전반에 사용되는 정보에 대한 육하원칙의 기능적인 요건을 완전하게 반영하지 못한다. 그래서 관리적 또는 운영적 조직구조(예: 위원회, 부서, 과업, 구성요소 등)에 근거를 둔 맥락관련 범주에 효과적인 전략이다.

파일링시스템(filing system)과 데이터베이스는 알파벳, 연대, 지리, 숫자, 또는 주제별 계층구조에 기반하여야 한다. 하지만 작업의 흐름과정이 시스템의 형태를 만들어야 한다는 견해도 있다(Essex, 2006). 효과적인 분류시스템의 핵심은 정보사용자의 욕구를 반영하여 쉽게 인식할 수 있는 방법이 기준이다(Kwasnik, 1999).

표준화된 기록문서, 문서디자인, 기록유지정책과 절차(예: 날짜 스탬프, 명명규정, 데이터베이스 정렬)는 경제적이고 효과적인 파일링과 검색을 하는 데 일관된 방식으로 설정되고 수행되어야 한다. 표준화는 효율성을 높이고 오류를 줄이며 훈련의 필요성도 줄여 준다. 기록문서의 범위를 위해 적정한 통합규모를 결정하는 데 있어 이벤트조직에서 사용하는 모든 문서와 기록문서의 기능적 분석을 수행하는 것이 필요하다. 예를 들면, 다양한 데이터베이스시스템은 데이터 입력작업을 감소시키고 통합할 뿐만 아니라 이벤트 프로젝트의 생명주기의 전반에 걸쳐 보고서를 생산하는 기능을 제공한다.

또한 리스크관리의 차원에 있어, 정보의 다양한 유형에 대한 대안적 사용은 바람직하다. 예를 들면, 등록된 참가자의 데이터베이스는 전체 참가자에게 잠재적인 보건위험을 빨리 알리는 데 사용될 수 있다. 참가자 명단의 준비 또는 참가신청서의 활용은 행사장의 인력배치를 용이하게 하고 행사장의 재난발생 시 행방불명자에 대한 소재를 확인할 수 있다. 행사 전 또는 현장의 많은 문의는 추가적인 신호체계나 정보안내에 대한 필요를 나타낼 수 있다. 정확한 참석자 수는 케이터링서비스의 초과요금과 회의시간에 회의장 수용능력을 초과하는 것을 방지할 수 있다.

3) 정보의 보호 및 통제

서류보관함부터 웹기반 데이터베이스와 인트라넷(intranet)까지 이벤트조직이 적용가능한 정보관리기술 및 시스템의 폭넓은 범위는 효율적인 정보의 수집 · 분배 · 유지를 위해 많은 기회를 제공한다. 하지만 이들은 극복해야 할 수많은 취약성을 내포하고 있다. 정책과 절차는 반드시 정보시스템의 보안과 무결성을 유지하도록 수립해야 한다. 또한 무엇이 기밀정보로 고려될 것인지에 대한 명확한 정의, 모든 서류에 대한 명명법, 접근 및 분배기준, 제한 및 보안이 요구되는 저장위치, 제3자 비밀유지의 동의 및 강제조치를 포함하는 기밀정보정책 및 계획의 수립이 필요하다.

민감하거나 임무수행에 필수적인 정보는 미승인된 접속에 의해 절도 또는 부당변경에 노출될 수 있다. 접근통제방법은 권한부여절차와 주기적인 변경 및 보안이 수반된 특수접속코드를 사용하여 고안되어야 한다. 또한 무선기술이 사용될 때 특별한 주의가 필요하다. 이벤트의 운영에 중대한 정보와 원래 보유한 정보목록을 만들고 주기적으로 검토하여야 하며, 이를 휴대용 기기에 보관하는 것을 금지하는 것이 바람직하다(Kennedy, 2006).

가장 우선적으로 고려해야 하는 것은 신원절도와 사생활침해다. 거의 모든 국가들은 UN총회에서 1990년 12월 14일 채택한 컴퓨터 데이터파일에 대한 원칙을 반영하는 사생활침해 및 데이터보호법을 제정해 놓고 있다. 이러한 원칙에 따라 개인적인 데이터에 대하여 다음과 같이 취급하여야 한다.

- 공정하고 법적으로 취득하여야 함(예: 통지된 동의).
- 명시한 목적을 위해서만 사용되어야 함.
- 명시한 목적에 적절하고 관련이 있지만 지나치지 말아야 함.
- 명시한 목적에 필요 이상 보관하지 않아야 함.
- 목적이 달성된 후에는 제거시켜야 함.
- 승인되지 않은 접근, 사기적인 오용, 수정 또는 노출로부터 보호되어야 함.

게다가 전 세계적으로 법은 그 범위와 시행방법이 다양하기 때문에, 많은 국가는 국경을 초월한 데이터의 유통에 따르는 조건을 포함하고 있으며, 이는 상호 간의 안전조치에 따른 제약을 포함한다(Privacy International, 1998). 이러한 조건은 국제회의나 이벤트를 개최하거나 국제적인 장소에서 참가자를 유치하는 데 상당한 영향을 줄 수 있다. 개인정보가 수집 및 유지되고 있는 회원, 고용인, 참석자, 전자상거래 데이터, 이벤트조직이 속해 있는 개인 데이터의 용량과 잠재적 남용을 고려한다면, 어떻게 개인정보를 관리할 것인가에 대한 명확한 정책과 절차를 수립하고 도입해야 한다(예: 정보의 유형, 목적, 수집방법, 저장방법, 사용, 접근, 노출, 폐기). 정책은 관심이 있거나 영향을 받는 사람에게 적용되어야 하며, 절차는 면밀히 감시되어야 한다. 다시 말해서, 접근권한과 데이터 입력에 책임이 있는 특정한 사람들이 적절한 훈련을 받을 수 있도록 하는 것이 중요하다.

민감한 데이터(예: 건강, 금융정보)와 기밀정보(예: VIP 명단)의 데이터 취급이 특히 중요하다. 이러한 절차는 지불거래, 등록 또는 허가된 신용카드 및 투숙자 명단, 의료상태나 건강관련 숙박시설의 필요에 대한 수집방법과 데이터 접근, 데이터가 저장되거나 저장되지 말아야 하는 장소에 대한 엄격한 제한(예: 노트북의 저장불가) 등 수집과 전송에 대해 암호화 요구조건을 포함할 수 있다. 또한 데이터 및 문서에 대한 처분절차는 어떻게, 언제 전자 데이터베이스에서 데이터를 제거할 것인지, 어떻게 기밀정보를 포함한 자료를 제거할 것인지를 포함해서 고려해야 한다. 이러한 정보에 접근했던 모든 판매업자나 공급업자도 같은 절차를 따라야 한다

(ICCA/COPE, 2005).

4) 정보의 유지 및 보존

정보관리시스템은 정보보관소로서 역할을 한다. 이벤트 프로젝트와 조직의 사업을 수행하는 데 사용되는 데이터는 적절한 기록관리, 백업절차, 파일보관, 적절한 데이터와 미디어 저장기술의 이용을 통해서 보존되어야 한다. 기록관리는 어떤 형식의 정보가 얼마나 오래 유지되어야 하는지를 규정한 내부정책과 정부규정에 의해 통제되어야 한다. 이는 재정기록, 멤버십기록, 법적 문서, 고용자기록, 그리고 수많은 다른 문서 및 컴퓨터기록을 포함한다. 모든 기록문서의 범위와 요건을 확인하기 위해서 물품목록이 조사되어야 한다.

기록보존은 규정준수의 관점은 물론 사업지속성으로부터 고려되어야 한다. 민감하거나 기밀정보를 포함한 필수기록은 비상사태나 재난 속에서 이벤트사업과 더불어 해당 이벤트가 계속되거나 최소한 복구가 되도록 보호되어야 한다. 필수기록은 조직의 필수적인 법적 · 재정적 기능과 활동을 보호하기 위해 필요한 권익을 포함하고, 조직에 의해 직접적인 영향을 받는 개인의 법적 · 재정적 권리도 포함한다. 기록보존은 다음의 것을 포함한다.

- 은행업무와 투자정보(계좌번호, 계좌유형, 연락처 명단)
- 계약서, 동의서, 다른 세약직 의무
- 고용기록(급여지급대장, 휴가, 사회보장연금, 퇴직)
- 재무기록(수취계정 및 지급계정기록, 세금기록)
- 보험기록(보험증권, 장비목록, 평가)
- 소유증명서(임대차계약, 부동산소유권, 증서)

또한 데이터와 기록의 위치는 식별되어야 한다. 데이터는 데스크톱(desktop) 컴퓨터, 노트북, 전자장치, 이동식 미디어(예: USB, 외장하드, CD, PDA 등)에 퍼질 수 있으며, 중앙서버에 복제되지 않고 분실되거나 절도 및 특정 기술의 손상은 데이터가 사라졌다는 것을 의미한다. 모든 전자 데이터(electronic data)의 정기적 ·

포괄적 백업은 특히 재택근무자가 사용하는 이동식 기기를 포함하여 표준보호 및 유지의 실천으로서 사용하여야 한다. 내부의 기기는 물론 수많은 웹기반 백업서비스가 가능하다. 모든 전자기록의 복제 및 백업, 특히 중요한 문서는 외부의 안전한 위치에서 만들어지고 보관되어야 한다.

3. 이해관계자관리

이해관계자(stakeholder)는 재무적 · 정치적 · 계약적 · 지역적 · 관리적 · 감정적으로 이벤트에 관여된 개인이나 조직이다. 이해관계자는 적극적으로 이벤트에 관여하는 사람, 이벤트에 영향력을 행사하는 사람, 이벤트에 의해 자신의 이익에 영향을 받는 사람을 포함한다(PMI, 2008). 일반적으로 이벤트의 이해관계자는 [표 13-8]에 나타나 있다. 이러한 구성원, 고객층 또는 목표대상은 내부적 또는 외부적이고, 활동적 또는 비활동적이고, 지지적 또는 반대적이거나, 순응 또는 요구하는 등, 이들 이해관계자는 항상 특정한 이익, 기대, 요구사항을 가지고 있다(Masterman and Wood, 2006). 이벤트주최자 및 조직은 상호 간의 비전을 발전시키고, 요구사항에 대한 약속을 지키며, 이벤트를 위한 바람직한 성과를 창출할 수 있도록 참여와 소통을 통해 다양한 이해관계자와의 관계를 식별하고, 분석하고,

표 13-8 이벤트 이해관계자 및 그룹

• 참가자	• 활동가그룹
• 공무원	• 이웃주민
• 참석자 · 소비자	• 시민단체
• 고객 · 주최자	• 규제기관
• 주주	• 허가기관
• 자원봉사자	• 위원회
• 지역사회 지도층	• 미디어
• 고용인	• 스폰서
• 투자자	• 공급업체
• 이사회 임원	• 판매업체 등

분류하고, 관리하는 것이 필요하다.

이해관계자관리는 윤리적이며 유리한 결과를 달성하기 위해 이벤트의 다양한 명시적이거나 암시적인, 자발적이거나 비자발적인 구성원을 인식하고 소통하도록 노력해야 한다. 이해관계자관리는 보편적인 차원에서 기업의 사회적 책임에 대한 지침으로서 고안되어야 한다(Clarkson Centre for Business Ethics, 1999).

- 모든 합법적인 이해관계자의 관심사 인식 및 적극적인 모니터링
- 이해관계자의 관심사와 의견에 대한 경청 및 열린 의사소통
- 이해관계자 구성원의 관심사와 역량에 세심하게 대응하는 과정 및 행동의 채택
- 이해관계자 사이에서 노력과 보상의 상호의존성을 인식
- 리스크를 최소화하기 위한 공공 및 민간단체의 협력적 운용
- 인권을 위협하거나 이해관계자가 수용불가한 활동의 회피
- 잠재적 상충을 인식하고 개방적 커뮤니케이션을 통해 문제해결

1) 이해관계자분석

이해관계자를 철저히 분석하는 것은 이벤트주최자에게 이벤트에 있어 이해관계자의 역할과 범위에 대한 명확한 모습과 효과적인 커뮤니케이션에 대한 전략을 제공한다. 이해관계자에 대하여 다음과 같은 분석을 수행하여야 한다.

- 이해관계자와 이해관계자 그룹을 식별하고 범주화
- 핵심이해관계자와 중요한 이해관계자그룹을 식별
- 이해관계자의 역할, 요구사항, 그 결과로 발생하는 의무를 결정
- 이해관계자의 영향력을 측정
- 권력, 영향력, 관심에 따라 이해관계자의 우선순위 결정
- 이해관계자그룹 사이의 연계성 확인 등

이해관계자분석은 협력과 반대에 대한 이들의 잠재력, 영향력의 범위, 관심을 갖는 이슈, 협력과 관여가 필요한지 아닌지, 선제 또는 방어전략을 취하는지, 어떤 커뮤니케이션방법과 메시지를 사용하는지 등 이해관계자의 본질에 대해 여러 가지

다른 측면을 조사한다.

이벤트 프로젝트에 어떠한 역할을 하거나 잠재적인 영향을 미치는 모든 개인, 기관, 조직을 조사함으로써 내·외부 이해관계자와 구성원을 확인해야 한다. 이는 다양한 이해관계자와 각 이해관계자나 구성원이 갖는 지분(예: 재무적·정책적·감정적 관심, 소유권 공유, 법적 또는 도덕적 권리)에 가능한 영향력을 파악하기 위해 조사가 필요하다. 일부 이해관계자는 이벤트가 자신들에게 부정적인 영향을 미칠 때까지 스스로 생각을 못할 수 있다. 예를 들면, 지역주민의 경우 교통혼잡으로 인해 직접 불편을 느끼는 이벤트의 부정적인 영향을 스스로 인식하기 어려울 것이다. 국제회의에서 논란이 많은 주제나 연사에 대한 항의, 전시회에서 엔터테인먼트로서의 동물의 이용을 반대하는 운동가처럼 이벤트 구성요소의 정치적인 측면에 관심이 집중될 때까지 이해관계자그룹이 분명하게 나타나지 않을 수 있다.

이해관계자는 지지도와 관여도의 고저에 따라서 분류되어야 하는데 이는 이벤트를 만들어 내는 이벤트조직의 성공에 영향을 미칠 수 있다. 우선적인 이해관계자는 이벤트에서 직접적인 이해관계를 가진 사람으로서 관심이 많은 가장 가까운 내부 및 외부 공동체이며, 영향력과 중요성을 모두 갖는다. 그 다음의 이해관계자는 이벤트에 대해 대중적 또는 특별한 이해관계를 가진 사람으로 영향력 또는 중요성을 지니며, 이벤트가 어떤 중요한 문턱을 통과할 때 관여하는 중재자가 되기도 한다.

위협평가(threat assessment)는 각 이해관계자나 이해관계자그룹의 유효성, 영향력, 긴급성을 결정하기 위해 수행된다. 유효성(validity)은 이벤트 프로젝트에 있어 재무적 또는 감정적 관심의 수준을 식별하는 것이고, 영향력(power)은 긍정적 또는 부정적인 방식에서 이벤트에 영향을 미치는 능력과 결과이며, 긴급성(urgency)은 협조나 반대에 대한 이슈, 우선순위, 잠재력과 이들의 즉시성이다. 위협은 세 가지가 필요하다. 즉, 행동의 동기부여, 행동의 기회, 그리고 행동에 대한 자원이다. 이 세 가지 요인 중 어떤 하나를 제거하면 그 위협을 무력화시킬 것이다. 반대로 기회도 똑같은 세 가지 요인이 필요하며, 이것이 가능할 때 잠재적인 편익을 활용하는 능력을 촉진시킨다. 또한 참여와 책무의 수준도 고려되어야 한다. 참여의 수준은 이해관계자의 이해도에 기반하며, 책무의 수준은 이해관계자의 지지나 반대의 강도에 근거한다.

사례 2000년 수입자동차모터쇼 금속산업연맹 행사장 진입

제1회 수입자동차모터쇼가 2000년 5월 4일부터 5월 10일까지 코엑스에서 개최되었다.

행사 마지막 날인 5월 10일 민주노총 산하 금속산업연맹 자동차공동대책위원회는 2000년 수입자동차모터쇼 행사장 앞에서 자동차산업 해외매각 반대를 위한 결의대회를 개최하였다. 이날 결의대회에는 현대, 기아, 쌍용, 대우자동차 노조간부 200여 명이 참가하였고, 집회 후 입장권을 구입해 행사장 안에 들어가려고 시도하였다. 이에 행사주최 측에서는 행사장의 출입문을 폐쇄하였고, 출동한 경찰들은 참가자들을 저지하면서 몸싸움 등 충돌이 벌어졌다.

삼성르노자동차와 쌍용자동차의 해외매각에 이어 대우자동차의 미국 GM사 매각이 점차 가시화되고 있던 시점이었다. 이날 금속산업연맹 자동차공동대책위원회는 항의시위의 일환으로 수입자동차모터쇼에 참가 중이던 GM의 부스를 방문하려고 행사장 입장을 시도했던 것이다. 마침 이날 GM의 잭 스미스 회장은 대우자동차 군산공장을 방문하였고, 이를 항의하기 위해 대우자동차노조 군산지부는 헬기장을 가로막고 대의원 50여 명이 연좌농성과 집회를 벌이며 해외매각 반대를 촉구하였다.

2) 관계관리에 있어 커뮤니케이션의 역할

커뮤니케이션은 구성원을 인정하고 구성원에 영향을 미침으로써 리스크요인을 극복하는 데 커다란 역할을 한다. 또한 부정적 인식을 바꾸고 이해를 향상시킬 목적으로 적극적인 PR전략을 사용하여 태도를 형성시키고 변경시키며 강화시킨다(Masterman and Wood, 2006). 커뮤니케이션전략은 이해관계자의 다양한 관심과 목적을 인식하고 통합시키고, 이들의 관심사와 능력을 인정하고 모니터하며, 이벤트 프로젝트의 성공에 이해관계자를 참여시키고 적극적으로 관여하는 방향으로 개발되어야 한다.

지지를 얻거나 강화하고 반대를 무력화시키는 전략은 각 구성원의 필요정보와 권장하는 관여수준을 정의함으로써 개발될 수 있다. [그림 13-4]에 표현된 일반적인 평가 매트릭스는 우선순위를 정하고, 각양각색의 이해관계자의 수준과 태도에 대한 커뮤니케이션전략을 나타내는 데 사용한다. 게다가 이벤트 프로젝트의 전 단계(예: 구상 · 기획 · 실행 · 행사 · 종료 단계)에 커뮤니케이션이 발생할 때를 나타내는 활동 매트릭스를 만들어야 한다(O'Toole, 2006).

그림 13-4 이해관계자평가 매트릭스

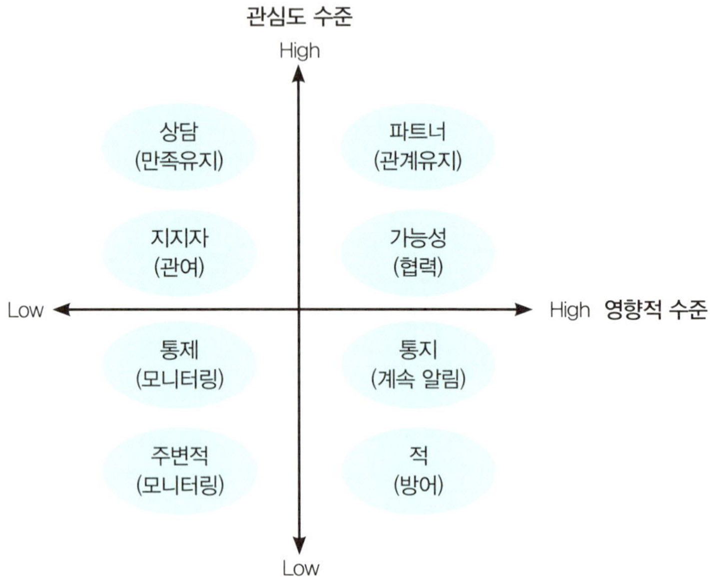

출처: O'Toole(2006)

또한 각 이해관계자의 관심영역을 보여 주는 이해관계자와 이벤트요소를 항목별로 정리한 개괄적 차트(overview chart)를 만드는 것이 바람직하다([표 13-9] 참조). 이 차트는 이익의 상충을 나타내거나 이미 형성된 협력이나 반대에 대해 연합이 가능하도록 이해관계자 사이의 관계를 파악하는 데 많은 도움이 된다. 이해관계자분석은 중요한 변화가 발생할 때마다 반드시 다시 수행해야 한다. 왜냐하면 새로운 이해관계자나 이해관계자그룹이 추가되면 관심사, 원인, 충돌, 연합에 관하여 새로운 위협이나 기회가 발생한다는 것을 의미하기 때문이다.

어떠한 이벤트도 주최자의 마음대로 순조롭게 진행되지 않는다. 사람들은 무엇 때문에, 어떻게, 왜 이벤트가 개인적 · 정치적 · 경제적 · 지역적 이유로 개최되는지에 항상 관심이 있다. 이러한 관심이 자산이 될지, 장애가 될지는 이해관계자를 어떻게 인식하고 상호작용하는가에 달려 있다. 이해관계자의 관점으로부터 사물을 보도록 노력하고, 이해와 협력을 앞세우고 필요한 곳에 위협을 최소화하기 위해 좋은 커뮤니케이션기술과 전략을 사용하여야 한다.

표 13-9 이해관계자의 관심사항

지역단체	• 삶의 질에 대한 영향 • 경제 · 문화 · 환경적 영향 • 이벤트의 직 · 간접적인 참여가능성
정부	• 공중보건 및 안전 • 공공서비스의 수요 및 영향 • 정치적 손실, 지역사회 호의도
미디어	• 시의적절한 정보의 접근 • 방송을 위한 현장시설 • 상업적인 광고유치기회
참가자	• 개인정보보호 및 개인보호 • 참가를 위한 신원확인 • 보건과 안전지침
직원	• 보상과 혜택 • 업무량관리 • 전문성 개발기회
이익단체	• 공익관련 영향 컨설팅 • 공익관련 규정준수
스폰서	• 투자수익률(예: 참석자 수, 브랜드 인지도 등) • 브랜드의 배타적 보호 • 현장 프로모션 및 홍보

참고문헌

국립국어원(2015), 표준국어대사전.

두산백과(2015), 성문법, www.doopedia.co.kr

문화일보(2009. 10. 9), 지역축제 잔혹사.

문화체육관광부(2012), 2012년 콘텐츠산업 통계조사.

박성호(2008), 홍보학개론, 도서출판 한울.

소방방재청(2012), 소화기구의 화재안전기준(NFSC 101).

________(2014), 축제장 안전관리 매뉴얼.

신창열(2010), "메가 이벤트에 대한 지역주민의 인식 · 지지도 · 개최지 속성 간의 구조관계 연구: 2009년 인천세계도시축전을 중심으로", 박사학위논문, 경희대학교.

정윤한(2013), "외국의 재난안전관리시스템 운영사례", 월간자치발전, 2013년 4월호, 29-37.

조현승(2010), "우리나라 이벤트산업의 구조와 활성화방안", 산업경제정보, 제489호(2010-21), 산업연구원.

안전보건공단(2012), 물질안전보건자료의 이해, www.kosha.or.kr

이경모(2003), 이벤트학원론, 백산출판사.

이혜련(2008), "컨벤션주최조직의 국제회의 위험관리: 컨벤션기획사의 관점을 중심으로", 관광연구, 제23권 제3호, 175-194.

통계청(2013), 2012년 서비스업 조사보고서.

특허청(2015), 지식재산권의 손쉬운 이용.

한국관광공사(2011), 2010 MICE 산업통계 조사 · 연구.

__________(2012), 이벤트산업 활성화방안 연구.

__________(2013), 지역관광 활성화를 위한 축제 활용 신규정책사업 발굴.

한국음악저작권협회(2014), 저작권사용료 징수규정.

한국화재보험협회(2013), 배상책임보험의 이해.

한동환 · 민경현(2012), 프로젝트 리스크 매니지먼트, 이레테크.

해양수산부(2002), 세계박람회 Q&A 자료집.

2012 여수세계박람회 조직위원회(2012), 2012 여수세계박람회 회장운영 실시계획.

Abbott, J. and Abbott, S. M.(2000), Event management: minimizing liability through effective crowd management techniques, *In Conference Proceeding of Events Beyond 2000: Setting the Agenda*, Australian Centre for Event Management, 105-119.

Alexander, D.(2002), *Principles of Emergency Planning and Management*, Oxford University Press.

APEC(2004), *Tourism Risk Management for the Asia Pacific Region: An Authoritativeguide for Managing Crises and Disasters*.

Au, S. Y. Z., Ryan, M. C., Carey, M. S. and Whalley, S. P(1993), *Managing Crowd Safety in Public Venues*, HSE Books.

Berlonghi, A.(1990), *The Special Event Risk Management Manual*, Bookmasters, Inc.

Berk, R. A.(1974), *Collective Behavior*, Wm. C. Brown Company Publishers.

BOMA(2001), *Security Survey Checklist*, Building Oweners and Managers Association.

Bowdin, G. A. J., Allen, J., O'Toole, W., Harris, R. and McDonnell, I.(2006), *Events Management*, 2nd edn., Butterworth-Heinemann.

British Columbia Provincial Emergency Program(BCPEP)(2005), *Community Disaster Recovery: A Guide for BC Local Authorities and First Nations*, Government of Canada.

Broder, J. F.(2000), *Risk Analysis and the Security Survey*, 2nd edn., Butterworth-Heinemann.

Clarkson Centre for Business Ethics(1999), *Principles of Stakeholder Management*, www.rotman.utoronto.ca.

Connell, B.(2002), *Professional Meeting Management*, 4th edn., Professional Convention Management Association.

Crown, T(2005), *Emergency Response and Recovery*, HM Government.

Defense Acquisition University(2002), *Risk Management Guide for DOD Acquisition*, 5th edn., DAU Press.

Disaster Recovery Journal(2008), *Business Continuity Glossary*, St. Louis, MO (online), Available at: http://www.drj.com/glossary/drjglossary.html.

Emergency Management Australia(1999), *Safety and Healthy Mass Gatherings, A Medical, Health and Safety Planning Manual for Public Events*, Australian Emergency Manuals Series, Manual 2, Commonwealth of Australia.

Essex, D.(2006), RFP Checklist: Security Information Management, *Government Computer News*, 25(8).

Faulkner, B.(2001), Towards a Framework for Tourism Disaster Management, *Tourism Management*, 22(2), 135-147.

FEMA(2001), *Special Events Contingency Planning*, Federal Emergency Management Agency.

_____(2004), *Standard Checklist Criteria for Business Recovery*, Federal Emergency Management Agency.

_____(2005), *Effective Communication*, Federal Emergency Management Agency.

Fischer, R. J. and Green, G.(1998), *Introduction to Security*, 6th edn., Butterworth-Heinemann.

Foltz, M. A.(1998), *Designing Navigable Information Spaces*, Massachusetts Institute of Technology.

Foster, J. D.(2002), *Meeting and Liability*, Version 2.0, Foster.

Foster, J. S.(2000), *Is Your Web Site Legal? Conducting a Web Site Audit*, Available at http://www.corbinball.com

Frame, J. D.(2003), *Managing Risk in Organizations*, Jossey-Bass.

Fruin, J. J.(1984), *Crowd Dynamics and Auditorium Management*, Auditorium News.

_________(1993), *The Causes and Prevention of Crowd Disasters*, First International Conference on Engineering for Crowd Safety, Elsevier Science Publishers.

Getz, D.(1997), *Event Management and Event Tourism*, Cognizant Communication Corporation.

Gifford, R.(2002), *Environmental Psychology: Principles and Practice*, 3rd edn., Optimal Books.

Gladwell, M.(2002), *The Tipping Point: How Little Things Can Make a Big Difference*, Little, Brown and Company.

Glaesser, D.(2006), *Crisis Management in the Tourism Industry*, Butterworth-Heinemann.

Haddow, G. D. and Bullock, J. A.(2003), *Introduction to Emergency Management*, Butterworth-Heinemann.

Hall, C. M.(1997), *Hallmark Tourist Events: Impact, Management and Planning*, John Wiley & Sons.

Harvard Business Essentials(2004), *Crisis Management*, Harvard Business School Press.

Hazards Magazine(1997), *Mapping Out Work Hazards*.

Heller, R.(1998), *Communicate Clearly*, DK Publishing, Inc.

HSE(1996), *Working with Animals in Entertainment, Entertainment Sheet No.4.*, Health and Safety Executive.

____(1998), *Fairground and Amusement Parks, Entertainment Sheet No.5.*, Health and Safety Executive.

____(1999), *The Event Safety Guide: A Guide to Health, Safety and Welfare at Music and Similar Events*, Health and Safety Executive.

____(2001), *Safe Use and Operation of Play Inflatables, Including Bouncy Castles, Entertainment Sheet No.7.*, Health and Safety Executive.

ICCA/COPE(2005), *Secure Event Management: Advice and Checklists for Better Protected International Meetings*, International Congress and Convention Association.

IEG(1996), *IEG's Complete Guide to Sponsorship*, IEG, Inc.

Jewell, D.(1978), *Public Assembly Facilities, Planning and Management*, Wiley.

Jeynes, J.(2002), *Risk Management: 10 Principles*, Butterworth-Heinemann.

Kendrick, T.(2003), *Identifying and Managing Project Risk*, AMACOM.

Kennedy, J.(2006), *Data Leakage: A Real Business Continuity Issue*, www.continuitycentral.com

Kotler, P., Bowen, J. and Makens, J.(1996), *Marketing for Hospitality and Tourism*, 2nd edn., Prentice-Hall.

Kwasnik, B. H.(1999), The Role of Classification in Knowledge Representation and Discovery-1. *Library Trends*, Summer 1999.

Latoski, S. P., Dunn, W. M., Wagenblast, B., Randall, J. and Walker, M. D.(2003). *Managing Travel for Planned Special Events*, U.S. Department of Transportation, Federal Highway Administration.

Lewis, J. P.(1997). *Fundamentals of Project Management*, AMACOM.

Lynch, K.(1960). *The Image of the City*, MIT Press.

Masterman, G. and Wood, E. H.(2006). *Innovative Marketing Communications: Strategies for the Events Industry*, Elsevier Butterworth-Heinemann.

Mileti, D. S. and Sorensen, J. H.(1990). *Communication of Emergency Public Warnings*, Federal Emergency Management Agency.

Monk, J. G.(1996). *Shaum's Outline of Theory and Problems of Operations Management*, McGraw-Hill.

MPI(2005). *The Power of Partnership: Capitalizing on the Collaborative Efforts of Strategic Meeting Professionals and Procurement Departments*, Meeting Professionals International.

Murray, E.(2006). Climate Conference Strip Show Storm, *The Sydney Morning Herald*, 7 September.

NFPA(2000). *NFPA 1123 Code for Fireworks Display*, National Fire Protection Association.

______(2000). *NFPA 1250 Recommended Practice in Emergency Service Organization Risk Management*, 2000 edn., National Fire Protection Association.

______(2001). *NFPA 101 Life Safety Code*, 2000 edn., National Fire Protection Association.

______(2001). *NFPA 160 Standard for Flame Effects Before an Audience*, National Fire Protection Association.

______(2001). *NFPA 1126 Standard for the Use of Pyrotechnics before a Proximate Audience*, National Fire Protection Association.

______(2002). *NFPA 1221 Standard for the Installation, Maintenance, and Use of Emergency Services Communications Systems*, 2002 edn., National Fire Protection Association.

______(2004). *NFPA 1600 Standard on Disaster/Emergency Management and*

Business Continuity Programs, 2004 edn., National Fire Protection Association.

_____(2005), *NFPA 730 Guide for Premises Security*, 2005 edn., National Fire Protection Association.

OSHA(2002), *Emergency Action Plan Checklist*, Evacuation Plans and Procedures eTools, U.S. Department of Labor Occupational Safety & Health Administration.

_____(2005), *What is an Emergency Action Plan?*, Evacuation Plans and Procedures eTools, U.S. Department of Labor Occupational Safety & Health Administration.

O'Toole, W.(2006), *Event Project Management System*, CD ROM, www.epms.net.

O'Toole, W. and Mikolaitis, P.(2002), *Corporate Event Project Management*, Wiley.

Pine, B. J. and Gilmore, J. H.(1999), *The Experience Economy*, Harvard Business School Press.

Privacy International(1998), *Privacy and Human Rights International Survey of Privacy Laws and Practice*, Global Internet Liberty Campaign.

Project Management Institute(PMI)(2000), *A Guide to the Project Management Body of Knowledge(PMBOK Guide)*, 2000 edn., Project Management Institute, 4th edn.

PMAJ(2005), *A Guide of Project & Program Management for Enterprise Innovation(P2M Guide)*.

PMI(2008), *A Guide to the Project Management Body of Knowledge(PMBOK Guide)*, 4th edn., Project Management Institute.

PROMO and PMA(2003), *2003 Promotion Trends Report*, PROMO and The Promotion Marketing Association.

Reiss, C. L.(2001), *Risk Identification and Analysis: A Guide for Small Public Entities*, Public Entity Risk Institute.

Rossol, M.(2000), *The Health and Safety Guide for Film, TV & Theater*, Allworth Press.

SFPE(2002), *Engineering Guide to Human Behavior in Fire, Review Draft*,

Society of Fire Protection Engineers.

Shock, P. J. and Stefanelli, J. M.(2001), *On-Premise Catering*, Wiley.

Silvers, J. R.(2004), *Professional Event Coordination*, Wiley.

__________(2005), The Potential of the EMBOK as a Risk Management Framework for Events, *Conference Proceedings, 2005 Las Vegas International Hospitality and Convention Summit*, University of Nevada Las Vegas.

__________(2008), *Risk Management for Meetings and Events*, Butterworth-Heinemann.

Silvers, J. R. and Nelson, K.(2005), *Introduction to Financial Management for Meetings and Events*, Silvers.

Silvers, J. R., Bowdin, G. A. J., O'Toole, W. J., and Nelson, K. B.(2006), Towards an International Event Management Body of Knowledge (EMBOK), *Event Management*, 9(4), 185-198.

Skinner, B. E. and Rukavina, V.(2003), *Event Sponsorship*, Wiley.

Smith, P. G. and Merritt, G. M.(2002), *Proactive Risk Management: Controlling Uncertainty in Product Development*, Productivity Press.

Somerson, I.(2003), *Mitigation of Civil Liability/Injury, Event Management*.

Standard Australia(1999), *Risk Management AS/NZS 4360: 1999*, Standards Association of Australia.

Still, K.(2001), Optimizing Emergency Egress from Offices, www.crowdsafe.com

_______(2005), *Lincoln Workshop Programme 2005*, Crowd Dynamics.

Tarlow, P.(2002), *Event Risk Management and Safety*, Wiley.

Tassiopoulos, D.(2005), *Event Management: A Professional and Developmental Approach*, 2nd edn., Juta Academic.

Tratos, M. G.(2004), *Areas of Law That Every Entertainment Attorney Ought To Know Something About*, Available at: http://www.quirkandtratos.com

Tricker, R.(2001), *ISO9001:2000 for Small Businesses*, 2nd edn., Elsevier Butterworth-Heinemann.

Tum, J., Norton, P. and Wright, J. N.(2006), *Management of Event Operations*, Elsevier Butterworth-Heinemann.

Van der Wagen, L. and Carlos, B. R.(2005), *Event Management for Tourism*,

Cultural, Business, and Sporting Events, Pearson Education, Inc.

Veno, A. and Veno, E.(1992), Managing Public Order at the Australian Motorcycle Grand Prix, *Crowd Violence at Australian Sport: ASSH Studies in Sports History No.7*, Australian Society for Sports History Incorporated.

Wahle, T. and Beatty, G.(1993), *Emergency Management Guide for Business & Industry*, Federal Emergency Management Agency.

Worksafe Victoria(2006), *Crowd Control at Venues and Events*, Victoria State Government, Canada.

Yates, J. F.(2003), *Decision Management: How to Assure Better Decision in Your Company*, Jossey-Bass.

국제페스티벌이벤트협회 홈페이지, http://www.ifea.com

국제회의전문가 홈페이지, http://www.mpiweb.org

위키피디아 홈페이지, http://ko.wikipedia.org

(사)한국이벤트프로모션협회 홈페이지, http://eventpromotion.or.kr

찾아보기

| 저자약력 |

신창열

한국이벤트경영연구소 소장. 중앙대학교 경영학과를 졸업한 후 (주)LG애드에 입사하여 광고, PR, MICE(컨벤션, 전시), 기업 프로모션, 공공이벤트(엑스포, 축제), 브랜드 마케팅(CI, BI) 등 통합적 마케팅 커뮤니케이션업무를 담당하였다. 중앙대학교에서 석사학위(PR광고)를, 경희대학교에서 박사학위(관광경영)를 받았다.
주요 실적으로는 광고기획('사랑해요 LG' 캠페인), 브랜드개발(LG CI, LG정유 주유소 BI, 국가관광브랜드, 경기도 BI), 기업 프로모션(LG 글로벌 챌린저), PR(최초 우주인 프로젝트), 컨벤션(G20서울정상회의, 람사르총회), 전시(수입자동차모터쇼, 여수엑스포 한국관), 축제(광주도자기축제, 충무로영화제), 공공이벤트(건국 60주년 행사, KTX 개통식, 광주아시아문화중심도시), 엑스포(2000 청주인쇄출판박람회, 2002 오송바이오엑스포, 2009 천안웰빙식품엑스포, 2010 제천한방엑스포, 2010 상해엑스포 한국관, 2012 여수세계박람회) 등이 있다.
특히 여수세계박람회는 유치 단계부터 실행 단계까지 약 8년 동안 마스터플랜 수립, BIE실사단, 국내외 PR, 한국관, LG관을 담당하였다. 국제행사의 유공으로 국토해양부장관(2012년), 보건복지부장관(2003년), 정보통신부장관(2002년), 충청북도지사(2001년)의 표창과 올해의 SP, 이벤트 플래너 · 디렉터상(2009년)을 수상하였다.
1999년부터 현재까지 서원대, 한신대, 경기대 대학원, 청운대, 경희대 대학원, 오산대 등에서 후학을 양성해 오고 있다. (사)한국이벤트프로모션협회 회장, (사)한국축제콘텐츠협회 수석부회장을 역임했으며, 현재 한국이벤트컨벤션학회 부회장, 한국이벤트학회 이사, 2018 평창동계올림픽 및 장애인올림픽대회 홍보전문위원으로 활동하고 있다. 또한 세계 3대 인명사전 '마르퀴스 후즈 후(Marquis who's who)' 2016년판에 등재되었다.
저서 및 역서로『세계박람회 기업관의 전략과 실제』,『EXPO, 1851~2010년 세계박람회의 역사』가 있다.

이벤트 리스크관리

2016년 1월 20일 1판 1쇄 인쇄
2016년 1월 25일 1판 1쇄 발행

저 자 | 신창열
발행인 | 이수영
발행처 | 도서출판 청람
서울시 마포구 독막로 288(대흥동, 세양상가 109호)
전 화 | 02)3272-2601(대)~2
팩 스 | 02)3272~2603
이메일 | crbooks@hanmail.net
홈페이지 | http://www.crbooks.co.kr
등 록 | 2000. 8. 26 제6-0509호

ISBN 978-89-5972-497-0 93320 [정가 29,000원]